增訂

훈민정음의 사람들

정 광

박문사

증정본을 내면서

이 책은 2006년에 간행된 『훈민정음의 사람들』(서울 : 박문사)을 늘리고增 다시 고친訂 것이어서 서명을 『增訂 훈민정음의 사람들』이라 한 것이다. 이미 원본이 간행된 지 한 갑자甲子를 넘겼기 때문에 그동안 훈민정음의 제정에 대한 필자의 생각이 많이 바뀐 탓도 있지만 무엇보다도 지난 번 책에서 꼭 넣어야 했을 두 사람, 신미信眉와 김수온金守溫 형제가 빠진 것을 보충한 것이 이 증정본을 내는 가장 중요한 이유다. 거기다가 출판사에서 먼저 책은 이미 절판絕版이 돼서 재고본이 없어진 지 오래됐기 때문에 다시 책을 내야한다는 요청도 있었다.

원본을 간행한 2006년은 필자가 대학에서 정년퇴임하던 해였다. 그 때는 정년퇴임만 하면 모든 질곡桎梏에서 벗어나 자유롭게 살 수 있다는 어리석은 생각에 한껏 들떠 있었다. 그리하여 이제 학문을 떠난다는 의미에서 그때까지 쓴 논문 가운데 학계에 소개할 만한 논문들을 이 책의 부록으로 첨부하여 남기려고 하였다. 그래서 주제와 관련이 없는 논문이 들어 있었다. 이번에는 부록을 없애려고 하였으나 원저에서 가졌던 취지를 버릴 수가 없어서 훈민정음과 직접 관련이 없는 '한국어학 해외 자료 발굴'을 역시 부록으로 첨부하였다. 다만 부록에서는 한자를 그대로 노출하였다.

원본에서 부록1로 했던 〈북한의 언어 연구와 구소련의 영향〉을 좀 더 정리하여 제5장으로 묶었다. 어떻게 보면 북한의 언어학자들도 훈민정음의 뒤를 이은 우리말 연구자들이기 때문이다. 특히 구소련舊蘇聯

익 언어학자 폴리봐노프를 훈민정음의 사람으로 본 것은 그가 가장 먼저 훈민정음의 중성中聲을 토대로 15세기 한국어의 모음체계를 수립했기 때문이다. 남한에서는 폴리봐노프(1927)의 연구보다 30여 년 뒤에야 훈민정음 중성을 근거로 중세한국어의 모음체계가 고찰되었다.

정년퇴임한 후에 어려운 연구 활동이 끝날 것이라는 생각은 한여름 밤의 꿈이었다. 계속해서 다른 대학의 부름을 받아 강의를 해야 했고 한국연구재단으로부터 우수학자 지원정책에 따른 프로젝트를 수행해야 했으며 한국학중앙연구원으로부터도 해외 연구자들과 합동연구지원을 받아 은퇴 후에 10년을 넘게 필자의 전공분야에서 연구 활동을 이어가지 않을 수 없게 되었다. 오히려 현역 때보다 더 많은 연구 업적을 산출해야 해야 하는 형편이 지속되었다.

그리하여 〈조선일보〉 2018년 6월 7일자 문화면에 "학문에 정년停年은 없다. 퇴임 후에 책을 내는 열혈 서생書生"의 4인 중에 하나로 필자가 소개되기도 하였다. 오랜만에 걸려온 담당 기자의 전화 인터뷰에서 농담으로 "책을 쓰고 있으면 혈압이 내려간다"고 하였다. 그런데 웃자고 한 소리가 그대로 기사가 되어 여러 사람들로부터 책망을 받기도 했다. 수주를 받은 프로젝트의 결과물로 간행한 논저가 10년 사이에 23권을 넘은 것이다. 신문에는 외국에서 번역되어 간행된 책을 제외하고 18권으로 줄여 말하였지만 필자 스스로도 놀랠 만큼의 연구서를 출판하였다.

정년퇴임 후에 필자는 주로 두 분야에 관심이 있었다. 즉, 하나는 한글과 주변 문자들과의 관계에 관한 것이고 또 하나는 전부터 자신의 주 전공으로 공부한 사역원의 외국어 교육에 관한 것이다. 그러나 이 두 분야는 전혀 이질적인 것 같아도 실제로는 서로 긴밀한 상호관계가 있었다. 조선시대 사역원에서는 중국어를 포함한 외국어를 교육하기 위하여 이 시대에 우리 주변의 여러 언어와 문자에 관심을 갖고 그를 교육하였기 때문에 이들에 관한 연구는 자연스럽게 한글과 주변 민족의 글자들과의 관계를 살필 수가 있었다.

또 하나 필자는 정년퇴임 후에 마음 놓고 자신의 주장을 논저에서 발표할 수 있었다. 전에는 봉직하고 있는 대학에 혹시라도 누累가 될까 보아 자유롭게 자신의 주장을 발표하기가 어려웠다. 특히 한글과 같이 우리의 민족정서와 관련이 있는 주제는 조심하여 연구하지 않을 수 없었는데 은퇴 후에는 그런 속박에서 벗어나서 마음껏 자신의 목소리를 낼 수 있었다. 그 결과 학계로부터 적지 않은 비판이 있고 사문난적斯文亂賊으로 몰기도 한다.

이 책에서도 필자의 다른 논저에서처럼 기존의 학설과 다른 주장을 펼쳤다. 따라서 독자들에게 바라는 것은 국수주의적 감정을 버리고 논지論旨의 여러 증거를 객관적으로 판단하기를 바란다. 비판을 위한 비판이 아니라 실증적 자료와 확실한 전거를 들어 필자의 주장을 질정해 주기를 바랄 뿐이다. 그것을 이쪽에서 다시 반박하면서 학문은 발전하기 때문이다.

2019년 새 해를 맞이하면서
필자

원본의 卷頭言

이 책은 필자가 고려대학교에서 정년을 맞이하여 그동안 강의에서 했던 것과 학회지에 발표한 논문을 모은 것이다. 필자가 이 대학에 부임한 것이 1990년이니 벌써 16년의 세월이 흘렀는데 그동안에 강의한 노트를 한 권의 책으로 묶었다. 물론 이 외에도 다른 이름으로 몇 권의 책을 간행하기도 하였으나 강의 내용을 중심으로 한 것은 이것이 유일하다.

이 책은 〈훈민정음의 사람들〉이란 제목으로 훈민정음의 창제와 그 이론적 해설, 그리고 보급과 중흥에 관련된 인물들을 다뤘고 부록으로 이 인물들의 이해에 필요한 필자의 논문들을 함께 실었다. 즉 부록 1의 "구소련의 언어학과 초기 북한의 언어연구"는 훈민정음의 이론을 근거로 하여 한국어가 알타이제어와 친족관계에 있음을 설파한 폴리봐노프의 학문을 이해하기 위한 것이다. 폴리봐노프를 이해하기 위해서는 구소련의 언어학에 대한 기초적인 지식이 필요하기 때문이다. 부록 2, 3은 훈민정음으로 쓰인 국어사 자료들이 세계 각국에 얼마나 흩어져 있는가를 살펴 본 것이다. 훈민정음에 관련한 자료는 국내보다 국외에 많다는 주장이 나올 정도로 우리의 한글 자료들이 외국에 흩어졌다. 훈민정음을 올바르게 이해하기 위하여 해외에 있는 자료의 所藏處를 알아야 할 것이다.

40년 가까운 교직생활 가운데 가장 오랫동안 근무했던 고려대학교를 정년퇴임하면서 한 사람의 교원으로서, 그리고 우리말을 공부한 연구자로서 그 생애에 한 획을 긋게 되었음을 실감한다. 물론 여기서 필자의 연구 생활이 끝나는 것은 아니나 현역으로의 학문 활동은 이제 접어야 할 때가 온 것이다. 그래서 서둘러 그동안의 연구를 한 권의 책으로 정리한 것이고 이 책이 혹시 필자의 다른 논저들과 다른 것이 있다면 바로 그 점을 들 수가 있다.

책의 내용을 최종적으로 점검하면서 이러한 내용을 강의했던 나날이 눈에 선하게 떠오른다. 도무지 지금까지 배웠던 것과는 다른 필자의 강의 내용에 정신 없어하던 학생들, 그리고 경이의 눈으로 필자의 강의에 몰두하던 학생들의 빤짝이던 눈을 잊을 수가 없다. 20여 년 전 강의 시간에 우리나라 국보 1호가 어째서 남대문인가? 당연히 〈훈민정음〉이란 책이어야 한다던 한낱 젊은 교수의 객기 어린 주장이 오늘날 공론화되는 것을 보면서 세상이 참으로 많이 변했음을 다시 한 번 느끼지 않을 수 없다. 이 책을 내면서 그동안의 훈민정음에 대한 생각이 바뀔 것을 기대하여 본다.

이 책을 내는데 수고한 필자의 지도학생들에게 고맙다는 말을 남기고 싶다. 교정과 색인을 만드는 데 많은 도움을 주었고 필자의 난삽한 원고를 쉽게 고쳐주었다. 그리고 필자의 책을 출판해준 제이앤씨 관계자 여러분들께 감사를 드린다.

2005년 12월
고려대학교 서관 연구실에서

목 차

제1장

훈민정음의 창제와 세종,

그리고 그 가족들

1.0　　훈민정음訓民正音의 창제創製는 세종世宗의 직접 지은 것으로 여러 사료史料에 명기되었다. 『조선왕조실록』, 특히 『세종실록』에서는 훈민정음의 '세종의 친제親制'라는 사실을 여러 차례 강조하였다. 우선 '훈민정음'이란 이름이 맨 처음 실록에 등장하는 『세종실록』(권102) 세종 25년 12월조에 "是月上親制諺文二十八字, [중략] 是謂訓民正音 — 이 달에 임금이 친히 언문 28자를 지었는데 [중략] 이것이 소위 말하는 훈민정음이다"라는 기사를 시작으로 하여 동 실록(권113) 세종 28년 9월조에 "是月訓民正音成, 御製曰 : [중략] 正音之作, 無所祖述 — 이 달에 훈민정음(책을 말함)이 완성되었다. 임금이 지어 말하기를 : [중략] 정음을 만든 것은 옛 사람의 저술한 바가 없다"라는 기사라든지 {해례} 『훈민정음』(이하 〈해례본〉으로 약칭)의 정인지鄭麟趾 후서後序에서 "我殿下創制正音二十八字, 略揭例義以示之, 名曰訓民正音 [하략] — 우리 전하께서 정음 28자를 창제하시어 간략하게 예의로서 보여주시니 이름 하여 훈민정음이라고 한다" 등 여기저기에서 세종의 '친제親制'임을 강조하고 있다.

　이것은 훈민정음이란 새 문자를 세종이 친히 지은 것을 강조하여 문자의 권위와 그로 인한 어떠한 부작용도 제왕의 그늘 속에 묻어버리려는 뜻이 있을 것이지만 그래도 세종이 새 문자 28개를 직접 제작했다는 실록의 기사는 어느 정도 신빙성이 있는 기사다. 그러면 과연 훈민정음은 세종 혼자서 창제한 것일까? 이에 대하여 살펴보기 위하여 훈민정음이 제정된 경위를 먼저 살펴보기로 한다.

1. 훈민정음의 창제와 그 배경

1.1.0.0 훈민정음의 창제와 반포에 대하여는 그동안 수많은 연구가 있었으나 아직도 여러 가지 학설이 난무하고 있다. 그 이유는 첫째로 훈민정음 창제와 반포에 대하여 역사적 사실에 근거를 두려는 진지한 연구가 없었고 일제日帝 강점기에 일본인 학자들의 편향된 시각에 의한 연구를 해방 후에 우리 연구자들이 그대로 맹종盲從하였기 때문이다. 둘째로는 일제 치하에서 제한된 자료를 갖고 연구한 한국 연구자들이 국수주의에 빠져들어 새 문자 창제創製와 반포頒布에 대하여 과장된 생각을 가졌기 때문이다.

따라서 지금까지의 연구에는 훈민정음 창제와 반포에 대한 많은 의문이 남아 있어 새로운 학설이 계속해서 제안되고 있는 것이다. 이렇게 제시된 여러 학설 가운데는 전혀 사실을 왜곡歪曲한 것이 있는가 하면 새로운 시각에서 다른 자료를 갖고 새롭게 주장한 학설도 없지 않았다. 그러나 기존의 학설을 맹신盲信하는 기성학자들에 의하여 이러한 새로운 시도나 진실 규명의 연구는 전혀 일고의 가치도 없는 것으로 무시되었다.

1.1.0.1 그동안 우리 학계에 정설로 인정된 훈민정음의 창제와 반포에 대한 주장은 영명英明하신 세종대왕이 사상史上 유례類例 없는 문자를 만드셨는데 처음에 이를 집현전集賢殿 학자들로 하여금 『용비어천가』에 실험하였다가 세종 28년(1446) 소위 {해례본}『훈민정음』의 간행으로 세상에 반포한 것으로 보는 것이다. 또 일부 연구자들 사이에는 집

현전 학자들이 새 문자를 제정하여 세종의 이름으로 반포頒布한 것이라는 근거 없는 주장도 많이 유포되었다.

그러나 이러한 종래의 주장에는 많은 모순이 있다. 첫째는 훈민정음을 실험하였다는 『용비어천가』의 국문가사는 해례본이 간행된 다음에 게재되었기 때문에 여기에서 새 문자를 실험하였다고 보기 어렵고[1] 세조 5년(1459)에 간행된 『월인석보』 신편新編의 제1권 권두에 훈민정음 언해본('世宗御製訓民正音', 또는 國譯本 훈민정음으로도 불림)이 부재되어 실제로 훈민정음의 반포頒布는 『월인석보』의 제1권 권두(아마도 舊卷일 것임)에 언해본 훈민정음을 붙여 간행함으로써 이루어진 것은 아니었는가 하는 생각을 갖게 한다. 언해본 훈민정음은 한문으로 작성된 세종의 서문과 문자의 음가와 간단한 사용례를 부친 '예의例義' 부분을 당시 우리말로 언해한 것이다. 이것으로 새 문자를 익히도록 하여 『월인석보』의 한글을 읽을 수 있게 한 것이니 이것이야말로 훈민정음의 반포라고 볼 수 있다. 그러나 해례본 훈민정음의 간행을 새 문자의 반포로 보는 것이 지금까지 우리 학계의 일반적인 태도이다.

---

1 세종 27년(1445)에 만들어진 『龍飛御天歌』는 (安止의 進箋文에 의거함) 權踶, 鄭麟趾, 安止 등에 의하여 편찬된 본문이며 우리말의 노래는 있었으나 이것을 새 문자로 기록하지는 못하였고 그에 해당하는 漢詩만이 있었던 것으로 보아야 할 것이다. 왜냐하면 위의 3인은 정인지를 빼고는 훈민정음 창제에 직접 관여하지 않았으므로 새 문자가 창제된 지 1년 남짓한 세종 27년에 그들이 『龍飛御天歌』의 국문가사와 같은 유려한 우리말을 훈민정음으로 기록하였다고 보기 어렵다. 당시 위 세 사람의 관직을 보면 權踶는 "崇政大夫 議政府右贊成 集賢殿大提學 知春秋館事 兼成均大司成"이었고 鄭麟趾는 "資憲大夫 議政府右參贊 集賢殿大提學 知春秋館事 世子右賓客"이었으며 安止는 "嘉善大夫 工曹參判 集賢殿提學 同知春秋館事 世子右副賓客"이었다. 이러한 원로 정치인들이 갓 새로 만든 새 문자를 배워 용비어천가의 국문가사를 기록하였다고 보기보다는 세종 29년(1447) 10월에 훈민정음의 해례에 참여한 崔恒, 姜希顔, 申叔舟, 成三問 등이 註解를 붙여 간행할 때에 국문가사도 언해되어 새 문자로 기록된 것으로 보는 것이 합리적이다 (졸고, 2006c).

1.1.0.2 최근 정통正統 12년(1449)에 제작된 『월인석보』의 옥책玉冊이 발견되어 그 진위 여부가 논의되고 있어 혹시 이것이 세종 생존 시에 간행되었다는 『월인석보』의 구권舊卷의 모습을 보여주는 것이 아닌가 하는 필자의 연구도 있다(졸고, 2013a). 『월인석보』의 '구권'은 현재 초간본으로 알려진 신편의 권두에 붙어있는 세조世祖의 어제御製 서문에 언급되었다. 이와 같은 중요한 서문의 내용이 무시된 것은 일제 강점기학자들의 연구를 그동안 우리 학계가 아무 비판 없이 수용한 때문이다. 즉, 『월인석보』에 관하여 처음으로 본격적인 서지학적 연구를 시도한일본인 불교학자 에다 도시오江田俊雄의 주장을 그대로 맹종盲從한 것이이런 결과를 낳게 된 것이다(졸고, 2013a). 따라서 이제는 훈민정음 제정과 반포에 대한 전면적인 검토가 필요하게 되었다.

훈민정음의 제정은 하루아침에 이루어진 것이 아니다. 한반도에서는오래 전부터 한글과 같이 우리말을 기록하는 표음문자의 필요성을 인식하고 일찍부터 통치문자로 한반도에 도입되어 쓰이던 한자漢字를 이용하여 여러 가지 표음의 방법으로 우리말을 표기하려고 시도하였다. 또 한반도에 절대적인 영향을 주었던 중국대륙의 문화를 수입하기 위하여 중국어의 학습이 필요하였는데 표의表意 문자인 한자를 사용하는중국어와 한문을 학습하기 위하여 발음기호가 필요하였다. 이러한 표음문자의 필요성은 오래 전부터 한반도에서는 문자생활을 하는 지식인들에 의하여 끊임없이 요구되었다. 새 문자의 창제에 앞서 우리 선인들의 표음문자에 대한 요구를 살펴보기로 한다.

1) 한자의 유입과 그 표기의 발달

1.1.1.0 　먼저 한자의 유입과 이두, 구결표기에 대하여 고찰해 보자. 한반도에는 고조선의 위만조선衛滿朝鮮 시대에 중국어와 더불어 한문이 들어오기 시작하였고 적어도 한사군漢四郡 시대에는 한자가 통치統治 문자로서 도입되어 만주 남부와 한반도의 언어를 한문으로 기록하였다 (졸고, 2003a). 한문漢文으로 만주 남부나 한반도의 언어를 기록한다는 것은 당시의 중국어로 이들의 언어를 번역하여 한자로 쓰는 것을 말한다.

그러나 이러한 한문 표기가 어려운 것이 있는데 바로 인명, 지명, 관직명과 같은 고유명사의 표기라고 할 수 있다. 이러한 고유명사는 처음에는 어떤 구체적 의미를 가졌던 것이 점차 본래의 어휘적 의미는 옅어지고 그저 어떤 사람의 이름, 어느 지역의 명칭으로 굳어지게 된다. 예를 들면 고구려 시조인 동명성왕東明聖王의 이름이 고주몽高朱蒙인데 '주몽朱蒙'은 당시 고구려어로 "활을 잘 쏘는 사람"이란[2] 의미를 가진 말이었으며 '鄒牟, 衆解' 등으로 표기하였으나 이러한 의미는 거의 없어지고 사람의 이름으로 굳어진 것이다.[3]

이렇게 고유명사를 표기하기 위하여 한자의 뜻과 발음을 빌려 현지어를 표기하는 방법이 고대 삼국에서, 특히 신라에서 발달하였다. 예를 들면 신라어로 "세상을 싫어하는 염세주의자厭世主義者"를 '이차돈異次頓'이라 하였다. 이것은 신라어로 된 인명을 한자의 발음을 빌려서 표기하는

---

2 이에 대하여는 『삼국사기』(권13) 「高句麗 本紀」 제1에 "始祖東明聖王, 姓高氏, 諱朱蒙, 一云鄒牟, 一云衆解 [中略] 年甫七歲, 巍然異常. 自作弓矢射之, 百發百中. 扶餘俗語, 善射 爲朱蒙, 故以名云 [下略]"이란 기사를 참조.

3 地名이나 人名의 표기에서 "무너미(물이 넘어 들어오는 마을)"를 '水踰里'로, "두 물 머리"를 '兩首里'로 원래의 뜻을 찾아 한문으로 적는 경우도 있지만 "되너미(청나라 때에 되놈들이 넘어온 곳)"를 '敦岩洞'과 같이 유사한 발음으로 적는 경우도 있다.

방법이고 또 이를 '염촉^{厭觸}'이라고도 썼으며[4] 이것은 뜻과 발음을 빌려 표기하는 방법이었다. 이와 같이 한자의 발음과 뜻을 빌려 우리말을 표기하는 것이 바로 이두^{吏讀}와 구결^{口訣}로 발전하였다.

이두는 한자를 빌려 우리말을 기록하는 것을 말하고 신라 향가를 쓴 향찰^{鄕札} 표기가 이두사용의 가장 완성된 모습으로 여기서는 일본의 가나^{假名}문자의 수준으로 우리말을 표기하였다.[5] 구결은 한문을 읽을 때에 조사^{助詞}나 어미^{語尾}, 즉 토^吐를 삽입하여 이해하기 쉽게 하거나 우리말로 풀어 읽을 수 있게 한 것이다. 아마도 처음에는 한문을 완전히 풀어 읽을 수 있도록 구결을 붙이는 석독구결^{釋讀口訣}의 방법만이 있었으나 한문이 많이 보급되면서 구절이나 문장 말에 토를 붙이는 순독^{順讀}구결(혹은 송독^{誦讀}구결이라고도 함)의 방법이 개발되어 사용된 된 것으로 보인다.

그러나 이러한 이두, 구결은 우리말을 표기하는 데 매우 불편하였다. [해례]『훈민정음』의 권미^{卷尾}에 붙어 있는 정인지^{鄭麟趾}의 후서^{後序}에 "[전략] 昔新羅薛聰, 始作吏讀, 官府民間, 至今行之. 然皆假字而用, 或澁或窒, 非但鄙陋無稽而已, 至於言語之間, 則不能達其萬一焉. ─옛날에 신라 설총이 이두를 처음 만들어 오늘에 이르기까지 관청이나 민간에서 이를 사용하고 있으나 이것이 모두 한자를 빌려 쓰는 것이어서 혹은 꺽꺽 하고 혹은 막히고 비단 속되고 근거가 없을 뿐만 아니라 실제로

---

4 '厭觸'에 대하여는 『三國遺事』(권3) 「原宗興法」'厭觸滅身'조를 참고할 것. '異次頓'을 '厭觸'으로 읽는 것을 '半借意', 혹은 '譯上不譯下'의 표기로 불렀다.
5 '吏讀'라는 용어는 고려 후기, 또는 조선 전기에 만들어진 술어로 본다. 왜냐하면 元代에 漢兒言語를 기반으로 하여 文語인 吏文이 생겨났고 그것이 고려 후기에 한반도에 수입되어 조선 전기에는 조선 吏文이 발달하였기 때문이다. 이 양자를 구별하기 위하여 원대에 발달한 중국의 吏文을 '漢吏文'이라 하고 이의 영향을 받아 조선시대에 관공서의 公用文으로 사용하던 吏文은 '朝鮮 吏文'으로 부른다. 조선 후기에 들어오면 조선이문과 吏讀文이 혼합되어 더욱 漢吏文과는 다르게 된다(졸고, 2006b).

언어를 적는 데는 그 만에 하나도 도달하지 못 한다"라고 하여 이두가
우리말을 기록하는 데 얼마나 불편했는가를 말하고 있다.

1.1.1.1 중국은 국토가 광활^{廣闊}하여 수많은 민족으로 구성되었고
그 언어도 다양하다. 그리하여 각 시대별로 각 민족이 공동으로 사용하
는 언어가 필요하게 되었다. 주대^{周代}에는 낙양^{洛陽}의 말을 기반으로 하는
표준어가 있었지만 이를 지칭하는 말이 없었으며 춘추^{春秋}시대에는 이를
'아언^{雅言}'이라고 하였다. 전국^{戰國}시대에는 육국^{六國}이 모두 자기나라 말로
표준어를 삼았으나 주^周의 수도 낙양^{洛陽}의 언어를 기초로 한 동주^{東周}의
표준어 아언^{雅言}은 이 시대에도 상류사회에서 통용되었고 삼경^{三經}과 사
서^{四書}의 언어는 이 아언^{雅言}으로 기록되었다. 이 아언을 한자로 적은 한문
을 고문^{古文}이라 부르고 중국어의 역사에서 상고어^{上古語, Archaic Chinese}라고
하며 이와 같은 아언의 한자음을 상고음^{上古音}이라고 한다.

상고^{上古} 시대의 중국 주변에는 여러 이민족이 있었고 그들도 이 고문
^{古文}에 의거하여 자국의 역사 등을 기록하였는데 문법이 다른 그들의 언
어로부터 각 민족어의 언어 간섭이 있어서 고문의 문법과 어긋나는 표
기가 있었다. 이것을 변문^{變文}이라 하고 돈황^{敦煌} 유물에서 발견된 문헌
가운데 변문 자료가 적지 않다. 이런 시각에서 보면 〈조선왕조실록〉이
나 여러 역사서에 쓰인 우리의 한문도 변체 한문에 속할 것이다. 한반
도에서 작성된 한문은 흔히 선진^{先秦}시대의 고문에 비하여 다른 문법으
로 표현한 것이 적지 않기 때문이다.

1.1.1.2 진^秦이 중원을 통일한 이후 중국의 서북방언이 통용어로
서 세력을 얻는다. 한 대^{漢代}에는 서북방언에 속하는 장안^{長安}의 말을 기초

로 한 공통어가 생겨나 당대唐代에까지 이어졌다. 이 말은 '통어通語', 또는 '범통어凡通語'라고 하였으며 한漢나라의 융성隆盛과 더불어 모든 방언을 초월하여 중국 전역에 퍼져나갔다. 또한 위진魏晉 이후 수隋와 당唐을 거치면서 장안長安을 중심으로 한 통어通語는 중국어의 역사에서 가장 오랜 기간 제국帝國의 공용어로서의 지위를 누렸다. 이 말을 중국어의 역사에서 중고어中古語, Ancient Chinese라고 한다.

이때에 이 범통어凡通語를 기초로 하여 산문散文을 쓰는 것이 유행하였으며 이것을 백화문白話文이라고 하였다. 이 백화문은 고문古文이나 변문變文과 다른 또 하나의 문어文語가 생겨난 것이다.[6] 무엇보다도 중요한 것은 이 통어로 불교의 경전들이 중국어로 번역되어 한자로 표기되었다는 점이다. 우리가 불경의 한문을 어려워하는 것은 사서오경四書五經의 고문과 매우 다른 표현이 있기 때문이다. 다만 이 통어는 역사적으로 1천여 년간 통용어의 지위를 누렸기 때문에 고문 못지않게 일반화되었다.

특히 송대宋代에는 북송北宋이 중원中原에 정도定都한 후에 변량汴梁을 중심으로 한 중원中原의 어음이 세력을 얻자 전시대 통어通語의 한음漢音을 유지하기 위하여 많은 운서가 간행되었다. 특히 수대隋代에 육법언陸法言의 『절운切韻』이 당대唐代 손면孫愐의 『당운唐韻』으로, 그리고 송대宋代 진팽년陳彭年과 구옹邱雍의 『대송중수광운大宋重修廣韻』(이하 〈광운〉으로 약칭함)으로 발전하여 이 시대의 한음漢音은 운서의 정음正音으로 정착하게 된다. 〈광운〉을 기본으로 한 『예부운략禮部韻略』 등은 당시 과거시험의 표준 운서이었음으로 이 운서음은 전국적으로 널리 유포되었다. 이것을 한

---

6 예를 들면 『三國志演義』, 『水滸傳』, 『金甁梅』, 『西遊記』 등의 중국 고대소설은 이 白話文으로 쓰였다. 20세기에 들어와서 胡適 등이 主唱한 白話運動은 古文을 중심으로 한 문학에 대하여 口語를 기본으로 하는 문학운동이며 여기에 新思想 등을 가미한 것이다.

자의 중고음^{中古音}이라고 부른다.

2) 한아언어(漢兒言語)와 표음 문자의 등장

1.1.2.0 그러나 몽골에 의하여 건국된 원^元이 수도를 대도^{大都}, 즉 연경^{燕京}(지금의 北京)으로 정하자 이곳의 언어가 공용어로서 세력을 얻기 시작하였다. 원^元의 대도^{大都} 주변에는 요대^{遼代} 이후에 많은 민족이 모여 살았고 그들 가운데는 중국어와 같은 고립적인 문법 구조가 아닌 교착어를 사용하는 알타이민족도 섞여 있었다. 이들이 일상생활이나 교역 등의 접촉에서 언어 소통을 위하여 중국어를 기본으로 하고 자신들의 언어를 섞어 스스로 만든 공통어가 있었는데 그것이 '한아언어^{漢兒言語}'이었다. 이 말의 한자 발음을 '몽고음^{蒙古音}'이라고 불렀다.

이 한아언어는[7] 앞에서 언급한 그동안의 중국에서 통용되던 통어^{通語}와는 매우 다른 언어로서 우선 몽고음^{蒙古音}은 종래의 중고음^{中古音}과 서로 달랐을 뿐만 아니라 언어구조도 상당한 차이를 보였다. 이러한 발음의 차이는 이미 중고음^{中古音}으로 학습한 고려인들의 중국어 지식을 근본적으로 흔들어 놓았다. 따라서 고려 후기와 조선 초기에는 〈몽운〉의 몽고음이라고 불리는 북경어의 발음을 학습하기 위하여 필사적이었다.[8]

---

7 이 漢兒言語는 明의 永樂大帝가 北京으로 천도한 이후에 漢人들에 의하여 수정되어 官吏들의 언어로 사용되었으며 이를 北京官話라고 하였다. 이것은 明初에 南京官話의 영향을 받아 변질된 北京語를 말하며 이것은 淸代 북경 만다린을 거쳐 오늘날 중화인민 공화국의 표준어인 普通話의 母胎가 된 것이다(徐世榮, 1990).

8 成三問은 『直解童子習』의 서문에서 중국어 학습에서 발음 학습의 어려움을 역설하면서 "[전략] 號爲宿儒老譯, 終身由之, 而卒於孤陋. [중략] 我世宗文宗慨然念於此, 旣作訓民正音, 天下之聲, 始無不可盡矣. 於是譯洪武正韻 以正華音 [하략] ―[한자의 발음은 이름난 유학자나 노련한 역관이라도 종신토록 그대로 가다가 고루한대로 마치게 된다. [중략] 우리 세종과 문종대왕께서 이에 탄식하는 마음을 가져 이미 만든 훈민정음이 천하의

원元의 흥융으로 한아언어漢兒言語는 중국 전역으로 퍼져나갔고 이를 학습하기 위한 발음사전이 간행되기도 하였는데 그 가운데 하나가 『고금운회古今韻會』(1292)이었다.[9] 이 운서는 앞에서 언급한 〈광운〉 등 절운계切韻系 운서와는 많은 차이가 있었으며 훈민정음 창제 이후 처음으로 세종이 이 운서를 번역하도록 명한 바 있다. 우리 한자음의 모태母胎인 중고음과 원元의 공용어인 몽고음의 차이를 밝히려는 것이었는데 이러한 연구가 바로 고려와 조선에서 역학譯學을 크게 발달시킨 것으로 보는 것이다.[10]

1.1.2.1 『고금운회』는 원대元代의 한아언어를 학습하기 위하여 몽고 파스파八思巴 문자로 편찬된 『몽고운략蒙古韻略』,[11] 『몽고자운蒙古字韻』,

---

모든 소리를 나타내지 못하는 것이 전혀 없어서 이에 홍무정운을 번역하여 중국어의 발음을 바로 잡았다"라고 하여 세종과 동궁이 모두 중국어 학습을 위하여 이 문자를 제정한 것으로 보았다.

9 『古今韻會』는 元代 黃公紹이 지은 尨大한 北京 발음의 韻書로서 실제로 간행되지 못하고 그의 제자인 熊忠이 이를 간소화한 『古今韻會擧要』가 간행되어 세상에 알려졌다. 現伝하는 『古今韻会擧要』에는 元 大德 元年(丁酉, 1297)에 쓴 熊忠의 自序가 至元 28년(壬辰, 1292)에 작성된 劉辰翁의 序文과 함께 실려 있다. 이때에 刊行된 初刊本의 30卷 10冊이 高麗大学校 中央図書館 華山文庫에 現伝한다. 이 책의 卷頭에는 "礼部韻略七音三十六母通攷"라는 제하에 '蒙古字韻音同'이란 소제를 붙이고 "韻書始於江左, 本是吳音, 今以七音韻母通攷韻字之序, 惟以雅音求之無不諧叶"라고 하여 『古今韻会』가 어느 정도 北方音을 受容하고 있음을 알 수 있다. 이에 대하여 朝鮮 崔世珍의 『四声通解』卷頭에 附載된 26조 凡例 가운데 "[前略] 黃公紹作韻会字音則亦依蒙韻 [下略]"라고 하여 韻会가 元代 蒙古韻의 계통임을 증언하고 있다.

10 譯學은 譯官을 양성하기 위하여 외국어를 학습하는 것을 말한다. 고려와 조선시대는 학문 분야를 10개로 나누고 해당 館所에 교육을 담당하게 하였다. 고려 恭讓王은 10학을 두었고(『高麗史』권77) 조선에서는 태조가 6학(兵學, 律學, 字學, 譯學, 醫學, 算學)을 두어 양가자제를 교육하였으며(『태조실록』(권2) 태조 2년 10월조) 태종은 태조의 六學에 '儒學, 吏學, 陰陽風水, 樂學'을 추가하여 十學을 두었다(졸저, 2002).

11 『蒙古韻略』은 조선 중종 때에 崔世珍이 간행한 『四聲通解』에 그 서명이 보이나 현전하지 않는다. 아마도 『蒙古字韻』의 축소판일 것이다(劉昌均, 1978). 졸저(2009)에서는 元代 파스파 문자가 제정되고 나서 간행된 蒙韻에는 『예부운략』의 표준음을 파스파 문자로 표음한 『蒙古韻略』이 가장 먼저 간행되었고 이어서 『新刊韻略』을 기반으로 한 『蒙古

{증정}『몽고자운』 등의 몽운蒙韻을 기초로 한 것이다. 실제로『고금운회』에는『몽고자운』[12]으로부터 인용한 구절이 많이 보인다. 따라서 현전하는『몽고자운』의 판본은『고금운회거요』보다 후대지만 그 이전에 간행한 것이 있었고[13] 아마도 몽고운서에 의거하여 연경燕京의 한아언어음漢兒言語音을 정리한 것이『고금운회』라고 생각된다.『몽고운략』은 현전하는 것이 없으나『몽고자운』에 의하여 그 모습을 추정할 수 있다(劉昌均, 1978).

전술한 몽고 운서에서 한자음을 기록한 파스파 문자는 원元 세조世祖가 팍스파/八思巴 라마喇嘛로[14] 하여금 제정하게 한 것이다. 그는 조국祖國의 서장西藏 문자를 변개하여 새로운 표음문자를 제정하였는데 원元 세조 6년(1269)에 정식으로 공포되었다. 이 문자는 기본적으로는 한자의 한어음漢語音 표기를 위하여 제작되었으나 몽고어의 표기에도 이용되어 몽골의 쿠빌라이 칸인 원元 세조世祖 이후에는 이 문자를 국자國字로 하기도

字韻』이 있었으며 현재 영국의 大英도서관에 소장된 것은 至大 戊申(1308)에 朱宗文이 이를 增訂한 {增訂}『蒙古字韻』이 있었는데 이를 淸代 嘉靖연간에 필사한 鈔本이라고 하였다(졸저, 2009 : 95~101).

12 현전하는『蒙古字韻』의 필사본이 大英도서관에 소장되었고 그 판본의 권두에 있는 朱宗文의 自序에 '至大 戊申 淸明 前一日'이란 간기가 있어 원본은 元 武宗 元年(戊申, 1308)에 간행된 것임을 알 수 있다. 따라서 현전하는 {增訂}『蒙古字韻』(1308)은『古今韻會擧要』(1297)보다 후대에 간행된 것이지만 이미『古今韻會』(1292)에『蒙古字韻』이 인용되었으므로『蒙古字韻』의 〈증정본〉은 후대의 교정본으로 보아야 할 것이다.

13 최세진의『四聲通解』에 전재된 신숙주의『四聲通攷』에는『蒙古韻略』이란 운서가 보이는데 이것은『古今韻會』보다 이른 시기의 운서로 보인다.

14 원래 八思巴는 吐蕃의 薩斯嘉 사람으로 티베트 불교의 喇嘛이었으나 忽必烈汗이 吐蕃을 征伐할 때에 포로가 되어 燕京으로 끌려왔던 사람이다. 忽必烈汗이 大汗이 되어 元의 世祖가 되자 八思巴의 學識을 높이 사서 그를 國師로 모셨다. 元 世祖는 그에게 몽고인의 한자 학습과 몽고어를 기록하기 위한 문자를 제정하도록 명하였는데 그는 蒙古人이 한자음을 학습할 때에 발음기호로 사용할 수 있을 뿐만 아니라 몽고어도 기록할 수 있는 八思巴문자를 만들었다.

하였다. 고려 후기에 한반도에 유입되어 몽고어 학습과 더불어 널리 알려졌으며 조선 초기의 역과譯科 시험에는 몽고어 시험에서 이 문자가 출제되었다(졸저, 1990).

1.1.2.2 원래 이 문자는 원元 제국帝國에서 사용되고 있는 여러 외국어를 번역飜譯하기 위하여, 즉 이 문자로 이 언어들을 표음하기 위하여 제정된 표음문자로서 표기 대상에 따라 새로운 글자를 더 만들기도 하고 대상 언어에 없는 음운의 문자는 사용하지 않는 등 표기상의 여러 변종이 있었다. 산스크리트 문자의 전사轉寫에도 사용되어 이 문자의 번자飜字를 위한 새로운 글자를 만들기도 했다.

따라서 몇 개의 글자를 만들었는지 확인하기 어려우나 『원사元史』(권202) 「전傳」 89 '석로釋老 파스파ㅅ思巴'조에는 41자를 만들었다고 밝혀놓았다. 그러나 원대元代에 편찬된 성희명盛熙明의 『법서고法書考』나 도종의陶宗儀의 『서사회요書史會要』에는 모두 43개의 글자를 만들었다고 하였다. 후자는 중국 성운학에서 인정하는 어두 자음의 36 성모聲母에 모음을 표음하는 유모喩母의 7자를 더한 것이다. 그러나 다음의 [표 1-1]에서 보이는 바와 같이 유모喩母가 이미 36 성모에 포함되어 있어서 실제로는 6개의 유모자만 보였고 위의 43글자로 소개한 두 책에서는 한 글자가 빠진 모두 42자만을 보였을 뿐이다.

원대元代 지대至大 무신戊申년(1308)에 주종문朱宗文 증정한 {증정}『몽고자운』의 권두에 부재된 파스파 문자로 표음된 36자모가 있다. 이 자모도는 조선 최세진의 『사성통해四聲通解』에서 「홍무운洪武韻 31자모도字母圖」로 바꿔서 파스파 글자 대신에 정음자로 보였다. 원래 이 자모도는 파스파 문자로 작성되어 3개의 〈몽운〉, 즉 『몽고운략蒙古韻略』과 『몽고자운』, 그리고 원말元末에 주종문朱宗文이 증정한 {증정}『몽고자운』에 모두 첨부되었을 것이나 현전하는 것은 마지막 〈몽운〉의 〈증정본〉에 첨부된 것뿐이다.

전술한 『사성통해』에는 이 3개 몽운에 첨부되었을 자모도字母圖를 파스파 문자 대신에 정음으로 바꿔서 「광운廣韻 36자모도」, 「운회韻會 35자모도」, 「홍무운洪武韻 31자모도」로 게재하였다(졸저, 2009). 이 자모도는 성운학에 의거하여 사성四聲 칠음七音으로 성모를 나누고 칠음七音 가운데 설음舌音과 순음脣音, 치음齒音을 다시 설두舌頭와 설상舌上, 순중脣重과 순경脣輕, 치두齒頭와 정치正齒로 나누어 자모도를 작성하였다.

그리고 사성四聲은 평상거입平上去入으로 나뉘는 성조聲調가 아니라 여기서는 전청全淸, 차청次淸, 전탁全濁, 불청불탁不淸不濁의 조음 방식을 말하는 것이다. 그리하여 칠음七音을 횡橫으로 하여 경經을 삼고 사성四聲을 종縱으로 하여 위緯를 삼아 칠음과 사성으로 종횡, 즉 경위經緯를 맞춘 자모도가 유행하였다. 이 자모도字母圖에 맞추어 파스파 36자모를 표로 보이면 다음과 같다.

[표 1-1] {증정}『몽고자운(蒙古字韻)의 36자모표』(졸저, 2009 : 187에서 재인용)

	牙音	舌音		脣音		齒音		喉音	半音	
		舌頭音	舌上音	脣重音	脣輕音	齒頭音	正齒音		半舌音	半齒音
全淸	見	端	知	幇	非	精	照	曉		
次淸	溪	透	徹	滂	敷	淸	穿	匣		
全濁	群	定	澄	並	奉	從	床	影		
不淸不濁	疑	泥	娘	明	微			喻	來	日
全淸						心	審			
全濁						邪	禪			

[표 1-2] 『사성통해』 권두의 〈洪武韻 31자모도〉

五音	角	徵	羽		商		宮	半徵	半商
五行	木	火	水		金		土	半火	半金
七音	牙音	舌頭音	脣音重	脣音輕	齒頭音	正齒音	喉音	半舌	半齒
全清	見ㄱ견	端ㄷ뒨	幫ㅂ방	非ㅸ비	精ㅈ징	照ᅐ·쟐	影ㆆ힝		
次清	溪ㅋ키	透ㅌ튱	滂ㅍ팡		清ㅊ칭	穿ᅕ쳔	曉ㅎ향		
全濁	群ㄲ꾼	定ㄸ·띵	並ㅃ:삥	奉ㅹ뽕	從ᅑ쭝	狀ᅏ쫭	匣ㆅ향		
不清不濁	疑ㆁ이	泥ㄴ니	明ㅁ밍	微ㅱ미			喩ㅇ유	來ㄹ래	日ᅀ·싈
全清					心ㅅ심	審ᄼ심			
全濁					邪ᄽ써	禪ᄿ·쎤			

[표 1-1]과 [표 1-2]를 비교하여 보면 파스파 글자와 정음의 상호 관련이 어느 정도인지 보여준다.

또 다음의 [표 1-3]을 보면 파스파 문자와 세종의 훈민정음, 또는 정음과의 관계를 추측할 수 있다. 훈민정음은 동국정운식 한자음을 표기하기 위한 것이고 정음은 중국 한자음의 표준음을 표기하기 위하여 만든 글자들이다. 본서에서는 이 둘을 구별하여 사용하기로 한다.

[표 1-3] 〈몽운〉의 36자모 파스파자와 『사성통해』 「홍무운 31자모」의 정음[15]

	牙音	舌頭音	脣音		齒音		喉音	半音	
			脣重音	脣輕音	齒頭音	正齒音		半舌音	半齒音
全清	見ㄱ	端ㄷ	幫ㅂ	非ㅸ	精ㅈ	照ㅊ	曉ㅎ		
次清	溪ㅋ	透ㅌ	滂ㅍ	敷ㅸ	清ㅊ	穿ㅎ	匣ㆆ		
全濁	群ㄲ	定ㄸ	並ㅃ	奉ㅹ	從ㅉ	床ㅉ	影ㅎ		
不清不濁	疑ㅇ	泥ㄴ	明ㅁ	微ㅱ			喩ㅇ	來ㄹ	日ㅿ
全清					心ㅅ	審ㅅ			
全濁					邪ㅆ	禪ㅆ			

---

15 졸저(2009 : 256)에서 훈민정음 〈언해본〉의 32자와 〈蒙韻〉에서 파스파 자모로 표시된 32자모를 비교한 도표를 수정 보완하였다.

즉, [표 1-3]의 '홍무운 31자모'에서 정음은 한어음漢語音의 표기에만 필요한 치두齒頭와 정치正齒의 구별을 없애서 5자를 줄이고 순경음의 차청 부敷/뭉/모가 비非모와 같은 글자이어서 이를 제외하면 모두 27자가 되는데 이것이 처음에 훈민정음을 제정할 때에 만든 '언문 27자'이다.[16] 최만리崔萬理의 반대 상소문에 등장하는 '언문 27자'는 바로 이것을 말하며 『훈몽자회』의 「언문자모」의 부제副題인 '속소위반절이십칠자俗所謂反切二十七字'의 '반절 27자'도 이것을 말한다.

이 27자에서 우리 한자음과 우리말을 표기하는 데에 필요하지 않은 순경음 4자를 제외하면 흔히 『동국정운』의 23자모로 알려진 훈민정음의 초성이 된다. 이를 도표로 보이면 다음과 같으며 여기서 전탁의 6자를 빼면 훈민정음 초성의 17자가 된다.

[표 1-4] 동국정운 23자모

	牙音	舌音	脣音	齒音	喉音	半舌音	半齒音
全淸	ㄱ(君)	ㄷ(斗)	ㅂ(彆)	ㅈ(卽)	ㆆ(挹)		
次淸	ㅋ(快)	ㅌ(呑)	ㅍ(漂)	ㅊ(侵)	ㅎ(虛)		
全濁	ㄲ(虯)	ㄸ(覃)	ㅃ(步)	ㅉ(慈)	ㆅ(洪)		
不淸不濁	ㆁ(業)	ㄴ(那)	ㅁ(彌)		ㅇ(欲)	ㄹ(閭)	△(穰)
全淸				ㅅ(戌)			
全濁				ㅆ(邪)			

1.1.2.3 중국 주변 민족의 문자 제정과 사용에 대하여 고찰하면 고대시대의 동북아東北亞에서는 한자가 가장 강력한 문자였다. 설령 간혹 다른 민족이 발전시킨 문자가 있었다 하더라도 거대한 선진 중국

---

16 한글 제정에서 초기의 언문 27자는 본서의 제2장 2.1.2.2에서 [표 2-2]로 제시하였다. 蒙韻의 32자모에서 齒頭와 正齒를 구별하는 5자를 통합한 27자이며 동국정운 23자모는 순경음 4자를 뺀 것이다. 다만 '초기의 언문 27자'는 운목의 한자가 모두 〈廣韻〉 계통의 운서, 특히 蒙韻의 것을 따랐다.

문화를 등에 업은 한자에 밀려 소멸될 수밖에 없었다. 그러나 불교의 전래와 더불어 중국에 들어온 범자梵字는 우월한 고대 인도문화와 불교의 경전經典을 배경으로 하는 표음문자이어서 한자와는 여러 가지로 대조되는 문자였다. 한자의 권위에 눌려 지내던 주변 민족들의 문자생활은 범자梵字를 접하면서 점차 다르게 되었다.

신숙주의 『보한재집保閑齋集』에 수록된 '이승소비명李承召碑銘'에 의하면 "世宗以諸國各製字, 以記國語, 獨我國無之, 御製字母二十八字 – 세종은 여러 나라가 각기 글자를 만들어 나라의 말을 기록하는데 홀로 우리나라만 없어서 자모 28자를 임금이 만들었다"라는 기사가 있어 앞에서 살핀 주변국가의 문자 제작에 관하여 세종이 익히 알고 있었고 그에 자극되어 새 문자를 창제하였음을 알려준다. 훈민정음 제정 이전에 한반도 주변 민족의 문자 제정과 사용은 다음과 같다.

㉠ 서장(西藏) 문자 – 서장(西藏)의 토번(吐蕃)에서는 서기 640년대, 송첸감보(Srong-btsan sgam- po)왕 때에 인도에 유학하고 돌아온 톤미 아누이브(Thon-mi Anui'v) 등이 왕의 명을 받고 서장어(西藏語), 즉 티베트어를 기록할 수 있는 표음문자를 만들었다고 한다. 원저에서는 토번(土蕃)의 재상(宰相) 톤미 삼보타(Thon-mi Sam-bho-ṭa)가 이 문자를 제정한 것으로 하였으나 졸저(2009)에서 이를 수정하였다. 톤미 아누이브 등의 16인을 인도에 파견하여 고대 인도의 비가라론(毘伽羅論)과 성명기론(聲明記論)을 배우고 고국에 돌아 와서 새 문자를 만들었으니 이것이 오늘날에도 티베트에서 사용되는 서장(西藏) 문자다.

㉡ 거란(契丹) 문자 – 요(遼)의 태조 야율아보기(耶律阿保機)가 한자를 변형시킨 3천여자의 거란대자 (契丹大字)를 만들어 신책(神冊) 5년

(920)에 반포하였고 왕자 질랄(迭剌)은 위구르(Uighur)문자를 모방하여 표음적인 거란소자(契丹小字)를 만들어 사용하였다.

ⓒ 여진(女眞) 문자 - 금(金) 태조 아구타(阿骨打)는 완안희윤(完顔希尹, 본명 谷神)으로 하여금 거란소자에 의거한 여진대자(女眞大字)를 만들게 하여 천보(天輔) 3년(1119)에 반포하였다. 그 후 희종(熙宗)은 역시 완안희윤(完顔希尹)으로 하여금 천권(天眷) 1년(1138)에 표음적인 여진소자(女眞小字)를 만들게 하여 사용하였다. 이 문자들은 표의문자와 표음문자를 혼효시킨 이두표기와 같은 방법의 표기법을 가졌다.

ⓔ 몽고-위구르자(蒙古畏兀字) - 몽고의 칭기스칸은 위구르인(畏兀人) 타타퉁아(塔塔統阿)로 하여금 위구르 문자로 몽고어를 기록하였는데 후일 이것이 몽고-위구르 문자가 되었다. 이 문자는 청(淸)의 만주 문자에서 차용하여 만주-위구르 문자로 사용된다.

ⓜ 파스파 문자 - 원(元) 세조는 팍스파(八思巴) 라마로 하여금 당시 사용되던 몽고-위구르 문자와는 다른 새 문자를 만들게 하여 이를 파스파(八思巴) 문자로 불렀다. 이 문자는 그 모양이 방형(方形)이어서 일명 사각문자(四角文字, Dörbörjin, 帖兒月眞)로도 불리고 몽고전자(蒙古篆字), 또는 명의 눈치를 보아 그대로 몽고 자양(字樣)이라고도 하였다. 이 문자는 서장(西藏, 티베트)의 유두체(有頭體, dbu-čan) 문자를 개량한 것으로 음절 단위로 몽고어를 기록하게 한 음소문자였다.

이와 같이 중국을 제외한 주변국가에서는 건국초기에 자신의 언어를 표기하는데 적당한 새 문자를 만들어 공포하는 일이 많았다. 특히 중국어와 다른 교착적 문법구조의 언어를 사용하는 민족이 국가를 건설했을 때에 이러한 현상은 두드러지게 나타난다.

그러나 이들 문자들은 한자의 영향권에 있었기 때문에 대체로 한자를 변형시킨 문자들이 대부분이었다. 일본에서는 한자로 일본어를 표기하던 망요가나萬葉假名를 더욱 간략화하여 가타가나片假名와 히라가나平假名로 발전시켜서 일본어를 기록하였고 요遼의 거란 문자와 금金의 여진 문자, 그리고 베트남越南에서도 한자를 변형시킨 자남字喃, Chu nôm을 14세기경부터 발달시켜 자국의 언어를 기록하였다.

1.1.2.4 중국 주변의 동아시아의 여러 민족들은 중국어와 다른 문법구조의 언어를 사용한다. 즉, 고립어인 중국어에 비하여 주변의 여러 민족들은 그동안 우리가 알타이어족이라고 부르던 교착적膠着的 문법구조의 언어들이 거의 대부분이었다. 이 언어들을 표기하는데 한자漢字가 매우 불편하였다. 왜냐하면 문장 속에서 각 단어들의 관계가 대부분 어순語順에 의존하는 중국어에 비하여 어미語尾와 조사助詞가 발달하여 이것으로 각 단어의 관계를 표시해 주는 교착어膠着語의 표기에서, 특히 형태부를 한자로 적기가 어렵기 때문이다. 우리말을 한문으로 표기할 때에 구결口訣 토吐를 사용하는 이유가 여기에 있다.

그리하여 동아시아의 여러 민족들은 한자 이외에 다양한 문자를 제정하여 자신들의 언어를 표기하는 데 사용하였다. 처음에는 아무래도 당시 가장 강력한 문자인 한자에 의거하여 이를 변형시켜서 자국어를 표기하는 방법을 개발하였는데 이렇게 발달한 문자가 바로 일본의 가나假名 문자를 비롯한 동북아의 거란契丹고 여진女眞 등의 문자들이다. 그러나 때로는 서양의 셈Semitic문자를 들여다가 표기하기도 하였다. 유라시아대륙의

거의 대부분을 정복한 칭기즈 칸은 영어의 알파벳과 같은 계통의 위구르 문자로 대제국大帝國의 언어를 표기하게 하였다. 이 문자는 오늘날에도 몽고에서 사용되고 있는 몽고-위구르 문자로 북셈Northern Semitic 문자의 계통인 아람Aramaic문자에서 소그드Sogdic 문자를 거쳐 온 것이다.

3) 범자(梵字)와 비가라론(毘伽羅論)

1.1.3.0 반면에 고대인도의 산스크리트 문자, 즉 범자梵字를 본 따서 표음문자를 제정하여 자국어를 표기한 예도 있다. 7세기 중엽 티베트의 토번吐蕃 왕국의 송첸 감포Srong-btsan sgam-po, 松贊干布 왕은 톤미 아누이브 Thon mi Anui' bu를 비롯한 16인의 신하들을 인도에 유학시켜 판디타 헤리그 셍게iHa'i rigs seng ge에게서 고대인도의 비가라론毘伽羅論과 반자론半字論, 만자론滿字論을 배우게 하였다. 그리하여 귀국 후에 티베트어에 맞도록 자모字母 30글자를 만들고 모음 표시의 기호로 4개를 더 만들어 왕에게 받쳤고 송첸 감포 왕은 이를 공표하여 토번吐蕃의 국자로 사용하였다.

토번吐蕃 왕국의 송첸 감포松贊干布 왕은 당唐 태종의 딸인 문성공주文成公主와 결혼하여 티베트에 중국 문화를 도입한 군주君主로 널리 알려졌다. 그러나 그는 불교를 통하여 인도의 문화를 받아들이기도 하였는데 유학을 갔던 신하臣下들이 돌아와 인도의 범자梵字와 같이 음절 문자인 서장西藏 문자를 제정한 것이다. 이 문자는 고도로 발달한 음성학인 고대인도의 성명기론聲明記論에 의거한 표음문자여서 매우 과학적일 뿐만 아니라 표음문자여서 언어 표기에 유용하였다.[17]

---

17 毘伽羅論은 베다(Veda) 경전의 梵語에 대한 문법론으로 漢譯에서는 記論이라 하였다. 따라서 聲明記論은 聲明, 즉 인간의 언어음에 대한 毘伽羅論의 연구를 말한다. 聲明에 대하여는 졸고(2016b)를 참고할 것.

그리하여 토번의 티베트어만이 아니라 주변의 다른 민족들도 이 문자로 자신들의 언어를 표기하는 일도 있었다. 티베트 주변의 남Nam의, 장중 Zhangzhung어, 갸롱Gyarong어, 토스Tosu어 등이 이 문자로 기록되었고 13세기의 파스파 문자, 18세기의 레프챠 문자 등이 이 문자로부터 발달한 것이다. 이 티베트의 서장西藏 문자는 현재도 티베트 지역에서 사용된다.

원래 고대인도의 비가라론毘伽羅論은 베다Vedic 경전經典의 산스크리트를 학습하기 위한 문법이론으로 범자梵字로 표기된 베다 경전의 범어梵語에 대한 음운 연구도 포함되었다. 서양의 언어학계에서는 19세기 말에 겨우 파니니Pāṇini의 『八章Aṣṭādhyāyī』으로 소개되었다. 이 문헌은 기원전前 5~7세기에 이루어진 것으로 보이는 굴절어인 범어梵語의 문법을 3천에 가까운 규칙으로 설명한 인류 최고最古의 문법서로 알려졌다. 서장西藏 문자는 이렇게 발달된 언어학 이론에 의거하여 제정된 문자였다.

7세기 중반에 토번吐蕃에서 서장西藏 문자의 제정이 성공하자 중국 북방의 여러 민족들이 새 국가를 세우면 새 문자를 제정하는 전통이 생겼다. 그것은 그들의 언어가 한자만으로 표기하기 어려운 문법구조의 언어였으며 또 중국의 한자 문화에 동화되어 자신들이 소멸될 것을 두려워하였기 때문이다. 요遼를 건국한 야율아보기耶律阿保機가 계란契丹 문자를 제정한 것이 그러하고 금金을 세운 아구타阿骨打의 여진女眞 문자가 그런 전통에 의하여 제정된 문자다.

1.1.3.1 원대元代 파스파 문자의 제정도 그런 맥락에서 제정된 문자다. 파스파 문자는 칭기즈 칸成吉思汗의 손자인 쿠빌라이 칸忽必烈汗이 남송南宋을 멸망시키고 중원에 원元을 세운 다음에 역시 새 국가에는 새 문자라는 북방민족의 전통에 따라 새롭게 제정된 문자이다. 몽골의 원

元을 건국한 쿠빌라이 칸은 토번吐蕃의 팍스파八思巴 라마喇嘛로 하여금 제국帝國의 여러 언어의 표기와 한자의 학습을 위하여 표음 문자를 제정하게 하여 제국帝國의 통치 문자로 삼았다.

이 문자가 완성되자 원元 세조世祖는 황제皇帝의 조령詔令으로 이 문자를 반포하고 제국의 각 로路(현재의 省을 말함. 우리의 道에 해당함)에 국자학國字學을 세웠으며 이 문자로 몽고인 학생에는 한문을, 그리고 한인漢人 학생에게는 몽고어를 학습시켰다. 몽고인의 한문 교육에서는 발음기호의 역할을 하였고 몽고어의 교육에서는 표음문자로 사용되었다. 즉, 몽고어를 파스파 문자로 써서 한인 학생들의 몽고어 학습에 사용하였고 몽고 학생들은 파스파 문자로 한자음을 기록하여 한자를 배우게 한 것이다. 졸저(2009 : 161~2)에서 이 국자학國字學의 운영에 대하여 상세하게 거론하였다.

파스파 문자는 몽골의 원元을 멸망시키고 오아吳兒들의 명明을 세운 태조太祖 주원장朱元璋이 호원胡元의 잔재殘滓, 즉 오랑캐 원나라가 남긴 찌꺼기를 없앤다고 하면서 철저하게 파괴하였다. 그래서 파스파 문자로 쓰인 서적이 현재 중국에는 몇 권이 남아있지 않다. 따라서 이에 대한 연구도 매우 소략하여 세계의 문자학계에서는 잘 알려지지 않은 문자의 하나로 간주된다. 우리나라의 파스파 문자를 연구하는 사람들도 대부분 잘못된 지식을 갖고 있고 심지어는 파스파 문자가 서장西藏 문자처럼 음절문자로 보는 연구자도 없지 않다.

무엇보다도 이 문자에서 모음자의 제정에 대한 의견이 제각각이다. 그러나 필자는 영국 런던의 대영大英도서관에 소장된 『몽고자운蒙古字韻』(이하 〈몽고자운〉으로 약칭)을 통하여 파스파 문자가 모두 7개의 모음자를 제정하였음을 밝혔다(졸저, 2009, 졸고, 2011b). 〈몽고자운〉은 현재 남아 있는 세계의 유일한 파스파 문자로 된 운서韻書로서 청淸나라의 건륭乾隆 연간에 필사한 것이다. 이 운서에 제시된 7개의 모음자는 훈민정음의 11개 중성 자中聲字 중에서 7개 단모음 글자와 일치한다.

파스파자의 모음자는 『몽고자운』에서 유모喩母에 속한다고 하였다. 즉, 36성모의 유모喩母 / ᛂ, ᛥ [ɑ] / 에 이를 포함한 7자를 귀속시켜 단독으로 쓰일 때는 이 유모喩母를 앞에 붙이게 하였다. 모음자들이 모두 유모喩母에 속한다고 보았기 때문이다. 이를 모방하여 훈민정음에서는 중성의 글자, 즉 모음자를 욕모欲母 /ㅇ/에 속하는 것으로 간주하고 단독으로 쓸 때에는 /ㅇ/를 초성으로 하여 'ㆍ, ㅡ, ㅣ, ㅗ, ㅏ, ㅜ, ㅓ'로 쓰는 방법을 고안한 것이다. 한글과 파스파 문자와 긴밀한 관계에 있음을 말해주는 중요한 대목이다(졸고. 2018b).

1.1.3.2 그러면 한글과 파스파 문자는 어떤 관계일까? 필자는 졸고 "訓民正音の字形の獨創性－『蒙古字韻』のパスパ文字との比較を通して(일문)," 『朝鮮學報』(일본 朝鮮學會) 第211輯(2009)에서 훈민정음의 자형은 서장西藏 문자의 자형을 모방한 파스파 문자와 달리 독창적임을 강조하였다. 물론 정초鄭樵의 『육서략六書略』에 소재된 '기일(형)성문도起一成文圖'를 참고하지 않은 것은 아니지만 인간의 발음기관이나 천지인天地人 삼재三才를 상형象形하여 만든 독특한 자형字形이었다.

따라서 한글은 파스파 문자를 모방하거나 추종한 것이 아니라 이 문자를 만든 고대인도의 비가라론의 성명기론聲明記論이나 범자梵字의 반자론半字論 및 만자론滿字論을 신미信眉대사의 소개로 세종이 터득하고 이에 근거하여 우리말 표기에 적합한 문자를 만든 것이다. 물론 이 이론들은 불경 속에 포함되어 한반도에 들어왔으며 한글을 제정한 세종의 주변에는 비가라론을 학습하여 이를 터득한 사람들, 즉 다음 장에서 논의할 신미信眉, 김수온金守溫 형제와 같은 학승學僧과 불교 전문가들이 있었다. 이들과 함께 세종은 어려운 비가라론의 성명기론을 학습하고 반자론과 만자론을 익히면서 한글을 발명한 것이다. 그냥 매화틀에 앉아서 문의 창호窓戸 틀을 보고 만든 것이 결코 아니다.

본서에서 훈민정음과의 관계로 논의되는 파스파 문자도 역시 고대인도의 성명기론聲明記論을 근거로 제정된 문자로 보았다. 이 문자는 고대인도의 성명기론에 의거하여 성모聲母를 글자로 제정한 티베트의 서장西藏 문자를 모방한 것이기 때문에 고대인도의 조음음성학의 이론이 바탕에 깔려있었다. 따라서 파스파 문자를 이해할 때에 훈민정음의 지식이 필요한 이유가 여기에 있다.[18] 이 장章에서 훈민정음과 같은 이론으로 제정된 파스파 문자를 고찰하고 훈민정음과의 관계를 중점적으로 고찰하려고 한다.

파스파 문자를 제정하는 데 고대인도에서 유행하던 비가라론毘伽羅論의 성명기론이 많은 영향을 주었음을 깨닫고 앞에서 논의한 훈민정음의 고도로 발달한 조음음성학의 지식이 이로부터 온 것이 아닌가 하는 생각을 하게 되었다. 왜냐하면 파스파 문자는 고대 토번吐蕃의 서장西藏 문자를 모방한 것이며 오늘날에도 사용되고 있는 이 서장西藏 문자는 고대 인도의 비가라론毘伽羅論에 의거하여 제정된 문자이기 때문이다.

---

18 그동안 파스파 문자에 대하여 연구한 서양의 여러 학자들은 훈민정음에 대하여 알지 못하였기 때문에 이 문자에 대하여 이해가 부족하였다. 훈민정음, 즉 한글은 제정 당시에 흔히 〈해례본〉으로 알려진 새 문자의 해설서 『훈민정음』이 현전하고 있어서 이 문자의 制字, 初聲, 中性, 終聲, 合字에 대한 해설과 用字의 예를 통하여 이 문자에 대하여 깊이 이해할 수 있다.

1.1.3.3 고대인도에서 베다 경전의 언어였던 산스크리트어Vedic Sanskrit language에 대한 문법 이론인 비가라론毘伽羅論은 원래 Vyākaraṇa(범어로 '분석하다'란 뜻)를 한자로 적은 것으로 한역漢譯하여 '기론記論'으로 불리는 범어梵語의 문법서였다. 이 가운데 음성학에 관한 것을 성명聲明의 기론記論이란 뜻의 성명기론聲明記論으로 번역하여 사용하였다. 원래 성명기론의 '성명聲明'은 5명明, pañca-vidyā-sthāna의 하나로 오명五明은 다섯 가지 학문이나 기예를 발한다. 여기서 '명明'은 배운 것을 분명히 한다는 뜻이니 '성명聲明'은 바로 음성에 대한 학문을 말한다.

비가라론毘伽羅論에 의거하여 범어의 문법서로서 범어梵語를 가르치는 교사들의 참고문헌으로 기원전 5~4세기에 파니니Pāṇini가 저술한 *Aṣṭādhyāyī* 『八章』(이하 〈팔장〉으로 약칭)가 있다. 이 책은 세계 언어학사에서 굴절어에 대한 최초의 문법서이며 전술한 바와 같이 위대한 음성학의 연구서로 알려졌다. 〈팔장〉은 그 일부가 서양에 전달되어 19세기의 조음음성학을 낳게 하였고 20세기 후반에 언어학계를 풍미風靡한 변형생성문법이나 촘스키·할레(1968)에서 시작한 생성음운론生成音韻論이 모두 이 〈팔장〉의 영향을 받았다고 한다(R. H. Robins, A Short History of Linguistics, Longman Linguistic Library, 4th edition, 1997, London). 〈팔장〉에는 범어의 문법만 아니라 인간의 발화에 사용된 음성의 연구가 들어있었기 때문이다(졸고, 2016b).

그러나 중국과 한반도에는 불경을 통하여 비가라론毘伽羅論과 이의 음성연구인 성명기론聲明記論이 전달되었다. 『대반열반경大般涅槃經』을 비롯한 각종 불경에서 비가라론이 소개되었으며 범자梵字의 교육을 위하여 고대인도에서 널리 사용되던 반자론半字論과 만자론滿字論도 불경에서 쉽게 찾을 수 있다. 성명기론에 의거한 범자梵字는 모음의 마다摩多와 자음의 체문体文으로 나누어 이 각각을 반자半字로 보았으며 범자의 알파벳 교육은 반자교半字敎라고 불렀다. 반면에 자음과 모음의 결합체인 실담悉曇, Siddham 은 만자滿字로 보아 범자梵字의 문자 교육, 즉 실담悉曇 교육은 만자교滿字敎 라 하여 불경의 여기저기서 언급하고 있다.[19]

4) 훈민정음의 제정과 반포

1.1.4.0 다음으로 훈민정음의 제정과 반포에 대하여 살펴보기로 한다. 오늘날 훈민정음의 반포頒布는 우리가 흔히 훈민정음의 〈해례본〉, 또는 〈원본〉으로 부르는 {해례}『훈민정음』(이하 〈해례본〉으로 약칭함)의 간 행으로 생각한다. 그리하여 현재 간송澗松 미술관에 소장된 판본(국보 70호) 의 간행을 새 문자의 반포로 보고 이 책이 간행된 정통正統 11년(1446) 9월 상한上澣을 양력으로 환산하여 10월 9일을 '한글날'로 기념한다.[20] 그러 나 이 〈해례본〉은 성리학性理學과 성운학의 난십難澁한 이론으로 새 글자에 대하여 설명하였기 때문에 어리석은 백성들이 이해하기 어려운 책이다.

그리하여 졸고(2006c)를 비롯한 여러 논저에서 훈민정음의 〈언해본〉 을 실제적인 새 문자의 공표로 보아야 한다고 주장하였다. 즉, 훈민정 음이란 새 문자를 해설한 것으로는 전술한 〈해례본〉을 위시하여 〈실록 본〉에서처럼 한문으로만 된 것이 있고 이를 당시 우리말로 언해한 〈언 해본〉이 있다. 그러나 훈민정음의 〈언해본〉은 불경인 『월인석보月印釋 譜』의 권두에 실려서 유신儒臣들이 보기가 어려웠다. 이 판본에서 훈민 정음만 따로 떼여내어 단행본으로 간행된 것으로 일본에 전해지고 있 는 필사본 『훈민정음』과 「세종어제훈민정음」이 있으며 고려대 육당문

---

19 예를 들어 梵字의 半字敎와 滿字敎의 半滿二敎에 얽힌 설화가 『大宋大慈恩寺三藏法師 傳』이나 『大唐西域記』 등에 자주 등장한다.
20 〈해례본〉 말미의 鄭麟趾 後序에 "正統 十一年 九月 上澣"이란 간기가 있다.

고에『훈민정음』이란 판본이 현전하고 있지만 그동안 이 단행본에 대하여 연구된 것이 없다.

1.1.4.1 필자는 여러 논저에서『월인석보』가 훈민정음 제정과 반포에 관련이 있음을 강조하였다. 훈민정음 제정에 신미信眉라는 학승學僧이 깊이 참여하였으며 새 문자 제정을 못마땅하게 생각하는 명明과 유신儒臣들의 방해를 피하기 위하여 불경에 얹어 이를 공표한 것으로 보았기 때문이다. 그렇다면 훈민정음의 창제에 관계가 있는『석보상절釋譜詳節』(이하 〈석보〉로 약칭)과『월인천강지곡月印千江之曲』(이하 〈월인〉으로 약칭), 그리고『월인석보月印釋譜』(이하 〈월석〉으로 약칭)는 과연 어떻게 편찬되었는지 먼저 고찰하기로 한다.

〈석보〉의 간행에 대하여는 현전하는 〈월석〉의 권두에 있는 수양군首陽君의 서문에 자세히 설명되었고 그 서문의 말미에 "正統十二年七月二十五日에 首陽君諱序ᄒᆞ노라"라는 간기가 있어 정통正統 12년, 즉 세종 29년(1447) 7월 25일에 서문이 작성되었음을 알 수 있다. 따라서 〈석보〉의 간행도 이때의 일로 본다. 〈월인〉의 편찬에 대하여도 〈월석〉 신편의 권두에 부재附載된 세조世祖의 어제서문御製序文에 그 편찬 경위를 적어 놓았다.

즉, 서문에 "乃進賜覽ᄒᆞ시고 輒製讚頌ᄒᆞ샤 名曰月印千江이라 ᄒᆞ시니"라 하여 〈월인〉은 〈석보〉을 세종이 친히 보시고 석가釋迦에 대한 찬송을 지은 것임을 알 수 있다. 그렇다면 〈석보〉와 〈월인〉의 두 책은 거의 동시에 완성된 것으로 볼 수 있고 곧 두 책을 합편하여 '월인석보'라는 이름으로 간행되었으니 이것이 〈월석〉의 구권舊卷이며 아마도 세종 29년(1447) 10월에 간행한 것으로 보인다(졸고, 2013a).

그동안 〈월석〉은 희방사喜方寺 복각본을 비롯하여 권1, 2를 포함한 1책이 알려졌고[21] 권1의 권두에 부재된 세조世祖의 '어제월인석보서御製月印釋譜序'의 말미에 "天順 三年 己卯 七月 七日 序"란 간기로 천순天順 3년, 즉 세조 5년(1459)에 처음으로 간행된 것임을 알 수 있었다. 이것은 서강대학교 소장의 초간본이 발견되어 더욱 확실한 사실로 학계에서는 인정하였다. 그러나 졸고(2013a)에 의하면 정통正統 12년의 간기가 있는 〈월석〉의 옥책玉冊을 찾아 학계에 보고하면서 어쩌면 이 옥책이 세종 생존 시에 간행된 〈월석〉의 구권舊卷의 모습을 보여주는 것이 아닌가 하는 의견을 발표한 일이 있다.

〈월석〉에 신, 구권이 있음은 졸고(2002a)에서 처음 주장된 것으로 졸고(2013a)에 의하면 전술한 세조의 '어제월인석보서御製月印釋譜序'에

　　念此月印釋譜는 先考所製시니 依然霜露애 慨增悽愴ᄒ노라-念ᄒᄃᆡ
　　이 月印釋譜는 先考지ᅀᆞ샨 거시니 의연ᄒ야 霜露애 애와텨 더욱 슬허
　　ᄒ노라. (띄어쓰기 필자, 이하 같음)

라는 구절이 있어 〈월석〉이 세조의 선고先考, 즉 부왕인 세종의 편찬임을 분명히 하였다고 주장하였다. 이어서 같은 서문에

　　乃講劘研精於旧卷ᄒ며 ᄎᆞ括更添於新編ᄒ야-녯 글워레 講論ᄒ야
　　ᄀᆞ다ᄃᆞ마 다ᄃᆞᆫ게 至極게 ᄒ며 새 밍ᄀᆞ논 글워레 고텨 다시 더어,

　　出入十二部之修多羅호ᄃᆡ 曾靡遺力ᄒ며 增減一兩句之去取호ᄃᆡ 期致

---

21 〈월석〉은 대부분 2권을 1책으로 편철하였다. 따라서 25권이 終卷이라는 주장은 제고되어야 한다.

盡心ᄒ야一十二部 修多羅애 出入호ᄃᆡ 곧 기튼 히미 업스며 흔 두 句를
더으며 더러ᄇ리며 ᄲᅮᄃᆡ ᄆᆞᆷ다보물 닐욇 ᄀᆞ장 긔지ᄒ야,

라는 구절이 있어 원래 〈월석〉에는 구권舊卷(옛 글월)이 있었고 세조 자
신 편찬한 것은 여러 불경의 내용을 첨삭한 신편新編(새 밍ᄀᆞ논 글월)임을
밝히고 있다.

그러나 이렇게 세조의 '어제월인석보서序'에서 분명하게 〈월석〉의 구
권舊卷과 신편新編이 있음을 밝혀 놓았음에도 불구하고 그동안 이에 대하여
전혀 아무런 논의가 없었던 것은 일제 강점기强占期의 일본인 학자의 연구
를 금과옥조金科玉條로 생각하는 몇몇 서지학자들의 맹신盲信 때문으로 생
각한다. 즉, 처음으로 〈월석〉의 편찬과 간행 및 서지학적인 문제를 다룬
일본인 불교학자 에다 도시오江田俊雄의 주장, 즉 에다(1934, 1936a, b)의 학설
을[22] 우리 국어학계가 아무런 여과 없이 그대로 수용하였기 때문이다.

〈월석〉 신편의 권두에 '세종어제훈민정음世宗御製訓民正音'이란 훈민정음
의 〈언해본〉이 부재附載되어 이것으로 새 문자를 먼저 익히고 이어서
〈월석〉를 읽으라는 뜻이었음은 앞에서 언급하였다. 오늘날 구권의 권1
이 발견되지 않아서 확언은 할 수 없으나 아마도 〈월석〉의 구권에도
제1권 권두에 '세종어제'가 빠진 '훈민정음'이 부재되었을 것이다. 그리
고 이것이 본체와 분리된 것이 고故 박승빈朴勝彬선생이 소장한 원본『훈
민정음』은 남아있던 책판을 쇄출하여 제책한 것으로 생각한다.[23]

---

22 江田俊雄의 〈월석〉와『釋譜詳節』,『月印千江之曲』에 대한 에다(1934, 1936a, b)의 주장
은 小倉進平(1940)과 小倉進平·河野六郎(1964)에 그대로 수용되었다. 이에 대하여는
졸고(2013a)를 참조.
23 〈월석〉 舊卷은 세종의 生存 時에 간행된 것임으로 '世宗御製'란 말이 붙을 수 없다.
고려대 도서관의 육당문고에 소장된 훈민정음의 〈언해본〉은 '세종어제'가 없는 '訓民正
音'이다. 이에 대하여는 졸고(근간)를 참고할 것.

훈민정음의 제정을 둘러싸고 아직도 많은 문제가 논의되고 있다. 그 주요한 쟁점은 다음과 같다. 첫째 세종 단독의 창제인가? 집현전集賢殿 학자로부터의 도움은 없었는가? 둘째 어느 시기에 제정되었는가? 셋째 언제 어떤 방식으로 반포 되었는가? 이제 이 각각에 대하여 검토하기로 한다.

훈민정음이 제정된 시기는 전술한 바와 있는 『세종실록』의 기사에 의하면 세종 25년(1443) 12월이라고 본다. '훈민정음'에 관한 기사는 『세종실록』에 두 번 등장하는데 한 번은 세종 25년 12월의 기사와 또 하나는 세종 28년(1446) 9월의 기사에 보이는 "是月訓民正音成. 御製曰 : 國之語音. 異乎中國 [하략]"이다. 한때 후자의 '훈민정음'이 문자의 완성으로 보고 한글날을 이 날로 기념하였으나 이것은 속칭 '해례본'으로 불리는 『훈민정음』이란 책자의 완성을 말한 것이다. 후일 해례본 『훈민정음』의 간행을 새 문자의 반포頒布로 간주하여 이 책이 간행된 정통 11년(1446) '9월 상한九月 上澣'을 양력으로 환산하여 10월 9일로 하고 이를 한글날로 기념하게 되었으나 이때에 문자가 완성된 것은 아니다.

훈민정음의 〈해례본〉은 후일 집현전 학자들이 세종의 친제한 정음正音 문자를 중국의 성운학聲韻學과 성리학性理學의 연구방법으로 해설한 것이다. 해례본의 도처에서 고대인도 비가라론毘伽羅論의 성명기론聲明記論에 의거한 세종과는 다른 의견이나 해설이 보인다. 따라서 〈해례본〉은 훈민정음의 해설서에 불과하며 또 반포로 볼 수도 없는 것이어서 이 책이 간행된 날을 훈민정음 창제의 기념일로 삼는 것은 무리한 일이다.

훈민정음의 반포는 앞에서 말한 바와 같이 {해례}『훈민정음』의 간행으로 보는 견해가 일반적이다. 세종이 새 문자를 창제하여 맨 처음 시도한 것은 『고금운회古今韻會』의 번역이었으며 이것은 새로 만든 문자로 이 운서에 정리된 몽고음蒙古音, 즉 당시 한자의 북경北京 중심의 동북방언음을 체계적으로 정리하려는 것이었다. 그러나 정의공주貞懿公主의 암시로 우리말을 전면적으로 표기하는 데 이 문자를 사용하기에 이르렀다(졸고, 2014b).

먼저 세종이 수양대군首陽大君, 신미信眉, 김수온金守溫 등으로 하여금 〈석보〉을 편찬하게 하였고 세종 스스로가 〈월인〉을 편찬함으로써 이 문자의 사용을 확인하였다. 그리고 이 두 책을 합편하여 〈월석〉를 간행하면서 세종이 최초에 작성한 '어제서문御製序文'과 '예의例義'[24] 부분을 당시 우리말로 풀어서 권두에 부재하였다.

그러나 이 {신편}〈월석〉은 세조 5년(天順 3년, 1459)에 초간본이 간행된 것으로 알려졌으나 필자의 의견으로는 세종 28년경에 이 〈석보〉와 〈월인〉을 합편하여 {구권}〈월석〉라는 이름으로 간행하면서 그 권두에 이미 훈민정음의 언해본을 부재한 것으로 본다. 왜냐하면 세조 때 간행한 {신편}〈월석〉에 부재附載한 "세종어제 훈민정음"과 거의 동일한 '훈민정음'이 학계에 보고되었기 때문이다.

즉, 박승빈씨 구장본의 『훈민정음』과 이를 필사한 일본 궁내청宮內廳 소장본이 있는데 이것이 앞의 "세종어제 훈민정음"보다 고형이라고 한다(정연찬, 1972b). 필자는 이 '훈민정음'이 〈월석〉의 구권舊卷에 부재되었

---

24 '例義'는 "ㄱ 牙音 如君字初發聲 - ㄱ는 엄쏘리니 君군ㄷ字쭝 처섬 펴어나ᄂ 소리 ᄀᄐ니", "·如呑字中聲 - ·ᄂ 쥼튼ㄷ字쭝 가온딧 소리 ᄀᄐ니"와 같이 세종이 훈민정음 初聲 17자, 中聲 11자에 대한 문자와 음가, 그리고 음운의 성격을 例示하여 설명한 것으로 정인지의 후서에 "略揭例義 - 간략하게 예와 뜻(음가를 말함)을 들었다"라는 말에서 따온 것이다. 한문본 훈민정음에서는 세종의 서문과 함께 석장 반을 언해하여 모두 15장이 되었다.

던 것으로 세종의 어제서문御製序文과 예의例義 부분만을 언해한 것으로
본다. 만일 세종 생존 시에 〈월석〉이 간행되었고 권두에 훈민정음의 언
해본을 붙였다면 이것이 바로 훈민정음의 반포로 보아야 할 것이다.[25]
이어서 세종 28년 12월에 '훈민정음'으로 하급관리들인 아전 서리胥吏를
대상으로 하는 시험과 취재를 보았기 때문이다.

1.1.4.4 그러면 훈민정음 제정의 경위는 어떠한가? 지금까지 훈
민정음 제정에 대하여 그동안의 논의와는 다른 몇 가지 새로운 문제를
검토하였다. 이러한 새로운 자료와 시각으로 다시 본 훈민정음의 제정
경위를 결론으로 제시하면 다음과 같다.

> 세종 2년(1419) - 좌의정 박은(朴訔)의 계청(啓請)으로 집현전 설치.
> 세종 13년(1431) - 설순(偰循)이 어명을 받아 『삼강행실도(三綱行實
> 圖)』(한문본) 편찬.
> 세종 16년(1434) - 『삼강행실도』 간행.
> 세종 24년(1442) 3월 - 『용비어천가(龍飛御天歌)』의 편찬을 위한 준
> 비. 『세조실록』 권95, 세종 24년 3월 壬戌조에 "時上方欲撰龍飛
> 御天歌 故乃下此傳旨 - 이때에 임금이 용비어천가를 편찬하고
> 자하여 이 뜻을 아래에 전하다"라는 기사 참조.
> 세종 25년(1443) 12월 - 세종이 훈민정음 28자를 친제함. 『세종실록』(권
> 102) 세종 25년 12월조에 "是月上親制諺文二十八字 [中略] 是謂訓
> 民正音 - 이 달에 임금이 친히 언문 28자를 만들다. [중략] 이것이

---

25 '世宗御製訓民正音'보다 '訓民正音'이란 題下의 국역본이 고형을 보이는 것은 이것이 世
宗朝에 간행된 〈월석〉의 舊卷에 게재된 것으로 볼 때에 타당하다. 세종 생존 시에는
'世宗御製'란 말이 붙을 수 없다. 왜냐하면 '世宗'이란 廟號는 왕이 사망한 후에 붙이기
때문이다. 이에 대하여는 졸고(근간)를 참고할 것.

소위 훈민정음이라고 불리는 것이다"라는 기사 참조.[26]

세종 26년(1444) 2월 16일(丙申)-운회(韻會)의 번역을 명함.『세종실
록』(권103) 세종 26년 2월 병신(丙申)조에 "命集賢殿校理崔恒,
[中略] 指議事廳, 以諺文譯韻會, 東宮與晋陽大君瑈、安平大君
瑢, 監掌其事, 皆稟睿斷, 賞賜稠重, 供億優厚矣-집현전 교리 최
항 등에게 명하여 언문으로 운회를 번역하게 하다. 동궁 및 진양
대군 유와 안평대군 용이 그 일을 감독하고 관리하게 하였다.
그러나 모두 모두 품하게 하여 직접 결정하다. 상을 내릴 때에는
많고 후하게 하고 모두 대우를 잘하게 하였다"라는 기사 참조.

세종 26년(1444) 2월 20일(庚子)-최만리(崔萬理)의 반대 상소문.『세
종실록』(권 103) 세종 26년 2월 경자(庚子)조에 "庚子 : 集賢殿副
提學崔萬理等上疏曰 : [下略]-경자(20일)에 집현전 부제학 최만
리 등이 상소하여 말하기를 [하략]"이란 기사 참조. 여기에 '언문
27자'가 등장함.

세종 27년(1445) 1월-신숙주·성삼문 등이 운서를 질문하려고 요동에
유배된 유학자 황찬(黃瓚)에게 감.『세종실록』(권107) 세종 27년
정월 신사(辛巳)조에 "遣集賢殿副修撰申叔舟、成均注簿成三
問、行司勇孫壽山于遼東, 質問韻書-집현전의 부수찬인 신숙
주와 성균관의 주부인 성삼문, 그리고 역관 손수산을 요동에 보내
어 운서에 대하여 질문하다"라는 기사와『보한재집(保閒齋集)』
책7, 부록, 이파(李坡)의 '신숙주묘지(申叔舟墓誌)'에 '時適翰林學
士黃瓚以罪配遼東, 乙丑春命公隨入朝使臣, 到遼東 見瓚質問, 公
諺字飜華音, 隨問輒解, 不差毫釐, 瓚大奇之, 自是往還遼東凡十
三度-그때 한림학사 황찬이 죄를 입어 요동에 유배되었다. 을축
년(1445) 봄에 신숙주로 하여금 중국에 들어가는 사신을 따라가
도록 명하였다. 요동에 이르러 황찬을 맞나 질문하였는데 신숙주

---

26 본서의 제2장 2.1.2.2에서는 이때에는 언문 28자가 아니고 27자를 제정하였으며 이를
고쳐 '언문 28자'라고 한 기사는 실록을 제작할 때에 수정하여 추가한 것으로 보았다.

는 언문의 글자로 중국의 발음을 번역하였으며 문제를 쉽게 풀이하여 황찬이 크게 기특하게 여기었다. 이로부터 요동을 갔다 온 것이 13번이다"라는 기사 참조.

세종 27년(1445) 4월-『용비어천가』(한문본) 제진(製進). 『세종실록』(권108) 세종 27년 4월 무신(戊申)조에 "議政府右贊成權踶、右贊參鄭麟趾、工曹參判安 止等, 進龍飛御天歌十卷-의정부 우찬성 권제, 우참찬 정인지, 공조참판 안지 등이 『용비어천가』 10권을 받치다"라는 기사.

세종 27년(1445) 5월-세종이 세자에게 양위하려다가 고만둠. 『세종실록』(권108) 세종 27년 5월 갑술(甲戌)조에 "向者予欲禪位世子, 閑居養病, 卿等泣請不已, 勉從之"라는 기사 참조.

세종 28년(1446) 3월-소헌왕후(昭憲王后) 승하(昇遐). 『세종실록』(권111), 세종 28년 3월 신묘(辛卯)조에 "王妃薨于修養大君第-왕비가 수양대군의 집에서 돌아가시다"라는 기사 참조.

세종 28년(1446) 丙寅-『석보상절』과 『월인천강지곡』 편찬 시작. 『월인석보』 신편의 세조 御製 서문 참조.

세종 28년(1446) 9월-[해례]『훈민정음(訓民正音)』 완성. 속칭 〈해례본〉으로 불림. 『세종실록』(권113) 세종 28년 9월조에 "是月訓民正音成, 御製曰 : [中略] 正音之作, 無所祖述-이달에 훈민정음이 완성되었다. 임금이 지어 말씀하시기를 [중략] 훈민정음을 지은 것은 옛 사람이 저술한 바가 없다"라는 기사 참조.

세종 28년 10월(?)-언해본 훈민정음 완성.

세종 28년 10월(?)-『월인천강지곡석보상절』, 즉 『월인석보(月印釋譜)』 구권 간행. 『월인석보』 구권을 간행하면서 권두에 언해본 훈민정음 첨부.

세종 28년(1446) 11월-언문청(諺文廳) 설치. 『세종실록』(권114) 세종 28년 11월 임신(壬申)조에 "命太祖實錄入于內, 遂置諺文廳,

[중략] 考事迹添入龍飛詩 [하략]-태조실록을 입내하도록 명하고 이어서 언문청을 설치하였으며 [중략] 사적을 고찰하게 하여 〈용비어천가〉의 시가에 첨가하여 삽입하도록 하였다 [하략]"라는 기사 참조. 그러나 『慵齋叢話』(권7)에는 "世宗設諺文廳, 命申高靈、成三問等制諺文-세종이 언문청을 설치하고 신숙주와 성삼문 등으로 하여금 언문을 짓게 하다"라는 기사가 있어 언문청이 실록의 기록보다 좀 더 일찍 설치된 것으로 보는 견해가 있고 왕실에서 언문청의 설치를 비밀로 하였을지도 모른다는 견해가 있다(김민수, 1990 : 105).

세종 28년(1446) 12월-이과(吏科)와 취재(取才)에서 훈민정음을 부과함.『세종실록』(권114) 세종 28년 12월 기미(己未)조에 "傳旨吏曹 : 今後吏科及吏典取才時, 訓民正音並令 試取, 雖不通義理, 能合字取之-이조에 전지하기를 '이제부터는 이과와 이전의 취재할 때에는 훈민정음을 함께 시험하되 비록 그 뜻과 이치에 통하지 않더라도 능히 합자할 수 있으면 채용하라'고 하다"라는 기사 참조.

세종 29년(1447) 2월-『용비어천가(龍飛御天歌)』완성.『용비어천가』崔沆의 발문에 "殿下覽而嘉之, 賜名曰龍飛御天歌。[中略] 就加註釋, 於是 粗敍其用事之本末, 復爲音訓, 以便觀覽, 共十一卷 [中略] 正統十二年二月日 [中略] 崔恒拜手稽首謹跋-전하가 보시고 기뻐하시며 이름을 내려주기를 용비어천가라고 하였다. [중략] 주석을 더하여 비로소 거칠게나마 일의 쓰임에 있어서 본말을 서술하게 되었다. 다시 발음과 뜻을 붙여 보기에 편하게 하였다. 모두 11권이다. [중략] 정통 12년(1447) 2월에 최항이 절하며 머리를 숙여 삼가 발문을 쓰다"라는 기사 참조.

세종 29년(1447) 4월-각종 취재에서 훈민정음 시험 강화.『세종실록』(권116) 세종 29년 4월 신해(辛亥)조에 "先試訓民正音, 入格者

許試他才. 各司吏典取才者並試訓民正音-먼저 훈민정음을 시
험하고 합격한 자에게만 다른 시험에 응시할 수 있게 하다. 각
관청에서 이전(吏典)의 취재를 하는 경우 훈민정음을 함께 시험하
다"라는 기사 참조.

세종 29년(1447) 7월-『석보상절』,『월인천강지곡』 간행.

세종 29년(1447) 9월-『동국정운(東國正韻)』 완성. 『세종실록』(권
117) 세종 29년 9월 무오(戊午)조에 "是月 東國正韻成, 凡六卷,
命刊行-이 달에 동국정운이 완성되다. 모두 6권으로 간행을
명하다"라는 기사와 『동국정운』의 권두에 있는 신숙주의 서문
에 "正統十二年 丁卯 九月下澣-정통 12년(1447) 9월 하순"이라
는 간기 참조.

세종 29년(1447) 12월(?)-개성(開城) 불일사(佛日寺)에서 『월인석보』
옥책(玉冊) 제작. 불일사(佛日寺) 제작의 『월인석보』 옥책 서문
에 "正統 十二年 佛日寺"란 간기 참조.

세종 30년(1448) 10월-『동국정운』 보급. 『세종실록』(권122) 세종 30
년 10월 경신(庚申)조에 "頒東國正韻于諸道及成均館四部學堂,
乃敎曰: 本國人民熟俗韻已久, 不可猝變, 勿强敎, 使學者隨意爲
之-동국정운을 모든 도(道)와 성균관, 사부 학당에 나누어 주
다. 그리고 임금이 말씀하기를 '본국의 백성들이 속운에 익숙한
지 이미 오래되어 갑자기 변경하는 것은 불가함으로 억지로 가
르치지 말 것이며 배우는 사람의 뜻에 따르도록 하라'고 하시
다"라는 기사 참조.

세종 31년(1449) 4월-『용비어천가』 550권을 간행하여 여러 신하에
게 나누어 주다. 현전하는 『용비어천가』 권두에 첨부된 권제(權
踶), 정인지(鄭麟趾), 안지(安止) 등의 進箋文에 "正統 十四年
四月 日, 崇政大夫議政府右贊成 集賢殿大提學 知春秋館事 兼
成均大司成臣 權踶、資憲大夫 議政府右參 贊集賢殿大提學 知

春秋館事世子 右賓客臣 鄭麟趾、嘉善大夫工曹參判 集賢殿提
學 同知春秋館事 世子右副賓客臣 安止等上"이란 간기와 『세종
실록』(권118) 세종 29년 10월 갑술(甲戌)조에 "賜龍飛御天歌五
百五十本于群臣"이란 기사 참조. 아마도 실록의 기사는 간행되
기 1년 전으로 오기한 것 같다.

세종 32년(1450) 1월－중국 사신(使臣)에게 신숙주 등이 운서를 질문
함. 『세종실록』(권126) 세종 32년 윤정월 무신(戊申)조에 "命直
集賢殿成三問、應敎申叔舟、奉禮郞孫壽山, 問韻書使臣, 三問
等因館伴以見 [中略] 三問、叔舟將洪武韻講論良久－집현전 직
전 성삼문, 응교 신숙주, 봉례랑 손수산 등이 중국의 사신에게
운서를 질문하다. 성삼문 등이 사신이 머무는 곳에 함께 가서 맞
나 [중략] 성삼문·신숙주가 홍무정운을 갖고 오래도록 강론하
다"라는 기사 참조.

문종 원년(1450) 10월－정음청(正音廳) 설치. 『문종실록』(권4) 문종
원년 10월 무술(戊戌)조의 기사 참조.

문종 2년(1452) 4월－『동국정운』 한자음에 의한 과거시험 실시. 『문종
실록』(권13) 문종 2년 4월 무진(戊辰)조에 "禮曹啓 : 進士試取條
件, [中略] 一. 東國正韻旣已參酌 古今韻書定之, 於用韻無所防礙
[下略]－예조에서 계하기를 진사 시험의 조건으로 [중략] 첫째 동
국정운은 이미 고금의 운서를 참작하여 정한 것이어서 운을 맞추
는데 방해되거나 장애됨이 없다 [하략]"라는 기사 참조.

단종 원년(1452) 12월－『동국정운』과 『예부운략』의 운을 모두 과거
에 사용하도록 함. 『단종실록』(권4) 단종 즉위년 12월 임자(壬
子)조에 "議政府據禮曹呈啓 : 曾奉敎旨於科擧, 用東國正韻, 然
時未印頒, 請依舊用禮部韻 [中略] 從之－의정부에서 예조가 올
린 계에 의거하여 '일찍이 임금의 뜻을 받들어 과거에서 동국정
운을 사용하였으나 이때에는 미쳐 인쇄하여 나누어 주지 못하

였음으로 [예조에서] 청하는 바에 의하여 옛날같이 예부운에 의
거하자'고 하였다. [중략] 그대로 따르다"라는 기사 참조.

단종 3년(1455) 4월 - 『홍무정운역훈(洪武正韻譯訓)』 완성. 『홍무정
운역훈』의 신숙주 서문에 "景泰六年 仲春旣望 - 경태 6년(1455)
중춘(4월) 보름"이라는 간기 참조.

세조 4년(1458) - 최항 등의 『초학자회(初學字會)』 편찬. 아마도 이
『초학자회』 권두에 『훈몽자회』에 첨부된 '諺文字母'가 부재되
었을 것으로 추정됨.

세조 5년(1459) 7월 - 『월인석보』 신편(新編) 간행. 훈민정음 언해본
의 수정본 「세종어제훈민정음」을 권두에 첨부.[27] 세조의 어제
월인석보서(御製月印 釋譜序)에 "天順三年 己卯 七月七日序"이
란 간기 참조.

세조 6년(1260) 6월 - 『훈민정음』, 『동국정운』, 『홍무정운역훈』을 과
거의 출제서로 함. 『세조실록』(권21), 세조 6년 9월 경인(庚寅)
조에 "禮曹啓 : 訓民正音先王御製之書, 東國正韻、洪武正韻皆
先王撰定之書. 吏文又切於事大 請自今文科初場試講三書, 依
四書、五經例給分, 終場幷試吏文, 依對策例給分。從之 - 예조
에서 계하기를 '훈민정음은 선왕이 만드신 책이고 동국정운과
홍무정운역훈도 모두 선왕께서 정하여 편찬한 책이며 이문(吏
文)은 또 사대(事大)에 중요한 것입니다. 지금부터는 과거의 문
과에서 초장(初場)에는 앞의 세 책을 강론하는 것으로 시험하고
사서(四書)와 오경(五經)의 예에 의하여 점수를 주며 종장(終
場)에는 이문을 함께 시험해서 대책(對策)의 예에 의거하여 점
수를 주겠습니다'라고 하다. 그대로 따르다"라는 기사 참조.

세조 7년(1461) - 간경도감(刊經都監) 설치.

---

27 여기서 '수정본'이란 세종의 〈언해본〉인 〈훈민정음〉을 '세종어제훈민정음'으로 제목을
바꾸고 협주를 첨가한 것을 말함.

세조 8년(1462) 6월-과거에 홍무운(洪武韻)을 예부운(禮部韻)과 함께 쓰게 함.『세조실록』(권28) 세조 8년 6월 계유(癸酉)조에 "禮曹啓 : 在先科擧時只用禮部韻, 請自今兼用洪武 正韻, 譯科並試童子習。 從之-예조에서 계하기를 '전에는 과거를 볼 때에 예부운(禮部韻)만을 사용하였으나 이제부터는 홍무정운을 겸용하고 역과(譯科)는 동자습(童子習)을 함께 시험하도록 청합니다'라고 하다. 그대로 따르다"라는 기사 참조.

1.1.4.5 지금까지의 논의를 정리하면 세종은 중국과 우리의 한자음이 다른 것에 착안하여 중국어의 표준 발음에 의거하여 우리 한자음의 규범음規範音을 정하기 위하여 발음기호로서 훈민정음을 고안하였다. 이때의 중국어 표준발음은 몽운蒙韻과 『고금운회古今韻會』와 같은 운서의 정음正音에서 가져왔으며 이러한 규범적 발음은 후일 『동국정운』으로 정리된다. 발음기호로서 훈민정음을 고안한 것은 세종 자신으로 보이며 동궁東宮(후일 문종)과 수양대군, 안평대군 등이 이 문자의 고안에 참가한 것으로 보인다. 그리고 한자의 우리말 규범음을 정하는 일은 집현전集賢殿의 젊은 학자들에게 맡긴 것으로 보이는데 이때의 발음표기는 물론 세종이 친제한 훈민정음에 의거하여 일성일운一聲一韻을 훈민정음의 초, 중, 종성으로 대입하는 작업이었다.

훈민정음으로 우리말, 즉 고유어를 기록하도록 발전한 것은 세종의 따님이 정의貞懿공주가 구결, 즉 토를 세종이 고안한 새 문자로 기록하는 '변음토착變音吐着'의 방법을 강구하면서 가능하게 된다. 당시 석독구결釋讀口訣이나 송독구결誦讀口訣에 쓰인 구결자들은 대부분 약자略字를 사용하여 원래의 한자와는 많이 다르게 변모하였다. 정의貞懿공주는 이러한 부호와 같은 구결자 대신에 새 문자를 대입하여 표기하는 데 성공하였고 이로부터 고유어를 새 문자로 표기하도록 발전하게 된다. 왜냐하면 구결자로 표시된 형태부들은 모두 고유어의 조사와 어미들이었기 때문이다. 세종은 이로부터 고유어를 자신이 고안한 새 문자로 표기하는 데 몰두하였는데 이것은 동궁東宮, 수양首陽, 안평安平, 정의貞懿 등의 자녀들과 함께 작업하였다.

이러한 고유어 표기의 연구는 해례본『훈민정음』의 '용자례用字例'에서 새 문자로 고유어를 표기하는 예로 나타난다. 즉 해례본에서는 제자해制字解부터 종성해終聲解까지는 주로 한자음 표기를 예로 하여 설명하였으나 용자례用字例에서는 초성 17자와 중성 11자의 용례가 모두 고유어에서 가져왔다. 예를 들면 초성初聲 'ㄱ'의 용자례로 ":감枾, ·굴蘆"이나, 'ㅋ'의 "우·케未舂稻, 콩大豆"라든지 중성中聲의 'ㆍ'의 용자례로 ":툭頤, ·풋小豆, ᄃ리橋, ·ᄀ래楸"나 'ㅡ'의 ":믈水, ·발측跟, 그력鴈, 드·레汲器"라든지 종성終聲의 'ㄱ'의 용자례로 "닥楮, 독甕", 'ㆁ'의 ":굼벙蠐螬, ·올창蝌蚪"과 같은 것은 이 새 문자의 용례를 모두 고유어에서 가져온 것이다.

그리고 드디어 수양대군首陽大君이 다음에 논의할 신미信眉, 김수온金守溫 등과 함께 새 문자로 〈석보〉를 편찬하게 되자 세종은 스스로 〈월인〉을 지으면서 새 문자로 우리 한자음과 고유어의 표기를 시험하였다. 이 모든 것이 가능한 것을 몸소 확인하고 해례본『훈민정음』에 붙인 자신의 서문과 예의例義를 우리말로 풀이하여 자신이 편집한 〈월석〉의 권두에 붙여 세상에 알린 것이다. 필자는 이것이 진정한 의미의 훈민정음 반포라고 생각한다.

실제로 필자는 조선왕조실록과 훈민정음 관련 문헌을 뒤적이면서 세종 25년(1443) 계해癸亥년 겨울에 세종이 처음으로 훈민정음을 신하들에게 공표하고 나서 이 새 문자를 이용하여 이루어지는 작업 가운데 고유어 표기에 이르기까지 새 문자의 용도가 숨 가쁘게 변화하는 모습을 느낄 수 있었다. 새 문자로 우리말을 표기하려는 세종의 의도는 드디어 〈월석〉를 간행하면서 실현되었고 우리의 규범 한자음의 정리나 중국어 표준 발음의 정리는『동국정운』과『홍무정운역훈』의 간행으로 일단락을 짓게 된다.

훈민정음은 실제로 한자음의 정리나 중국어 표준발음의 표기를 위하여 제정되었다가 고유어 표기에도 성공한 것이다. 전자를 위해서는 훈민정음, 또는 정음으로 불리었고 후자를 위해서는 언문諺文이란 이름을 얻게 된 것이다. 즉 "백성을 가르치는 바른 한자음, 즉 규범 한자음"이 '훈민정음訓民正音'이고 "중국어의 표준적 발음, 즉 한자의 표준적인 중국어 발음"이 '정음正音'이며 "우리말, 즉 언어諺語를 기록하는 글"이 '언문諺文'인 것이다.

이 언문이 널리 보급된 것은 본서에서 정의貞懿공주의 소작으로 추정한 「언문자모諺文字母」의 덕택이었다. 정의공주는 구결口訣과 이두吏讀에서 자주 사용하는 한자로 '기역其役, 니은尼隱, 디귿池*末, 리을梨乙, 미음眉音, 비읍非邑, 시옷時*衣, 이응異應'과 같은 언문의 초성과 종성의 음가를 표시하였고 '아阿, 야也, 어於, 여余, 오吾, 요要, 우牛, 유由, 으應, 이伊, ᄋᆞ*思'와 같이[28] 당시 실용 문자 생활을 많이 하는 중인 계급에게 익숙한 이두와 구결의 한자로 음가를 표시하여 새 문자를 쉽게 배우게 하였다.

본서에서는 다음의 제2절 2) 정의공주와 「언문자모」에서 이에 대하여 자세하게 설명하였고 「언문자모」 자체에 대하여는 제4장의 '4. 최세진의 한자음 연구와 한글의 보급'에서 상세하게 논의하였다. 특히 정의

---

28 *를 붙인 한자는 釋讀하거나 초성이나 종성의 일부 음을 제한하여 읽는다는 단서를 붙였다.

공주의 「언문자모」 소작에 대하여는 제1장의 1.2.2.1~4에서 좀 더 자세하게 논의하였고 「언문자모」의 한글자모에 대한 소개는 제4장의 4.4.1.1~4를 참고하기 바란다.

2. 훈민정음 제정에 도움을 준 세종의 가족들

1.2.0 이 책의 모두冒頭에서 언급한 대로 훈민정음의 창제는 세종의 직접 지은 것으로 당시 모든 사료史料에 명기되었다. 주지하는 바와 같이 세종은 호학好學하는 군왕君王으로서 많은 방면에 깊은 지식을 가졌다고 한다. 특히 불가佛家의 성명기론聲明記論에 관심이 많아서[29] 최만리崔萬理의 반대 상소문에 비답批答을 내릴 때에 그들이 이에 대한 지식이 부족함을 꾸짖은 바 있다.[30] 세종은 신미信眉와 김수온金守溫 형제의 도움으로 불가佛家의 비가라론毘伽羅論과 그에 의한 성명기론의 이론으로 새 문자를 체계적으로 정리할 수 있었다. 이에 대하여는 다음의 제3장에서 상론할 것이다.

훈민정음의 제정에는 〈해례본〉에서 볼 수 있는 것과 같이 고도로 발

---

29 '聲明記論'은 고대인도의 毘伽羅論에서 聲明에 관한 연구를 말한다. 비가라론이 梵語에 대한 문법연구여서 記論으로 漢譯하여 썼다면 성명기론은 佛家에서 五明의 하나인 '聲名'에 관한 연구로 음성학, 또는 음운 연구를 말한다(졸고, 2016b).
30 『洪武正韻譯訓』(端宗 3년, 1455)의 申叔舟 서문에 "我世宗莊憲大王, 留意韻學, 窮研底蘊, 創製訓民正音若干字, 四方萬物之聲, 無不可傳. – 우리나라 세종 장헌대왕께서 운학에 뜻을 두시어 깊이 연구하시고 훈민정음 약간의 글자를 창제하시니 사방 만물의 소리가 전할 수 없는 것이 없게 되었다"라고 하여 세종 자신도 韻學에 조예가 깊었고 聲韻學에 기초하여 새 문자를 제정하였음을 알 수 있다.

달한 조음음성학 이론이 이용되었고 성리학性理學과 성운학聲韻學, 그리고 고대인도의 성명기론聲明記論이 적용되어 만들어진 문자이다. 결코 한 두 사람의 독창적인 발명으로 이루어질 문자가 아니다. 다만 새 문자의 창제가 몽골의 원元에서 제국帝國의 국자國字로 제정한 파스파 문자와 관련이 있어 호원胡元의 잔재殘滓를 말살하려는 명明으로부터의 감시를 피하기 위하여 비밀리에 추진하지 않을 수 없었고 기존 한자음에 중독된 유신儒臣들의 반대를 무릅쓰려면 역시 공개적으로 이 사업을 전개할 수는 없었을 것이다.

1.2.0.1 『세종실록』을 보면 훈민정음의 제정은 갑작스런 기사로 나타난다. 즉 『세종실록』(권102) 세종 25년 12월조에 "是月, 上親制諺文 二十八字 [中略] 是謂訓民正音 - 이 달에 임금이 언문 28자를 친히 지으셨다. [중략] 이것이 소위 말하는 훈민정음이다"이란 기사가 훈민정음의 제정에 관한 최초의 실록 기사다. 따라서 세종은 은밀하게 새 문자를 준비하였고 이것을 이때에 갑자기 신하들에게 알린 것이다. 여기서 세종이 가족을 동원하여 새 문자의 제정이라는 프로젝트를 은밀하게 수행하였다는 주장이 있게 되었다.

실제로 훈민정음 제작에 동궁東宮(후일 文宗)과 수양대군首陽大君 등의 아들들이 깊이 관여한 일은 실록의 기사 도처에서 발견된다. 수양대군이 안평대군安平大君, 신미信眉, 김수온金守溫 등과 함께 宋의 승려 도선道宣의 『석가보釋迦譜』와 승우僧祐의 『석가씨보釋迦氏譜』를 정리하여 『증수석가보增修釋迦譜』를 짓고 이를 당시 우리말로 언해하여 새 문자로 기록한 것이[31] 『석보상절釋譜詳節』로서 이것이 훈민정음을 사용한 최초의 노작임을 볼 때에 이러한 주장은 가능성이 있다.

또 『죽산안씨대동보竹山安氏大同譜』에 세종의 둘째 따님인 정의공주貞懿公主가 새 문자로 "변음토착變音吐着"의 난제를 해결하여 세종으로부터 후한 상을 받았다는 기록은 그 진위를 떠나서 세종의 새 문자 창제의 과정을 추리하게 한다. 어디까지나 한자음의 발음 전사를 위하여 창제한 '훈민정음訓民正音'이 구결—토를 대신함으로써 우리말의 조사와 어미를 표기할 수 있음을 보고 세종은 새 문자로 우리말을 전면적으로 표기할 수 있음을 깨닫게 된다.

1.2.0.2 그 이전까지 훈민정음은 어디까지나 발음기호로서 새 문자를 만든 것이다. 그리하여 훈민정음 〈언해본〉의 서두序頭에 붙어 있는 세종의 어제 서문은 "御·어製·졩曰·욇ᄒᆞ샤ᄃᆡ, 國·귁之징語:어音흠이, 류·잉乎ᅘᅩᆼ中·듕國·귁·ᄒᆞ·야, 與·영文문字·ᄍᆞᆼ로, 不·붏相샹流륳通통이라. 故·고로, 愚ᅌᅮ民민이, 有:ᅌᅮᆶ所:송欲·욕言언·ᄒᆞ·야·도(띄어쓰기, 구두점 필자, 이하 같음)—御·어製·졩예 ᄀᆞᆯ·ᄋᆞ·샤ᄃᆡ 나·랏:말소·리 中듕國·귁·과 달·라 文문字·ᄍᆞᆼ·로 더·브·러 서르 흘·러 通통·티:몯 ·ᄒᆞᄂᆞᆫ·디·라 ·이런 젼·ᄎᆞ·로 어·린 百·빅姓·셩·이 니르·고·져 ·홇 ·배 이·셔·도"로 시작한다.[32]

그러나 전술한 바 있는 한문을 읽을 때에 구결口訣을 붙여 읽었으며 이것을 통하여 한문을 보다 쉽게 이해할 수 있었음은 추정하기에 어렵

---

31 이에 대하여는 首陽君의 '釋譜詳節序'에 "又以正音으로 就加譯解ᄒᆞ노니—ᄯᅩ 正音으로뼈 곧 因ᄒᆞ야 더 飜譯ᄒᆞ야 사기노니, 庶幾人人이 易曉ᄒᆞ야 而歸依三寶焉이니라—사ᄅᆞᆷ마다 수비 아라 三寶애 나ᅀᅡ 가 븓긧고 ᄇᆞ라노라"를 참조할 것.

32 세종의 훈민정음 서문은 고려대 육당문고 소장의 훈민정음 〈언해본〉의 것을 인용한 것이다. 이 훈민정음의 〈언해본〉은 서강대본 〈월석〉 권두에 첨부된 「세종어제훈민정음」과 동일 판본이지만 세종의 서문이 들어 있는 제1엽만이 서로 다르다. 필자는 고려대 소장본이 원본에 가깝다고 보기 때문에 그것으로부터 서문을 인용하였다. 고려대 소장의 훈민정음 〈언해본〉에 대해서는 졸고(근간)를 참고할 것.

지 않다. 그런데 이 구결은 토吐로서 한문 문장에 삽입하는 우리말의 조사助詞와 어미語尾들이다. 따라서 이두와 같이 한자의 뜻과 발음을 빌려서 기록하게 된다. 예를 들면 "ᄒᆞ나(爲乃, ㆍ ㆺ), ᄒᆞ고(爲古, ㆍ ㅁ), ᄒᆞ야도(爲也刀, ㆍ ㄱ ㄲ), ᄒᆞ리잇고(爲利是古, ㆍ ㅔ ㆍ ㅁ), ᄒᆞ읍더시니(爲士邑加示尼, ㆍ ㅗ ㄲ ㄲ ㄷ ㅌ)" 등과 같다.

구결, 또는 이두吏讀에서는 정자正字나 약자略字의 경우에 한자의 독음과 달리 읽어야 하는 경우가 있는데 이처럼 원래의 발음과 달리 읽어야 하는 한자로 토를 다는 경우를 변음토착變音吐着(발음을 달리 하여 토를 달다)이 아닌가 한다. 즉, 앞에 든 예의 한자 '爲'가 [위]가 아니고 [ᄒᆞ]로 발음되거나 구결 '이다是如'의 '是'와 '如'가 [시]나 [여]가 아니고 [이], [다]로 되는 것을 변음토착이라 하였고 이것은 한자를 아는 사람들이 이해하기 어려웠으나 정의貞懿공주는 이를 새 문자, 즉 훈민정음으로 적은 것이다.

이것은 이 문자가 우리말을 적을 수 있음을 암시한 것으로 세종은 여기에서 크게 깨달아 이 문자로 우리말을 전면적으로 표기할 생각으로 나아간 것으로 본다. 실로 '변음토착變音吐着'의 난제를 해결한 것은 세종의 둘째 따님인 정의貞懿공주다. 공주가 어려운 변음토착을 해결하여 훈민정음으로 구결－토를 다는 것을 보고 세종은 스스로 우리말을 훈민정음으로 적을 수 있음을 깨닫게 된다. 파스파 문자가 한자 발음을 위하여 만들어 몽고어의 표기에 사용된 예도 참고하였을 것이다.

1) 훈민정음의 제정은 세종 혼자의 일인가?

1.2.1.1 종이 가족 중심의 비밀프로젝트로 새 문자 제정 사업을 수행했다는 추측은 다른 집현전集賢殿 학자들을 제치고 동궁인 세자와 둘

째 아들인 수양대군, 셋째인 안평대군安平大君 등이 『석보상절釋譜詳節』을 언해하여 새 문자로 기록하게 하였다는 사실로부터 나온 것이다. 새로운 문자로서 우리말의 표기가 가능한지를 시험하는 일에 가족을 동원하였기 때문이다. 그리고 이것이 성공하자 세종은 스스로『월인천강지곡月印千江之曲』을 지어 새 문자의 사용을 시험하였다.[33]

또 이렇게 한자의 발음기호로부터 우리말을 기록하는 데 사용하도록 발전한 것은 정의공주貞懿公主가 이 문자로 구결을 표음함으로써 그 계기가 된 것으로 보아야 할 것이다. 이러한 일련의 사실이 새로운 문자를 제정하는 사업에 가족을 동원하였고 그로부터 세종이 가족과 더불어 비밀리에 이 사업을 수행하였다는 주장이 나온 것이다. 또 이것은 고려를 역성易姓의 혁명으로 뒤엎고 새로 나라를 세운 이씨李氏 조선에 대한 명明의 감시를 피하고 기존의 한자음을 고수하려고 하는 문신文臣들의 비판을 피하기 위한 방편이었을 것으로 보인다.

1.2.1.2 마지막으로 집현전集賢殿 학자의 도움이 없이 세종 혼자서 새 문자를 발명하였는지 의문이 간다는 주장에 대하여는 최만리崔萬理의 반대상소문이 시사示唆하는 바가 많다. 이미 알려진 바와 같이 최만리는 집현전의 부제학副提學이며[34] 그와 함께 상소에 이름을 올린 사람들

---

33 『월인천강지곡』에 수록된 600수 가까운 讚佛歌를 세종 단독으로 지었음에 의문을 제기하는 연구가 있다(사재동, 1995). 그러나 信眉, 金守溫 등의 도움을 받았더라고 하더라도 세종이 이를 일일이 점검하였을 것이고 결국은『월인천강지곡』이 세종의 작으로 알려지게 된 것이다. 따라서 세종이 이 찬불가를 새 문자로 적으면서 우리말 표기에 이 문자의 타당성을 시험한 것은 의문의 여지가 없다.
34 集賢殿의 가장 중요한 임무는 임금을 위한 經筵(임금과 경학을 강론하는 일종의 세미나)과 書筵(세자와 경학을 논함), 및 宗學(왕족을 교육하는 것)을 준비하는 일이었으며 古制를 상고하여 임금의 諮問에 응하거나 왕실의 중요한 서적의 편찬에도 관여하였다. 집현전의 최고위직은 大提學이고 그 밑에 提學이 있으나 이들은 모두 大臣이나 文臣이

은 모두 집현전의 요직에 있는 사람들이다. 따라서 집현전 학자들의 도움을 받았다면 이들이 반대 상소문을 올릴 까닭이 없다.

다만 『훈민정음』의 〈해례본〉의 편찬자들이 집현전集賢殿 젊은 학사들을 대거 포함하고 있다. 즉, 새 문자의 이론적 해설서라고 할 수 있는 〈해례본〉은 세종의 친간명유親揀名儒[35] 8인이 편찬한 것이다. 세종 친제의 새 문자 28자에 대하여 고대인도의 성명기론聲明記論과 그리고 중국 전통의 성리학과 성운학에 의거하여 새로 제정된 문자를 설명하고 있어 유신儒臣들도 일부 새문자의 해설에 동참한 것으로 보인다.

젊은 유생들 사이에는 한자 학습에 도움이 되는 훈민정음의 제정을 반대할 이유가 없었기 때문이다. 이 친간명유親揀名儒 가운데 세종의 새 문자 제정에 가장 많은 도움을 준 성삼문成三問과 신숙주申叔舟에 대하여는 다음의 '제3장 집현전 학자들과 훈민정음'에서 논의하기로 한다.

2) 정의(貞懿)공주와 「언문자모」

1.2.2.0 그동안의 한글 창제에 관한 논의에서 우리가 간과한 것은 이가원(1994)에서 논의된 『죽산안씨대동보竹山安氏大同譜』의 '정의공주유사貞懿公主遺事'조에 "世宗憫方言不能以文字相通, 始製訓民正音。而變音吐着猶未畢究, 使諸大君解之, 皆未能遂下于公主, 公主卽解究以進, 世宗大加稱賞, 特賜奴婢數百口。—세종이 우리말(方言은 이런 의미로 쓰였

例兼하고 실제로 집현전의 祿職은 副提學부터 시작된다. 따라서 부제학은 집현전의 실질적이 總帥라고 할 수 있다.

35 세종 때에 왕이 훈민정음을 창제하고 이를 이용하여 한자음을 정리할 때에 왕의 至近거리에서 도와주었던 8인의 儒臣을 말한다. 집현전의 鄭麟趾, 崔恒, 朴彭年, 申叔舟, 成三問, 李塏, 李善老와 敦寧府의 姜希顔 등인데 정인지는 당시 집현전 大提學이었으므로 8인에 넣은 것이라고 보는 것이 온당하다. 졸고(2002b) 참조.

음)이 문자로 [중국과] 상통하지 못하는 것을 걱정하여 훈민정음을 제정하기 시작하였다. 그러나 발음을 바꾸어 토를 다는^{變音吐着} 것에 대하여 아직 연구가 끝나지 못해서 여러 대군^{大君}들을 시켜 [이 문제를] 풀게 하였으나 모두 미치지 못하고 공주에게 내려 보냈다. 공주가 즉시 이를 해결하여 받치니 세종이 크게 칭찬하고 특별히 노비 수백 명을 내려주었다"(죽산안씨대종회 편, 『竹山安氏大同譜』 권5, 1999, pp.88~89)라는 기사에서 세종의 따님인 연창^{延昌}공주,[36] 즉 정의^{貞懿}공주가 '변음토착^{變音吐着}'을 해결하여 많은 상^賞을 받았다는 기사다.[37]

『죽산안씨대동보』의 '정의공주유사^{遺事}'에 보이는 기사에서 공주가 한 일은 '변음토착^{變音吐着}'을 해결한 일이다. 이것은 한문의 구결^{口訣}에서 형태부, 즉 조사^{助詞}와 어미^{語尾}의 우리말을 한자를 빌어 토^吐를 달 때에 "-은^隱, -이^伊, -ᄒ니^{爲尼}, -이라^{是羅}, -이다^{是如}"와 같이 한자의 발음과 새김을 빌려 적는다. 즉, 앞의 예에서 "-ᄒ니^{爲尼}, -이라^{是羅}, -이다^{是如}"의 '尼, 羅'는 발음을 빌렸지만 '爲, 是, 如'는 새김을 빌려 '-ᄒ, -이, -다'로 읽는 것이다. 이와 같이 '시^是, 위^爲, 여^如'의 자음^{字音}을 바꿔서 '-이, -ᄒ, -다'로 토를

---

36 정의(貞懿)공주는 세종의 둘째 딸로 연창위(延昌尉) 안맹담(安孟聃)에 출가하여 연창(延昌)공주가 되었다.

37 『竹山安氏大同譜』(이하 〈대동보〉로 약칭함)의 '變音吐着'에 대한 기사는 이가원(1994)에서 처음 논의되었다. 그러나 안병희(2007)에서는 이 기사가 〈대동보〉에 없다고 하거나 '변음토착'이 무엇인지 알 수 없다는 등의 이유를 들어 이 사실을 믿을 수 없고 나아가서 이가원(1994)에서 捏造된 것으로 보았다. 그러나 필자는 竹山安氏大宗會에서 간행한 〈대동보〉에서 이 기사를 찾아서 인용하였다. 이 〈대동보〉는 영조(英祖) 20년(1744)에 각 系派에 전해지는 문헌을 정리하여 목판본 1책으로 간행한 것으로 〈대동보〉로서는 가장 오래된 것으로 보인다. 영조 24년(1748)에 증보하여 2책을 간행하고 이후 1803년, 1805년, 1893년, 1922년, 1930년, 1949년, 1960년, 1965년, 1976년, 1988년에 각기 修補한 것을 모아 1999년에 이를 다시 5권 5책으로 간행하였다. 필자가 참고한 1999년의 〈대동보〉는 그동안 竹山 안씨의 각 系派에 전해오는 口傳 야담과 문헌 기록을 모두 망라하여 편찬하였다고 한다. 이가원(1994)은 1992년에 竹山 안씨 延昌尉 派에서 派譜의 편찬을 기획했을 때에 '貞懿公主遺事'를 발견하여 논문을 작성한 것으로 추정된다.

단 것을 '변음토착變音吐着(음을 바꿔서 토를 달다)'이라 한 것이다(졸고, 2006d). 이와 같은 변음變音의 토吐는 한자를 익숙하게 구사하고 한문에 정통한 유신儒臣들에게는 매우 이상하고 괴로운 문자의 표기 방법이었다.

1.2.2.1 '변음토착變音吐着'의 문제 해결은 새 문자로 구결과 토를 다는 일이다. 이것은 한자漢字로 적을 수 없는 조사助詞와 어미語尾, 즉 형태부의 표기를 말한다. 고립적 문법구조의 중국어를 표기하도록 고안된 한자는 이러한 형태부形態部는 한문으로 표기할 때에 어순語順에 의존하거나 새로 글자를 만들어 보충할 수밖에 없었다.

[사진 1-1] 도봉구 방학동에 있는 정의공주(貞懿公主)와 연창위(延昌尉) 부부(夫婦)묘

훈민정음으로 토吐를 다는 경우 이러한 '변음토착變音吐着'의 어설픈 한자 표기는 완전하게 해소된다. 뿐만 아니라 고유어 표기에서 한문과 다

르게 조사助詞와 어미語尾를 붙여 써야 하는 교착적 문법구조의 우리말 표기에 대한 인식이 제대로 정리된 것 같다. 의미부는 한자나 이두로 표기하여 왔지만 조사와 어미와 같은 형태부 표기가 한문과 다른 우리말 표기의 관건關鍵이었기 때문이다. 특히 나중에 새 문자 제정에 참여한 신미信眉 대사는 불경에 토를 다는 데 오랫동안 종사하였기 때문에 이 문제의 해결은 많은 깨달음을 주었을 것이다.

한자를 빌려 자민족의 언어를 표기하는 경우에 교착적 문법 구조의 언어에서는 조사와 어미의 표기가 항상 문제가 된다. 왜냐하면 문장 속에서 단어의 통사적 기능을 대부분 어순語順에 의존하는 고립적인 중국어에 대하여 주변의 여러 민족들은 교착어이기 때문이다. 고립어인 중국어를 근거로 발생한 한자는 기본적으로 표의 문자이어서 문법적 의미만을 갖는 형태부를 표기하는 글자가 절대적으로 부족하다. 그리하여 한자를 빌려 교착어를 표기할 때에는 형태부 표기를 위한 글자를 따로 설정하지 않으면 안 되었다.

1.2.2.2 예를 한글과 유사한 목적으로 제정한 요遼의 거란契丹 문자에서 들어보자.[38] 요遼의 가란어契丹語에서 소유격 조사는 /-Vn/이었는데 모음조화에 의한 매개모음의 교체에 의하여 /-ən. -in, -un, -ɔn, -an, -ün/의 6개 이형태異形態가 가능하였다. 거란소자契丹小字는 이를 모

---

38 契丹문자는 遼 太祖 耶律阿保機가 신하인 耶律魯不古 등으로 하여금 神冊 5년(920)에 만들게 하여 皇帝의 詔勅으로 반포된다. 이것이 거란대자(Khitan large script)인데 한자의 자형 가운데 部首의 偏旁을 분석하여 그 하나하나를 표음 기호로 쓰는 문자를 제정한 것이다. 그리고 몇 년 후에 太祖의 동생인 迭剌은 더 표음적인 거란소자(Khitan small script)를 만들었는데 迭剌은 위구르인들로부터 문자를 배워 거란 소자를 만들었다고 한다(졸고, 2010).

두 한자를 변형 시켜 표기하였다. 이 거란소자 표기를 사진으로 보이면
다음과 같다.

[사진 1-2] 거란어(契丹語) 소유격 조사 표기의 거란소자(契丹小字)

　[사진 1-2]에서 보이는 한자를 변형시킨 거란소자契丹小字는 모두 표음
문자로서 거란어契丹語의 소유격 형태 "① -ən, ② -in, ③ -un, ④ -ɔn,
⑤ -an, ⑥ -ün"을 표기한 것이다. 이들이 다른 단어의 어간語幹에 다음
과 같이 결합한다.

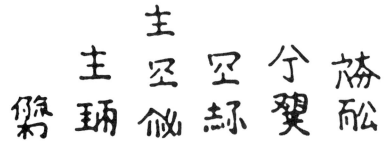

① 唐의　　② 皇帝의　　③ 皇太后의　　④ 大王의　　⑤ 駙馬의　　⑥ 耨斡(皇后)의

[사진 1-3] 거란어의 어간에 붙는 소유격 조사[39]

---

39 이상의 거란 문자에 대한 연구는 졸고(2009d)에서 재인용한 것이다. 졸고(2009d)는 일본
　北海道 대학의 초청으로 '漢字情報와 漢文訓讀'이란 주제의 국제 워크숍에서 발표한 것
　으로 졸고(2010)에서 논문으로 정리되었다.

이와 같은 거란소자契丹小字의 표기는 기본적으로 한자 편방偏旁의 결합에 근거한 것으로 거란어의 문법 형태를 의미 부분의 편偏, 또는 방旁으로 나누어 한 문자 안에서 표기하려고 한 것이다. 이것은 한자의 육서六書에서 형성形聲의 제자 원리에서 그 발상을 가져온 것으로 보인다.

실제로 거란契丹 문자에는 한자의 한 부분이 의미를 나타내고 또 한 부분은 발음을 표시하는 한자의 형성形聲의 제자 원리에 입각한 글자가 많다. 한자의 대부분이 상형象形이나 지사指事, 회의會意보다 형성形聲의 원리에 의하여 제자된 것이며 이러한 원리에 의거하여 만든 한자는 특이한 음절구조를 갖는다.

1.2.2.3 세종은 이로부터 고유어 표기의 실마리를 잡은 것으로 보인다. 세종은 새 문자로 한문의 구결에 해당하는 우리말의 조사와 어미를 기록할 수 있는 것을 본 것이다. 즉, 예를 들면 훈민정음 〈언해본〉은 세종의 어제御製 서문序文을 다음과 같이 한글로 토를 달았다.

御·어製·졩曰·욇ᄒ샤딕 國·귁之징語:어音흠이 異·잉乎葱中·듕國·귁ᄒ·야
與:영文문字·쫑로 不·붏相샹流륳通통이라
故·고로 愚웅民민이 有:윻所:송欲·욕言언ᄒ·야도
而終不得伸其情者ㅣ 多矣라
予ㅣ 爲此憫然ᄒ·야 新制二十八字ᄒ·노니 欲使人人ᄋᆞ로
易習ᄒ·야 便於日用耳니라[40]

---

40 이 세종의 훈민정음 御製序文은 (구권)〈월석〉에 부재되었을 것으로 추정한 고려대 소장의 훈민정음 〈언해본〉의 것을 인용한 것이다. 이 〈언해본〉에 대하여는 졸고(근간)를 참고할 것.

한글로 토를 단 이후로는 변음토착變音吐着과 같은 문제가 일어나지 않을 뿐 아니라 한문 본문本文과의 구별도 확실해져서 이해가 훨씬 쉽게 되었다. 이로부터 세종은 새 문자로 고유어를 표기할 수 있음을 깨닫고 자신이 고안한 문자로 우리말 표기에 몰두하였는데 이것은 동궁東宮, 수양首陽, 안평安平, 정의貞懿 등의 자녀子女들과 함께 작업하였다(졸고, 2006c). 또 자녀 가운데 수양대군首陽大君은 신미信眉, 김수온金守溫 등과 함께『증수석가보增修釋迦譜』를 우리말로 해석하여『석보상절釋譜詳節』을 지으면서 새 문자로 우리말의 전면적인 표기를 실험하게 하였다.

이 시도가 성공하여『석보상절』이 저술되는 중간 중간에 세종은 스스로『월인천강지곡月印千江之曲』을 지으면서 신문자로 동국정운식 한자음의 표음과 고유어의 표기를 자신이 직접 시험하게 된다. 이는 이 모든 것이 가능한 것을 몸소 확인하고 〈해례본〉에 붙인 자신의 서문과 예의例義를 우리말로 풀이하여 자신이 신미信眉대사와 김수온金守溫 등과 편집한『월인석보』의 구권舊卷에 붙여 세상에 알리게 된다. 이것이 바로 오늘날 우리가 훈민정음의 〈언해본〉이라고 부르는『훈민정음』이고 세조 때에 간행된 {신편}〈월석〉의 권두에 첨부된 「세종어제훈민정음」이다.

1.2.2.4 정의貞懿공주가 단순히 '변음토착'만을 해결하여 부왕父王으로부터 그렇게 많은 상賞을 받았다고 보기 어렵다.[41] 각 가문에 구전되어 내려오는 이야기나 여항閭巷에서 회자膾炙되는 야담은 늘 과장되고 근거가 없기는 하지만 완전히 사실과 무관하지는 않다. 따라서 상의 다

---

41 앞에서 소개한 바와 같이『竹山安氏大同譜』(권5)의 '公主遺事'에서는 공주가 세종의 刀瘡을 치료하여 勳賞을 받는 일도 같이 소개되었다. 다만 父王인 세종이 貞懿공주에게 노비를 下賜했다는 〈대동보〉의 기사는『세종실록』에서 확인되지 않는다. 아마도 세조의 일을 세종으로 잘못 口傳되어 그렇게 기재한 것 같다.

과多寡는 논외로 하더라도 정의공주가 한글 제정과 관련하여 상賞을 받은 것은 사실인 것으로 보이고 다만 변음토착을 해결한 것만으로 받은 것은 아닌 것 같다.

필자는 〈대동보〉의 기사에 따라 정의貞懿공주가 변음토착의 어려운 문제를 훈민정음으로 해결하였을 뿐만 아니라 한글에 대한 또 다른 해설서인 「언문자모」를 지은 것으로 추정하였다. 이우준李遇駿의 『몽유야담夢遊野談』「창조문자刱造文字」조에 "我國諺書, 卽世宗朝延昌公主所製也"라 하여 언서諺書, 즉 언문諺文은 연창延昌공주가 지은 것이라고 하였다. 여기서 우리나라의 언서諺書, 즉 언문은 정의공주의 소제所製라는 주장으로부터 중종 때에 최세진의 『훈몽자회』 권두에 첨재添載된 「언문자모諺文字母」(이하 〈언문자모〉로 약칭함)를 떠올리지 않을 수 없다. 변음토착을 해결한 것만으로 〈대동보〉의 기사대로 노비奴婢 수백구數百口를 받기에는 상賞이 너무 크기 때문이다.

당연히 이와 관련하여 연상되는 것은 〈언문자모〉의 고안考案이다. 서민의 문자생활에 같이 쓰이던 이문吏文 및 구결口訣의 한자들은 몇 개로 한정되었고 그 한자들을 이용하여 알기 쉽게 새 문자인 한글의 사용법을 설명해 놓은 〈언문자모〉는 한글의 보급에 결정적으로 기여하게 된다. 왜냐하면 당시 양반들은 한문을 숭상하였고 실용적인 문자생활을 주도한 사람들은 중인中人 계급의 아전衙前 서리胥吏이었으며 그들은 이미 구결과 이두로 잘 알려진 한자로 설명된 〈언문자모〉를 통하여 새 문자를 쉽게 배울 수 있었기 때문이다.

즉, 훈민정음의 〈한문본〉이나 〈언해본〉에서 "ㄱ 君字初發聲－ㄱ은 군자君字의 첫 소리, ㅂ 彆字初發聲－ㅂ은 별자彆字의 첫 소리"와 같이 '군君, 별彆'등의 어려운 『동국정운東國正韻』의 운목韻目 자로 음가를 표시하

기보다는 구결口訣과 이두吏讀에서 이미 널리 쓰이고 있는 한자로 "ㄱ 其
役(기역), ㄴ 尼隱(니은), ㄷ 池*末(디귿), ㄹ 梨乙(리을), ㅁ 眉音(미음), ㅂ
非邑(비읍), ㅅ 時*衣(시옷), ㅇ 異凝(이응)"과 같이 초성과 종성의 음가를
표시하고[42] "阿(ㅏ), 也(ㅑ), 於(ㅓ), 余(ㅕ), 吾(ㅗ), 要(ㅛ), 牛(ㅜ), 由(ㅠ),
應[不用終聲](ㅡ), 伊[只用中聲](ㅣ) 思[不用初聲](ㆍ)"와 같이 중성자中聲字
의 음가를 표시하는 〈언문자모〉의 설명은 어리석은 백성들에게 새 문
자를 익히기 쉽게 한다.

  따라서 〈언문자모〉는 정의공주가 계발한 것으로 추정된다. 그리고
이것은 세조 때에 최항崔沆과 한계희韓繼禧 등이 시작하여 세조 4년(1458)에
이승소李承召가 언해를 마친『초학자회初學字會』의 권두에 첨부되었을 것이
다.[43] 이것을 중종 때에 최세진이『훈몽자회訓蒙字會』(이하『훈몽자회』로 약칭)
로 옮긴 것으로 보인다.[44] 왜냐하면 중인中人 출신으로 이문吏文과 이두문吏
讀文에 익숙했던 최세진은 여기에 사용되던 한자로 새 문자를 해설한 〈언
문자모〉가 훈민정음의 〈한문본〉이나 〈언해본〉에 비하여 언문을 이해하
는 데 얼마나 편리한지 잘 알고 있었기 때문에 이를『초학자회』에서
옮겨 온 것이다. 원래『훈몽자회』는 세조 때의『초학자회』를 모방하여
편찬한 것이다.

  1.2.2.5 이렇게 일반인들이 쉽게 알 수 있는 한자로 새 문자의
음가를 표시한 〈언문자모〉는 한글의 보급에 크게 기여하였다. 그리하
여 새 문자의 보급에 혈안이 되었던 세조世祖는 누님인 정의貞懿공주에게

---

42 *를 붙인 한자는 圓문자로 쓰여서 釋讀으로 읽으라고 한 것이다.
43 〈초학자회〉는 실전되어 몇 개의 낱장만이 현전한다(홍윤표, 2017b).
44 「언문자모」가 최세진의『훈몽자회』의 권두에 첨부되었지만 최세진의 소작이 아니라는
   주장은 이기문(1963 : 84~85)에서도 보인다.

큰 상賞을 여러 번 내린다. 즉, 세조 1년 8월에 양주楊州의 전토 1결結을 하사하고(『세조실록』권2 세조 1년 8월 己巳조) 세조 4년에 배천白川 온천으로 목욕을 가는 공주에게 쌀 10석과 황두黃豆 5석을 내리도록 황해도 감사監司에게 명한다(동 실록 권13 세조 4년 8월 癸亥조). 뿐만 아니라 세조 6년 9월 임인壬寅에 쌀 1백석을 하사하였다.[45]

세조가 정의공주에게 특별히 이렇게 많은 상을 하사한 것은 특별히 누이를 공경하기도 하였겠지만 언문자모를 통하여 그와 부왕인 세종이 새로 만든 문자의 보급에 기여하였기 때문일 것이다. 당시 세조는 새 문자의 보급에 열을 올리고 있을 때였으며 그가 새로 편집하고 인간한 {신편}〈월석〉의 권두에 「세종어제훈민정음」, 즉 훈민정음의 〈언해본〉을 첨부하여 세조 5년에 간행하기도 하였다.

이것은 새 문자의 보급을 위하여 새로 간행한 {신편}〈월석〉에 구권舊卷과 같이 훈민정음의 〈언해본〉을 첨부한 것이지만 〈월석〉와 같은 불경을 유자儒者들이 읽지 않을 것임으로 이 불경의 권두에 첨부된 〈언해본〉으로 새 문자의 보급은 아무래도 제한적일 수밖에 없었다. 그러나 유생儒生들에게도 〈초학자회〉는 한자를 배우려면 반드시 보아야 하는 교재이므로 여기에 〈언문자모〉를 첨부한 것은 새 문자인 훈민정음의 학습을 위해서 매우 유용했다. 이로 인하여 새 문자는 널리 보급될 수 있었다.

원元의 국자國字로서 황제皇帝의 전폭적인 지원을 받으며 화려하게 등장한 파스파 문자가 제국帝國의 멸망과 더불어 사라진 것과는 달리 훈민정음은 우리말 표기의 언문으로 발전하여 생명을 유지한 것은 〈언문자

---

45 『세조실록』(권21) 세조 6년 9월 壬寅조의 "賜貞懿公主米百石, 加資婿姪"이란 기사 참조.

모〉에 의하여 어리석은 백성들이 쉽게 배울 수 있어 서민들 사이에 널리 보급되었기 때문이다. 『훈몽자회』에서는 〈언문자모〉를 첨부하면서 권두의 〈범례〉에서 "凡在邊鄙下邑之人, 必多不解諺文, 故今乃幷著諺文字母。使之先學諺文, 次學字會則, 庶可有曉誨之益矣。其不通文字者亦皆學諺, 而知字則, 雖無師授, 亦將得爲通文之人矣－대체로 변두리 시골에 사는 사람들은 언문을 이해하지 못하는 사람이 많으므로 이제 〈언문자모〉를 함께 붙여 먼저 언문을 배우게 하고 다음에 자회를 배우게 하면 모두 깨닫는 데 도움이 될 것이다. 한자에 통하지 않는 사람들도 역시 모두 언문을 배워서 글자를 알게 되어 비록 스승이 없어도 한자에 통하는 사람이 될 것이다"라고 하여 「언문자모」를 통하여 언문을 익히면 한자 학습에도 도움이 될 것임을 밝히고 있다.

1.2.2.6 일반인들이 쉽게 알 수 있는 이두吏讀와 구결口訣에 자주 사용되는 한자로 새 문자의 음가를 표시한 〈언문자모〉는 한글의 보급에 크게 기여하였다. 그러면 '언문자모'라는 제목 다음에 협주夾註로 붙은 부제副題 '속소위반절입시칠자俗所謂反切二十七字'는 무엇일까? 〈언문자모〉는 훈민정음을 여항閭巷에서 속되게 부르는 명칭이 반절反切이며 협주의 '속소위俗所謂'는 "속되게 부르는"이란 뜻으로 실제와는 다르다는 뜻이다.

즉, 반절反切 27자는 훈민정음의 28자를 여항閭巷에서 잘못되게 'ㆆ'자를 제외하여 초성이 16자로 보고 여기에 중성 11자를 더한 것이 27자로 하였으나 실제로는 그렇지 않다는 뜻이다. 그리고 먼저 〈언문자모〉에서는 "初聲終聲通用八字－초성과 종성으로 모두 쓸 수 있는 8자"라 하여 〈해례본〉 종성해에 보이는 8자의 초성과 종성의 예를 보였다. 〈훈몽자회〉의 권두에 첨부된 「언문자모」를 사진으로 보이면 다음과 같다.

이것은 훈민정음의 〈해례본〉의 「해례」 '종성해終聲解'에서 "八終聲可足用－8개의 받침으로 족히 쓸 수 있다"의 8종성 체계를 따른 것으로 '예의例義'의 "終聲復用初聲－종성은 모든 초성을 다시 쓰다"와는 다른 태도다. 아마도 훈민정음의 〈해례본〉이 나온 다음의 세조 때에는 새 문자의 정서법에서 8종성이 일반적이었던 것으로 보인다. 이 가운데 *로 표시된 "귿末, 옷衣"은 원圓문자로 표시하여 "俚語爲聲－우리말로서 발음을 삼다"라고 하였음으로 '末'은 '귿(=끝)', '衣'는 '옷'으로 석독釋讀한 것이다.

따라서 〈언문자모〉의 초성은 종성과 통용하는 8자와 초성으로만 쓰이는 8자로 모두 16자이며 여기에 중성 11자를 더하여 27자로 본 것이다. 그러나 졸고(2017b)에서는 '반절27자'가 성모聲母, 즉 초성만의 27자를 말하는 것으로 이해하였다. 왜냐하면 원래 반절은 반절상자反切上字와 반절하자反切下字로 나누어 후자가 성운학聲韻學에서 말하는 운韻이고 전자가 성聲이며 중국에서는 반절상자의 성聲을 중심으로 성운학이 발달하였기 때문이다.

[표 1-5] 언문자모 초성종성통용(初聲終聲通用) 8자

성 / 문자	ㄱ	ㄴ	ㄷ	ㄹ	ㅁ	ㅂ	ㅅ	ㆁ
초성	기(其)	니(尼)	디(池)	리(梨)	미(眉)	비(非)	시(時)	이(異)
종성	역(役)	은(隱)	귿(末*)	을(乙)	음(音)	읍(邑)	옷(衣*)	응(凝)

[표 1-6] 언문자모 초성독용(初聲獨用) 8자

성 / 문자	ㅋ	ㅌ	ㅍ	ㅈ	ㅊ	ㅿ	ㅇ	ㅎ
초성	키(*箕)	티(治)	피(皮)	지(之)	치(治)	싀(而)	이(伊)	히(屎)

우선 '반절反切'이란 한자음의 발음 표기를 위한 것이어서 〈언문자모〉의 부제副題인 '속소위반절27자'는 언문諺文이 원래 한자음 표기를 위한 것임을 말한 것이다. 또 이 27자는 최만리崔萬理의 반대 상소에도 '언문27자'로 등장하므로 〈언문자모〉의 '속소위반절이십칠자俗所謂反切二十七字'에 대한 정확한 이해는 매우 중요하며 이를 위하여 '반절'에 대한 분명한 인식이 있어야 한다고 주장하였다. 그런 의미에서 반절反切에 대한 졸고(2017b)의 연구는 높이 평가되어야 한다. 다음은 그 논문을 요약한 것이다.

3) 훈민정음과 반절(反切)

1.2.3.0 중국에서 반절反切은 고대인도의 역경승譯經僧들이 중국의 한자음을 표음하는 방식으로 사용한 것이다. 범자梵字는 음절 초 자음인 체문体文과 그에 연속하는 모음인 마다摩多를 불리하여 각각을 반자半字라 하였고 이를 교육하는 반자교半字敎로 범자梵字의 자음과 모음의 글자를

학습하였다. 〈삼장법사전〉을[46] 비롯하여 많은 불경에서 보이는 반자교와 만자교滿字教는 후자가 범자, 즉 실담悉曇에 대한 교육이라면 전자는 이 문자를 구성하고 있는 자음과 모음의 글자교육, 즉 알파벳 교육을 말한다. 원래 범자梵字에 익숙한 인도의 역경승들은 한자를 범자와 같이 자음과 모음의 결합체로 인식하고 음절 초의 자음을 성聲이라 하고 나머지를 운韻으로 나누어 이해하였다.

고대인도에서는 베다vedic 경전經典의 산스크리트어, 즉 범어의 문법을 연구하는 비가라론이 있었다. 고대인도의 비가라론毘伽羅論은 범어梵語의 Vyākaraṇa(분석하다)란 말을 한자로 표음한 것이다. 중국의 후한後漢시대에 불경을 도입하여 이를 한역하는 과정에서 기론記論으로 번역하여 그 이론을 소개하였는데 범어, 즉 산스크리트어의 문법론이었다. 이 가운데 음성학도 포함되어 이를 특별히 성명기론聲明記論이라 하였다. 원래 성명기론의 '성명聲明'은 5명明, pañca vidyā-sthānāni의 하나로 오명五明은 다섯 가지 학문이나 기예를 말한다.[47]

불경에서 말하는 반만이교半滿二教는 반자교半字教와 만자교滿字教를 말하며 비가라론에 앞서 배우는 범자梵字, 즉 실담悉曇, Siddham의 교육이다. 원래 범자梵字는 『대반열반경大般涅槃經』의 「문자품」에 의하면 14의 모음인 마다摩多와 36의 자음인 체문體文이 결합하여 모두 50자의 실담悉曇을 구성한다고 보았다. 따라서 실담悉曇, 즉 범자梵字는 기본적으로 자음과 모음이 결합한 음절문자였다. 이러한 음절들이 단어를 형성하고 구와 절

---

46 원래의 서명은 『大唐大慈恩寺三藏法師傳』으로 唐代 삼장법사 玄奘의 전기다.
47 佛家에서 말하는 五明(pañca vidyā-sthānāni)의 첫 번째 聲明(śabda-vidyā, 攝拖必駄)은 '聲(śabda - 소리)'과 '明(vidyā - 학문)'의 복합으로 인도에서의 음성학을 말한다. 五明의 나머지는 因明(hetu-vidyā, 論理學), 內明(adhyādhi-vidyā, 敎理學), 醫方明(vyādhi-vidyā, 醫學), 工巧明(śilpa-karma-sthāna-vidyā, 造形學)을 말한다(김완진 외, 1997 : 24~26).

을 이루며 문장을 형성하는데 이들을 분석하여 각 성분들의 문법기능을 연구하는 것이 비가라론이다. 성명기론이 음운에 대한 연구라면 비가라론은 문법을 포함한다.

　비가라론毘伽羅論에 대하여는 제2장에서 1) 신미와 비가라론의 2.1.1.0~4에서 자세히 살펴보겠지만 우선 여기에 간단하게 소개하면 이 이론을 제대로 소개한 것이 파니니의 『팔장八章, Aṣṭādhyāyī』(이하 〈팔장〉으로 약칭)이다. 범어梵語의 문법서로 알려진 〈팔장〉은 기원전 4~5세기에 완성된 것으로 서양의 3대 고전문법서의 첫 자리를 차지한다. 그러나 굴절적인 문법구조의 범어에 대한 문법을 고립어인 중국에 적용하기는 어려웠다. 대신에 비가라론毘伽羅論의 하위 분야인 음성연구의 성명기론聲明記論은 한자음을 연구하는 데 유용하였다(졸고, 2016b).

　1.2.3.1　고대인도에서는 기원전 수십 세기世紀경에 사용되던 산스크리트 문자가 있었다. 흔히 범자梵字로 불리는 이 문자는 베다Veda 경전의 산스크리트어를 기록한 문자로서 일부 불경이 이 문자로 표기되어 진언眞言이라고 한 범어梵語의 표기 문자로 한반도에서 알려졌다. 이 범자는 불경의 문자이기 때문에 이 문자를 교육하기 위하여 불경에서는 반자교半字敎와 만자교滿字敎가 있었다.

　많은 불경에서 반만이교半滿二敎라는 이름으로 소개된 범자梵字 교육은 음절 단위의 범자梵字를 모음인 마다摩多, mātr, Mata와[48] 자음인 체문体文, vyanjana으로 나누고 이 각각을 반자半字라고 하였으며 이 문자에 대한 연구를 반자론半字論이라 하여 이 각각을 알파벳으로 하여 교육하였다. 반

---

48 '摩多(mātr)'를 '母音'으로 번역한 것은 'mātr'가 梵語로 "母, 어머니"의 뜻을 가졌기 때문이다. 일본인 譯者들이 梵語의 원뜻을 살려서 母音이란 술어를 만든 것이다.

면에 마다와 체문이 결합한 만자滿字는 실담悉曇으로 불리었고 이에 대한 연구를 만자론滿字論이라 하였고 이와 같은 음절 문자인 실담의 교육을 만자교滿字敎라 하였다(졸고, 2017b).

고대인도의 반자론半字論은 중국에 들어와 반절법反切法을 낳았으며 성명에 대한 비가라론의 연구를 성명기론聲明記論이라 하였는데 이 이론은 중국에 들어가 성운학聲韻學으로 발달하였다. 이에 의거하여 중국의 한자를 범자梵字와 같이 한 음절의 문자로 보고 반자론에서 이를 성聲과 운韻으로 나누어 반절상자反切上字인 성聲과 반절하자反切下字인 운韻으로 분리한다. 그리고 이들을 각기 반자半字로 보고 이들을 결합하여 한자를 표음하는 2자 표음의 반절법反切法을 고안하였다.[49]

1.2.3.2 반자론이 비가라론과 함께 불경에 포함되어 중국에 들어가서 후한後漢 이후에 불경의 한역漢譯에 이용된다. 모든 한역 불경은 대장경大藏經이라 하며 대장경은 불가의 경전을 집합하여 일컫는 말로 일제경一切經이라고도 하고 장경藏經이라고 약칭하기도 한다. 반자론半字論도 후한後漢 이후에 진晉를 거쳐 수隋, 당대唐代에 한문으로 번역되어 자본론字本論이라 불렀으며 한역 불경, 즉 대장경에 포함되었다. 이 대장경은 고려대장경에 포함되어 한반도에 유입된다.

불경의 한역漢譯은 중국에서 후한後漢 시대로부터 원대元代에 이르기까지 1천여 년간 계속되었고 한역된 불경의 수효만도 수천 권에 달한다. 고려대장경에 수록된 불경으로 서기 67년경의 후한 명제明帝 때에 한역

---

49 반절법의 대표적인 예로 "東 德紅切"을 든다. 즉, 東의 발음 [tong]은 德[tək]의 [t]와 紅[hong] 의 [ong]을 결합한 것으로 본다. '德[t]'이 反切上字이고 '紅[ong]'이 反切下字이다(졸고, 2017b).

한 『사십이장경四十二章經』이 아마도 최초의 한문 불경일 것이다. 이후에 서역의 승려들이 중국에 찾아와서 불경을 한역하는 일이 뒤를 이었다.

중국 양梁의 무제武帝 때에 중국에 온 인도의 진체眞諦 법사가 『바수반두법사전婆藪盤豆法師傳』을 중국어로 한역하면서 이 불경 속에 있던 'Prabhāvati明妃'를 '波羅頗婆底'로 번역할 때에 반자론에 의거하여 왕비라는 뜻의 'Vati婆底'의 '底'를 '知履反'이라고 반절로 표시하여 그 발음이 [ti]임을 표음한 일이 있다. 음절 초의 자음onset, 즉 체문과 이에 연결된 모음vowel, 즉 마다로 이분한 것이다. 이후 당승唐僧들에 의하여 반절은 성聲, onset과 운韻, rhyme으로 나누어 한자음을 표음하는 방법으로 발전하였다. 반절反切의 '반反'은 '번飜'의 대자代字로 '바꾸다'의 뜻이다. 그리고 당대唐代 안사安史의 반란反亂 이후에 '反'자를 기휘忌諱하여 '切'로 표기하였다(졸고, 2017b).

『훈몽자회』의 「언문자모」에 보이는 '속소위반절입십칠자俗所謂反切二十七字'에서 초성 16자에 중성 11자를 하여 반절反切 27자로 이해한 것은 초기에는 언문이 한자의 발음을 표기하는 반절임을 말하는 것으로 고대인도의 반자론에서 자음体文과 모음摩多으로 구별하고 이들이 결합하여 만자滿字, 즉 범자梵字를 구성하는 방법에 따른 것이다. 앞에서 논의한 중국 성운학聲韻學의 성聲과 운韻을 반절로 보는 것과는 어긋나는 일이다. 그리하여 원래의 반절과 다르므로 '속소위俗所謂'라는 수식어를 얹었다.

원래의 〈언문자모〉의 반절 27자는 훈민정음의 초성 17자에다가 각자병서各字並書 6자, 순경음脣輕音 4자를 더한 수효의 반절상자反切上字, 즉 초성 27자를 말한다고 보았다(졸고, 2017b). 이것은 훈민정음의 〈언해본〉에서 제시한 32개의 초성에서 치두齒頭와 정치正齒를 구분하는 5자를 제외한 것이다. 치음齒音에서 이 두 발음의 구별은 한음漢音, 즉 한어음의 발음 표기에 필요한 것이지 우리말이나 우리 한자음의 표기는 물론 동국정운식 한자음에서도 모두 필요하지 않다고 보았기 때문이다.

〈언문자모〉에서 제외시킨 전탁全濁과 순경음脣輕音의 글자도 우리말과 한자음 표기에 사용되었으며 후음 전청의 /ㆆ/도 같다. 왜냐하면 /ㆆ/은 동국정운식 한자음에서 이영보래以影補來, 즉 래모來母 /ㄹ/의 입성 표시를 위하여 영모影母 /ㆆ/을 추가하고 /ㅭ/와 같이 사용하였다. 이런 문제점이 있음에도 불구하고 「언문자모」가 반절 27자를 초성 16자와 중성 11자로 규정한 것은 백성들이 잘 모르고 쓴 것이라고 보아서 '속소위俗所謂'라고 한 것이다(졸고, 2017b).

1.2.3.3 역경승譯經僧들이 중국의 한자음에서 첫 자음에 해당하는 성모聲母를 범어의 체문体文에 맞추어 36자모로 하였고 이것을 성聲으로 하고 나머지를 운韻으로 하는 반절법으로 한자음을 표음하였다. 세종이 25년 계해癸亥년 겨울에 처음 훈민정음을 제정했을 때는 우리 한자음 표기에 필요한 반절상자反切上字 27자를 제정하여 〈운회〉을 번역하게 한다. 운서인 〈운회韻會〉의 번역은 바로 발음의 표기를 의미한다. 이것이 최만리의 반대상소에 등장하는 '언문 27자'인 것이다(졸고, 2018c).

이후에 신미信眉대사가 훈민정음 제정에 참여하여 송대宋代 지광智廣의 『실담자기悉曇字記』에 제시된 범자의 마다摩多 12자에 맞춘 중성中聲 11자를 제정하고 반절 27자에서 우리 한자음 표기에 불필요한 전탁全濁 6자와 순경음脣輕音 4자를 제외한 초성 17자에 중성을 더하여 훈민정음 28자를 만든다.[50] 그리고 이것을 훈민정음의 〈해례본〉과 〈언해본〉에서 해설한 것이다.

---

50 宋 智廣의 『悉曇字記』에서는 「悉曇章」으로 摩多 12자와 体文 35자, 도합 47자의 범자를 제시하여 『大般涅槃經』 「文字品」과 글자 수효가 다르다.

그러나 애초에 반절상자, 즉 초성만의 27자는 「언문자모」에 '속소위俗所謂 반절 27자'로 남았고 최만리 등의 상소에도 '언문 27자'로 그 흔적을 남긴 것이다(졸고, 2019). 이렇게 보지 않고는 최만리崔萬理 등의 상소문과 「언문자모」에 남아 있는 언문 27자, 또는 반절 27자를 설명할 길이 없다. 그동안의 연구에서 이에 대하여 단순한 오기誤記, 또는 여항閭巷의 오전誤傳으로 보았던 문제가 졸고(2019)에서 살펴본 대로 이유가 있는 기록이었던 것이다. 실록에서 오자誤字에 대한 벌칙罰則이 얼마나 엄격했는지를 떠올려야 할 것이다.

더욱이 불과 2개월여 앞선 실록의 기사를 무시하고 최만리의 반대 상소에 오자가 있을 수 없기 때문이다. 즉, 『세종실록』(권102)의 세종 25년 12월의 기사에 분명하게 "上親制諺文二十八字 – 임금이 친히 언문 28자를 지었다"라고 한 것을 같은 〈실록〉(권103)의 세종 26년 2월 경자庚子(20일)조에 게재된 최만리의 반대상소에 "[前略] 以爲二十七字諺文, 立身揚名於世 [下略] – [전략] 27자의 언문으로 세상에 입신양명한다면 [하략]"에서처럼 '27자의 언문'이라고 할 수가 있겠는가? 특히 〈훈몽자회〉의 「언문자모」는 세종 때의 〈초학자회〉에서 전재한 것으로(졸저, 2006) 새 문자의 보급에 결적인 역할을 한 것이다.

1.2.3.4 정의貞懿공주가 '변음토착變音吐着'의 문제를 해결하고 이어서 〈언문자모〉를 지었을 가능성은 크다. 실제로 훈민정음이란 이름으로 창제된 새 문자는 훈민정음의 여러 해설서, 즉 훈민정음의 〈해례본〉이나 〈언해본〉보다 〈언문자모〉에 의하여 일반 백성들에게 보급되었기 때문이다. 그리하여 새 문자가 창제되고 불과 100년도 안 된 시기에 한글로 된 비문碑文과 언간諺簡들이 있어 이 문자의 사용이 급속도로

퍼져나갔음을 알게 한다. 한글로 된 비문으로 지금까지 알려진 가장 이른 시기의 것은 서울시 노원구 하계동에 세워진 한글 고비古碑는 중종 31년(1536)에 이문건李文楗이 부친 이윤탁李允濯과 모친 고령高靈 신씨申氏를 합장한 묘墓 앞에 세운 언문의 영비靈碑다.[51]

또한 졸고(2003b : 89~98)에 소개된 파평坡平 윤尹씨 모자母子 미라에서 발굴된 언간은 이 미라의 매장 연대가 1566년으로 추정되어[52] 이때에 이미 한글은 널리 이용되고 있었음을 알 수 있다. 이 언간은 1555년을 전후한 순천順天 김씨金氏씨의 언간諺簡과 1571년부터 1593년까지의 송강松江 정철鄭澈 가家의 언간들과 어깨를 나란히 하는 초기 언문 편지들이다. 이를 통하여 새 문자가 제정된 지 불과 1세기가 지난 16세기에는 새 문자가 경향京鄉의 여항閭巷에서 널리 사용되었음을 알 수 있다.

조선시대의 실용문을 사용하는 사람들은 양반 사대부의 유생儒生들이 아니라 서리胥吏나 상인과 같은 상민들이었고 이들은 이문吏文이나 이두吏讀에 익숙하였다. 여자들은 상민들의 아동과 마찬가지로 한문보다는 언문諺文을 사용하였다. 이로 인하여 새 문자는 한때 '안글'이란 별명을 얻기도 했다.

그렇다면 이들은 어떻게 새 문자를 배웠을까? 어려운 한문과 성리학 및 성운학의 어려운 이론으로 설명된 훈민정음의 〈해례본〉은 물론이고 〈언해본〉으로도 배우기 쉽지 않다. 예를 들면 'ㄲ'에 대하여 "虯字初發聲"이란 설명은 '규虯'자가 자주 쓰는 한자가 아니라 벽자僻字여서 이 한자의 발음을 통하여 이 글자의 음가를 배우기 어렵다. 따라서 이두와

---

51 이 한글 古碑는 필자가 寓居하고 있는 佛岩齋에서 내려다보이는 곳에 세워졌다. 이글은 이 고비를 내려다보면서 쓰였다.
52 이 미라에서 수습한 옷깃에 "丙寅閏十月"이란 墨書가 있어 조선 明宗 21년(丙寅, 1566)으로 추정할 수 있다.

구결에 자주 쓰이는 한자들로 새 문자의 명칭과 사영의 예를 보인 「언문자모」는 일반 백성들의 새 문자 학습에 지대한 영향을 주게 된다.

1.2.3.5 앞의 1.1.4.4에서 제시한 바와 같이 한글 창제의 경위와 일정日程에 의하면 『월인석보』의 구권이 간행된 이후 2개월 후인 세종 28년 12월에 훈민정음을 이과吏科와 취재取才의 시험에 출제한다. 따라서 필자는 이보다 3개월 전에 『월인석보』의 구권을 간행하면서 훈민정음의 〈언해본〉을 권두에 붙여 간행하는 것으로 새 문자의 반포頒布를 대신한 것이라고 생각한다(졸저, 2006).

『월인석보』에서 실험한 고유어의 표기는 훈민정음의 〈해례본〉 '용자례用字例'에서 고유어를 예로 하여 신문자의 정서법을 설명한다. 즉, 〈해례본〉에서는 제자해制字解부터 종성해終聲解에 이르기까지는 주로 운서의 운목자韻目字에 대한 한자음 표기를 예로 하여 새 문자를 설명하였으나 용자례用字例에서는 초성 17자와 중성 11자의 용례를 모두 고유어에서 가져다가 설명하였다. 『석보상절』과 『월인천강지곡』의 저술로 이미 고유어의 표기가 가능함을 시험하였기 때문이다.

훈민정음의 제정을 도운
학승(學僧)과 불교인

2.0.0 다음으로 세종 주변의 학승^{學僧}으로서 훈민정음 제정에
도움을 준 혜각존자^{慧覺尊者} 신미^{信眉}와 그의 동생으로 유교와 불가^{佛家}에
해박한 지식을 갖고 있으며 형 못지않게 훈민정음 창제에 기여한 문평
공^{文平公} 김수온^{金守溫}에 대하여 살펴보기로 한다. 당시 불교계에는 신미
를 비롯하여 수미^{守眉}, 설준^{雪峻}, 홍준^{弘濬}, 효운^{曉雲}, 지해^{智海}, 해초^{海超}, 사지
^{斯智}, 학열^{學悅}, 학조^{學祖}, 홍일^{弘一}, 혜통^{惠通}, 연희^{演熙} 등의 고승이 있어(이숭
녕, 1986 : 1) 고려에 이어 불교에 대한 연구가 매우 왕성하게 일어났을
때이다. 이들 가운데 신미^{信眉} 대사는 훈민정음 제정에 관여한 것으로
알려져서 이 방면의 연구자들로부터 주목을 받았다.

신미와 김수온의 부모는 부친이 영산^{永山} 김씨^{金氏}의¹ 김훈^{金訓}(1381~
1437)이고 모친이 여흥^{驪興} 이씨^{李氏}이다. 아버지 김훈^{金訓}은 태종의 원자^元
^子인 양녕대군^{讓寧大君}의 좌동시학^{左同侍學}을 지냈고² 어머니는 후일 셋째
아들 김수온이 현달하여 정승^{政丞}의 반열에 오르자 정경^{貞敬}부인의 첩지
를 받았다. 특히 어머니 여흥^{驪興} 이씨는 태종^{太宗} 때에 예문관^{藝文館} 대제
학^{大提學}을 지낸 이행^{李行}의 딸로서 김훈의 자제들이 외조부의 가르침을
받고 자랐다고 한다.

김훈^{金訓}은 초명이 김신^{金信}으로 후일 개명하였다.³ 앞에서 그가 불충^不
^忠의 죄를 지었으며 또 불효^{不孝}의 죄도 지었다고 하였는데 불충의 죄는

---

1 이숭녕(1986 : 3)에는 "信眉의 俗姓은 金氏요 本貫은 永同이다. [중략] 永同金氏는 '永山'
　金氏로도 불린다고 한다"라고 하였으니 永山은 永同의 옛 명칭이다.
2 『태종실록』(권3) 태종 2년 4월 庚午조의 첫 번째 기사에 "儒臣으로서 文行이 있는 사람을
　뽑아 元子의 僚屬을 삼게 하였으니 [중략] 金訓과 洪汝方을 左右同侍學을 삼았다"를 참조.
3 이숭녕(1986 : 6)에서 "金訓은 字가 勤甫 [중략] 國朝榜目에는 金信으로 나온다. [중략]
　進士 二十三人 項에서 金信의 아래에 註記에서 그의 四祖가 「父宗敬一作崇敬 祖去元
　曾令貽 外金珤 一守溫父, 僧信眉之父」(띄어쓰기 원문대로)"이라 하여 初名이 金信의 전거
　를 밝혔다.

앞에서 누규한 대로 당시 상왕上王이던 정종定宗과 태종太宗 사이에서 금상今上인 태종에게 불충한 죄였다. 그러나 불효의 죄란 그가 지금의 군산群山 근처의 옥구진沃溝鎭 병사兵使로 있으면서 부모가 계신 영동永同을 거치지 않고 그대로 상경한 일을 말하는 것이다.

김훈은 당시 그의 조모祖母가 돌아가셨으나 빈소殯所에는 들리지 않고 바로 상경하면서 수원水原의 관기官妓 벽단단碧團團을 데리고 와서 서울에 여러 달을 머물렀다. 벽단단碧團團의 숙모인 소매향小梅香이 정종이 거처하는 인덕궁仁德宮의 궁인宮人이었으므로 벽단단이 청하여 소매향으로 하여금 김훈을 정종에게 소개하였고 자주 접하면서 상왕上王인 정종의 환심을 사서 궁시弓矢를 하사받았다.[4] 이런 일로 김훈은 금상인 태종에게 불충불효의 죄를 입게 된 것이다.

즉, 첫째 국방의 요충要衝을 맡은 자가 무단히 임지를 버리고 서울에 체류한 일, 둘째 조모의 상喪을 당하여 빈소에 들르지 않고 바로 상경한 일, 셋째 조모의 상중喪中에 기생을 데리고 서울로 와서 묵은 일, 넷째 상경하면 금상今上을 알현해야 하는데 그것을 피하고 상왕을 만난 일 등으로 사헌부司憲府에서 장계를 올렸으며 그는 이 '불충불효'의 죄목으로 태종 16년 1월 계해癸亥에 곤장棍杖 100대를 맞고 전라도 내상內廂으로 귀양을 갔다. 이런 일은 세종이 즉위한 뒤에도 그의 집안과 자식들에게 이어져 대단한 핍박을 받게 된다.

2.0.1 김훈은 태종 3년(1403)에 장자를 낳아 이름을 수성守省이라

---

4 『세종실록』(권1) 세종 원년(元年) 11월 癸丑조의 "[전략] 又好色, 愛水原官妓碧團團, 密携至京, 仁德宮人小梅香, 碧團團之叔母也. 訓因緣得潛謁, 仁德宮賜訓以弓矢及所御衣"란 기사 참조.

하였으니 이가 곧 신미信眉다. 태종 5년(1405)에 둘째 아들을 낳아서 이름을 수경守經이라 하였으며 태종 9년(1409)에 셋째 아들 수온守溫을 낳았다. 후에 넷째 아들로 수화守和가 태어났으나 그의 생몰生沒 연대는 알 수가 없다. 다만 『단종실록』(권5) 단종 1년 1월 정축丁丑조의 기사에 김수화金守和를 함길도 감련관監鍊官으로 삼는다는 기사가 있고 『세조실록』(권2) 세조 1년 12월 무진戊辰조에 "현감縣監 김수화", 『성종실록』(권8)에 10월 기유己酉조에 "김수화를 안동대도로부사安東大都護府使로 삼다", 그리고 동 실록(권31) 성종 4년 정해丁亥조에 "김수화에게 통정대부通政大夫 이조참의吏曹參議를 제수하다" 등의 기사에 보여 세조가 즉위한 다음에 형인 김수온의 비호로 당상관에 올랐으며 안동부사安東府使를 거쳐 이조참의吏曹參議에 이른 것을 알 수 있다.

신미信眉의 동생이며 김수온의 형인 김수경金守經도 형과 동생의 천거로 환로宦路에 나아갔다.[5] 『세조실록』(권18) 세조 5년 12월 을축乙丑조의 기사에 감찰監察 김수경에 대하여 그 아비의 죄를 들어 불윤不允함이 마땅하다고 했으나 왕이 "[전략] 김수경金守經은 그 아우 김수온金守溫이 이미 재상宰相이 되었으니, 무엇 때문에 마땅하지 않겠는가?"(『세조실록』 권20, 세조 6년 5월 庚子조)라 한 것으로 보아 그가 동생의 음덕蔭德으로 벼슬길에 나아갔음을 알 수 있다. 그는 계속해서 관직에 나아가 성종 때에 청주淸州 목사牧使로 승진하였다.

이 형제들은 맏형인 신미의 영향으로 모두 불교에 심취하여 유신儒臣들로부터 끊임없이 탄핵과 질시를 받는다. 청주淸州 목사가 된 김수경에 대하여 서거정徐居正 등이 차자箚子를 올려 탄핵하였으나 받아드리지 않

---

5 이숭녕(1986 : 6)에서는 金守經과 金守省을 동일 인물로 추측하고 信眉의 전신으로 보았다. 선생께서 소장하시고 계시던 『靑丘氏譜』에 의한 것이라 하셨다.

자 실록에 사신史臣의 논평으로 "김수경은 녹사錄事 출신이며 다른 재능이 없는데, 그 형인 중[僧] 신미信眉가 총애 받는 데에 기대서 지위가 당상堂上에 이르렀으니, 주목州牧에 합당하지 않은 것은 분명하다. 헌부憲府에서 그가 어리석고 용렬하다는 것을 알면서, 군이 논집論執하지 않았으므로 받아들여지지 않았으니 아깝다"라고 하였다(『성종실록』(권27) 성종 4년 2월 癸未조의 기사).

2.0.2 김훈金訓의 첫째 아들인 수성守省이 바로 신미信眉이고 김수온金守溫은 둘째 김수경金守經의 뒤를 이은 셋째 아들이다. 세종의 주변에서 훈민정음 제정에 관여한 신미와 김수온의 두 형제는 특히 외조부인 이행李行의 교육에서 많은 도움을 받았다. 이 형제들은 소년시절에 아비인 김훈金訓이 '불충불효'의 죄를 지어 수난을 겪는다. 즉, 앞에서 언급한 대로 태종 16년(1416) 정초에 옥구진沃溝鎭 병마사兵馬使로 지방에 있던 김훈이 조모상祖母喪 중임에도 불구하고 임지를 떠나 상경하여 상왕으로 물러난 정종定宗의 인덕궁仁德宮에 출입하고 기생과 놀아난 것이 문제가 되어 '출사불복명율出使不復命律'으로 논죄되었고 전라도에 유배되었다가 후일 고향인 영동永同에 부처되었다.

뿐만 아니라 기생 벽단단碧團團의 일은 상왕上王인 정종定宗과 금상今上인 태종太宗과의 권력 다툼에 관한 일로서 후대에도 태종을 따르는 신하들로부터 계속 문제를 삼아 김훈을 계속 괴롭히게 된다. 이 옥사獄事에 대하여 살펴보면 『세종실록』(권123) 세종 31년 1월 경자庚子조의 첫 번째 기사에

사간원 좌헌납 조백규(趙白珪)가 아뢰기를, "어제 상교(上敎)를 듣고 물러가서 상고하오니, 다만 이지직(李之直)이 일찍이 불충(不忠)의 죄를

받았으나 그 자손이 채용되어 당상관(堂上官)까지 이르렀습니다. 그러나 지직(之直)은 간관(諫官)이 되어 일을 말한 것이 그릇되었으니 진실로 김훈(金訓)의 죄와는 같지 아니합니다." [중략] 임금이 이르기를, "김훈이 처음 죄를 받을 때에, 유사가 불충으로 논죄하기를 청하나, 태종께서 특히 사신으로 나가서 복명하지 아니한 율(律)로 판단하시고, 또 종편(從便)하게 하였으며, 또 공정왕(恭靖王, 定宗을 말함)은 태종과 더불어 조금도 털끝만한 틈과 혐의를 가진 마음이 없었으니, 김훈이 비록 공정왕을 뵈었을지라도 본디 태종을 배반하고 공정왕을 따름이 아니다. 기해년 사이에 이적(李迹)이 사사로이 장수를 청하여 동정(東征)에 나아가게 하였는데, 일이 발각되자 내가 가산을 적몰(籍沒)시키고 관노(官奴)로 만들게 하였으나, 이내 종편(從便)하게 하였으니, 이것이 어찌 불충한 예이랴. 나의 뜻으로는 김훈의 가산을 다시 돌려주고자 한다. 간관(諫官)이 일을 말하면 일의 처음과 끝을 자세히 캐서 말하는 것이 당연하거늘, 무슨 까닭으로 어제 묻는 말에도 알지 못한다고 대답하고, 오늘 묻는 말에도 또 알지 못한다고 대답하는가. 간관으로 있는 이가 오히려 이와 같을까. 내가 즉위한 지 30여 년이 되었으나 이와 같이 웃을 만한 말을 듣지 못하였다. 내가 도리어 얼굴이 붉어진다" 하니, 백규가 곧 물러갔다.

라는 기사가 있어 김훈의 죄가 공정왕恭靖王, 즉 상왕上王으로 물러난 정종定宗과 태종과의 관계에서 빚어진 '불충不忠'의 죄罪이었음을 알 수 있다. 태종太宗의 편에 붙어 정종定宗을 폄하貶下하려는 무리들이 끊임없이 이 문제를 들고 나왔고 그로 인하여 김훈과 그 가족들은 덩달아 탄핵되고 사람들의 입에 오르내리게 되었다. 다만 앞에 든 실록의 기사에서 보면 세종의 비답에서 그를 매우 옹호하고 있음을 볼 때에 세종이 김수온과 신미를 총애하여 그 아비의 죄마저 사리를 따져 무고함을 말하고 있다.

2.0.3 후일 세종 때에 김훈이 이종무^{李從茂}의 대마도 정벌^{征伐}에 자원하여 종군함으로써[6] 공을 세웠으나 오히려 이종무마저 그의 종군^{從軍}을 받아들인 일로 삭탈관직에 이르게 된다. 그러나 문종과 단종을 거쳐 세조 때에 신원^{伸寃}이 되어 김훈의 문과급제 고신^{告身}이 되돌려졌고[7] 영의정에 추증^{追贈}되었다.[8] 그의 셋째 아들 김수온이 세조의 즉위에 공을 세워 순성좌리공신^{純誠佐理功臣}이 되었고 후에 대신으로 현달^{顯達}하였기 때문이다.

그러나 세종 때에는 그의 아들들이 아비의 '불충불효'의 죄로 말미암아 대간^{臺諫}들로부터 끊임없이 탄핵을 받은 것으로 실록에 기재되었다. 특히 세종이 병약하여 왕권이 일시 쇠약해졌을 때에 김훈의 자식들에게 가해지는 박해는 매우 심해서 그들이 세종의 총애를 받거나 관직에 나아가면 곧 대간들로부터 탄핵이 뒤따랐다.

김훈^{金訓}은 네 아들을 낳았다. 그 가운데 둘은 아비의 죄로 인한 핍박을 견디지 못하여 중도에 학업을 포기하였다. 즉, 둘째의 수경은 유학^{儒學}을 중단하였고 넷째 수화도 과거에 급제했다는 기록이 없다. 아마도 스스로 자신의 위치를 파악하고 어려서 공부를 등한히 한 것으로 보인다. 따라서 여기서는 훈민정음의 제정에 공헌을 한 신미^{信眉}, 즉 김수성^{金守省}과 김수온^{金守溫} 두 형제에 대하여 살펴보기로 한다.

---

6 『세종실록』(권4) 세종 1년 6월 庚辰조의 4번째 기사에 "李從茂가 啓하기를 '金訓이 종군하여 스스로 功效 세우기를 자원하고 [중략] 이들을 함께 거느리고 征伐에 나가게 하소서' 하니 상왕이 그대로 따르다"라는 기사 참조.
7 『세조실록』(권9) 세조 3년 10월 癸巳조 3번째 기사에 "吏曹와 兵曹에 傳旨하여 죽은 及第 金訓의 告身을 돌려주다"란 기사 참조.
8 『성종실록』(권130) 성종 12년 6월 庚戌조 첫 번째 기사의 '永山府院君 金守溫 卒記'에 "贈領議政 金訓"을 참고.

1. 혜각존자(慧覺尊者) 신미(信眉)

2.1.0.0 신미信眉에 대하여는 이숭녕(1986)에서 처음으로 본격적인 고찰이 시작되었다.[9] 다만 이 논문에는 당시의 실록 기사와 각종 족보族譜, 국조방목國朝榜目 등의 기록을 개괄적으로 고찰한 것이어서 불확실한 추정만이 가능했었다. 왜냐하면 유신儒臣들이 주도한 각종 실록과 방목榜目에서 불가의 승려인 신미信眉에 대한 기록이 소홀할 수밖에 없었기 때문이다. 후대에 박해진(2015)에서 비교적 자세하게 고찰되었으나이 역시 역사적 사실의 기술과 저자의 상상想像이 겹쳐 있어서 사실 확인이 어려운 점이 있다. 다음은 신미의 생애에 대하여는 이 연구에서언급된 것들을 실증적 전거로 확인하고 정리한 것이다.

세종을 도와 훈민정음 창제의 주역을 맡은 혜각존자慧覺尊者 신미信眉는태종太宗 때에 태어나서[10] 13세 되던 해에 성균관成均館에 사량私糧으로[11]

---

9 이 논문은 선생이 79세 되는 해에 쓰신 것이지만 「心岳李崇寧先生 八旬紀念 年譜 論著目錄」(塔出版社, 1987)에 싣지 못했던 것이다. 필자도 같은 나이에 이글을 쓰면서 恩師의 높은 학문을 생각하며 追慕의 정을 새삼 느낀다.

10 박해진(2015 : 19)에는 信眉의 전신인 金守省이 태종 3년(1403)에 외조부인 李行의 집에서 태어났다고 추정하였다. 『永山金氏大同譜』(권)의 2쪽에 수록된 가계에 의거하여 태종 5년(1405)에 첫째 동생인 金守經이 태어났고 태종 9년(1409)에 셋째 金守溫이 태어난것으로 기술하였다. 넷째는 守和인데 그의 생몰 연대는 미상으로 두었다. 박해진(2015 : 664)의 주4에서 대동보에 의거한 형제들의 작명을 "疏而省, 固而經, 그리고 溫和"에서한자씩을 떼어내어 지은 것이라고 하였다.

11 '私糧'이란 성균관 유생들 가운데 자비로 입학한 학생들을 말한다. 당시 成均館에는 上齋에 小科에 급제한 유생들이 50명, 下齋에는 四學에서 발탁된 우수한 인재들이 역시 50명, 도합 100명이 寄宿하고 東齋와 西齋에는 각 3명씩 자신들이 먹을 식량을 갖고 와서기숙하였는데 이를 私糧이라 한다(박해진, 2015 : 20). 당대 명문가로 이름을 날리던 崔沆도 성균관의 私糧 출신이다(『練藜室記述』별집 권7 「官職典故」, '성균관'조). 따라서上, 下齋는 물론 東, 西齋의 갈등이 있었을 것이며 당시 동문수학한 朴彭年 등이 그의성균관 유생 시절을 비방한 것은 이러한 갈등에 연유한 것으로 보인다.

입학하여 공부한 김수성金守省을 말한다(박해진, 2015 : 19~20). 그는 당시 금상今上인 태종과 상왕上王으로 물러난 정종定宗과의 알력에서 앞에서 언급한 '불충불효'의 죄를 입은 김훈金訓의 장남으로 태어났다. 그가 아비의 죄에 연루되어 폐고廢錮, 즉 벼슬에 나아갈 자격이 없게 된 것을 부끄럽게 여겨 몰래 도망하여 머리를 깎고 중이 되었다고 알려졌으나[12] 실제로는 아비의 죄로 인하여 일가가 적몰籍沒할 때에 그의 외조부인 이행李行의 천거로 함허涵虛 스님에게 보내져 출가出家하게 되었다.

즉, 아비 김훈이 불충불효의 죄로 지방에 유배되자 당시 15세의 김수성金守省은 외가로 보내졌고 외조부 이행李行은 똑똑한 외손자 수성守省을 양주楊州 회암사檜巖寺에 내려와 있던 당대의 명승 함허당涵虛堂(1376~1433)에게 보냈다. 함허당은 수성守省을 제자로 삼고 손수 머리를 깎아주었다. 다음에서 참조할 수 있는 주12의 박팽년朴彭年 상소에 나오는 "몰래 도망하여 머릴 깎은 것"과는 차이가 난다.[13]

2.1.0.1 함허당涵虛堂은 태조 이성계의 조선 건국에 많은 기여를 한 묘엄존자妙嚴尊者 무학無學의 제자로서 자모산慈母山 연봉사烟峰寺에서 『금강경오가해설의金剛經五家解說誼』를 저술하여 득통得通의 법호法號를 얻은 고승이다.[14] 박해진(2015)에서는 동국대학교출판부가 편한 『한국불교전서』(권

---

12 『문종실록』(권3) 문종 즉위년 7월 丁巳조의 기사에 集賢殿 直提學 朴彭年의 상소문에 "[전략] 信眉는 간사한 중입니다. 일찍이 學堂에 입학하여 함부로 행동하고 음란하고 방종하여 못하는 짓이 없으므로 학도들이 사귀지 않고 무뢰한으로 지목하였습니다. 그 아비 金訓이 죄를 입어 廢錮된 것을 부끄럽게 여겨 몰래 도망하여 머리를 깎았습니다 [하략]"라는 지적을 참조.

13 金守省이 涵虛堂을 찾아가 제자가 되는 과정을 박해진(2015 : 22~24)에서 감동적으로 써 놓았다. 동국대학교출판부가 편한 『韓國佛敎全書』(권7)의 「涵虛堂得通和尙行狀」을 참고한 것이다.

14 『金剛經五家解說誼』는 涵虛堂이 공들여 저술한 불경으로 세종이 이를 親覽하고 극구

7)의 「함어당득통화상행장涵虛堂得通和尙行狀」에 소개된 함허당의 수학修學과 출가出家에 대한 것을 다음과 같이 묘사하였는데 여기에 그것을 인용하면 다음과 같다.

함허당은 태조 5년(1396)에 당시 21세의 나이로 성균관에서 함께 공부하던 친구의 죽음을 보고 세상이 덧없음을 깨닫고 육신이 허깨비로 만들어졌다는 것을 관(觀)하고 두 종류의 생사에서 벗어나겠다고 서원(誓願)했다. 일승(一乘)의 열반(涅槃)을 추구하고 도를 넓혀 네 가지 은혜에 보답하며 덕을 길러 삼유(三有)를 돕겠다는 뜻을 세워 출가하려고 했다. 뜻을 이루지 못하고 불안해 잠도 자지 못하고 산수(山水)로 떠날 생각을 멈추는 날이 없었다. 손에 경서(經書)를 붙들고 갈림길에서 망설이고 있었다. 뜻밖에 혼자 바쁘게 길을 가는 한 스님을 만났다. 친척을 끊어버리고 천천히 지팡이를 짚고 길을 나섰다. 관악산 의상암(義湘庵)에 도착하여 그 스님과 각보(覺寶)라는 다른 늙은 산사람과 함께 뜻을 모아 머리를 깎았다.

— 박해진(2015 : 25)

이 글에서 암시한 바와 같이 함허당은 성균관에서 유학을 공부하다가 친구의 죽음으로 생사의 허무함을 깨닫고 불가佛家에 귀의한 것으로 보인다. 따라서 함허당은 유학儒學과 불교에 관심이 있었고 성균관에서 배운 한문으로 불경을 탐구하여 도를 얻으려고 시도한 것임을 알 수 있다. 김수성金守省, 후일의 신미信眉가 역시 어렸을 때에는 성균관成均館에서 유학을 배우고 후일 함허당에게서 불교를 배우는 것과 상황이 유사

칭찬한 다음에 수양대군에게 이를 언해하라 명하고 편차를 정해주기도 했다고 한다. 이에 대하여는 세종대왕기념사업회(1999 : 469~471)에 수록된 『私淑齋集』(권10) 소수의 姜希孟 찬 '飜譯金剛經三家解跋' 참조. 다만 세종의 갑작스러운 昇遐로 이 불경이 간행되지 못한 것은 매우 아까운 일이다.

하다. 따라서 신미도 그의 한문 실력으로 불경을 통하여 불도를 얻으려고 도모한 것으로 보아야 할 것이다.

함허당涵虛堂은 무학無學 대사의 적통을 이은 학승으로 호를 득통得通으로 한 것처럼 많은 불경에 정통했던 것으로 보인다. 그는 불경을 대중들에게 알리기 위하여 『원각경소圓覺經疏』(3권)와 『금강경오가해설의金剛經五家解說誼』(2권), 『현정론顯正論』, 『반야참문般若懺文』(2질), 『윤관綸貫』(1권), 『대령소참하어對靈小參下語』 등의 불경을 교정하고 새로 베껴 써서 신도들이 참고하게 하였다. 함허당의 이러한 불경 해석의 학문적 태도는 후일 그의 제자인 신미에게 지대한 영향을 주었다. 함허당의 스승인 무학無學이 고려 명승 나옹懶翁의 적통을 이어받은 것처럼 신미信眉는 함허당涵虛堂 득통得通의 명맥을 이은 것이다.[15]

2.1.0.3　세종 1년부터 다음 해까지 함허당涵虛堂은 순천 송광사松廣寺에 있다가 세종 3년에 왕의 명에 따라 성녕대군聖寧大君의 능침陵寢 사찰인 대자암大慈庵의 주지로 있게 되었다. 세종 6년까지 이 암자에 있으면서 왕실의 많은 법회法會를 주관하였다. 이때에 신미는 시자侍子 승려로 스승을 도왔다. 세종 5년에는 왕실과 종친의 발원發願으로 강화도에 정수사淨水寺를 중창重創하면서 역시 신미의 도움을 받았다. 특히 대자암大慈庵에서 법화법광法華法廣을 열어 『법화경法華經』을 널리 소개하였다.

세종 6년 태종의 3주기 불사를 끝낸 함허당涵虛堂은 대자암 주지住持를 사직하고 운악산雲嶽山 현등사懸燈寺로 떠났고 신미는 속리산俗離山 법주사

---

15 조선 불교는 太古國師 普愚와 懶翁王師의 2대 문파로 나뉜다. 후자가 전자에 비하여 학승을 많이 배출하였으니 세조 때의 名僧들이 모두 함허당에서 나왔으며 이들은 無學, 그리고 懶翁으로 올라간다.

法住寺로 향했다. 함허당은 세종 15년 4월에 적멸寂滅하였다. 그는 평생 동안 불경의 주석과 불법에 대한 시부詩賦, 편장篇章을 여러 편 남겼다. 문도門徒인 야부埜夫가 「함허당득통화상행장涵虛堂得通和尙行狀」을 정리했고 시자侍子 각미覺眉가 『함허당어록涵虛堂語錄』을 편찬했다.

2.1.0.4 신미는 속리산 법주사에서 대장경을 읽고 「실담장悉曇章」을 통해서 범자梵字를 배웠다고 한다.[16] 그리고 『주역周易』을 다시 공부했다고 하는데(박해진, 2015 : 36) 이러한 주장이 무슨 근거가 있는지는 모르나 『주역』을 근거로 하는 성리학性理學의 이론이나 「실담장」을 통한 실담悉曇의 글자에 대한 지식은 모두 후일 훈민정음 제정의 배경이 된 이론들이다(졸고, 2016b, c).

『훈민정음』의 「해례」에 들어 있는 고대인도에서 발달한 비가라론毗伽羅論과 그의 음성학인 성명기론聲明記論이 대장경 속에 들어있었고(졸고, 2016b) 또 훈민정음 해례의 천지인天地人 삼재三才와 음양陰陽, 오행五行은 『주역周易』에서 온 이론들이다(졸고, 2016c). 신미가 〈해례본〉의 편찬자로 이름이 들어있지 않으나 이러한 배경적 이론이 세종의 훈민정음 제정에서 근거가 되었기 때문에 이 이론이 그대로 〈해례본〉에 녹아 들어간 것으로 보인다.

1) 신미와 비가라론(毘伽羅論)

2.1.1.0 신미信眉가 대장경의 불경을 힘들여 공부했다는 기록은

---

16 박해진(2015 : 31~31)에서는 함허당이 신미를 법주사로 보내면서 지은 시 한 수 "一聲長笛徘徊處, 山下溪邊送客時, 莫謂去留蹤自異, 溪山雲月語須知"를 게재하였다. 이 시는 「因別晴軒子不覺過羊溪」(동국대학교 출판부, 2002 : 246)에서 인용한 것이다.

여기저기서 발견된다. 그가 법주사法住寺에서 만나서 평생의 도반道伴이 된 동갑내기 수미守眉 대사를 기리는 전남 영암靈巖 도갑사道岬寺에 세워진 '묘각화상비妙覺和尙碑'에 "[前略] 月出山道岬寺出家, [中略] 抵俗離山法住 寺, 遇沙彌信眉, 同歲同名與之俱, 琢磨磋切讀大藏習毘尼 [下略]−[전 략] [수미는] 월출산 도갑사에서 출가하여 [중략] 속리산 법주사에서 사 미沙彌 신미를 만났는데 나이가 같고 이름도 같아 더불어 대장경을 읽고 비니毘尼를 배우는 데 절차탁마하였다"란 기사가 보인다.[17] 이를 보면 신 미와 수미가 대장경을 읽고 비니毘尼, 즉 율장律藏을 배우는 데 매우 열심 이었음을 알 수 있다.

신미의 대장경大藏經을 통한 학습은 그 속에 포함된 고대인도의 비가 라론毘伽羅論과 그의 음성학인 성명기론聲明記論을 불경에서 찾아내어 익히 고 깨닫게 한다. 이것이 훈민정음을 비가라론의 이론으로 설명할 수 있 는 근거가 된다. 무엇보다도 중요한 것은 신미가 범어梵語와 범문梵文을 익혀서 터득했다는 사실이다. 박해진(2015 : 36)에 "신미는 범서梵書 실담 장悉曇章을 읽고 번역하기 위하여 범어梵語도 익혔다"라고 하였으며 그 근 거로 이능화(2010, 권5 : 439, 444)의 「언문자법원출범천諺文字法源出梵天」의 주 장을 들었다. 이는 졸고(2017b)에서 논의한 것처럼 반절법反切法이 고대인 도의 반자론半字論에서 나온 것이며 이것이 중국 성운학聲韻學의 모태가 되었다는 주장과 같은 내용이다.

훈민정음이 초성, 중성, 종성으로 나누어 문자를 제정한 것에 대하여 그동안 한국의 언어학계가 침묵하였다. 그리고 첫 글자가 아음牙音의 초

---

17 가산불교문화연구원 편 『校勘譯註歷代高僧碑文』(1999, 권6 : 417) 「조선편」(1) '靈巖道岬 寺妙覺和尙碑' 참조. 이 비문은 인조 11년(1633)에 性聰이 碑文을 짓고 篆額을 썼다고 한다.

성으로 "ㄱ, ㅋ, ㆁ, ㄲ"의 순서로 제자制字된 것에 대하여 논의한 연구가 없다. 그러나 실제로 이것은 원대元代에 제정된 파스파 문자에서도 시도된 것으로 이 문자의 모델이 된 티베트의 서장西藏 문자로 소급될 수 있다. 이것은 결국 인도의 범자梵字에서 나온 것이다. 다만 서장문자와 파스파 문자는 훈민정음의 중성中聲처럼 모음을 문자로 제정하기에 이르지는 못했다.

그러나 이들은 모두 범문梵文의 실담장悉曇章에서 나온 것으로 훈민정음의 〈언해본〉에서 초성初聲은 "ㄱ는 牙音이니 君字初發聲ᄒ니 並書ᄒ면 如蚪字初發聲ᄒ니라, ㅋ는 牙音이니 如快ᄌ字初發聲ᄒ니라, ㆁ는 牙音이니 如業字初發聲ᄒ니라"으로 시작하는 'ㄱ(君, k), ㅋ(快, kh), ㆁ(業, ng)', 그리고 병서並書한 'ㄲ(蚪, g)'의 순서로 시작한 것은 파스파 문자나 서장西藏 문자, 그리고 실담悉曇의 체문体文에서 같은 순서다.

즉, 졸고(2016b)에 의하면 파스파 문자의 /ꡀ[k], ꡁ[kh], ꡃ[ng], ꡂ[g]/와 범자梵字 체문의 /迦[ka], 佉[kha], 誐[ga], 伽[gha], 哦[nga]/는 그 순서에 약간의 차이가 있지만 /k/를 첫 글자로 그리고 /kh/를 둘째 글자로 하여 시작하는 것은 같다고 한다.[18] 서장西藏 문자에서도 /ka, kha, ga, nga/의 순서로 동일하다. 이것은 이 문자들이 모두 고대인도에서 발달한 비가라론의 성명기론聲明記論에 의거하여 문자가 제정됐기 때문이다.

---

18 梵語에는 유성유기음 [gh]가 있어서 伽[gha]를 문자로 하였다. 그러나 티베트의 西藏어나 몽고어에서 유성유기음은 존재하지 않기 때문에 西藏문자, 파스파 문자, 그리고 한글의 諺文에서도 이 음운을 문자로 만들지 못하였다. 반면에 우리말의 된소리 계열은 앞의 언어들에서 존재하지 않는다. 따라서 諺文字母에서 된소리 계열의 글자를 인정하지 않고 된ㅅ을 붙여서 /ㅺ, ㅼ, ㅽ, ㅆ, ㅾ, ㅅㆆ/과 같이 썼다. 중국어에서도 유성기음은 존재하지 않기 때문에 四聲에서 無聲無氣의 全淸, 有氣의 次淸, 有聲의 全濁, 구강 및 비강공명의 不淸不濁만을 인정하고 有聲氣音은 따로 만들지 않았다. 여기서 四聲은 평상거입의 성조를 말하는 것이 아니고 조음 방식에 따른 구분을 말한다(졸고, 2011a).

고대인도의 비가라론毘伽羅論은 졸고(2016b)에서 처음으로 학계에 소개한 것으로 이 말은 범어梵語의 'Vyākaraṇa−분석하다'를 한자로 번역飜譯한 것이다.[19] 불경 속에서는 비가라론毘伽羅論이 '비야갈랄남毘耶羯剌諵, 비가라毘伽羅, 비가라나毘伽羅那' 등으로 소개되었으며 의역意譯하여 '기론記論'으로 번역되었다. 천축의 승려 축불념竺佛念이 한역漢譯한『보살영락본업경菩薩瓔珞本業經』(하권)에서는 옛 불도佛道에서 배워야 하는 십이부경十二部經의 하나로 비가라나毘伽羅那를 들었다.[20]

비가라론은 베다Veda 경전의 언어인 산스크리트어의 대한 문법론이며 범문梵文의 문장을 분석하여 각 요소를 찾아내고 그 요소들이 문장 안에서 어떤 문법적 특징을 갖는지 살펴보는 문법이다. 즉, 언어의 문장을 분석하여 절節, 구句, 단어, 형태形態, 음운音韻으로 나누고 그 각각에 대한 언어 규칙, 즉 문법을 살피는 분석문법이다. 따라서 통사론, 형태론, 음운론의 세 분야를 망라하게 된다.

산스크리트어, 즉 범어는 굴절어屈折語임으로 비가라론에서는 이 언어에서 보이는 단어의 곡용曲用, declension과 활용活用, conjugation을 포함하여 언어의 굴절을 문법으로 정리하였다. 범어梵語 문장의 성性, 수數, 시제時制, 서법敍法에 따른 단어의 굴절에 대하여 많은 불경 속에서 비가라론의 이론으로 설명하여 놓았다. 오늘날에는 파니니Pāṇini의『팔장八章, Aṣṭādhyāyī』에 그 이론의 일부가 서양학계에 전해진다(졸고, 2016b).

---

19 여기서 '飜譯'이란 현대 한국어나 일본어에서처럼 'translation'이 아니라 발음의 전사, 즉 'transcription'을 말한다. 즉, 宋代의『飜譯名義』에서 정의한 바와 같이 '다른 문자로 소리나는 대로 기록하는 것'을 말한다. 'Vyākaraṇa'를 '毘伽羅論', 또는 '毘耶羯剌諵'으로 적는 것이 본래 번역의 뜻이다. '번역'과 '언해'의 차이에 대하여는 졸고(1995)를 참고할 것.
20 毘伽羅論이 漢譯으로 記論이라고 하는 梵語의 문법론이라면 聲明記論은 聲明(vocal sounds)에 대한 비가라론의 연구, 즉 음성학을 말한다. 그동안 필자의 논문에서 이에 대하여 분명하게 구별하지 못한 점을 사과한다.

굴절적인 문법구조의 범어梵語에 적용하던 비가라론의 통사론과 형태론은 고립어孤立語인 중국어에서 적용하기 어렵다. 그러나 음운론만은 중국어나 티베트의 서장西藏어나 몽골어, 그리고 조선어에서 그대로 이용할 수 있었다. 비가라론에서 인간의 발화發話에 유용한 음성에 대한 연구를 성명기론聲明記論이라 하였는데 즉, 성명聲明에 대한 비가라론의 연구를 성명기론으로 한역漢譯한 것이다. 중국에서는 유독 이 성명기론을 받아들여 중국 전통의 성운학聲韻學을 발달시켰다.[21]

2.1.1.2 앞에서 이미 언급하였지만 원래 불가에서 성명聲明은 5명 pañca-vidyā-sthāna의 하나로 오명五明은 다섯 가지 학문이나 기예를 말한다. 여기서 '명明'은 배운 것을 분명히 한다는 뜻이다. 이를 다시 내오명內五明 (불교도로서의 학예)과 외오명外五明(세속 일반의 학예)으로 나누고 내오명의 첫 번째 성명聲明은 언어와 문자를 연구하는 문법학이다. 두 번째인 공교명工巧明은 모든 기술과 공업, 산수와 책력 등을 밝힌 것이고 세 번째인 의방명醫方明은 의학을 밝힌 것이며, 네 번째의 인명因明은 참과 거짓을 분별하는 논리학이다. 마지막 다섯 번째의 내명內明은 자기 종파의 종지를 밝힌 것으로 불교는 3장 12부교가 내명內明에 속한다.[22]

비가라론은 불가佛家에서 외지外智에 속하는 것으로 본다. 외지bāhyaṃ jnanam는 외도外道의 지식이란 뜻으로 불법佛法 이외의 사법邪法에서 얻은 지식을 말한다. 세친世親과[23] 관계가 있는 『금칠십론金七十論』에 "何者名爲

---

21 佛家에서는 毘伽羅論을 '記論'으로 번역하였다. 따라서 聲明記論은 '聲明'에 대한 비가라론의 연구라고 할 것이다.
22 五明에 대하여는 『瑜伽師地論』(권2)의 "何等名五明處? 謂內明處、醫方明處、因明處、聲明處、工業明處"라는 기사와 『御製秘藏詮』(권2)의 "瑜伽論云：一內明處、二因明處、三聲明處、四醫方明處, 五功巧明處、五地初得九地圓滿"이란 기사 참조.

智? 智有二種 : 一外智, 二內智。外智者, 六皮陁分 : 一式叉論, 二毘伽羅
論, 三劫波論, 四樹底張履及論, 五闌陁論, 六尼祿多論。此六處智名爲外
－무엇이 지식인가? 지식에는 두 종류가 있는데 하나는 외지外智요 둘은
내지內智다. 외지란 여섯의 피타경皮陁經, 즉 베다 경전을 이해하는 데 보조
적인 학문을 말한다. 첫째는 식차론式叉論, 둘째는 비가라론, 셋째는 겁파론
劫波論, 넷째는 수저장리급론樹底張履及論, 다섯째는 천타론闡陁論, 여섯째는 니
록다론尼祿多論이다. 이 여섯을 외지外智라 한다"라고 하여 비가라론Vyākaraṇa
이 베다 경전을 이해하는 여섯 개의 보조 학문의 하나임을 말하고 있다.

 2.1.1.3 　 비가라론毘伽羅論과 성명기론聲明記論은 모두 불경의 대장경
에 포함되어 중국과 고려, 조선에 전달되었다. 고려 때에 만들어진 소
위 팔만대장경八萬大藏經으로 불리는 대장경의 불경은 조선의 학승學僧들
이 배워야 하는 경전經典이었다. 특히 신미의 스승인 함허당涵虛堂은 경전
을 읽고 이를 해석하는 작업을 끊임없이 계속하였기 때문에 제자인 신
미信眉도 대장경을 읽고 그를 통하여 불교와 기타 성명기론에 대한 지식
을 터득할 수 있었다. 그리고 이러한 지식을 이용하여 새 문자의 제정
에 도움을 준 것이다.

　불경의 하나인 『대반열반경大般涅槃經』(권8) 「문자품文字品」에는 범자梵字
가 성명기론의 조음음성학에 의거하여 「실담장悉曇章」으로 소개되었다.
여기서 소개된 범자梵字는 앞에서 논급한 것처럼 모음인 마다摩多, mata와
자음인 체문体文, vyanjana으로 나뉘는 50음의 글자를 보였으며 이 중에 마다
摩多 14자와 체문의 36자를 각기 반자半字로 보았다. 불경에서 보이는 '반자

---

23 世親은 唯識學 분야의 많은 저술을 남긴 佛僧 婆藪槃豆(Vasubandhu)를 말한다.

교半字教, 또는 '반자론半字論'은 범자梵字의 알파벳 교육을 말하는 것이다. 반면에 '만자교滿字教', '만자론滿字論'은 마다와 체문이 결합하여 하나의 음절 문자, 즉 실담悉曇의 교육과 이론을 말한다. 원래 범어梵語의 실담悉曇, siddham은 'sidh(완성하다)'의 과거수동분사인 'siddha'에 중성 명사의 주격단수어미 'ṃ'를 붙인 형태로 "완성된 것"이란 뜻이다. 즉, 반자半字에 대하여 만자滿字를 말한다.

졸고(2016b)에서는 『대반열반경大般涅槃經』의 「문자품文字品」에 마다摩多 14자와 체문体文 36자의 실담悉曇 50자에 대하여 상세하게 소개하였다. 반면에 당唐의 승려 지광智廣이 편찬한 『실담자기悉曇字記』(권1)에서는 마다摩多와 체문体文의 47자를 해설하고 그 합성법을 18장으로 나누어 설명하였다. 『실담자기』에 수록된 범자梵字의 문자표인 「실담장悉曇章」에는 마다 12음音과 체문 35성聲의 글자, 즉 모두 47자의 모음과 자음의 글자가 수록되었는데 이를 정리하면 다음과 같다.[24]

摩多 - 阿[a], 阿[ā], 伊[i], 伊[ī], 歐[u], 歐[ū], 藹[e], 藹[ai], 奧[o], 奧[au], 暗[aṃ], 疴[aḥ]

体文 - 迦[ka], 佉[kha], 誐[ga], 伽[gha], 哦[nga],
者[tsa], 車[tsha], 惹[za], 社[zha], 若[ɲa],
吒[ṭa], 他[ṭha], 茶[ḍa], 茶[ḍha], 拏[ṇa],
多[ta], 他[tha], 陀[da], 陀[dha], 那[na],
波[pa], 頗[pha], 婆[ba], 婆[bha], 磨[ma],
也[ja], 羅[ra], 囉[la], 縛[va], 奢[śa], 沙[ṣa], 紗[sa], 訶[ha], -遍口聲

---

24 일본 假名문자는 현재 51자의 글자를 五十音圖라고 하여 사용하지만 이전에는 伊呂波 47자가 일반적이었다. 일본의 假名문자가 梵字의 영향으로 제정되었음을 알려주는 대목이다. 伊呂波 47자에 대하여는 졸고(1991) 참고.

濫[llam], 乞灑[kṣa] – 重字

— 졸고(2016b : 9)

2.1.1.4 신미信眉 대사가 실담悉曇의 마다摩多와 체문体文에 대하여, 그리고 이 각각을 반자半字로 이해하여 학습한 범자梵字에 대한 지식은 훈민정음이 초성初聲과 중성中聲, 그리고 종성終聲으로 나누는 데 크게 기여한다. 그 가운데 모음, 즉 중성中聲의 글자를 인정하여 독립된 글자로 한 것은 훈민정음의 제정에서 대단한 공로라고 보아야 한다.

전술한『대반열반경』(권8) 「문자품」에서는 가섭迦葉 보살菩薩과 석가釋迦와의 대담에서 마다摩多 14자의 중요성을 강조하였다. 즉,『대반열반경』(권8) 초두에 "迦葉菩薩復白佛言 : '世尊云何如來說字根本?' [중략] 是 十四音曰字本 – 가섭 보살이 부처의 말씀에 다시 말씀드리기를 '세존이시여 어떤 것이 여래께서 말씀하신 글자의 근본입니까? [중략] 이 14음이 글자의 근본이다'라고 하다"(졸고, 2016b : 139)라는 언급이 있어 14자 표음한 마다摩多가 매우 중요함을 알 수 있다.

마다摩多의 14 모음자에 체문体文의 36자를 더 하면 50음이 되는데 이 것이 일본의 가나문자에 사용하는 오십음도五十音圖라고 본다. 물론 일본 어의 가나문자는 /ア[a], イ[i], ウ[u], エ[e], オ[o]/의 5개 모음에 /カ[k], サ[s], タ[t], ナ[n], ハ[h], マ[m], ヤ[y], ラ[r], ワ[w]/의 각행行에 5자씩 45 자, 그리고 ン[n]을 포함한 46개 자음을 고쥬온즈五十音圖라고 한다. 여기에 5개 모음자를 더하면 실제는 51음이지만 마지막의 ン[n]을 빼고 오십음도에 맞춘 것이다. 훈민정음에서 실제로는 7개의 모음에 재출자再出字의 /ㅛ, ㅑ, ㅠ, ㅕ/를 더하여 11 중성中聲으로 한 것은 범자梵字의 마다摩多 12음에 맞춘 것으로 보아야 할 것이다.

『대반열반경』에서 체문으로 36자를 정한 것은 『실담자기悉曇字記』와 다르다. 즉, /로(魯, r1), 류(流, r2), 려(廬, l1), 루(樓, l2)/의 4자를 별도로 설정하여 자음을 증가시켰다.[25] 『실담자기』의 34자에 비하여 /류(流, r2), 루(樓, l2)/ 2자가 더 늘어나서 36자가 되었다. 따라서 일본어의 가나문자에 고쥬온즈五十音圖는 당대唐代의 『실담자기悉曇字記』보다 더 고형의 실담장悉曇章에 의거한 것으로 보아야 할 것이다.

또 중국의 36성모聲母도 불경이 수입되던 후한後漢시대 이후에 서역西域의 역경승譯經僧들이 중국 한자음의 표기를 위하여 고안한 반절법에서 반절상자反切上字, 즉 성聲의 어두 자음을 36자로 표기한 것도 범자梵字의 체문体文 36자와 관련이 있을 것이다(졸고, 2016b). 중국의 범자梵字와 고대 인도의 성명기론이 불경을 통하여 동아시아 여러 문자에 영향을 주었음을 알려주는 대목이다.

신미信眉는 대장경에 포함된 『대반열반경』은 물론이고 『실담자기』도 참고하면서 범자梵字를 학습했다고 본다. 왜냐하면 신미의 스승인 함허 당涵虛堂은 물론이고 그 자신도 범자에 대하여 많은 공부를 하였을 것이며 대장경 안에서 이 문자에 대한 많은 지식을 손쉽게 얻을 수 있기 때문이다. 특히 훈민정음의 중성中聲은 신미에 의하여 범자의 마다摩多와 같이 독립적으로 분리되어 문자로 만든 것으로 추정된다(졸고, 근간). 반면에 중국 성운학의 반절법에서는 음절 초 자음의 성聲과 나머지 운韻으로 2분하였을 뿐이다.

이로부터 지봉芝峰 이수광李睟光의 『지봉유설芝峰類説』(1624, 20권 10책)의 권 18에 "我國諺書字樣, 全倣梵字-우리나라의 언서諺書, 즉 언문은 범자에

---

25 『大般涅槃經』(권2)「文字品」에 "魯、流、廬、樓如是四字, [中略] 吸氣舌根隨鼻之聲, 長短超聲, 隨音解義, 皆因舌齒, 而有差別 [下略]"을 참조할 것(졸고, 2016b: 140~141).

서 모두 모방한 것이다"라고 하여 언문諺文이 범자梵字로부터도 나온 것이라고 언급하기에 이른다. 요즘 재야학자들이 신미信眉 대사가 훈민정음 제정에 깊이 관여했다는 주장도 이로부터 나온 것이다.

2) 신미와 훈민정음의 중성(中聲)

2.1.2.0 신미가 세종을 만난 것은 효령대군孝寧大君의 추천에 의한 것이다. 속리산俗離山 복천사福泉寺에서 불가佛家의 대장경에 정통한 학승으로 이름을 떨치고 있는 신미를 세종이 수양대군을 보내어 불러 올려 효령대군의 저택에서 만났다는 기사가 김수온의 『식우집拭疣集』(권2) 「복천사기福泉寺記」에 전해진다. 물론 자신의 형에 관한 이야기임으로 좀 과장된 표현이 있었겠지만 세종과의 첫 만남에서 신미의 학식이 세종에게 크게 평가된 것으로 기술되었다.[26]

졸저(2015)에 의하면 훈민정음의 제정은 세종과 그 가족들의 비밀 프로젝트로 진행되었다고 한다. 그것은 당시 몽고의 원元에 귀화하여 쌍성총관부雙城摠管府에서 몽골의 다루가치達魯花赤, daruɣači의 벼슬을 살았던 이자춘李子春의 후예들이 고려를 역성易姓 혁명으로 뒤엎고 새로운 이씨조선을 세운 것에 의혹의 눈으로 항상 감시하던 명明을 의식했기 때문이다. 조선을 세운 이성계李成桂는 바로 이자춘의 아들이었으며 세종에게는 고조부에 해당하기 때문이다. 그리고 과거시험을 통하여 환로에 올라 한문에 중독된 유신儒臣들이 새로운 문자를 기피하고 새 한자음을 반대하기 때문에 이를 피하기 위하여 가족을 중심으로 비밀리에 새 문자의 제정

---

26 원문을 옮겨 보면 "初世宗大王聞尊者名, 自山召至, 賜坐從容, 談辨迅利, 義理精暢, 奏對稱 旨, 自是寵遇日隆"(『한국문집총간』 권9, 1988 : 75~77)여서 이날부터 세종의 총애가 있었다고 적었다.

을 도모하였다. 그러다가 신미와 그의 동생 김수온^{金守溫}과 같은 불가^{佛家}
의 학인^{學人}들로부터 도움을 받게 된다.

2.1.2.1 세종이 신미^{信眉}를 만났을 때에는 훈민정음의 제정이 상
당히 진척되었을 때였던 것으로 보인다.[27] 세종은 이미 중국 성운학^{聲韻}
^學에 의거하여 추출한 36성모^{聲母}로부터 우리말과 우리 한자음 표기를
위한 27자모^{字母}를 추출하여 반절상자^{反切上字}의 초성^{初聲}으로 삼았고 이것
으로 운회^{韻會}를 번역하기에 이르렀다.[28] 그러나 이때에는 우리말을 표
기할 수준의 문자는 아니고 몽운^{蒙韻}의[29] 파스파 문자처럼 당시 한자의
동북방언을 반영한 원대^{元代} 황공소^{黃公紹}의 『고금운회』을 번역하는, 즉
새 기호로 발음을 전사하는 수준의 표음 기호였을 것이다.[30] 원대^{元代}에
파스파 문자가 『고금운회』을 번역하여 몽운^{蒙韻}을 편찬하면서 사용됐던
한자의 발음기호와 같은 수준이었다.

현전하는 [증정]『몽고자운』의 런던초본에서 권두에서 자모^{字母}라는 제
목으로 반절상자^{反切上字}, 즉 초성^{初聲}을 송대^{宋代} 전통적인 〈광운^{廣韻}〉의 36
자모에 맞추어 실었는데 이를 졸저(2009)에서 [표 2-1]과 같이 정리하였다.

---

27 따라서 훈민정음의 제정에서 信眉대사의 공이 절대적이란 재야 학자들의 주장은 신빙
성이 떨어진다.

28 최만리 반대 상소문에 등장하는 '諺文二十七字'와 『훈몽자회』 「諺文字母」에 보이는 "俗
所謂反切二十七字"의 27자는 모두 反切上字의 초성 27자를 말하는 것으로 당시 〈운회〉
의 번역에 필요한 음절 초(onset)의 자음들을 말한 것이다(졸고, 2017b, 2018b).

29 소위 蒙韻이라 불리는 韻書는 元代에 파스파 문자를 제정하고 당시 동북방언을 한자
음에 반영한 『古今韻會』와 『古今韻會擧要』을 파스파 문자로 번역하여 운서로 만든 『蒙
古韻略』, 『蒙古字韻』, 그리고 朱宗文이 증정한 『몽고자운』을 말한다. 이 가운데 마지막
[增訂]『몽고자운』을 淸代 乾隆年間에 필사한 런던초본이 런던의 대영도서관에 소장되
었다. 이에 대한 자세한 연구는 졸저(2009)를 참고할 것.

30 이에 대하여는 "命集賢殿校理崔恒, [중략] 指議事廳, 以諺文譯韻會, [하략]"(『세종실록』
권103, 세종 26년 2월 丙申조 기사)를 참조할 것.

[표 2-1] {증정}『몽고자운』런던초본의 36자모도[31]

	牙音	舌音		脣音		齒音		喉音	半音	
		舌頭音	舌上音	脣重音	脣輕音	齒頭音	正齒音		半舌音	半齒音
全淸	見	端	知	幫	非	精	照	曉		
次淸	溪	透	徹	滂	敷	淸	穿	匣		
全濁	群	定	澄	並	奉	從	床	影		
不淸不濁	疑	泥	娘	明	微			喩	來	日
全淸						心	審			
全濁						邪	禪			

　　『예부운략禮部韻略』의 한자음을 파스파 문자로 전사轉寫한 『몽고운략蒙古韻略』이나 이를 『고금운회古今韻會』, 또는 『고금운회거요古今韻會擧要』로[32] 수정한 『몽고자운蒙古字韻』에서는 반절상자反切上字, 즉 성성聲만을 파스파자로 표음하고 반절하자反切下字의 운모韻母는 15운韻으로 나누어 성성聲과 운韻의 순서대로 한자를 배열하였다. 즉, 〈광운〉의 36성모聲母를 "見 ᅙ, 溪 ᅙ, 群 ᄁ, 疑 ᄅ 一"의 순서로 정리하고 그 안에서 15개의 운韻인 "一東, 二庚, 三陽, 四支, 五魚, 六佳, 七眞, 八寒, 九先, 十蕭, 十一尤, 十二覃, 十三侵, 十四歌, 十五麻"의 15운韻으로 나누어 한자를 배열하였다. 이것은 『고금운회거요』에서 15운韻으로 편운編韻하는 근거가 된 것으로 보인다. 왜냐하면 『고금운회거요』는 〈광운〉 계통의 『예부운략』을 『몽고자운』에 의거하여 수정하였기 때문이다.

---

31 이의 근거가 되는 {증정}『몽고자운』런던초본의 「字母」는 3.1.2.4에 [사진 3-2]로 제시하였다.
32 『古今韻會』는 언제 간행되었는지 분명하지 않다. 다만 劉辰翁의 서문에 보이는 壬辰이 元 世祖의 至元 29년(1292)이므로 이때에 편찬된 것으로 보며 『古今韻會擧要』는 熊忠의 自序에 元 大德 元年(1297)이라는 간기가 있으므로 이때에 완성된 것으로 본다(하나도, 1997 : 52).

그러나 실제로는 36자모가 아니라 32자모만을 인정하여 파스파 문자를 대응시켰다. 즉, 앞의 [표2-1]을 보면 설상음^{舌上音}과 정치음^{正齒音}의 3자가 서로 같고 순경음의 비^非모와 봉^奉모가 서로 같아 모두 32자만이 서로 다른 글자로 표시하였다, 즉, 반절상자로 32개의 초성만을 인정한 것이다.[33] 이것을 『사성통해』에 실린 「광운36자모도」에 맞추어 도표로 정리한 것을 졸저(2009 : 186)에서 옮긴 것이 앞의 [표 2-1]이다.

2.1.2.2 초기의 언문 27자는 『몽고자운』에서 인정한 32자모에서 正齒音 5자를 모두 없앤 것으로 이를 도표로 보이면 다음과 같을 것이다.

[표 2-2] 초기의 언문 27자

	牙音	舌音	脣音		齒音	喉音	半音	
			脣重音	脣輕音			半舌音	半齒音
全淸	見 ㄱ	端 ㄷ	幫 ㅂ	非 ㅸ	精 ㅈ	曉 ㅎ		
次淸	溪 ㅋ	透 ㅌ	滂 ㅍ	敷 ㆄ	淸 ㅊ	影 ㆆ		
全濁	群 ㄲ	定 ㄸ	並 ㅃ	奉 ㅹ	從 ㅉ	匣 ㆅ		
不淸 不濁	疑 ㆁ	泥 ㄴ	明 ㅁ	微 ㅱ		喩 ㅇ	來 ㄹ	日 ㅿ
全淸					心 ㅅ			
全濁					邪 ㅆ			

[표 2-2]는 아직 어디에도 분명하게 보여주는 자료는 없지만 『동국정운』 등에서 자주 보이는 '이영보래^{以影補來}'는 '發 ·벓'의 표음에서 볼 수 있는 받침의 'ㅭ'을 말하는 것으로 영모^{影母} 'ㆆ'로 래모^{來母} 'ㄹ'를 보충하여 입성^{入聲}으로 만든다는 뜻이다. '영모^{影母}'나 '래모^{來母}'는 [표 2-2]의 언문 27자에서만 가능하다. 왜냐하면 『동국정운』에서는 韻目의 한자를 모두

---

33 훈민정음 〈언해본〉에서 漢音의 표기를 위한 것까지 32자를 제시한 것은 (증정)『몽고자운』의 32자모와 관련이 있다.

바꾸어 'ㆆ'는 읍모把母이고 'ㄹ'은 려모閭母로 하였기 때문이다. 따라서 '이영보래以影補來'는 『동국정운』이나 훈민정음에 의하면 '이읍보려以把補閭' 이어야 한다. 그럼에도 불구하고 'ㄹㆆ'을 '이영보래以影補來'라고 한 것은 [표 2-2]와 같은 '언문 27자'가 있었음을 증언한다.

뿐만 아니라 [표 2-2]의 언문 27자를 보면 모두 전청자를 쌍서雙書해서 전탁자를 만들었다. 그러나 다음의 [표 2-3]의 동국정운 23자모나 훈민 정음을 보면 후음喉音에서만 차청자次淸字 'ㅎ'을 쌍서해서 전탁자全濁字를 만들었다. 이에 대해서 훈민정음의 〈해례본〉에서 장황한 해설을 붙였 으나 [표 2-2]에서 볼 수 있는 것처럼 초기의 언문 27자에 의하면 중국 전통의 후음喉音 전청全淸의 효모曉母에 대응하는 허모虛母, 즉 'ㅎ'을 쌍서 한 것이라면 역시 전청자全淸字를 쌍서한 것이 된다. 이에 대해서는 3.2.3.4에서 다시 논의할 것이다.

그러나 『동국정운』에서는 초기의 언문 27자에서 순경음脣輕音 4자를 마저 없애고 23자로 하였으니 이것이 동국정운 23자모이다. 뿐만 아니 라 중국 전통의 〈광운〉계 36자모의 운목韻目을 표시하는 한자를 모두 바꾸어 다음의 [표 2-3]과 같이 하였다.

[표 2-3] 『동국정운』 23자모

	牙音	舌音	脣音	齒音	喉音	半音	
						半舌音	半齒音
全淸	君 ㄱ	斗 ㄷ	彆 ㅂ	卽 ㅈ	挹 ㆆ		
次淸	快 ㅋ	呑 ㅌ	漂 ㅍ	侵 ㅊ	虛 ㅎ		
全濁	虯 ㄲ	覃 ㄸ	步 ㅃ	慈 ㅉ	洪 ㆅ		
不淸 / 不濁	業 ㆁ	那 ㄴ	彌 ㅁ		欲 ㅇ	閭 ㄹ	穰 ㅿ
全淸				戌 ㅅ			
全濁				邪 ㅆ			

[표 2-3]을 보면 동국정운에서 전탁全濁의 글자는 아ㄲ, 설ㄸ, 순ㅃ, 치음
齒音의 전청자全淸字를 쌍서雙書해서 만들었다. 다만 후음喉音에서는 차청次
淸의 'ㆆ'을 쌍서하여 후음 전탁全濁의 'ㆅ'를 제자制字하였다. 훈민정음에
서도 같은 방식으로 제자하였다. 그러나 앞의 [표 2-2]을 보면 후음에서
도 전청자를 쌍서해서 전탁자全濁字를 만든 것임을 알 수 있다. 따라서
[표 2-2]와 같은 초기의 언문 27자의 존재를 확인할 수 있다.

2.1.2.3 반절상자反切上字의 「자모字母」에 이어서 역시 『몽고자운』의
런던초본에서는 「총목總目」이란 제목으로 반절하자反切下字의 15운韻을 제
시하였다. 이것은 아직 모음자를 독립된 글자로 인정하지 않은 파스파
문자에서 반절상자, 즉, 반절상자反切上字의 초성에 대하여 반절하자反切下字
를 15운韻으로 구별하였음을 말한다. {증정}『몽고자운』 런던초본의 이
부분을 사진으로 보이면 [사진 2-1]과 같고 이를 보기 쉽게 정리하여 도표
로 보이면 [표 2-4]과 같다.

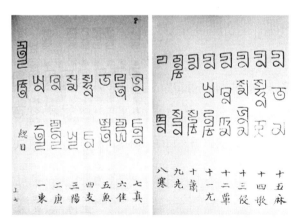

[사진 2-1] 『몽고자운』 런던초본의 15운

[표 2-4] {증정}『몽고자운』 런던초본의 15운

數字	一	二	三	四	五	六	七	八	九	十	十一	十二	十三	十四	十五
韻目	東	庚	陽	支	魚	佳	眞	寒	先	蕭	尤	覃	侵	歌	麻

그리고 이를 사진으로 보이면 앞의 [사진 2-1]과 같은 데 상단 첫째 줄의 파스파자 표음은 '一, 二, 三 —'의 한어음漢語音을 파스파자로 전사轉寫한 것이고 둘째 줄이 /둥東, 겡庚, 앙陽, 지支, 우魚, 겅佳, 진眞, 햔寒, 선先, 셜蕭, 힣尤, 땀覃, 침侵, 고歌, 마麻/의 15운을 파스파자로 전사한 것이다.[34]

[표 2-4]에서 볼 수 있는 것처럼 반절하자反切下字, 즉 운韻으로 15운을 분별하였고 [표 2-1]로 보인 반절상자의 32자모와 [표 2-4]으로 보인 반절하자 15운韻의 순서에 따라 한자를 분류하고 그 발음에 해당하는 한자를 배열하는 방법으로 편집된 운서韻書가 {증정}『몽고자운』 런던초본이다. 그리고 부분적인 차이는 있겠지만 모든 몽운蒙韻에서 같은 방법으로 편운編韻하여 파스파자로 표기하였을 것이다. 그 예를 {증정}『몽고자운』 런던초본에서 찾아 같은 부분의 『동국정운』과 비교하여 보면 다음의 [사진 2-2]와 같다.

[사진 2-2]에서 보이는 바와 같이 {증정}『몽고자운』 런던초본의 일一, 동東운의 자모와 『동국정운』의 제1권 일一 긍㮿, 긍肯, 긍㔜, 극㪟운의 표음을 비교하면 먼저 왼쪽의 『몽고자운』의 /견見 ᠊, 계溪 ᠊, 단端 ᠊, 투透 ᠊, 정定 ᠊, 니泥 ᠊/에 동東운의 '᠊'(옆으로 뉘었음. 이하 같음)을 연결하여 /᠊[kung](公 이하 한자들), ᠊[khung, 空 이하], ᠊[tung, 東

---

34 파스파 문자는 로마자나 IPA 기호보다 훈민정음으로 轉寫하는 것이 정확하다. 후자가 전자를 모델로 하여 글자를 만들었기 때문이다. 즉, 훈민정음의 欲母 'ㅇ'과 대응되는 파스파자의 喩母 '᠊, ᠊'는 로마자로는 표기할 수 없지만 훈민정음에서는 'ㅇ'로 쉽게 표기할 수 있다. 支와 眞운은 正齒音으로 시작함으로 捲舌音의 'ㅈ'로 표기하였다.

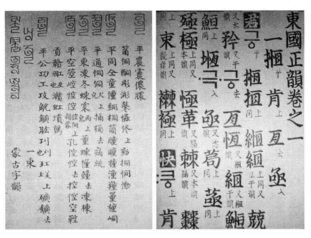

[사진 2-2] 『몽고자운』과 一 東운과 『동국정운』의 一捆, 肯, 亘, 죠운

이하/, ㅆㅇㅠ[thung, 通 이하/, ㄸㅇㅠ[dung, 同 이하/, ㆁㅇㅠ[nung, 農 이하/의 한자를 배열한 것이다. 아마도 초기의 언문 27자로 〈운회韻會〉를 번역할 때에도 같은 방법으로 표음하였을 것이다.

바른쪽의 『동국정운』에서는 긍捆, 긍肯, 긍亘, 극죠운에 군君모 /ㄱ/으로 평성平聲, 거성去聲, 입성入聲의 순서로 /긍捆 이하, 긍亘 이하, 극죠 이하/의 한자를 순서에 맞추어 배열하였다. 『몽고자운』보다 『동국정운』에서 성조聲調에 따라 발음을 표기하여 제시한 것이 훨씬 발전된 모습을 보인다.

2.1.2.4 애초에 제정한 훈민정음의 초성 27자도 같은 방법으로 반절상자로 초성 27자를 만들고 반절하자는 몽운蒙韻의 편운編韻에 따라서 〈운회韻會〉를 번역하고자 하였을 것이다. 이것이 '반절 27자'이며 최만리崔萬理의 반대상소에 등장하는 '언문 27자'라고 본다. 『몽고자운』의 32자에서 정치正齒와 치두齒頭의 구별을 인정하지 않으면 5자가 줄어 27

자가 되기 때문이다. 정치와 치두의 구별은 훈민정음 〈언해본〉에서도 한음漢音의 표기를 위한 것이라고 밝혀놓았고 여기서 32자의 정음正音으로 번역한 것은 몽운蒙韻, 특히 (증정)『몽고자운』의 32 파스파자와 관련이 있을 것이다.

그러나 신미信眉는 여기에 실담悉曇의 반자론半字論에서 말하는 마다摩多 12자字에 맞추어 중성中聲 11자를 별도로 만들어 추가하였다. 그리고 종성終聲은 범문梵文의 체문体文처럼 초성과 같이 쓴다고 보았다. 그리고 반절상자의 초성 27자에서 중세한국어에는 변별적이지 못한 유성有聲의 순경음 'ㅸ, ㆄ, ㅹ, ㅱ'의 4자를 빼어 동국정운 23자모를 만들고[35] 여기서 다시 각자병서各字竝書의 쌍서자 /ㄲ, ㄸ, ㅃ, ㅆ, ㅉ, ㆅ/의 6개를 뺀 초성初聲 17자와 더불어 중성 11자를 더하여 훈민정음 28자를 제정하였다.

세종 25년(1443) 12월에 제정된 최초의 언문諺文에 중성 11자가 없었던 것은 최만리崔萬理의 반대 상소에 언문 27자로 되었기 때문이다. 그리고 『훈몽자회』의 「언문자모」에도 '속소위반절이십칠자俗所謂反切二十七字'라 하여 '반절 27자'로 본 것은 처음에는 반절상자로 27자만을 초성만을 제자制字한 것을 말한다. 이것은 중국 성운학聲韻學에서 말하는 대운大韻, 즉 반절상자反切上字의 초성만을 말하는 것으로 훈민정음 〈해례본〉의 초성 17자에 전탁자全濁字, 즉 각자병서各字竝書 6자와 순경음脣輕音 4자를 더하여 27자로 한 것이다.

이 언문 27자로 두 달 후인 세종 26년(1444) 2월에 〈운회韻會〉를 번역한다. 원래 蒙韻의 첫 번째 간행인 『몽고운략蒙古韻略』은 송대宋代 〈광운〉

---

35 순경음 전청의 /ㅸ/만은 당시 우리말에 변별적으로 생각하고 예외로 인정하여 훈민정음 〈해례본〉의 「用字例」에서 고유어의 예를 보였다. 물론 한자음에도 순경음 /ㅸ/은 등장하지만 동국정운 23자모에서는 순경음 계열을 모두 인정하지 않은 탓에 /ㅸ/도 빠진 것으로 보인다.

계통의 『예부운략禮部韻略』을 파스파 문자로 번역한 것이지만 두 번째는 이를 『고금운회』에 의거하여 수정한 『몽고자운蒙古字韻』이다. 따라서 〈운회〉의 번역은 『몽고자운』의 파스파 문자 대신 언문 27자로 〈운회〉의 한자음을 전사轉寫하는 방법이었을 것이다.[36]

2.1.2.5 이렇게 새로 제정된 문자는 '반절反切 27자'로도 불리었고 (졸고, 2017b) 언문諺文 27자'로도 불렸다(졸고, 근간). 그러다가 신미가 훈민 정음의 제정에 참여하여 반절하자反切下字의 운韻을 중성中聲과 종성終聲으로 나누고 모음에 해당하는 중성의 글자를 따로 제정하였다. 그리고 받침에 해당하는 종성은 다시 초성으로 표기하여 이후에는 반절하자의 운韻도 모두 글자로 표기할 수 있었다.

그리하여 세종 28년 9월에 간행한 훈민정음의 〈해례본에서는 초성 17자와 중성 11자의 28자를 해설하였고 역시 같은 해 10월경에 간행한 〈언해본〉(졸고, 2013)에는 한음漢音 표기를 위하여 순경음과 정치음의 글자를 포함한 32자를 설명하고 언해하였다. 또 세종 29년 9월에 간행한 『동국정운東國正韻』에서는 반절상자의 성聲과 더불어 반절하자의 운韻도 모두 훈민정음으로 표기할 수 있었던 것이다.

앞의 [사진 2-1]과 [표 2-2]를 비교하면 {증정}『몽고자운』 런던초본에는 상단에 파스파 문자로 발음을 표기하고 그에 해당하는 한자들은 배열하였다. [사진 2-1]에 보이는 바와 같이 2단에 걸쳐 상단上段에는 한자의 숫자 이름을 파스파자로 쓴 것이고 둘째 단에는 각 운韻의 한자음을

---

36 그러면 이보다 2개월 앞선 『세종실록』(109) 세종 25년 12월의 기사에 "是月, 上親制諺文 二十八字 [下略]"에 보이는 28자는 무엇인가 라는 문제가 생긴다. 이 기사는 임홍빈 (2006)에 의하면 나중에 추가된 것이어서 날짜의 干支가 없다고 한다.

역시 파스파 문자로 표기하였다.

그러나 세종 29년에 간행된『동국정운』은 훈민정음에서 이미 초성과 중성, 그리고 종성이 구별되어 글자를 만들었기 때문에 매자 마다 반절상자의 성聲뿐만 아니라 반절하자의 운韻까지 모두 표기하였다. 즉,『동국정운』에서는 〈몽운蒙韻〉과 달리 반절하자反切下字에 해당하는 26운을 인정하고 반절하자의 운을 모두 표음하였는데 이를 사진으로 보이면 다음과 같다.

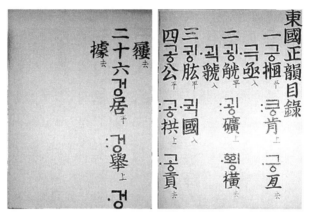

[사진 2-3]『동국정운』의 26운(첫 장과 마지막 장)

이것으로 보면 세종 25년(1443)의 12월의 언문 제정과 세종 26년(1444) 2월의 〈운회韻會〉 번역은 최만리의 반대 상소에 보이는 대로 언문 27자의 반절상자만으로 번역, 즉 한자음의 언문 전사轉寫가 이루어진 것으로 보인다. 실제로 앞에서 살펴 본『몽고자운』에서는 반절상자만을 정하고 반절하자는 위에서 살핀「총목總目」의 15운韻에 맞추어『고금운회』의 한자음을 파스파 문자로 전사轉寫하였다. 그러나『동국정운』에서는 신미信眉가 중성을 별도로 설정하고 반절하자인 운韻을 중성과 종성으로 구분하여 모든 운목韻目들을 [사진 2-3]에서처럼 초, 중, 종성으로 표기할 수 있게 되었다.

이것은 『몽고자운』을 비롯한 모든 몽운蒙韻에서 반절상자와 반절하자, 즉 성聲과 운韻으로 2분한 것에 비하여 많이 발전한 것이다. 그리하여 『동국정운』에서는 몽운蒙韻에서 파스파 문자로 표음한 것보다 훨씬 정밀하게 새로 제정한 정음으로 한자음을 표기할 수 있었다. 〈운회韻會〉의 번역으로 시작된 한자의 한음漢音, 즉 한어漢語의 한자음 표기는 『홍무정운역훈洪武正韻譯訓』에서 성공적으로 표기가 가능하게 되었고 그 이전에 우리 한자음을 운서韻書 발음에 맞춘 동국정운식 한자음의 전사轉寫도 완성할 수 있었다.

유희柳僖의 『언문지諺文志』(1824, 『文通』, 전100권의 제19권)의 '전자례全字例'에서 "諺文雖刱於蒙古, 成於我東, 實世間至妙之物 - 언문은 비록 몽고에서 시작하여 우리나라에서 이루어졌지만 실제로 세간에 지극히 오묘한 것이다"라고 언급한 사실을 상기하게 된다. 파스파 문자로 시작한 한자음의 표기는 언문에 와서 비로소 완전하게 표음할 수 있게 되었음을 말한 것이다.

3) 신미와 한문의 언해(諺解)

2.1.3.0 "백성들에게 가르쳐야 하는 올바른 한자음"이란 뜻의 훈민정음으로부터 우리말을 표기하는 언문諺文으로 발전한 것은 졸저(2015)에서 주장한 바와 같이 세종의 둘째 따님인 정의貞懿공주가 '변음토착變音吐着'의 난제를 훈민정음으로 해결한 다음의 일이다. 한문에 다는 구결

토로 '호 고爲古, 이라是羅, 이다是如'에서 볼 수 있는 '호爲-, 이是-, -이다是如'
는 한자의 발음을 고쳐서 토를 단 것, 즉 "變音吐着-발음을 달리 하여
토를 달다"여서 한자를 익히 알고 있는 식자識者들에게는 매우 괴로웠다.

이를 해결하기 위하여 세종은 아들들에게 위임하였으나 결국은 머리
좋은 둘째 따님이 구결 한자가 아닌 훈민정음으로 이를 해결하였다.[37]
정의貞懿공주가 '변음토착變音吐着'을 해결하여 부왕父王으로부터 많은 상을
받았다는 『죽산안씨대동보竹山安氏大同譜』의 기사가 있다(졸저, 2015). 이로부
터 후대에 공주를 언문諺文의 제정자로 본 일도 있었다.[38] 이 말은 당시
여항閭巷에서 널리 퍼진 야담으로 이우준李遇駿의 『몽유야담夢遊野談』(卷下)의
'창조문자刱造文字'조에 "我國諺書, 卽世宗朝延昌公主所製也-우리나라
언서는 세종 때에 연창공주가 지은 것이다"라는 기사에서 볼 수 있다.[39]

2.1.3.1 정의貞懿공주의 '변음토착'을 해결하는 방법은 훈민정음
으로 구결-토를 다는 것이다. 그 가장 좋은 예를 훈민정음의 〈언해
본〉에 실린 세종의 '훈민정음 서문'을 들 수 있다.[40] 이 〈언해본〉은 한
문 원문에 토를 달고 이를 언해하였는데 그 예를 고려대 육당문고에

---

37 貞懿공주가 '變音吐着'을 해결한 것에 대하여는 졸저(2015 : 182~185)에 자세하게 언급
   되었다.
38 『竹山安氏大同譜』(권5)에 수록된 '貞懿公主遺事'는 '變音吐着' 이외에도 貞懿공주가 세
   종의 刀瘡을 고친 기사도 함께 들어 있다. 졸저(2015 : 21)에는 이 기사에 대하여 자세히
   소개하였다.
39 貞懿 공주는 세종의 둘째 딸로 延昌尉 安孟聃에 출가하여 延昌 공주로도 불린다.
40 훈민정음, 즉 새 문자의 해설서로 현재 우리가 이용할 수 있는 가장 중요한 것은 훈민정음이
   란 이름을 붙인 〈해례본〉〈훈민정음〉, 〈실록본〉〈훈민정음〉, 〈언해본〉〈훈민정음〉이다. 이
   3종의 해설서는 모두 '訓民正音'이란 서명을 갖고 있다. 〈언해본〉은 〈신편〉『월인석보』의
   권두에 「세종어제훈민정음」이란 제목을 붙였으나 고려대 도서관의 六堂문고에는 그저
   「訓民正音」이란 제목의 언해본이 소장되었다. 이에 대하여는 졸고(2016c)를 참고할 것.

소장된 훈민정음의 〈언해본〉에서 보이면 다음과 같이 훈민정음으로
구결-토를 달았다.[41]

御·어製·졩曰·윓ᄒ·샤디, 國·귁之징語:어音흠이, 異·잉乎薯中듕國·귁·
ᄒ·야, 與:영文문字·ᄍ로, 不·붏相샹流륳通통이라. 故·고로, 愚웅民민이,
有:윻所:송欲·욕言언ᄒ·야도, 而終不得伸其情者ㅣ多矣라.[42] (띄어쓰기,
구두점은 필자. 이하 같음)

그리고 구결-토만 정확하게 달 수 있다면 이것을 언해하는 것은 쉬
운 일이다. 이 부분은 훈민정음 〈언해본〉의 언해에서 "御·어製·졩예 글
ᄋ·샤디, 나·랏:말소·리 中듕國·귁·과 달·라, 文문字·ᄍ·로 더·브·러 서르
흘·러 通통·티:몯 ·ᄒ논·디·라, 이런 젼ᄎ로 어린 百姓이 니르고져 홇
배 이셔도 ᄆ촘내 제 ᄠᅳ들 시러 펴디 몯ᄒᇙ 노미 하니라"와 같이 구결-
토에 맞추어 언해되었다.

이러한 현토懸吐의 방법은 신미信眉가 전부터 시도한 불경의 현토에서
온 것이다. 그는 『몽산화상시중蒙山和尚示衆』, 『고담화상법어古潭和尚法語』에
현토하였으며 이들은 『사법어언해四法語諺解』(서울대 규장각 일사문고 소장)
에 수록되었다. 이러한 신미의 현토 실력은 그와 김수온金守溫, 그리고
수양대군이 증수한 『중수석가보重修釋迦譜』의 현토와 언해의 어려운 일을
맡게 되면서 드디어 빛을 발휘하여 이 작업의 결과가 새 문자로 우리말

---

41 이 〈언해본〉은 졸고(2013a)에 의하면 세종의 생존 시에 간행된 (구권)『월인석보』의 권두
에 첨부된 것이라 한다.
42 졸고(근간)에서 고려대 도서관 육당문고 소장의 「훈민정음」은 비록 첫 1엽이 보사한
것이지만 세종의 생존 시에 간행한 (구권)『월인석보』의 제1권 권두에 附載되었던 것을
따로 떼어내어 단행본으로 제책한 것으로 보았다. 제1엽 다음의 모든 엽은 세조 5년에
간행한 (신편)『월인석보』에 첨부된 것과 일치한다. 제1엽의 책판만을 교체하여 (신
편)『월인석보』에 附載한 것으로 보았다. 이에 대하여는 다음의 2.3을 참조할 것.

표기를 시험한 『석보상절釋譜詳節』(이하 〈석보〉로 약칭)로 나타난다. 세종은 〈석보〉의 진행 상황을 보면서 스스로 『월인천강지곡月印千江之曲』(이하 〈월인〉으로 약칭)을 짓고 새 문자의 우리말 표기를 직접 확인한다. 물론 이 찬불가讚佛歌를 지을 때에 신미의 동생인 김수온이 도왔을 것으로 그동안의 학계에서는 추정하였다.

〈석보〉와 〈월인〉이 완성되자 이 두 권을 합편하여 세종의 생존 시에 『月印釋譜』(이하 〈월석〉으로 약칭)을 간행하였다고 졸고(2013)에서 주장하였으니 이것이 바로 {舊卷}〈월석〉이다. 졸고(2006b)에서는 현전하는 {新編}〈월석〉의 권두에 附載된 世祖의 御製序文에서 〈월석〉은 先考, 즉 세종이 편찬한 〈舊卷〉이 있고 자신이 새로 간행하는 〈월인석보〉는 〈新編〉임을 분명히 밝혀놓았기 때문에 이에 근거한 것이다.[43]

즉, 앞의 제1장 1.1.4.1에서 고찰한 바와 같이 초간본 〈월석〉으로 알려진 서강대 소장본의 권두에 부재된 세조世祖의 '어제월인석보서御製月印釋譜序'는 "念此月印釈譜ᄂᆞᆫ, 先考所製시니, 依然霜露애, 慨增悽愴ᄒᆞ노라"라는 구절이 있어 〈월석〉이 세조의 선고先考, 즉 세종의 편찬임을 분명히 밝혔다. 이어서 같은 서문에는 "乃講劘研精於舊卷ᄒᆞ며, 鬐括更添於新編ᄒᆞ야"와 이어서 "出入十二部之修多羅ᄒᆞ되. 曾靡遺力ᄒᆞ며, 增減一兩句之去取ᄒᆞ되, 期致盡心ᄒᆞ야"라고 하여 원래 〈월석〉에는 구권舊卷(옛 글월)이 있었고 자신 편찬하는 것은 후대에 여러 불경을 첨삭하여 새롭게 간행한 신편新編(새 밍ᄀᆞ논 글월)임을 밝히고 있다.

---

43 세조가 〈월인석보〉의 권두에 붙은 자신의 御製序文에 이 책의 舊卷의 존재를 분명하게 밝혀놓았으나 그동안 우리 학계가 이를 무시한 것은 에다(1934)의 주장을 그대로 받아드린 때문이다. 불교 전문가인 에다 도시오(江田俊雄)는 朝鮮總督府의 촉탁으로 일제 强占期의 우리 불교연구를 주도하였다. 우리 학계에 드리운 日帝의 殘滓가 얼마나 뿌리 깊은 것인가를 새삼 깨우치게 된다.

졸고(2016a)에 의하면 [구권]〈월석〉은 세종 28년 10월경에 간행되었고 〈석보〉와 〈월인〉은 원고 채로 보관되다가 소헌왕후^{昭憲}王后의 추천追薦을 위하여 왕후의 사후死後인 세종 29년(1447) 7월에 간행된 것으로 보았다. 즉, 세조 5년, 천순天順 3년에 간행한 〈월석〉은 신편新編이고 세종 생존 시에 편찬된 〈월석〉의 구권이 있음은 졸고(2006c)에서 처음 주장되었다. 〈월석〉에 대하여는 전술한 신편新編에 부재附載한 세조의 어제 서문에 〈석보〉와 〈월인〉의 편찬 경위를 분명하게 밝혀놓았다. 그것을 여기에 옮겨 보면 다음과 같다.

[前略] 昔在丙寅ᄒ야, 昭憲王后ㅣ 奄棄營養ᄒ야시ᄂᆞᆯ, 痛言在疚ᄒ야. 罔知收措ᄒ다니, 世宗이 謂予ᄒ샤디, 薦拔이 無知轉經이니, 汝宜撰譯釋譜ᄒ라 ᄒ야시ᄂᆞᆯ. 予受慈命ᄒᅀᆞᄫᅡ. [中略] 撰成釋譜詳節ᄒ고, 就譯以正音ᄒ야, 俾人人易曉케 ᄒ야, 乃進ᄒᅀᆞᆸ보니, 賜覽ᄒ시고, 輒製讚頌ᄒ샤, 名曰月印千江이라 ᄒ시니 [下略]─[전략] 녜 병인년(1446)에 이셔 소헌왕후ㅣ 榮養ᄋᆞᆯ ᄲᆞ리 ᄇᆞ려시ᄂᆞᆯ 셜버 슬ᄊᆞᆷ보매 이셔 ᄒᆞᇙ 바ᄅᆞᆯ 아디 몯 ᄒ다니 世宗이 날ᄃᆞ려 니ᄅᆞ샤디 追薦이 轉經ᄀᆞᆺᄒ니 업스니 네 釋譜ᄅᆞᆯ 밍ᄀᆞ라 翻譯호미 맛당ᄒ니라 ᄒ야시ᄂᆞᆯ 내 慈命을 받ᄌᆞᄫᅡ [중략] 釋譜詳節을 밍ᄀᆞ라 일우고 正音으로 翻譯ᄒ야 사ᄅᆞᆷ마다 수ᄫᅵ 알에 ᄒ야 進上ᄒᅀᆞᆸ보니 보ᄆᆞᆯ 주ᅀᆞ오시고 곧 讚頌ᄋᆞᆯ 지ᅀᅳ샤 일후ᄆᆞᆯ 月印千江이라 ᄒ시니, [하략].

이 기사를 보면 수양대군 등이 돌아가신 모후 소헌왕후를 위하여 〈석보〉를 지었으며 세종이 이를 읽고 석가釋迦에 대한 찬송을 지은 것이 〈월인〉임을 밝히고 있다.

〈월인〉은 모두 3책으로 간행된 것으로 추정되지만 상권上卷 1책만 발견되어 언제 간행되었는지 알 수 없으나 〈석보〉는 수양首陽의 서문에 정통正

統 12년 7월 25일이란 간기가 있어 정통正統 12년, 즉 세종 29년(1447)에 완성되었음을 알 수 있다. 노태조(2005 : 377)에서는 정통正統 3년, 세종 20년 (1438)에 간행된『원각선종석보圓覺禪宗釋譜』가 있어 이를 보고 세종 28년에 〈월인〉을 먼저 간행하고 세종 29년에 〈석보〉가 완간된 것으로 보았으나 앞에 인용한 세조의 어제서문과는 맞지 않는다.

오히려 〈월석〉을 세종 28년에 먼저 간행하고 소헌왕후昭憲王后의 사후 死後에 왕후의 추천追薦을 위하여 세종 29년에 〈석보〉와 〈월인〉이 각각 간행되었다고 보는 것이 합리적이다. 실제로 제1장 1.1.4.1에서 논의한 바와 같이 〈석보〉에 첨부되었을 수양대군首陽大君의 〈석보〉에 대한 서문 에는 "正統十二年七月二十五日에 首陽君諱序ᄒ노라"라는 간기가 있어 정통正統 12년, 즉 세종 29년(1447) 7월 25일에 서문이 작성되었고 간행 도 이때에 있었음을 알 수 있다.

2.1.3.3 그동안 학계에서는 훈민정음이란 이름의 새 문자를『용 비어천가龍飛御天歌』(이하 〈용가〉로 약칭)의 국문가사에서 시험하고 훈민정 음 〈해례본〉으로 공포한 것이라는 통설이 있었다. 그러나 이것은 사실 과 다르다.『세종실록』에서 '용비어천가'에 대한 기사를 찾아보면 권95 의 세종 24년 3월 임술壬戌조의 기사에 "[전략] 이때에 임금이 바야흐로 〈용비어천가〉를 짓고자 이러한 전지를 내린 것이다"[44]라는 기사가 있 어 이미 이때부터 〈용가〉의 저술 준비가 있었음을 알 수 있다.

그리고『세종실록』(권108) 세종 27년 4월 戊申조의 기사에 권제權踶 · 정 인지鄭麟趾 · 안지安止 등이『용비어천가龍飛御天歌』10권에 125장을 지어 올렸

---

44 원문은『세조실록』(권95), 세종24년 3월 壬戌조의 "[前略] 時上方欲撰龍飛御天歌, 故乃下 此傳旨"이다.

다는 기사가 있다. 또 이 기사로부터 〈용가〉에서 새 문자를 시험하였다는 주장이 나왔다. 또 〈용가〉의 권1의 권두에 첨부된 정인지鄭麟趾의 서문에

[前略] 只攝潛邸時德行事業, 推本列聖肇基之遠, 拍陳實德, 反復詠嘆, 以著王業之艱難。仍繹其歌, 以作解詩, 庶繼雅頌之遺音, 被之管絃, 傳示罔極, 此臣等之所願也. 正統十年乙丑夏四月 日 [중략] 鄭麟趾拜手稽首謹序 ─다만 잠저에 있을 때의 덕행이나 사업이 열성조에서 나라의 기틀을 세우는 원대한 일로 올리고 반복해서 읊어서 왕업의 어려움을 노래로 풀어내려고 시를 지어 해설하였으니 모두 우아하게 기리는 소리가 이어질 것입니다. 관현에 올려 끝없이 전시하는 것이 저희 신들이 원하는 바입니다, 정통 10년 을축년 여름 사월에 정인지가 머리 숙여 삼가 서를 씁니다.

라는 기사로부터 이러한 억측은 힘을 얻었다.

그러나 이것은 한문으로 된 한시漢詩를 말하는 것으로 앞의 정인지 서문에 "仍繹其歌, 以作解詩"는 한문으로 된 시가詩歌이며 이 판본에는 이를 언해한 국문가사는 없었다고 본다. 세종 27년에 간행되었다는 〈용가〉의 현전본이 없어서 사실을 확인할 수 없으나 이 책을 저술한 권제·정인지·안지 등은 세종 27년에는 언문을 이해할 위치에 있지 않았다. 그들은 한시漢詩로 조선의 조국肇國에 대한 찬사를 읊을 수 있었을 뿐이지 이를 언해하여 언문으로 기재할 수는 없었다.

〈용가〉의 한시가 언해되고 주석을 붙여 완성된 것은 正統 12년 2월, 즉 세종 29년의 일이다. 즉, 〈용가〉(권10)에 첨부된 최항崔沆의 발문에

[前略] 殿下覽而嘉之, 賜名曰龍飛御天歌。惟慮所述事蹟, 雖載在史編, 而人難遍閱。遂命臣及守集賢殿 校理臣朴彭年、守敦寧府判官臣姜

希顔、集賢殿副校理臣申叔舟、守副校理臣李賢老、修撰臣成三問、臣
李塏、吏曹佐郎臣辛永孫等、就加註解, 於是粗敍其用事之本末, 復爲音
訓, 以便觀覽, 共一十卷。[中略] 正統十二年二月日 [中略] 崔恒拜手稽首
謹跋。－전하가 보시고 기뻐하시며 이름을 내려주기를 용비어천가라고
하였다. 사적을 언급한 것이 비록 역사에 있는 것을 실었지만 사람들이
읽기에 어렵기 때문에 신과 집현전 교리 박팽년, 돈녕부 판관 강희안,
집현전 부교리 신숙주, 부교리 이현로, 수찬 성삼문, 이개, 이조좌랑 신
영손 등을 주해하는데 더 붙여 비로소 거칠게나마 일의 쓰임에 있어서
본말을 서술하게 되었다. 다시 발음과 뜻을 붙여 보기에 편하게 하였다.
모두 11권이다. [중략] 정통 12년(1447) 2월에 최항이 절하며 머리를 숙
여 삼가 발문을 쓰다.

라는 기사가 있어 최항을 위시한 젊은 유신들이 참가하여 주해註解하였
음을 말한다.

즉, 이 발문을 보면 세종 29년에 간행된 〈용가〉에는 원래의 권제·정
인지·안지 이외에 주해를 위하여 최항崔沆·박팽년朴彭年·강희안姜希顔·
신숙주申叔舟·이현로李賢老·성삼문成三問·이개李塏·신영손辛永孫 등이 참
가하였음을 알 수 있다. 이들은 대부분 훈민정음의 〈해례본〉에 참여하
였고 훈민정음에 정통한 유신儒臣들이다. 이 발문에서 "就加註解, 於是
粗敍其用事之本末, 復爲音訓"는 최항 등이 주해를 덧붙이고 음과 훈을
[훈민정음으로] 돌려 적었다는 표현이 있다.

필자는 이 판본에서 세종 27년의 한시를 언해하여 실었고 세종 29년
의 〈용가〉에서 이 한시들이 언해되었다고 보는 이유가 여기에 있다.
즉, 세종 27년에는 한문으로만 된 〈용가〉이고 세종 29년의 〈용가〉는
훈민정음 〈해례본〉 이후에 편찬된 것이며 한시들이 언해되어 원문보

다 앞에 실었다.

또 『세종실록』(권114) 세종 28년 11월 임신壬申조의 기사에 "命太祖實錄入于內, 遂置諺文廳, [中略] 考事迹添入龍飛詩 [下略] - 태조실록을 입내하도록 명하고 이어서 언문청을 설치하였으며 [중략] 사적을 고찰하게 하여 〈용비어천가〉의 시가에 첨가하여 삽입하도록 하였다 [하략]"라는 기사에 의하면 세종 28년에 언문청諺文廳에서 〈용가〉의 시가에 주석을 달았음을 알 수 있다. 이때에 언문청에서 〈용가〉의 한시漢詩가 언해되어 국문가사로서 삽입되었을 것이다. 현재 권1의 목판 초간본이 전하고 있다.

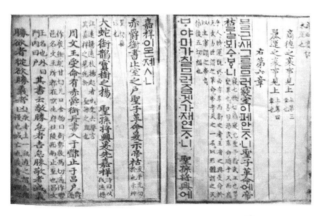

[사진 2-4] 『龍飛御天歌』 권1의 제6장[45]

4) 훈민정음 〈언해본〉의 간행

2.1.4.0 졸고(2013a)에서는 앞에서 언급한 대로 〈월인〉과 〈석보〉

---

45 손창근씨가 국립박물관에 기증한 〈용가〉 권1은 국립박물관 상설전시관에서 2019년 3월 24일까지 전시한다.

를 합편하여 〈월석〉을 편찬하고 이를 〈석보〉나 〈월인〉보다 먼저 간행
한 것으로 보았다. 아직은 위작僞作의 논란이 있지만 졸고(2013)에서는
개성 불일사佛日寺에 제작했다는 〈월석〉 옥책玉冊의 말엽末葉에 "佛日寺 正
統十二年 終"라는 간기로부터 이 옥책이 정통正統 12년, 즉 세종 29년
(1447)에 제작되었고 이보다 1년 앞서서 세종 28년 10월경에 〈월석〉이
간행되었다고 보았다.[46] 이것이 세조의 어제서문에 보이는 '구권舊卷'이
고 세조 5년에 간행된 〈월석〉은 신편이라고 본 것이다(졸고, 2016a).

또 현전하는 〈월석〉 가운데는 협주의 체재가 서로 다른 것이 있어서
(구권)〈월석〉이 현전한다고 보았다. 즉, 졸고(근간)에서는 불복장본佛腹藏
本으로 전해오다가 세상에 알려진 〈월석〉의 권4가 다른 판본과는 매우
다른 협주夾註를 보여 아마도 (구권)〈월석〉이 남아 있는 것이 아닌가 하
였다. 이 판본은 현전하는 다른 〈월석〉과는 현저하게 다른 협주의 모습
을 보이기 때문이다(졸고, 근간).

2.1.4.1 여기서는 '구권'과 '신편'의 〈월석〉에 보이는 훈민정음
〈언해본〉의 협주를 비교하기 위하여 다음에 서강대 소장 초간본 (신
편)〈월석〉의 권두에 첨부된 〈언해본〉의 판본의 첫 장(왼쪽)과 육당문고
본의 첫 장(오른쪽)을 [사진 2-5]로 보이고 비교하고자 한다.

[사진 2-5] 왼쪽의 「세종어제훈민정음」은 앞에서 언급한 바와 같이
〈월석〉의 신편新編 권두에 첨부된 것이며 [사진 2-5]의 오른쪽에 보이는

---

46 『月印釋譜』가 세조 5년, 天順 3년(1459)에 간행된 것은 그동안 학계에서 주지의 사실이
   었고 교과서에도 그렇게 기재되었다. 그런데 만일 玉冊이 僞作이라면 어떻게 正統 12
   년(1447)이라고 12년, 한 甲子를 올려 간기를 삼았을까 하는 의문에 대하여 모두 침묵
   하고 있다. 위작이라 하여도 고가의 옥판에 〈월석〉을 옮겨 적은 옥책을 이렇게 허술하
   게 간기를 원본보다 올려 잡을 수는 없을 것이다. 하루 빨리 이 玉冊의 眞僞가 밝혀지
   기를 바라는 마음이 크다.

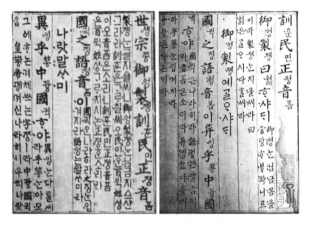

[사진 2-5] 『훈민정음』과 「세종어제훈민정음」의 첫 반엽

또 하나의 「훈민정음」 〈언해본〉은 구권舊卷의 권두에 붙은 것을 따로 떼여 단행본으로 제책한 것으로 보이는 고려대 도서관의 육당六堂문고 본이다.

이 판본은 고故 박승빈朴勝彬 교수 소장본으로 알려진 것이다. 두 판본이 모두 동일 책판을 쇄출刷出한 동판본(안병희, 2007 : 113~4)으로 첫 장, 즉 제1엽만이 다르다. 그러나 공교롭게도 서로 다른 첫 장이 보사補寫된 것이다. 따라서 보사할 때에 '세종어제훈민정음'을 '훈민정음'으로 고쳐 쓴 것으로 학계에 알려졌다. 그러나 보사할 때에 자의적으로 권수제卷首題를 고쳐 쓸 수는 없다. 더구나 일본 궁내청宮內廳의 도서료圖書寮에는 고려대본과 같은 필사본『훈민정음』이 소장되었기 때문에 잘못 보사한 것을 가시 필사할 수는 없는 것이어서 이러한 주장은 사실과 다르다.

일본 궁내청에 소장된 〈언해본〉『훈민정음』의 필사본을 제1엽만 사진으로 보이면 다음과 같다.

[사진 2-6] 일본 궁내청(宮內廳) 소장의 「訓民正音」[47]

    따라서 고려대본의 훈민정음 〈언해본〉은 처음부터 권수제卷首題가 '훈
민정음訓民正音'이었고 "·엉·졩·윓御製曰·ᄒᆞ·샤디"로 시작하였음을 알 수 있
다. 일본 궁내청宮內廳 소장의 필사본으로 보면 훈민정음 〈언해본〉은 '훈
민정음訓民正音'이란 권수제卷首題를 가진 다른 판본이 있었으며 제1엽의
이 부분은 다른 판본에서도 필사되어 첨부된 것으로 보아야 할 것이다.
즉, 〈월석〉의 신편新編에 첨부된 〈언해본〉은 제1엽을 책판 교체로 수정
하였고 나머지 부분은 그대로 전의 책판을 사용하면서 후대에 없어진
제1엽은 필사하여 보충한 것이다.

    이에 대하여 이미 궁내청宮內廳 필사본을 알고 있던 안병희(2007 : 6)에서
"[육당문고의 박승빈 씨 구장본의] 제1장이 보사되고 제2장 이하도 부분
적으로 보사되었으나, 내용은 『월인석보』 권두본과 같다. 우리의 실사實
査에 의하면 지질은 물론이고 인면印面의 자양字樣, 판식의 세밀한 점까지

---

47 일본 宮內廳으로부터 복사하여 받은 것이다. 이를 위하여 노력한 일본 京都産業大學의
    朴鎭完 교수에게 감사를 표한다.

서강대학교 소장『월인석보』의 권두본과 일치한다. 현재 단행본인 것은 따로 제책한 것에 지나지 않는다. 그러므로 이 책은『월인석보』권두본과 별개의 이본이라 할 것이 못 된다"(표기법은 원문대로)라고 하였다.

또 안병희(2007 : 113)에서는 고려대본과 〈월석〉 첨부본이 동판본이며 고려대본의 첫 반엽이 제대로 된 보사가 아님을 누누이 설명하였으나 이는 사실과 거리가 있다. 안병희(2007)에서는 위의 언급에 이어서 "[전략] 그러나 두 책의 첫 장은 전자와 후자가 책명을 각각 '훈민정음'과 '세종어제훈민정음'이라 한 것을 비롯하여 사뭇 다른 내용을 보여준다. 그러나 두 책의 첫 장은 모두 후세의 변개가 있었던 것으로 보인다. 박 씨본의 그것은 보사된 것일 뿐 아니라, 주석의 체제가 나머지 장과 다르고 [하략]"이라 하여 고려대 소장의 〈언해본〉이 본문과 주석의 변개가 있었음을 지적하였다. 하지만 고려대본과 서강대본의 훈민정음 〈언해본〉은 제1엽에서만 차이가 발견되고 나머지 부분에서는 눈에 띄는 수정은 없고 동일하다.

따라서 안병희(2007)의 지적에서 하나는 '훈민정음'이고 하나는 '세정어제훈민정음'이라 다르다는 것은 [사진 2-5]를 보면 맞는 말이지만 그러나 여기에서 "잘못된 보사이고", "주석의 체제가 나머지 장과 다르고"란 지적은 사실과 다르다. 오히려 서강대본의「세종어제훈민정음」의 협주가 권수제를 주석하여 다음 장에서 본문을 협주로 설명한 것과 체재가 다르다. 즉, 고려대본「훈민정음」의 본문 "·솅·졩·웛御製曰·ᄒᆞ·샤ᄃᆡ" 의 '어제御製'에 대한 협주가「세종어제훈민정음」에서는 권수제의 협주로 설명되었다. 권수제를 협주로 하는 일은 거의 찾아보기 어려우므로 후자가 전자의 것을 책판 교체를 통하여 수정하는 데서 일어난 편의에 따른 협주로 보는 것이 타당하다.

2.1.4.2 　고려대본의 보사補寫된 첫 장에 소장자의 낙관落款이 있다. 앞의 [사진 2-5]의 오른쪽 첫 반엽半葉에서도 보이는 고려대본 첫 장에 찍힌 소장자의 낙관으로부터 이 문헌의 소유자가 자문子聞 남명학南鶴鳴이 었음을 알 수 있다. 그는 숙종肅宗 때 사람으로 인조仁祖 때 남구만南九萬의 후손이다. 이로 보아 이 책의 보사補寫는 적어도 숙종 이전의 일로 보이며 그때까지 훈민정음 〈언해본〉으로 [구권] 〈월석〉에서 분리되어 권수제卷首 題를 '훈민정음'이라고 한 단행본이 있었다고 보아야 할 것이다.[48] 그리하 여 당시까지 전해진 요권僚卷으로부터 제1엽을 모사模寫한 것으로 보인다.

더구나 앞에서 언급한 안병희(2007 : 113)에서 박씨본이라는 육당문고 본이 '주석의 체제가 다르다'고 하였으나 실제로는 다음 [사진 2-7]에서 볼 수 있는 것처럼 육당문고본의 보사된 부분에서 보이는 주석은 다음 장의 주석과도 동일하고 [신편] 〈월석〉의 것과도 일치한다. 즉, 본문이 끝난 다음에 주석해야 하는 한자漢字를 쌍행雙行으로 주를 달았다.

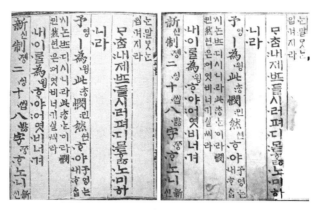

[사진 2-7] 훈민정음 〈언해본〉의 2엽 뒤의 고려대본(오른쪽)과 서강대본(왼쪽)

---

48 〈월석〉이 佛經이어서 아무래도 儒臣들에게는 갖고 있기가 불편하였을 것이다. '훈민정 음'이란 제목의 〈언해본〉을 따로 분리시켜 단행본으로 한 이유가 여기에 있을 것이다.

[사진 2-7]을 보면 이 둘의 본문과 협주가 완전히 일치하고 나머지 부분에서도 동일하다. 무엇이 다르다는 말인가? 오히려 제1엽의 협주를 보면 본문이 아닌 권수제卷首題를 주석한 서강대본의 협주가 다음의 체재와 다른 것이다. 일반적으로 제목을 협주로 설명하는 일은 조선시대 고문서에서 좀처럼 보기 어려운 일이다. 그런데 서강대 소장의 〈월석〉에 첨부된「세종어제훈민정음」에서는 다음의 [사진 2-8]에서 볼 수 있는 것처럼 권수제를 쌍행雙行으로 주석하였다.

앞의 [사진 2-4] 왼쪽에서 볼 수 있는 서강대본의「세종어제훈민정음」에서 卷首題를 협주한 것은 이 책판을 수정하여 다음 제2엽에 맞추려는 고육지책苦肉之策에서 생겨난 것이다. 즉, 제2엽의 첫 행에 "ㅎ야도"에 맞추기 위해서는 제1엽의 "故로 愚民이 有所欲言"으로 끝내야 하므로 제1엽의 내용을 수정하면서 본문인 "·엉·졩·윓御製曰·ㅎ·샤딗"의 '어제御製'에 대한 협주를「세종어제」라는 '권수제'의 협주로 주석註釋한 것이다.

따라서 서강대본「세종어제훈민정음」에서 첫 엽의 책판을 수정하여 교체하고 나머지는 그대로 사용하는 목판의 교정임을 말한다. 그리고

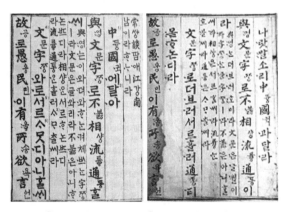

[사진 2-8]『훈민정음』(오른쪽)과「세종어제훈민정음」의 제1엽 뒤

고려대본 제1엽 뒤의 맨 마지막에 "故·고로 愚·웅民민이 有:율所:송欲· 욕글언"으로 끝난 부분만 서강대본과 같고 나머지는 모두 같다. 서로 다른 제1엽의 뒤마저 사진으로 보이면 [사진 2-8]과 같다.

2.1.4.3 훈민정음 〈언해본〉은 두 개의 필사본이 일본에 전해지 는데 하나는 일본 궁내청宮內廳 도서료圖書寮에 소장된 필사본은 앞에서 언급하였고 또 하나는 동경東京에 소재한 고마자와駒澤 대학 가나자와문 고金澤文庫에 소장된 것이 있다. 즉, 안병희(2007)에서 궁내청 소장의 필사 본도 그 권수서명이 '훈민정음'이어서 고려대 육당문고본과 같으며 일 본 고마자와 대학의 가나자와金澤 소장본은 〈월석〉의 권두에 첨부된 것 과 같을 것으로 추정하였다.

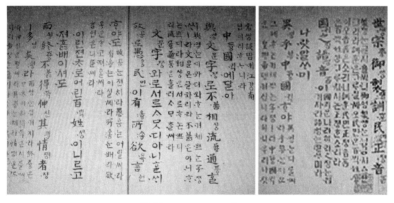

[사진 2-9] 고마자와(駒澤) 대학 소장의 「세종어제훈민정음」 사본

[사진 2-9]와 앞에 보인 [사진 2-4]를 보면 고마자와駒澤 대학 소장본과 서강대본은 권수제卷首題가 「세종어제훈민정음世宗御製訓民正音」이며 제1엽

의 내용도 동일하다, 그러나 일본 궁내청宮內廳의 소장본과 고려대본은 권수제가 『훈민정음訓民正音』이고 보사補寫된 제1엽부터 끝까지 내용이 일치한다. 따라서 권수제가 「훈민정음」인 것과 「세종어제훈민정음」인 서로 다른 판본이 있음을 알 수 있다.

권수제가 「훈민정음訓民正音」이고 본문의 시작이 ".엉·젱·윓御製曰·ㅎ·샤·딕"로 시작하는 〈언해본〉은 '세종世宗'이란 묘호廟號가 없고 '御製曰'로 시작하기 때문에 세종의 생존 시에 간행된 것이며 반대로 권수제가 「세종어제훈민정음世宗御製訓民正音」처럼 '세종'이 있고 ".엉·젱·윓御製曰"도 없이 "國之語音"이 시작하는 서강대 소장의 〈월석〉에 제1권에 첨부된 것은 세종의 사후, 즉 세조 5년에 간행된 것이기 때문이다.

'훈민정음'이란 권수제를 가진 고려대 소장의 판본은 세종 생존 시에 간행된 {구권}〈월석〉에 첨부됐다가 떼어내어 단행본으로 간행된 것이며 책판 교체로 없어진 제1엽을 후대에 보사한 것으로 보는 것이 옳다. 보사補瀉한 시기가 숙종肅宗 연간이어서 보사補寫 부분의 언문 표기법이 근대 한국어의 것을 따랐다. 그동안 이로 인하여 고려대본의 『훈민정음』이 서강대본의 「세종어제훈민정음」보다 후대의 것으로 인식되었다.

2.1.4.4 앞의 [사진 2-4]를 보면 오른쪽의 고려대본 「훈민정음」에 "御製曰ㅎ샤딕 [협주 생략] 御엉製졩예 ·글·아샤딕"가 왼쪽의 서강대본의 「세종어제훈민정음」에서는 이 부분을 빼고 그 자리에 협주를 넣은 것이다. 이러한 변개變改는 자의로 고쳐쓸 수 있는 것이 아니라 서로 다른 두 개의 훈민정음 〈언해본〉이 있었음을 의미한다. 즉, {신편}〈월석〉에 부재附載된 「세종어제훈민정음」과 {구권}〈월석〉에 있던 「훈민정음」이 별도로 존재한 것이며 궁내청宮內廳 소장본은 고려대본과 같이 〈월

석)의 구권에 붙어있던 훈민정음 〈언해본〉을 단행본으로 제책한 것으로 보는 것이 올바른 이해라고 본다. 다만 이미 없어진 제1엽의 책판은 다른 판본을 보사하여 제책할 수밖에 없었을 것이다.

이와 같이 여러 증거가 있음에도 불구하고 안병희(2007)에서 고려대본을 세조 때의 {신편}〈월석〉에 첨부된 「세종어제훈민정음」을 잘못 보사한 것으로 본 것은 이해하기 어렵다. 이러한 오류는 모두가 〈월석〉의 신편新編과 구권舊卷의 존재를 인정하지 않은 탓으로 볼 수밖에 없다. {신편}〈월석〉에 세조가 '어제서문御製序文'에서 분명하게 밝힌 것, 즉 세종이 간행한 구권의 존재를 부정하고 〈월석〉의 구권을 〈석보〉와 〈월인〉으로 본 에다(1936a)의 주장을 따랐기 때문이다.

일제日帝 강점기에 조선총독부 촉탁囑託으로 있던 일본의 불교전문가 에다 도시오江田俊雄가 〈월석〉을 해제한 여러 논문에서 세조가 자신의 불경 사업에 대한 업적을 부왕父王에게 돌리기 위하여 "念此月印釈譜ᄂᆞᆫ 先考所製시니 — 念호ᄃᆡ 이 月印釈譜ᄂᆞᆫ 先考지ᅀᅳ샨 거시니"라는 서문을 썼다고 보았고 오구라(1940)에서 그대로 추종되었는데 그의 이러한 주장이 아무런 여과濾過 없이 우리 학계에 통용되었다. 우리의 학문에서 일제日帝의 잔재가 얼마나 뿌리 깊게 남아 있는가를 단적으로 보여주는 예라고 할 수 있다.

2.1.4.5 고려대 육당문고의 「훈민정음」과 서강대 소장의 {신편}〈월석〉에 부재附載된 「세종어제훈민정음」의 차이는 [사진 2-4]와 [사진 2-8]에서 본 바와 같이 첫 장에서만 발견된다. 그리고 두 번째 장의 배접褙接한 부분에서도 약간의 차이가 발견되지만 어디까지나 이 차이는 보사자補寫者의 훈민정음에 대한 정서법에서 일어난 차이일 뿐이다. 가

장 중요한 차이는 첫 장의 권수제^{卷首題}가 '훈민정음'과 '세종어제훈민정음'이라는 사실이며 또 서문이 후자는 "國之語音"으로 시작했지만 전자는 '御製曰 : 國之語音'으로 시작된다는 점이다. "어제왈^{御製曰}"이 있어 전자가 세종의 생존 시에 작성된 것임을 말해주는 대목이다.

필자의 관심은 어떻게 제1엽만이 다르고 나머지는 동일한 책판의 쇄출본으로 제책할 수 있을까 하는 점이다. 만일 고려대본의 〈훈민정음〉이 서강대본과 같은 {신편}〈월석〉의 제1권에 권두에 부재된 것을 보사한 것이라면 내용이 이렇게 다를 수가 있는가에 대하여도 강한 의문을 갖는다. 이것은 서강대본의 훈민정음 〈언해본〉과 또 다른 판본이 있어서 고려대본의 〈훈민정음〉은 그로부터 떨어져 나간 첫 장을 보사한 것으로 보아야 한다는 생각이 합리적이다.

훈민정음 〈언해본〉의 고려대본과 서강대본이 제1엽의 앞, 뒷면에서 다르다. 우선 서강대본의 「세종어제훈민정음」은 제1엽 앞면에 '중국^{中國}'에 대한 협주가 시작되어 뒷면 첫 행에 이어진다. 즉, 제1엽 뒤의 제1행은 "常쌍談땀·애 江강南남·이·라 ·ᄒᆞ·ᄂᆞ니·라"라는 중국에 대한 협주가 이어지고 다음 제2행에서 본문의 언해문인 "中·듕國·귁·에 달·아"가 연결되었다. [사진 2-6]의 일본 궁내청^{宮內廳} 소장본과 [사진 2-5]의 오른쪽 고려대본은 첫 행부터 "나·랏·말소·리 中듕國·귁과 달·라"와는 행차^{行次}가[49] 다르다.

그러나 제1엽의 뒷면 마지막 행인 7행은 두 판본이 모두 "故·고로 愚웅民민이 有:융所·송欲·욕言언"으로 끝나서 다음의 제2엽 첫장의 첫 행에 'ᄒᆞ·야도'로 연결된다. 즉, 고려대본은 제1엽 5행이 "文문字·ᄍᆞ·로 더·브·러 서르 흘·러 通통·티"이고 6행은 ":몯 ·ᄒᆞᄂᆞᆫ·디·라"로 끝을 맺었다.

---

49 여기서 '行次'는 각 행의 순서를 말한다. 원래의 뜻과 다르게 쓴 것이다.

그러나 서강대본은 6행이 "文文字·쫑·와·로 서르 ᄉ·ᄆᆺ·디 아·니 할·ᄊᆡ"
여서 모두 7행의 본문이 시작하도록 맞추었다. 따라서 두 판본은 모두
제2엽에서부터 동일하게 시작되고 이어서 마지막 엽까지 동일하다. 따
라서 책판의 첫 엽만 수정하여 판목을 교체하는 방법을 쓴 것으로 볼
수밖에 없다.

　이러한 일부 판목을 교체하는 수법의 수정은 책판의 교정에서 흔히
볼 수 있는 일이다. 졸저(2017 : 574)에 의하면 일본어 교재인 〈첩해신어〉
는 중간할 때에 앞의 제1엽만 고치고 나머지는 〈개수첩해신어改修捷解新
語〉를 복각한 책판을 그대로 사용하였다고 한다. 즉, 〈첩해신어〉의 1차
개수본은 건륭乾隆 무진戊辰(1748)에 간행되었으나 실제로는 그 전해인 정
묘丁卯(1747) 통신사행通信使行에서 개수가 이루어졌다. 이것이 소위 말하
는 무진본戊辰本 〈개수첩해신어〉이고[50] 그 2차 개수는 정조 7년(1783)의
계미癸未 통신사행에서 최학령崔鶴齡에 의하여 시도되었다. 이것을 활자
본으로 간행하였다는 기록이 있지만 판본은 현전하는 것이 없고 이를
중간重刊한 〈중간첩해신어〉가 책판과 함께 전해온다.[51]

　그런데 〈첩해신어〉의 중간이란 것이 제2차 개수본을 복각한 책판에
다가 이담李湛의 '중간서重刊序'가 들어있는 책판만을 따로 만들고 나머지
는 2차 개수본의 책판을 쇄출刷出하여 함께 붙여 간행한 것이다. 따라서

---

50 이 판본은 국내에 없고 프랑스 파리동양어학교 소장본이 유일하게 전해진다. 활자본으
　로 알려졌지만 실은 복각본이다(졸저, 2002 및 2017a).
51 조선시대 司譯院은 庚戌 國恥 이후에 조선서적인쇄주식회사의 창고로 사용하였다. 사
　역원 천정 藏書樓에 소장된 역학서의 책판들도 모두 이곳에 남아있었는데 인부들이
　그것을 훼손하는 것을 보고 일본인 역사학자 田川孝三이 朝鮮史編修會로 가져가게 하
　였고 편수회가 사용하던 건물을 해방 이후에 국사편찬위원회에서 사용하자 그 처마
　밑에 쌓아 둔 책판들이 雨雪에 상하는 것으로 보고 당시 국사편찬위원회 위원장이 고려
　대학교 박물관으로 옮겨가게 하였다. 물론 이미 많이 亡失되었지만 그래도 420여 판의
　역학서 책판이 고려대 박물관에 수장되었다(정광·윤세영, 1998 : 156).

132　增訂 훈민정음의 사람들

판심제版心題가 '중간첩해신어重刊捷解新語'인 것은 '중간서'가 들어있는 2엽葉 뿐이고 나머지는 모두 판심제가 '개수첩해신어改修捷解新語'로 되었다. 이 책판들이 고려대 박물관에 소장되었으며 심지어 중간본의 맨 마지막에 첨부된 '신축중간시교정관辛丑重刊時校正官'의 함명衝名을 열거한 책판의 판심조차 '개수첩해신어改修捷解新語'라고 되었다. 따라서 〈첩해신어〉의 중간 이라는 것은 바로 1~2엽의 책판을 따로 만들어 '중간서'를 새기고 이것 과 전의 제2차 개수본 책판을 함께 쇄출刷出하여 함께 제책한 것이다.[52]

고려대 소장의 『훈민정음』과 서강대 소장의 「세종어제훈민정음」은 바로 이러한 교정으로 책판을 교체한 것이라고 생각할 수밖에 없다. 즉, 권수제가 「훈민정음」인 제1엽만을 바꿔서 「세종어제훈민정음」로 고치고 "御製日"을 없앤 제1엽의 책판을 쇄출하여 {신편}〈월석〉에 첨부 한 것이다. 이 사실은 「훈민정음」이 {구권}〈월석〉에 첨부된 것이고 이 의 제1엽을 고쳐서 {신편}〈월석〉에 붙인 것이 「세종어제훈민정음」이라 는 졸저(2015)의 주장을 되새겨 본다.

세조 때에 {신편}〈월석〉을 간행할 때에 제1엽을 개판改版하여 권수제 를 '世宗御製訓民正音'이라 하고 '세종어제'를 추가하여 그에 대한 협주 를 덧붙인 것이다. 반면에 『훈민정음』은 세종 생존 시에 간행한 {구권} 〈월석〉의 권두에 있던 것을 유생儒生들이 배울 수 있도록 따로 떼여 단 행본으로 제책한 것으로 보아야 한다.

---

52 책판을 교체하여 왜학서의 판본을 수정하는 데 대하여 졸고(2018c)에서는 "[전략] 따라서 〈첩해신어〉의 중간이 무엇을 말하는지 알려준다. 이에 의하면 〈중간본〉은 제2차 개수 본을 수정하여 목판본으로 간행한 것을 말한다. 대부분 사역원의 역학 교재들은 처음에 활자본으로 간행해서 수정하고 이를 목판으로 入梓하여 간행하는 것이 일반적이다. 왜 냐하면 활자본의 수정은 목판본처럼 전체를 수정할 필요가 없이 해당부분의 활자를 바꿔서 교정할 수 있기 때문이다"라고 하여 조선시대 판본 제작에 대하여 언급하였다.

2.1.4.6 판심版心서명은 양자가 모두 '정음正音'이었다. 이것은 훈민정음 〈언해본〉의 초성初聲이 모두 32자로서 여기에는 한음漢音을 표기하기 위한 치두齒頭와 정치正齒를 구별하는 5자도 포함되었다. 따라서 동국정운식 한자음의 '훈민정음訓民正音'을 표기하는 글자만이 아니라 중국 한어음漢語音의 표준발음인 '정음正音'을 적기 위한 글자도 포함되었음을 말한다. 왜냐하면 '正音'이란 졸고(2006b, 2017a)에서 주장한 바와 같이 한자의 표준음을 말하기 때문이다.[53]

반절상자反切上字, 즉 초성의 글자 수효로 보면 우리말과 우리 한자음, 즉 동음東音의 표기를 위한 것으로 17자이고 훈민정음, 즉 동국정운식 한자음을 표기하기 위해서는 23자모였으며 여기에 순경음을 표기하기 위한 4자를 더한 것이 반절 27자이고 한음漢音을 포함한 정음正音의 표기를 위해서는 32자가 필요하다고 본 것이다. 훈민정음의 〈언해본〉은 바로 판심서명에서 보여주는 것처럼 '정음正音' 표기를 위한 글자들을 해설한 것이다.

신미信眉 대사가 이미 반절상자反切上字, 즉 초성의 훈민정음 자모字母 27자를 제정한 다음에 새 문자의 해설에 참여하면서 실담悉曇의 모음자인 마다摩多 12자에 의거하여 중성中聲 11자를 따로 만들어 초성, 중성, 종성을 나눈 것으로 앞에서 살펴보았다. 그가 알고 있는 실담悉曇의 마다摩多가 범어梵語의 표기에서 모음으로 중요한 역할을 한 것을 반영한 것이다. 새 문자 제정의 처음에는 어두자음인 27자모만을 인식하여 최만리

---

53 중국에서 한자음은 지역에 따라 다르다. 각 지역에서 서로 다르게 자의적으로 사용되는 한자음을 俗音이라 하고 나라가 정한 표준음을 正音이라 하였다. 중국에서 새 왕조가 서면 반드시 勅撰韻書를 간행하여 正音을 정하는 관례가 있었다. 訓民正音이 백성들에게 가르쳐야 하는 동국정운식 한자음을 표기하기 위한 것이라면 正音은 중국 표준 한자음을 표기하기 위한다는 뜻이다(졸고, 1995).

의 반대상소에서도 언문 27자로 하였다.

여기서 언문 27자는 졸고(2017b)에서 『훈몽자회』의 「언문자모」에 대한 협주에서 "俗所謂反切二十七字－속되게 소위 말하는 반절 27자"라고 하였다. 이것은 원래 반절상자 27자를 말하지만 여항閭巷에서는 속되게 초성 16자와 중성 11자로 보았으니 '속소위俗所謂'란 수식어를 붙인 것이다. 원래 반절反切은 반절상자인 성聲과 반절하자인 운韻으로 한자음을 표음하는 방법이다. 따라서 초성初聲은 반절상자反切上字이지만 중성中聲만으로는 반절하자反切下字, 즉 운韻이 되지 못하며 그로 인하여 초성初聲과 중성中聲을 반절이라 한 것은 잘못된 것이다.

원래는 훈민정음 초성 17자에 전탁全濁의 'ㄲ, ㄸ, ㅃ, ㅆ, ㅉ, ㆅ' 6자와 당시 변별적인 'ㅸ' 때문에 순경음脣輕音의 'ㅸ, ㆄ, ㅹ, ㅱ'의 4자를 더하여 27자라고 한 것이다. 여기에 한음漢音 표기를 위하여 치두齒頭와 정치正齒를 구분하는 5자를 더하면 32자가 되는데 훈민정음의 〈언해본〉에서는 이 32자를 해설한 것이다. 판심서명이 '정음正音'이란 한 것처럼 새로 만든 문자는 한자의 정음正音까지도 표기할 수 있음을 보인 것이다.

즉, 표기 대상에 따라 글자의 수효가 달라진 것으로 우리말과 우리 한자음을 표기하기 위해서는 17개 초성初聲이면 족했고 동국정운식 한자음 표기를 위하여 여기에 전탁자全濁字 6개를 더하여 23자모가 필요했으며 또 순경음 표기를 위한 4자가 보충되어 27자가 되었다. 그리고 치두齒頭와 정치正齒를 구별하는 5자를 더하여 모두 32자로 〈언해본〉에서는 중국의 표준음인 정음도 표기할 수 있음을 보인 것이다.

2.1.4.7 훈민정음의 제정에서 중성中聲의 글자를 만든 것은 대단한 탁견이다. 훈민정음의 〈해례본〉의 「제자해」에서도 "盖字韻之要, 在

於中聲, 初終合而成音—자운의 요체는 중성에 있으니 초성과 종성을 결합시켜 한자음을 완성시키다"라고 하여 중성, 즉 모음의 중요성을 강조하였다. 이러한 음운 인식은 범자梵字의 마다摩多에서 온 것으로 불가의 성명기론의 이론이다.

즉, 『대반열반경大般涅槃經』(권8) 「문자품文字品」에서 반자론半字論에 대하여 제2장의 2.1.1.4에서 언급한 바와 같이 부처가 가섭迦葉에게 모음인 마다摩多 14자가 글자의 근본이라고 하였다.[54] 그리하여 "噁[a], 阿[ā], 億[ä], 伊[i], 伊[ī], 伊[ï], 郁[u], 郁[ū], 郁[ü], 優[o], 優[ō], 優[ö], 咽[e], 嘢[aj] 또는 烏[oj], 炮[ou] 또는 菴[au]"의 14 마다摩多를 들어 『대반열반경』에서는 이를 글자의 근본이라는 석가釋迦의 해설을 덧붙였으나 당唐의 지광智廣이 편찬한 『실담자기悉曇字記』(권1)에서는 "阿[a], 阿[ā], 伊[i], 伊[ī], 歐[u], 歐[ū], 藹[e], 藹[ai], 奧[o], 奧[au], 暗[aṃ], 疴[aḥ]"의 12 마다摩多만을 인정하였다.

신미信眉 대사가 훈민정음의 중성中聲으로 11자를 인정한 것은 아마도 송대宋代 『실담자기悉曇字記』의 12 마다摩多에 근거한 것으로 보인다. 실제로 훈민정음 제정을 주도한 세종이나 주변의 도움을 준 인물들이 참고한 당시의 여러 문자 가운데 모음을 별도 인정한 문자는 범자와 파스파 문자뿐이었으며 파스파 문자는 유모喩母에 속하는 모음자 7자를 제정하였으나 이 문자를 제정한 팍스파八思巴 라마는 모음의 중요성을 제대로 인식하지는 못했던 것으로 보인다.

즉, 파스파 문자에서는 중세몽고어의 모음체계에서 7음을 표기하는

---

54 범자의 摩多는 12자로 보기도 하고 14자로 보기도 한다. 唐의 智廣이 편찬한 『悉曇字記』에는 12 摩多로 보았으나 『大般涅槃經』(권8)「文字品」에서는 14 마다를 들고 해설하였다. 후자는 36 자모와 더불어 50음의 滿字를 인정하고 전자는 35 体文에 12 摩多를 더 하여 47자의 悉曇으로 본다. 半字論과 滿字論에 대하여는 졸고(2017b)를 참고할 것.

글자를 만들었으나(졸고, 2011b) 이를 독립적인 음운으로 보지 않고 유모喩母에 속하는 것으로 이해하였다. 따라서 훈민정음에서는 신미信眉에 의해서 실담悉曇의 마다摩多를 적극적으로 도입하여 중성中聲의 글자를 추가한 것으로 보아야 할 것이다.

2. 문평공(文平公) 김수온(金守溫)

2.2.0.1 김수온金守溫은 신미信眉의 동생으로 김훈金訓의 셋째아들이다. 그의 큰형인 신미가 아비의 '불충불효'의 죄인이 된 이후에 출가하여 불가佛家에 귀의하였고 그의 둘째 형인 수경守經은 학문에 뜻을 버리고 방황하였지만 그의 동생인 수온守溫은 여전히 유학儒學을 배우고 익혔다. 예문관藝文館 대제학을 지낸 외조부 이행李行의 추천으로 성균관 유생이 된 수온守溫은 더욱 정진하여 세종 20년(1438)에 열린 진사시에 급제하였고 세종 23년(1441)에 열린 식년시式年試 문과에 병과丙科로 급제하여 교서관校書館 정자正字에 보임되었다.

이후 승문원承文院 교리校理로 승진하여 세종 27년 10월에 『의방유취醫方類聚』을 완성하는 데 기여한다(『세종실록』 권110, 세종 27년 10월 戊辰조의 기사). 그의 문재를 세종이 높이 산 것이다. 세종 28년 12월에는 부사직副司直의 벼슬로 『석가보釋迦譜』를 증보增補 수찬修撰하는 일에 참여한다. 이 증수增修 작업은 불가佛家의 일이라 그런지 군직軍職의 부사직副司直 벼슬을 받는다. 아마도 녹봉만을 병조兵曹에서 받은 것 같다.

『석가보釋迦譜』의 증수增修에는 그의 실형實兄인 신미信眉가 주도한 것으로 보이나 실록에는 문신文臣인 김수온만이 『석가보』의 중수에 이름을 올렸다. 얼마나 문신들이 작성하는 왕조실록에서 불가佛家의 사람을 배척했는지 알 수 있다. 이 (증수)『석가보』를 언해한 것이 바로 앞에서 신미에 관한 논의에서 언급된 『석보상절釋譜詳節』이다. 발음기호였던 훈민정음이 세종의 차녀인 정의貞懿공주에 의하여 이 이 글자로 '변음토착變音吐着'의 난제를 해결하면서 새 문자로 우리말을 전면적으로 표기할 수 있게 되었다. 그리하여 드디어 언문諺文이란 명칭을 얻었는데 우리말 표기의 시금석으로 (증수)『석가보』를 언해하여 〈석보〉를 편찬한 것이다.

김수온이 훈련訓練 주부注簿로 돌아갔을 때에 문신들은 그가 서반西班인 부사직副司直으로부터 동반東班의 주부 벼슬을 받는 것에 대하여 사간원司諫院으로부터 간언諫言이 있었다. 그러나 왕은 그가 문과 시험에 급제한 사실을 들어 이를 듣지 않는다(『세종실록』 권116, 세종 29년 6월 丙寅조의 기사).[55] 어떻게든 불교에 친근한 그의 환로宦路를 막으려는 의도였을 것이다. 세종 30년 9월에는 승문원承文院 교리로 다시 돌아갔으니 그의 불경 언해에 관한 일이 이때에 일단락이 된 것으로 보인다(『세종실록』 권121, 세종 30년 9월 辛卯조 기사).

그가 요직에 나간 것은 세종 31년에 병조정랑兵曹正郎에 임명된 것이다. 이조정랑史曹正郎과 더불어 요직 중의 요직인 병조정랑에 임명되자 사헌부司憲府와 사간원司諫院에서 이를 반대하는 간언諫言이 뒤를 이었으나 세종은 끝까지 이를 들어주지 않았다. 세종이 얼마나 그에 대한 신임이 컸는가를 말해주는 대목이다. 그러나 그에 대한 탄핵은 계속되었다. 세

---

55 文科 급제한 사람에게 軍職을 준 것은 일시적인 편법이었을 것임에도 불구하고 그를 西班으로 치부하고 후에 東班의 벼슬을 주자 이러한 臺諫의 탄핵이 있었던 것은 얼마나 儒臣들이 佛家의 사람들을 배척하였는지 알 수 있다.

종이 승하^{昇遐}하고 문종을 거쳐 단종에 이르러서 그는 외방으로 내쳐서 영천^{榮川} 군사^{郡事}가 된다(『단종실록』 권5, 단종 1년 1월 戊辰조의 기사).

2.2.0.2 김수온^{金守溫}이 다시 환로^{宦路}에서 기를 편 것은 숭불^{崇佛} 정신이 강한 세조가 등극하면서의 일이다. 그는 세종의 즉위에 공을 세운 원종공신^{原從功臣}에 이름을 올린(『세조실록』 권2, 세조 1년 12월 戊子조의 기사) 다음부터 내직^{內職}으로 불려 올려 성균관 사예^{司藝}가 된다(『세조실록』 권6, 세조 3년 1월 己卯조). 그 이후에 중추부^{中樞府}의 첨지사^{僉知事}로 있으면서 병조에서 상호군^{上護軍}의 녹봉을 받았다(『세조실록』 권9, 세조 3년 8월 庚子조).[56] 세조 4년에는 명^明에 가는 정조^{正朝} 사절^{使節}의 부사^{副使}로 중국에 다녀왔다(『세조실록』 권11, 세조 4년 윤2월 丙寅조).

세조 5년에는 한성부윤^{漢城府尹}이 되었고(『세조실록』 권15, 세조 5년 3월 壬寅조) 세조 5년에는 상주^{尙州} 목사^{牧使}로 외직에 나갔다가 세조 9년에 공조판서^{工曹判書}에 임명되었다. 드디어 대신^{大臣}의 반열에 들게 된 것이다. 이어서 성종 때에는 중추부 영사^{領事}가 되었고(『성종실록』 권59, 성종 6년 9월 壬戌조) 성종 7년에는 영산^{永山} 부원군^{府院君}에 임명된다. 그러나 세조 이후에 왕의 비호가 없어진 후대에는 끊임없이 대간^{臺諫}의 탄핵^{彈劾}이 뒤를 따랐다.

신미^{信眉}와 달리 김수온^{金守溫}은 실록에 소개되었기 때문에 비교적 자세하게 그의 환로를 추적할 수가 있었다. 그는 형과 달리 비록 불가^{佛家}에 귀의하였지만 문과^{文科} 과거에 급제하였고 유신^{儒臣}에 속하였기 때문이다. 그가 대신의 반열에 올라 태종에게 '불효불충'의 대죄를 진 그의

---

56 세조 때에는 그가 현직에 벗어나 中樞府에 속하였을 때에도 군직의 녹봉을 받았으니 세조 3년, 4년에 上護軍, 그리고 세조 5년에는 大護軍의 녹을 받았다.

부친 김훈金訓도 영의정으로 추증되었고 그의 모친 여흥驪興 이씨李氏도 정경貞敬부인의 칭호를 얻었다. 김씨 일문에서 그의 공로는 대단한 것이었다.

김수온의 일생은 실록에 실린 그의 '졸기卒記'에 비교적 상세하게 정리되었다. 이를 여기에 옮겨 보면 다음과 같다.

영산부원군(永山府院君) 김수온이 졸(卒)하였다. 철조(輟朝)하고 조제(弔祭)·예장(禮葬)하기를 예대로 하였다. 김수온의 자(字)는 문량(文良)이고 본관은 영동(永同)이며, 증영의정(贈領議政) 김훈(金訓)의 아들이다. 김수온은 나면서부터 영리하고 뛰어나 정통(正統) 무오년(1438)에 진사시에 급제하고, 신유년(1441)에 문과에 급제하여 교서관 정자(正字)에 보임되었다. 세종이 그 재주를 듣고 특별히 명하여 집현전에 사진(仕進)하게 하고, 『치평요람(治平要覽)』을 수찬하는 일에 참여하게 하였다. 임금이 때때로 글제를 내어 집현전의 여러 유신을 시켜 시문을 짓게 하면, 김수온이 여러 번 으뜸을 차지하였다. 훈련원 주부(主簿)·승문원 교리(校理)를 지내고, 경태(景泰) 경오년(1450)에 병조정랑에 특별히 제수되고, 신미년(1451)에 전농시(典農寺) 소윤(少尹)이 되고, 임신년(1452)에 외임으로 나가 영천군(榮川郡) 군사(郡事)가 되고, 병자년(1456)에 성균관 사예(司藝)가 되었다. 천순(天順) 정축년(1457)에 중시(重試)에서 제2인으로 입격하여 통정대부(通政大夫) 중추원(中樞院) 첨지사(僉知事)로 발탁되었다. 그때 김수온이 어머니를 성문하러 영동현(永同縣)에 가는데, 세조가 중사(中使)를 보내어 한강에서 술을 내리고 임영대군(臨瀛大君)·영응대군(永膺大君)과 여러 군(君)들에게 명하여 가서 전송하게 하였다. 무인년(1458)에 가선대부(嘉善大夫) 중추원 동지사(同知事)로 임명되고, 기묘년(1459)에 한성부윤(漢城 府尹), 경진년(1460)에 외임으로 나가 상주목사(尙州牧事)가 되었다. 갑신년(1464)에 자헌대부(資憲大夫)

중추원 지사(知事)로 옮기고 이윽고 공조판서(工曹判書)에 임명되었다. 성화(成化) 병술년(1466)에 발영시(拔英試)에서[57] 장원으로 입격하여 특별히 숭정대부(崇政大夫)를 가자하고 또 등준시(登俊試)에[58] 으뜸으로 입격하여 중추부 판사(判中樞府事)에 올랐다. 세조가 김수온의 집이 가난하다 하여, 사옹원(司饔院)과 여러 관사(官司)를 시켜 경연(慶宴)을 준비하게 하고, 의정부(議政府)의 여러 정승들에게 명하여 궁온(宮醞)을 가져가서 잔치를 열게 하고, 또 중사를 보내어 서대(犀帶)·금낭(錦囊)·나(羅)·기(綺)·의복·화(靴)·모(帽) 따위의 물건 40여 건과 안마(鞍馬)와 쌀 10석을 내렸다. 우리 조정에서 과거를 설치한 이래로 급제의 영광에 이런 전례가 없었으며, 문과·무과의 장원에게 쌀을 내리는 것은 이때부터 비롯되었다. 무자년(1468)에 숭록대부(崇祿大夫)에 오르고, 기축년(1469)에 금상(예종)이 즉위하여 보국숭록대부(輔國崇祿大夫)를 가자하였으며 신묘년(1471)에 순성좌리공신(純誠佐理功臣)의 호(號)를 내리고 영산 부원군(永山府院君)에 봉하였다. 갑오년(1474)에 중추부 영사(領事)를 제배하고, 정유년(1477)에 다시 영산 부원군에 봉하였다.

이때에 졸(卒)하였는데 73세이다. 시호는 문평(文平)인데, 배움이 부지런하고 묻기를 좋아함이 문(文)이고, 은혜로우나 내덕(內德)이 없음이 평(平)이다. 김수온은 서사(書史)를 널리 보아 문장이 웅건하고 소탕(疏宕)하며 왕양(汪洋), 대사(大肆)하여 한때의 거벽(巨擘)이었다. 전에 명(明) 나라 사신 진감(陳鑑)에게 희청부(喜晴賦)를 화답하여 흥을 돋우고 기운을 떨쳤는데, 뒤에 김수온이 중국에 들어가니, 중국 선비들이 앞을 다투어 지칭하기를, '이 사람이 바로 희청부에 화답한 사람이다' 하였다. 세조가 자주 문사를 책시(策試)하였는데, 김수온이 늘 으뜸을 차지하였다. 전에 원각사(圓覺寺) 비명(碑銘)을 지었을 때에, 주문(主文)의 한자

---

57 拔英試는 세조 때에 임시로 연 과거시험으로 세조 12년(1466) 단오절에 종친과 문무백관을 모아서 술을 내리고 발영시를 보아 김수온 등 40인을 합격시켰다.
58 登俊試는 세조 12년 7월에 본 특별 과거시험으로 종친과 재상 이하의 문관으로 장원했던 사람을 시험하였는데 김수온 등 12인을 합격시켰다.

가 많이 고친 것을 김수온이 보고 말하기를, '대수(大手)가 지은 것을 소수(小手)가 어찌 능히 고치겠는가?' 하였다. 그러나 신미(信眉)의 아우로서 선학(禪學)에 몹시 빠져 부처를 무턱대고 신봉하는 것이 매우 심하였다. 전에 회암사(檜巖寺)에 들어가 머리를 깎고 중이 되려다가 그만두었는데, 그의 궤행(詭行)이 이러하였다. 또 자신을 단속하는 규율이 없어, 혹 책을 깔고 그 위에서 자기도 하고, 포의를 입고 금대(金帶)를 띠고 나막신을 신고서 손님을 만나기도 하였다. 성품이 오졸(迂拙)하고 간국(幹局)이 없어 치산에 마음을 두었으나, 계책이 매우 엉성하였고, 관사(官事)에 처하여서는 소략하여 지키는 것이 없어 글하는 기상과는 아주 다르므로 조정에서 끝내 관각(館閣)의[59] 직임을 맡기지 않았으며, 양성지(梁誠之)·오백창(吳伯昌)이 함께 상서하여 공신으로 봉해 주기를 청하여 좌리공신(佐理功臣)이 되었다. 일찍이 괴애(乖崖)라 자호하였고 『식우집(拭疣集)』이 세상에 간행되었다.

—『성종실록』(130권) 성종 12년 6월 7일 경술(庚戌)조의 기사

이 졸기卒記를 보면 재승박덕한 인물로 한문에 능하였으나 주변의 유학자들에게는 인망人望은 없었던 것으로 보인다.

1) 김수온의 『석보상절』 찬수와 훈민정음

2.2.1.0 그가 훈민정음의 제정에 관여한 것은 그의 형 신미信眉와 함께 수양首陽대군을 도와 『증수석가보增修釋迦譜』를 찬수撰修한 것으로 시작된다. 김수온은 형과 달리 유가儒家을 깊이 공부하여 한문 문장의 실력은 타인을 압도한 것으로 보인다. 그의 문장 실력을 보여주는 일은 앞의 졸기卒記에도 보이지만 또 하나의 일화로 영순군永順君 이부李溥가 사직하는

---

59 弘文館과 藝文館을 말한다.

표문表文을 지어달라고 하자 즉석에서 입으로 부르고 사람들로 적게 하여 명문을 짓는 것을 보고 세조 때에 옥당玉堂과 대사성大司成을 지낸 구종직丘從直이 감탄했다는 일화逸話가 있다(成俔의 『용재총화(慵齋叢話)』 권4).

세종은 신미로부터 추천받은 김수온金守溫으로 하여금 『석가보釋迦譜』(이하 〈석가보〉로 약칭함)를 증수增修하도록 한다. 즉, 『세종실록』(권114) 세종 28년 12월 을미乙未조에 "副司直金守溫 增補釋迦譜 — 부사직 김수온이 〈석가보〉를 증보하다"라는 기사에서 그가 〈석가보〉를 증보하였음을 알 수 있다. 원래 〈석가보〉는 당唐의 도선道宣(596~667)이 석가釋迦의 일대기를 간략하게 적은 것으로 남제南齊 승우僧祐(444~518)의 『석가씨보釋迦氏譜』와 더불어 널리 알려진 부처의 약력이었다.[60]

김수온의 한문 실력으로 이 두 〈석가보釋迦譜〉를 완벽하게 이해하고 여기에 『약사경藥師經』, 『지장경地藏經』, 『묘법연화경妙法蓮華經』을 추가하여 『증수석가보增修釋迦譜』(이하 〈증수석가보〉로 약칭함)를 완성한 것이다. 물론 형인 신미信眉의 도움이 있었겠지만 김수온의 한문 실력이 아니었으면 이러한 난삽한 한문 불경을 이해하고 정리하여 보충할 수가 없었을 것이다. 중국어의 역사에서 사서오경四書五經의 한문은 상고어Archaic Chinese인 동주東周의 수도 낙양洛陽의 아언雅言이었지만 불경의 한문은 한당漢唐 때의 통어通語인 중고어Ancient Chinese임으로 사서오경으로 배운 한문으로 불경을 읽는 것은 쉽지 않았다.

김수온은 아언의 고문古文에도 정통하였지만 통어의 불경 한문도 능통

---

60 송성수 역(1999 : 11~17)에 실린 김미숙의 해제에는 梁代(502~518)의 僧祐(444~518)가 편찬한 『釋迦譜』 5卷을 각 권별로 요약 소개하고 唐代 道宣(596~667)이 편찬한 『釋釋方志』의 2권과 『釋迦氏譜』(665)를 역시 내용 별로 요약 설명하였다. 『釋迦譜』눈 釋迦牟尼의 일대기를 略記한 것으로 〈釋氏略譜〉, 〈釋迦氏略譜〉 등의 별칭이 있다고 한다. 〈증수석가보〉는 이 가운데 〈석가보〉와 〈석가씨보〉를 종합하여 정리한 것이다.

했던 것으로 이 〈증수석가보〉는 수양대군首陽大君과 신미信眉, 김수온金守溫에 의하여 언해되고 훈민정음으로 적게 된다. 그리고 후일 세종 29년 3월에 승하하신 소헌왕후昭憲王后의 명복을 빌기 위하여 수양대군의 서문을 붙여 간행한 것이 바로 『석보상절釋譜詳節』(이하 〈석보〉로 약칭함)이다.

2.2.1.1 이 〈석보〉이 한자음의 표음을 위한 훈민정음이 우리말 표기의 언문으로 쓰인 최초의 문헌이다. 앞의 2.1.3.3에서 살펴본 바와 같이 흔히 『용비어천가龍飛御天歌』(이하 〈용가〉로 약칭함)가 국문가사를 포함하고 있어서 언문으로 쓰인 최초의 문헌으로 보는 연구자들이 있지만 세종 27년 4월에 제진製進된 〈용가〉는 언해된 시가詩歌가 없는 한문본이다. 여기의 한시漢詩를 언해하여 국문 가사歌解를 붙여 완성한 것은 세종 29년 2월에 간행한 〈용가〉의 주해본註解本에서의 일이라고 한다(졸저, 2015 : 225 ~6). 따라서 〈용가〉에서 새 문자를 시험하였다는 우리 학계의 통설은 믿을 수가 없다. 졸고(2013a)에 의하면 〈석보〉과 〈월인〉에서 세종은 훈민정음으로 우리말을 적을 수 있는지 시험하였다고 보았다.

앞에서 언급한 대로 정의貞懿공주가 '변음토착'의 난제를 해결하여 훈민정음으로 우리말을 표기할 수 있는 가능성을 보였기 때문이다. 즉, 앞에서 고찰한 대로 '변음토착變音吐着'은 "발음을 고쳐서 토를 달다"라는 이두로서 'ᄒᆞ고-爲古', '이라-是羅'의 '爲, 是'와 같이, 또는 '이다-是如'와 같이 한자의 발음대로 읽지 않고 새김에 따라 바꿔서 토를 다는 것을 말한다. 이렇게 '변음토착'이 된 구결들은 한자를 익히 알고 있는 식자識者들에게 매우 곤혹스러운 일이 아닐 수 없었다. 앞에서 논의한 바와 같이 정의공주는 이를 훈민정음으로 토를 달아서 해결하였다. 이로부터 세종은 훈민정음으로 우리말을 표기할 수 있음을 깨닫게 된다.

2.2.1.2　세종은 새 문자 제정의 주역인 신미를 중심으로 수양대군과 김수온으로 하여금 〈증수석가보〉를 언해하여 〈석보〉을 편찬하면서 훈민정음으로 적도록 하여 새 문자로 우리말의 표기가 가능한지 시험하게 하고 스스로 『월인천강지곡月印千江之曲』(이하 〈월인〉으로 약칭함)을 쓰면서 이를 확인한 것이다(졸고, 2014b). 앞에서 살펴본 바와 같이 신미는 한문에 다는 구결口訣에 대하여 조예가 깊었다. 따라서 〈석보〉의 언해는 자연스럽게 신미가 주도하였을 것으로 추정된다.

　세종이 〈월인〉을 지을 때에 옆에서 도와준 사람은 신미보다는 김수온으로 보는 것이 타당하다. 승려인 신미보다는 부사직副司直의 말직이었지만 김수온이 더 자연스럽게 왕을 만날 수 있었기 때문이다. 특히 그는 〈증수석가보〉를 저술하고 이를 언해하여 풀이한 〈석보〉을 편찬하고 있었기 때문에 〈월인〉을 짓는 데 도움을 줄 수가 있었을 것이다. 비록 같은 궁궐 안에 있다고는 하지만 내불당內佛堂 깊은 곳에 칩거蟄居해야 하는 승려僧侶 신미보다는 부사직의 벼슬로 자유롭게 궁을 드나들 수 있는 김수온이 세종의 찬불가 저작에 도움을 줄 수 있었을 것이다.[61]

2) 김수온과 『월인석보(月印釋譜)』, 그리고 훈민정음 〈언해본〉

2.2.2.0　세종은 〈월인〉과 〈석보〉을 합편하여 『월인석보月印釋譜』(이하 〈월석〉으로 약칭함)을 간행한다. 졸고(2013a)에서는 세종의 생존 시에 나온 것이 {구권舊卷}〈월석〉라고 하며 여기에 훈민정음의 언해본을 첨부한 것으로 주장하였다. 세조 5년에 간행한 {신편新編}〈월석〉 권두에 실린 세

61　朴炳采(1983)에서는 〈월인〉의 실질적이 저자는 金守溫이라고 주장하였다.

조의 '어제서문御製序文'에 〈월석〉에는 세종이 간행한 구권舊卷이 있으며 자신이 이제 간행하는 것은 신편新編임을 밝혔기 때문이다(졸고, 2013).

김수온은 세종의 내불당內佛堂 건립에 주역으로 활약한다. 신미信眉의 발원發願으로 시작된 내불당은 세종 31년(1449)에 완공되었다. 세종은 이에 대한 김수온의 공을 높이 사서 병조정랑兵曹正郎으로 임명한 것이다. 이조정랑吏曹正郎 못지않게 요직인 병조정랑에 김수온을 임명하자 유신들의 공격이 그에게 쏟아졌다. 내불당의 건립建立은 임금의 뜻이라 어쩔 수가 없었으나 이 일의 주역인 신미信眉에 대한 유신儒臣들의 불만은 커져만 갔는데 병조정랑의 자리에 그의 실제實弟이며 아무래도 불가佛家의 사람으로 볼 수밖에 없는 김수온을 임명한 것은 그동안의 불만을 일시에 터져 나오게 하였다.

즉, 『세종실록』(권123) 세종 31년 1월 정해丁亥의 기사에 사헌부司憲府에서 올린 장계에 박중림朴仲林 · 김수온의 관직 제수가 잘못되었음을 지적하였다.

> 사헌부에서 아뢰기를, "[전략] 또 수온은 훈(訓)의 아들입니다. 훈의 아버지가 상(喪)을 당하여 영동(永同)에 있었는데, 훈이 옥구(沃溝)에서 길이 그곳을 지나면서 들어가 보지 아니하였고, 서울에 이르러서는 곧 숙배(肅拜)하지 아니하고 몰래 공정대왕(恭靖大王)을 뵈옵는 불충불효의 죄를 입었습니다. 이와 같은 아들을 쓰는 것도 족하온데, 이제 또 정조(政曹)에 임명하시니, 이와 같이 하오면, 뒷사람을 어떻게 징계하오리까. 모두 고치기를 청하옵니다"라고 하다.[62]

---

62 원문은 "○丁亥 司憲府啓 : [中略] 且守溫, 訓之子也。訓父遭喪在永同。訓自沃溝道經而不入見, 來至京城, 不卽肅拜, 潛謁恭靖大王, 被不忠不孝之罪。如此者之子孫, 用之亦足矣, 今又使任政曹。如是則後人何所懲戒! 請皆改之。"와 같다.

이 간언에 의하면 우선 그가 불충불효의 죄를 지은 김훈金訓의 자제임을 들어 그의 임명이 부당하고 이를 철회해야 한다는 내용이다.

그러나 세종은 아비의 죄가 자식에게까지 미칠 수는 없으며 그가 문과에 급제하였으므로 정랑正郞의 직을 제수하는 데 아무런 하자가 없음을 들어 이들의 간언諫言을 들어주지 않았다(『세종실록』권123, 세종 31년 正月 丙戌, 丁亥의 기사).63 이어서 사간원司諫院에서도 김수온의 임명에 대한 반대의 장계가 계속되었으나(『세종실록』권123, 세종 31년 正月 辛卯의 기사) 세종은 끝까지 이를 받아들이지 않았다(『세종실록』권123, 세종 31년 正月 丁未의 기사). 세종이 얼마나 말년에 신미와 김수온 형제를 총애하였는지 알 수 있는 대목이다.

뿐만 아니라 세종은 그를 지제교知製教에 임명하였다. 즉, 『세종실록』(권123) 세종 31년 2월 병자丙子조의 기사는 다음과 같다.

박강(朴薑)을 공조 참의로, 조완벽(趙完璧)을 첨지중추원사로, 김수온(金守溫)을 수병조정랑(守兵曹正郎) 지제교(知製教)로 삼았다. 수온(守溫)은 시문(詩文)에 능하고, 성품이 부도(浮屠)를 매우 좋아하여, 이 인연으로 사랑함을 얻어, 전(前) 직장(直長)으로써 수년이 못되어 정랑에 뛰어올랐고, 일찍이 지제교가 되지 못함을 한스러워 하였는데, 이에 이르러 특별히 제수되었다. 무릇 수온의 제수(除授)는 대개가 전조(銓曹)에서 의논한 것이 아니고 내지(內旨)에서 나온 것이 많았다. 임금이 두 대군(大君)을 연달아 잃고, 왕후가 이어 승하하니, 슬퍼함이 지극하여 인과화복(因果禍福)의 말이 드디어 그 마음의 허전한 틈에 들어맞았다. 수온의 형 중[僧] 신미(信眉)가 그 요사한 말을 주창하고, 수온이 찬

---

63 세종이 불가하다는 批答은 다음과 같다. "上曰 : '若等之言然矣. [中略] 守溫之事, 曩昔不忠者子孫弟姪, 竝禁錮, 其後大臣國人皆曰不可連坐. 或啓於輪對, 或有上書言者. 又因政府之議, 竝令許通. 守溫亦於此時, 始得赴試, 旣已登科, 授以此職, 又何不可!' 遂不允."

불가시(讚佛歌詩)를 지어 그 교(敎)를 넓혔다. 일찍이 불당(佛堂)에서 법
회(法會)를 크게 베풀고 공인(工人)을 뽑아 수온의 지은 가시(歌詩)에
관현(管絃)을 맞춰 연습하게 하여 두어 달 뒤에 쓰게 하였다. 임금이 불
사(佛事)에 뜻을 둔 데는 수온의 형제가 도운 것이다.[64]

이 실록의 글은 문종文宗 때의 사관史官이 왕의 총애를 받아 승승장구
할 뿐만 아니라 불가佛家에 귀의한 김수온 형제를 폄하하여 쓴 글이지만
그가 병조정랑과 겸직으로 지제교知製敎에 임명된 것은 그의 문필이 얼
마나 뛰어났으며 세종이 그것을 높이 평가하였음을 알 수 있다. 원래
조선시대의 지제교知製敎란 고려조의 지제고知制誥를 다르게 부른 것으로
왕의 교서敎書를 지어 바치던 벼슬이라 한문 실력이 뛰어난 이들이 맡는
직책이었다. 내內 지제교와 외外 지제교의 구분이 있었는데 6품 이상의
관원이 겸직하였다. 실록의 내용으로 보아 내內 지제교였음을 알 수 있
다. 앞에서 언급한 대로 김수온의 한문 문장실력이 뛰어났음을 다시 한
번 깨우쳐주는 대목이다.

특히 김수온이 '찬불가시讚佛歌詩'를 지어 불교를 전파하였다는 구절은
아마도 내불당內佛堂에서 열리는 법회法會에서 〈월인천강지곡〉을 관현管絃
에 맞추어 노래를 부르게 하였음을 알 수 있으며 이것은 이 찬불가시가
궁궐 안에서 널리 노래되었음을 증언한 것이다. 아마도 김수온이 도움
으로 세종이 지은 〈월인천강지곡〉이 실제 노래로 법회에서 봉헌되었
음을 말하는 것이다.

---

64 원문은 "○以朴薑爲工曹參議, 趙完璧僉知中樞院事, 金守溫守兵曹正郎、知製敎。守溫能
詩文, 性酷好浮屠, 夤緣得幸, 以前直長, 不數年超拜正郎, 嘗以未爲製敎爲恨, 至是特授之。
凡守溫除拜, 率非銓曹所擬, 多出內旨。上連喪二大君, 王后繼薨, 悲哀憾愴, 因果禍福之說,
遂中其隙。守溫兄僧信眉倡其妖說, 守溫製讚佛歌詩, 以張其敎。嘗大設法會于佛堂, 選工
人, 以守溫所製歌詩, 被之管絃, 調閱數月, 而後用之。上之留意佛事, 守溫兄弟贊之也"이다.

2.2.2.1 조선 초기의 역사에서 세종이 승하昇遐하고 문종과 단종端宗을 거치는 기간은 과도기라 할 수 있다. 당연히 세종조보다 왕권이 약해져서 문신들의 김수온 형제에 대한 박해는 점차 강해져 갔다. 김수온은 이때에도 병조정랑兵曹正郞의 벼슬을 그대로 유지하면서 세종의 추도追悼를 겸한 불사가 대자암大慈庵에서 열렸을 때에 그는 선왕에 대한 추모의 일념으로 성심껏 준비하고 성대하게 거행한다. 그러나 이때에 대자암大慈庵에 펴 놓았던 현개縣蓋의 장대가 부려져 수양대군의 이마를 다치게 하여 많은 곤경에 빠졌으나 문종의 비호로 겨우 위기를 모면하였다. 다만 벼슬이 외직外職으로 바뀌어 경상도 영천永川 고을의 군사郡事로 나갔다.

문종의 재위 기간(2년 4개월)에는 그런대로 김수온 형제에게 미치는 유신儒臣들의 핍박을 왕이 막아주었으나 12세의 어린 나위에 단종端宗이 즉위하고 나서는 유신들의 공격은 심해졌다. 단종 1년 1월에 사간원司諫院에서 영천 군사 김수온에게 행대行臺를[65] 보내어 조사하여 규찰하라는 장계를 올렸다. 또 같은 달에 사헌부司憲府에서 김수온의 동생 김수화金守和를 함길도 감련관監鍊官에 임명한 것을 반대하여 문제를 삼았다. 사헌부 지평持平 정신석이 김수화가 전에 전라도 강진康津 현감縣監으로 있을 때의 인신印信을 위조한 사실을 들어 개차改差를 요청한 것이다. 김종서金宗瑞의 비호가 있었으나 결국 벼슬을 잃게 되었다(『練藜室記述』 권4,「文宗朝故事本末」).

신미와 김수온 형제는 세조의 등극으로 다시 권력의 중심에 들게 된다. 신미는 해인사海印寺의 대장경을 모인摹印하는 일을 관장하게 하고 세

---

65 行臺는 州郡의 불법을 조사하기 위하여 파견하는 司憲府의 監察을 말한다. 行臺 御使라고도 한다.

조는 각 도에 종이와 먹을 조달하도록 칙명을 내린다. 8백만여 장의 종이와 7천여 명의 인력, 그리고 수천 석의 미곡이 제공되는 국가적인 대불사佛事였다. 그리고 신미에게 대장경당大藏經堂을 중수하는 일을 맡긴다. 김수온은 내직으로 올라 명明의 사신使臣 진감陳鑑을 영접하게 하였는데 여기서도 김수온의 한문 실력이 발휘된다. 즉, 명明나라 사신인 한림원 수찬翰林院修撰 진감陳鑑과 태상시박사太常寺博士 고윤高閏이 조칙詔勅을 가지고 오니, 임금이 면복冕服을 갖추고 백관百官들을 거느리고 나가서, 모화관慕華館에서 맞이하기를 의식과 같이 하고, 경복궁景福宮에 이르러 조서詔書를 반포하였다(『세조실록』 권8, 세조 3년 6월 乙未조의 기사).

『세조실록』(권8) 세조 3년 6월 기해己亥조의 기사에 "명明의 사신 진감陳鑑 등이 한강에 유람하고 제천정濟川亭에 올랐다. 임금이 문관 김수온金守溫 · 서거정徐居正 · 김수녕金壽寧 등에게 명하여 도감都監과 더불어 잔치를 베풀고 여러 잔을 돌린 뒤에 파하였다. 드디어 배를 타고 흐름을 따라서 내려가다가 고기잡이하는 사람을 시켜 고기를 잡게 하고, 진감陳鑑 등은 심히 즐거워하면서 잉어 두 마리를 사옹관司饔官에게 주어서 진상進上하였다. … 임금이 예조 판서 홍윤성洪允成 · 동부승지 김질金礩에게 명하여 곧바로 노량露梁의 여울 위로 가서 진감陳鑑 등을 마중하여 알현하게 하였다. 드디어 배를 같이 타고 천천히 노를 저어서 내려와 용산龍山 여울 아래에 이르렀다. 비를 만났으나 서로 더불어 부賦 · 시詩를 짓고 술잔을 들어 서로 권하였다"라는 기사가 있는데 여기서 김수온이 당시 중국에서 유행하던 희청부喜晴賦를 일필휘지로 써서 사신들에게 보여 그들을 놀라게 하였다고 한다. 김수온의 한문 실력과 서예 능력을 보여주는 대목이다.

2.2.2.2 김수온이 훈민정음 창제에 얼마나 기여했는지는 분명하지 않다. 다만 무엇에 근거하였는지는 모르지만 박해진(2015 : 348)에 "김수온은 범자梵字로 된 불경과 『벽암록碧巖錄』 등의 불서를 구입하러 간 사이에 운운"하여 마치 그가 범자에 능통한 것으로 기술하였다. 『벽암록』은 중국에서 수입하여 원元 대덕大德 3년(1300)에 간행된 불경으로 조선에서도 세조 11년(1465)에 간경도감에서 을유자乙酉字 활자본으로 간행하였다.

만일 그가 범자梵字를 알았다면 그 표음문자가 얼마나 유용한가를 이해하였을 것이며 한자음 표기를 위하여 마련한 훈민정음으로 우리말도 표기할 수 있음을 깨달았을 것이다. 따라서 그가 수양대군과 신미와 함께 『증수석가보增修釋迦譜』를 언해하여 훈민정음으로 쓸 때에 한자에 젖은 유신儒臣들과 달리 새 문자의 제정에 매우 적극적이었을 것으로 보인다. 앞에서 언급한 대로 정의貞懿공주에 의하여 한자의 구결－토를 훈민정음으로 대체하면서 우리말 표기의 가능성을 제시하였다면 〈증수석가보〉를 언해하여 훈민정음으로 이를 기록하면서 그 가능성을 확인할 수 있었을 것이다. 애초에 한자음 표기의 훈민정음으로 제정된 새 문자가 드디어 우리말 표기의 언문諺文으로 다시 태어나게 된 것이다.

김수온은 유경儒經의 한문에만 능한 것이 아니라 불경佛經에도 일가견을 가져서 사행使行을 따라 명明에 갔을 때에 감로사甘露寺를 방문하여 불경을 구하고 중국과 조선의 불교를 비교하는 명시名詩를 남기기도 했다 (南孝溫, 「秋江冷話」, 『國譯大東野乘』 I, 민족문화문고간행회, 1973, p.349). 세조 4년 4월 말에 해인사의 대장경을 인경印經하는 대 불사가 마무리되자 김수온은 6월에 「대장경인경발문大藏經印經跋文」을 썼다. 『청장관전서靑莊館全書』(권55) 「앙엽기盎葉記」(2)에 소재된 이 발문跋文에는 그의 불교에 대한 지식이 얼마나 심오했는지를 볼 수 있다.

　이러한 불가의 지식으로 보아 김수온은 형 신미信眉에 못지않게 불교 교리에 능하였고 따라서 비가라론毘伽羅論의 성명기론聲明記論에 조예가 깊었을 것이다. 뿐만 아니라 한자의 시문詩文에 능한 것으로 보아 중국 성운학聲韻學에도 일가견이 있었을 것으로 추정된다. 그가 초년에 집현전集賢殿에서 훈민정음의 해례에도 일조를 했다면 그가 가진 불가佛家의 성명기론이나 유가儒家의 성운학聲韻學의 지식이 크게 유용하게 작용했을 것으로 보인다. 따라서 훈민정음에서 언문諺文으로 전환되는 조역助役에 김수온金守溫이 있었을 것으로 필자는 믿는다.

제3장

집현전(集賢殿)

유(儒)학자들과 훈민정음

3.0 훈민정음의 제정에 집현전集賢殿 학자들이 과연 어느 정도 관여하였을까? 이 문제에 대하여 많은 연구가 있었으며 훈민정음은 실제로 집현전 학자들의 소산所産이지만 '세종의 친제親制'라고 한 것은 제왕帝王에게 그 공로를 돌린 것이라는 주장도 있었다. 그러나 앞의 제2 장章에서 살펴본 바와 같이 신미信眉를 위시하여 김수온金守溫 등의 불가 사람들이 도움을 받아 비가라론毘伽羅論의 성명기론聲明記論에 의거하기도 하였지만 훈민정음을 제정한 것은 세종 자신이었고 이를 이용하여 한자음을 정리하거나 고유어를 표기하는 방법을 계발한 것은 가족들의 도움을 받았던 것으로 보인다.

이 새 문자를 이용하여 한자의 중국어 표준음을 기록하는 일에는 집현전 학자들의 도움을 받았으며 그 가운데 중심인물은 성삼문成三問과 신숙주申叔舟로 보인다. 즉, 세종은 집현전集賢殿의 실질적 운영자인 최만리崔萬理 등 수구守舊 한학자들의 도움보다는 새로운 학문 연구자인 두 사람의 도움을 원했던 것 같다. 새로운 한자음을 정하여 그것으로 과거시험을 보게 되면 옛 한자음에 익숙한 자신들은 설 땅이 없어지기 때문일 것이다. 세종이 젊은 신진학자들만을 동원하여 새 문자를 사용하여 한자의 표준 한음漢音을 정리하는 것을 보고 최만리 등이 반대 상소문을 올리지 않을 수가 없었을 것이다.

실제로 최만리의 반대 상소문에 이름을 올린 사람들은 앞 제2장의 2.1.2.1에서 논의한 운회韻會의 번역이나 『동국정운東國正韻』의 편찬에 동원되지 않은 집현전 학자들이었다는 사실을 주목하지 않을 수 없다. 임금의 총애를 받지 못한 집현전의 소외 세력들이 결집하여 최만리를 우두머리로 하는 훈민정음이란 새로운 한자음을 정하는 일을 반대하는 세력이 결성된 것이다. 세종은 최만리 등의 반대 상소에 대하여 결코 좋은 감정을 갖지 않았으나 그 처리는 매우 온당하고 관용적이었다. 왜 냐하면 그들이 새로운 한자음, 즉 훈민정음을 반대하는 이유를 잘 알고 있었고 세종 스스로도 그를 어느 정도 수긍하였기 때문이다.

　본 장章에서는 세종이 제정한 새 문자를 집현전 학자, 그 가운데 대표 적인 성삼문과 신숙주가 어떻게 이용하였는가를 살펴보고자 한다.

1. 성삼문(成三問)

3.1.0.1　조선전기에 충절忠節을 지켜 살신성인殺身成仁한 성삼문은 사육신死六臣의 하나로 널리 알려진 인물이다.[1] 지금까지 성삼문에 관한 연구는 주로 충신열사忠臣烈士로서 조명되었고 그의 학문에 대하여는 본 격적으로 연구된 바가 없다.

　성삼문은 태종 18년(1418) 홍주洪州 노은동魯恩洞에서 도총관都摠管 성승成 勝의 아들로 태어났다. 세종 20년(1438) 식년문과式年文科 생원시生員試에 하 위지河緯地와 함께 합격하여 출사出仕하였다. 세종 29년(1447) 문과에 장원 급제하여 문명文名을 떨쳤으나[2] 그 이전에 이미 집현전 학사學士로서 세 종의 어문정책에 깊이 관여하여 세종의 신임을 얻었으며 문종을 거쳐 단종이 즉위했을 때에는 벼슬이 추충정난공신推忠靖難功臣 통정대부通政大夫 예조참의禮曹參議에 올랐다.[3]

1　成三問의 字는 謹甫·訥翁이고 號는 梅竹軒이며 본관은 昌寧이다.
2　『世宗實錄』(권117) 세종 29년 8월 丙戌조에 "丙戌賜文科重試, 集賢殿修撰成三問等十九 人, 武科司正閔論等二十一人, 文科別試姜希孟等二十六人, 武科金精彥等十八人及第. 上 不御殿, 設虛位於勤政殿放榜"라는 기사 참조.
3　성삼문은 단종 2년 6월에 集賢殿 副提學으로 임명되었다가(『단종실록』 권11, 단종 2년

세조가 즉위할 때에는 동부승지同副承旨로서 대보大寶, 國璽를 상서사尙瑞司에서 꺼내어 전하였고(『세조실록』 권1, 세조 1년 6월 乙卯조) 세조 1년(1455) 정묘丁卯(13일)에 승정원承政院 좌부승지左副承旨로 임명되었으나(『세조실록』 권1, 세조 1년 6월 丁卯조) 이듬해에 세조를 시해弑害하고 단종을 복위시키려가 발각되어 자신은 물론 부친과 세 동생, 그리고 네 아들이 모두 살해되었으므로 그에 관한 기록이 많이 인멸되었다.

그러나 숙종 17년(1691)에 성삼문을 포함한 사육신死六臣이 복관復官이 되었고 영조 34년(1758)에 성삼문은 이조판서吏曹判書로 추증追贈되었으며 충문공忠文公의 시호諡號를 받았다. 이후 여러 사람이 성삼문과 관련된 자료를 모아 문집으로 간행하였는데 오늘날 참고할 수 있는 것은 『매죽헌선생문집梅竹軒先生文集』(4권)과 『성선생유고成先生遺稿』, 『성근보선생집成謹甫先生集』(4권) 등이 있을 뿐이다.[4]

그는 실제로 훈민정음의 해례解例와 『동국정운』 및 『홍무정운역훈洪武正韻譯訓』의 편찬에 참여하여 한자음漢字音을 정리하고 중국어의 학습에 훈민정음을 이용한 위대한 역학자譯學者이기도 하였다. 여기서 역학譯學이란 외국어 학습을 위하여 국어와 외국어를 대비하는 언어연구를 말

6월 戊申조 기사) 단종 2년 8월에 禮曹參議로 승진하였다(『단종실록』 권12, 단종 2년 8월 甲申조 기사). 그러나 단종 3년 6월에 承政院의 同副承旨로 자리를 옮겼으며 세조가 등극하자 동부승지의 자격으로 國璽를 전하게 된 것이다.

4 필자가 참고한 『梅竹軒先生文集』은 成瀡運의 跋文이 있는 重刊本이다. 이 책은 전4권이나 권3과 권4는 부록인데 권3은 '實紀'가 부록 上으로, 권4는 成三問을 祭享한 綠雲書院(在洪州 魯恩洞)의 '神位別告祝'(南九萬 撰) 등이 부록 下로 添載되었다. 또 『成謹甫先生集』(4권 1책)은 尹裕後가 公의 詩文을 모아 간행한 것으로 흔히 『成謹甫集』으로 알려진 것이다. 역시 권3은 '世系'와 '實紀'가 附錄되었고 권4의 부록에는 '洪州成先生遺墟碑'를 비롯하여 宋時烈의 碑文과 神主記 3개가 실렸고 이어서 朴泰輔의 '寧月六臣祠記' 등이 添載되었다. 유사한 책이 '成先生遺稿'(4권)란 이름으로 현전하며 이 모두가 韓國文集編纂委員會(1993)에 影印되어 『梅竹軒文集·成謹甫文集』이란 題名으로 간행되었다.

한다.[5] 주로 중국어와의 대조對照연구를 통하여 국어와 한자음을 연구하는 역학譯學은 한반도가 지정학적으로 중국의 대륙과 인접하고 있어서 역사적으로 끊임없이 중국의 문물을 받아들이는 과정에서 중국어를 접하면서 발달한 것이다. 그리고 그 언어의 문자인 한자漢字를 빌어다가 국어를 표기하는 과정에서 중국어와 국어를 대조 연구하는 역학이 생겨난 것으로 그 연원은 멀리 삼국시대까지 거슬러 올라간다(강신항, 2000; 졸저, 1988).

조선시대의 세종世宗조에는 이 역학譯學의 연구가 최고조에 이르러 드디어 훈민정음의 발명을 가져왔다. 성삼문은 당시 유일한 언어의 과학적 연구방법인 성운학聲韻學에 대한 지식과 또한 당시의 가장 강력한 철학사상인 성리학性理學의 연구방법에 의하여 세종이 친제한 훈민정음을 해례하는 데 참여하였다. 또 훈민정음을 이용하여 우리 한자음을 정리하는 『동국정운』의 편찬에도 관여하였으며 또 이 문자로 당시 남경관화南京官話의 표준발음을 전사한 『홍무정운역훈』의 편찬을 주도하였다. 뿐만 아니라 당시 중국어 학습 교재였던 『직해동자습直解童子習』을 역훈譯訓하고 평화平話해서 간행하면서 그 서문을 썼던 것이다.

성삼문의 이와 같은 학술활동은 그가 우선 훈민정음에 대한 깊은 지식을 갖추었으며 이러한 지식을 근거로 하여 우리 한자음을 중국의 전통 운서음韻書音에 맞추어 정리하였음을 말한다. 그리고 중국어의 표준

---

5 譯學이 학문의 한 분야로 정착한 것은 朝鮮前期의 일이다. 학문을 몇 분야로 나누어 교육하고 인재를 발탁하려는 시도는 멀리 高麗시대까지 올라간다. 실제로 恭讓王은 十學(실은 八學)을 두고 각 官署에서 이를 교육하였으나 譯學은 들어있지 않았다(『高麗史』 권77, '十學'조). 譯學이 공식적인 학문분야로 史書에 등장하는 것은 朝鮮 太祖 2년 (1393)의 일로 태조는 '兵學, 律學, 字學, 譯學, 醫學, 算學'의 六學을 두었으며(『太祖實錄』 권6, 태조 2년 11월 乙卯조의 기사) 세종조에는 여기에 '儒學, 漢吏學, 陰陽學, 樂學'을 추가하여 十學을 완비하였다.

발음을 훈민정음으로 전사하는 일, 그리고 이러한 작업을 통하여 두 발음의 차이를 밝혀서 한자 교육과 중국어 학습에 도움을 주고자 한 것이다. 이와 같은 성삼문의 언어연구는 두 언어의 대비연구에 입각한 것으로 국어학사에서 역학이라고 불리는 연구방법을 발달시키는 결과를 가져온 것이다.[6]

이러한 역학譯學의 연구방법은 중종中宗 때에 최세진을 거쳐 사역원의 외국어 학습교재의 편찬에서 면면하게 이어져서 조선시대를 풍미風靡하게 되었고 한편으로는 조선 후기의 실학實學 연구에서 훈민정음 연구로 접목되었다. 이런 의미에서 성삼문은 조선시대 역학의 주춧돌을 놓은 인물로 평가되어야 한다.

여기서는 역학자譯學者로서 성삼문의 학문에 대하여 훈민정음의 해례解例와 『동국정운東國正韻』의 편찬과 한자음 정리, 그리고 『홍무정운역훈』과 중국어 표준음 전사, 한어漢語 교재 『직해동자습直解童子習』의 역훈譯訓과 평화平話 등으로 나누어 고찰하고자 한다.

1) 성사문과 훈민정음 해례(解例)

3.1.1.0 먼저 훈민정음의 해례에서 성삼문의 역할을 논의하기로 한다. 훈민정음은 세종의 친제親制이었으며 세종 25년 계해癸亥(1443) 12

---

6 비교언어학에서 언어의 대비(confrontational)와 대조(contrastive) 연구는 구분된다. 후자가 두 언어의 구조적 차이에만 초점을 두었다면 전자는 두 언어의 구조적 차이와 함께 유사성도 중요하게 비교하는 방법이다. 제2차 세계대전 이후 체코 및 슬로바키아의 언어학자들은 러시아어와 체코어의 비교연구를 대비언어학의 방법으로 수행하였다. 특히 프라그 언어학파를 창시한 빌렘 마테지우스(Vilem J. Mathesius)는 체코어와 영어를 대비언어학적 방법에 의하여 비교하여 다대한 성과를 올렸다. 이에 대하여는 졸고(1983)를 참조할 것.

월에 완성된 것으로 알려졌다. 세종의 훈민정음 창제는 동궁東宮과 대군大君, 그리고 공주公主들과 같은 가족들만이 참가하는 비밀 프로젝트의 소산이었다.[7] 이렇게 제작된 훈민정음은 당시 집현전 학자들에게도 당혹스럽기 짝이 없는 제왕帝王의 문화사업이었다. 그들이 이 새 문자의 창제를 공식적으로 알게 된 것은 아마도 이 문자를 이용하여 '운회韻會'를 번역하라는 왕명에 의한 것으로 보인다.[8]

즉, 『세종실록』(권103)의 세종 26년 2월 병신丙申조의 기사에 의하면 세종이 계해癸亥(1443)년 12월에 훈민정음을 창제하였고 이어서 미처 두 달로 지나지 않은 갑자甲子(1444)년 2월 16일에 집현전의 소장少壯 학자들에게 운회韻會의 번역을 명한다. 그리고 동궁東宮과 대군大君들에게 이 일을 감장監掌하게 하였다고 기록하였다.[9]

이 일을 알게 된 집현전集賢殿에서는 4일 뒤인 2월 20일에 부제학副提學 최만리를 중심으로 하여 직제학直提學 신석조辛碩祖 등 7인이 훈민정음의 창제를 반대하는 상소문을 올리게 된다. 물론 이 반대 상소에는 운회의 번역을 명령 받은 집현전의 소장학자들은 참가하지 않았다. 이 반대 상소문을 본 세종은 새 문자의 창제에 대한 제신諸臣들의 보다 명확한 이

---

7 세종의 둘째 따님인 貞懿公主가 훈민정음 창제에 도움을 준 것에 대하여는 제2장에서 논의한『竹山安氏大同譜』의 기사를 들 수 있다. 이 기사에 의하면 공주가 '變音吐着'의 난제를 해결하였다고 되어 있는데 당시 吐, 즉 口訣을 훈민정음으로 표시한 것으로 보인다(졸저, 2015).

8 여기서 말하는 '韻會'는 아마도 元代 黃公紹가 지은『古今韻會』로 보이나 이 책은 간행된 일이 없기 때문에 그의 제자인 熊忠이 이를 간략하게 줄여서 간행한『古今韻會擧要』를 말하는 것으로 보인다.

9 세종이 자신 지은 훈민정음으로 '韻會'를 번역하도록 명한 臣下는 대부분 集賢殿 소속의 학자들로서 集賢殿 校理 崔恒, 副校理 朴彭年, 修撰 成三問, 副修撰 申叔舟・李善老・李塏 등과 敦寧府 主簿 姜希顔이다. 그리고 그의 세 아들인 東宮과 晉安大君 李瑈, 安平大君 李瑢이 일을 監掌하게 하였다는 기사가『세종실록』(권103) 세종 26년 2월 丙申조에 보인다.

해와 새 문자의 제자制字와 사용에 대한 보다 정밀한 해설이 필요함을 통감하고 운회의 번역작업을 수행하는 집현전의 소장학자들로 하여금 새 문자 훈민정음의 해설서를 편찬하게 한다. 세종 28년(1446) 9월 상한上澣에 완성된 이 해설서는 '훈민정음訓民正音'이란 서명書名이지만 흔히 훈민정음의 〈해례본〉으로 불린다. 세종의 서문과 예의例義, 그리고 이에 대한 집현전 학자들의 해례解例와 정인지鄭麟趾의 후서後序가 붙어있다.

3.1.1.1 훈민정음의 해례에 참가한 학자들은 당시 예조판서禮曹判書로서 집현전 대제학을 겸임하고 있던 정인지鄭麟趾의 후서後序에 명기되었다. 그에 의하면 집현전 응교應敎 최항崔恒, 부교리副校理 박팽년朴彭年·신숙주申叔舟, 수찬修撰 성삼문, 부수찬副修撰 이개李塏, 이선로李善老, 그리고 돈녕부敦寧府 주부主簿 강희안姜希顏 등이 참가하였음을 알 수 있고 이들은 운회의 번역에 동원된 인원과 일치한다. 정인지를 포함한 이들 8명의 학자들은 '친간명유親揀名儒(임금이 친히 뽑은 유명한 선비)', 또는 친간팔유親揀八儒라는 별명이 붙을 정도로 세종이 총애하는 학자들이었다.[10]

그러나 친간명유親揀名儒는 성삼문과 신숙주가 중심이었는데 정인지를 제외한 최항崔恒, 박팽년朴彭年, 강희안姜希顏, 이개李塏, 이선로李善老 등 7인은 훈민정음의 해례만이 아니라 새 문자를 이용하여 한자음을 정리한 『동국정운』의 편찬에도 주도적 역할을 하였으며 『용비어천가龍飛御天歌』의

---

10 親揀名儒라는 별명에 대하여는 申叔舟의 『保閒齋集』에 附載된 任元濬의 序文에 "世宗創制諺文, 開局禁中, 極簡一時名儒, 親揀名儒著爲解例, 使人易曉"라는 구절에서 세종이 여러 名儒 가운데서 친히 뽑은 학자들을 시켜 훈민정음의 해례를 저술하게 하였음을 알 수 있다. 또 崔恒의 『太虛亭集』에 수록된 姜希孟의 崔恒 墓誌에 "世宗創制諺文, 開局禁中, 親揀名儒八員, 掌制訓民正音, 東國正韻等書 [下略]"에도 親揀名儒의 8인이 『訓民正音』과 『東國正韻』 등의 편찬을 관장하였다고 기술하고 있다.

한시漢詩를 언해하여 국문가사를 짓는 일에도 참가하였다.

세종이 친간명유들을 훈민정음의 해설에 동원한 것은 운서의 번역翻譯에 앞서 최만리 등의 반대 상소문에서 노정露呈된 새 문자의 문제점을 보완하고 이들만이라도 새 문자를 완전하게 이해해 주기를 바란 것으로 볼 수 있다. 성삼문도 이 해설에 참가하였음은 정인지의 후서後序에서 확인할 수 있다. 다만 운회의 번역을 명 받았을 때에는 집현전의 수찬修撰(正6品)으로서 부수찬副修撰(從6品)인 신숙주보다 상위계급에 있었으나 해례본解例本인 『훈민정음』이 간행될 때에는 신숙주가 부교리副校理(從5品)로 승진하여 오히려 수찬修撰인 그를 추월하였다.

3.1.1.2 성삼문이 이 훈민정음의 해례에 참가한 것은 그가 새 문자의 제자制字와 초初·중中·종성終聲로 나눈 의미 및 그 합자合字의 원리, 그리고 그 사용의 예를 모두 숙지하고 있음을 말한다. 새 문자의 해설서인 {해례}『훈민정음』, 즉 훈민정음의 〈해례본〉에서 다음에 논의한 사항은 새 문자를 창제한 세종의 숨은 뜻과 이에 대한 이론적 해설을 덧붙인 집현전 학자들의 새 문자에 대한 기본적인 태도를 감지하게 한다.

첫째는 세종의 어제서문에 "御·어製·졩曰·왏ᄒᆞ샤ᄃᆡ 國·귁之징語·어音음이 異·잉乎뽕中듕國·귁·ᄒᆞ·야 與文字로 不相流通이라ー나·랏·말소·리 中듕國·귁·과 달·라 文문字·쯩·로 더·브·러 서르 ᄉᆞᆞᆷ·디 :몯·ᄒᆞᆯ·씨" 흘·러 通통·티 :몯·ᄒᆞᆯ·씨 ·ᄒᆞᆯ·시·라"이란 구절이다.[11] 이 서문에서 '國之語音이 異乎中國ᄒᆞ야'는 "[한자의] 국어 발음이 중국과 달라서"라는 뜻을 가진 것으로 한자의

---

11 이 세종의 훈민정음 서문은 세조 때에 간행된 『월인석보』의 「세종어제훈민정음」의 것이 아니라 고려대 소장의 육당문고본 『훈민정음』에서 가져 온 것이다. 졸고(근간)에 의하면 이것이 세종 생존 시의 훈민정음 〈언해본〉으로 보기 때문이다.

우리 발음과 중국어의 발음이 서로 달라서 같은 한자漢字라도 중국인과 대화할 때에 서로 통하지 않는다는 뜻으로 볼 수밖에 없다. 여기서 '國之語音'은 한자漢字의 우리말 발음, 즉 한자의 동음東音을 말하는 것으로 이해해야 한다.

그러나 다음에 연결되는 "故로 愚民이 有所欲言ᄒ야도 而終不得伸其情者ㅣ 多矣라-이런 젼ᄎ로 어린 百姓이 니르고져 홇 배 이셔도"와는 문맥이 연결되지 않는다. 아마도 중간에 몇 행이 삭제된 것으로 보인다. 실제로 고려 후기의 문신文臣들은 원元의 사신들과 한문으로 통화할 수 없었다. 원대元代 표준어인 한아언어漢兒言語의 한자음과 우리의 동음東音과는 전혀 달랐기 때문이다. 훈민정음의 어제서문의 첫 구절인 "國之語音 異乎中國 與文字不相流通"은 바로 이런 현상을 말한 것이다.

고려와 조선의 유학자들은 한문에 정통하였으며 중국인과의 접촉에서 같은 한자를 사용하지만 원대元代 이후에 그들이 사용하는 한자음이 서로 달라서 서로 의사소통이 불가능하였다. 세종은 이 사실을 심각하게 받아들여 우리 한자음, 즉 동음東音을 개정하려고 하였다. 이것이 동국정운식 한자음이다. 세종은 이 한자음을 백성들에게 가르쳐야 하고 이를 표기하는 표음문자가 바로 '훈민정음訓民正音'이다. 즉, 훈민정음 〈언해본〉의 협주에서 훈민정음을 "訓·훈民민正·졍音·흠·은 百·빅姓·셩 ᄀᆞᄅ·치시·논 正·졍ᄒᆞᆫ 소·리·라"라는 해설을 보면 '훈민정음'이 백성들에게 가르쳐야 하는 바른 한자음을 말하는 것임을 알 수 있다.

3.1.1.3 다음으로 정인지의 후서後序에 "雖風聲鶴唳鷄鳴狗吠, 皆可得而書矣-비록 바람소리, 학 울음소리, 개 짖는 소리라도 모두 글로 쓸 수 있다"라는 구절이다. 이것은 당시 집현전 학자들이 훈민정음을

어떤 소리라도 적을 수 있는 표음문자로 보았음을 증언하는 것이다. 이것은 새 문자를 창제하여 바로 '운회韻會'의 번역을 명한 사실로 보아 세종은 적어도 새 문자가 한자의 중국어 발음을 표음할 수 있는 발음기호로 생각한 것이 아닌가 한다. 이것은 훈민정음의 모델이 된 원대元代 파스파八思巴 문자가 제국帝國의 모든 언어를 표기하기 위하여 제정한 것과 같다.

즉, 파스파 문자는 지원至元 6년(1269)에 쿠빌라이 칸忽必烈汗의 명을 받아 팍스파八思巴 라마가 41개의 자모를 만들어 세조世祖가 된 쿠빌라이가 원元 제국帝國의 국자國字로 삼았다(『원사(元史)』, 권202 「전(傳)」, 89 '釋老 八思巴'조). 그러나 원대元代 성희명盛熙明의 『법서고法書考』나 도종의陶宗儀의 『서사회요書史會要』에는 43개의 자모를 만들었다고 하였다(졸저, 2009 : 179).

이 숫자는 중국 전통의 『광운廣韻』에서 제시한 36자모에 유모喩母, 즉 모음의 7자를 더 하여 43자로 본 것이다.[12] 원元에서는 이 문자를 제정하고 바로 이 글자로 한자의 전통 한자음인 『예부운략禮部韻略』을 표음하여 『몽고운략蒙古韻略』이란 운서를 간행하였고 이를 다시 『고금운회古今韻會』 및 『고금운회거요擧要』의 교정 발음으로 수정하여 『몽고자운蒙古字韻』과 {증정增訂}『몽고자운』을 간행하는데 이들을 모두 몽운蒙韻이라고 부른다. 모두 파스파 문자를 발음기호로 하여 당시 한자음의 정음을 표기한 것이다.

몽운은 훈민정음을 창제하고 바로 『동국정운東國正韻』을 편찬한 것과 같이 파스파 문자를 제정하고 그 문자로 한자음을 표음하여 만든 운서들이다. 성삼문은 훈민정음 해례에서 볼 수 있는 새 문자 제정에 대한

---

12 그러나 喩母가 이미 36자에 포함되어 모음의유모자는 6개밖에 제시하지 않았다(졸저, 2009). 따라서 『법서고』와 『서사회요』에는 42개 파스파 글자를 보였을 뿐이다(졸고, 2011b).

이와 같은 태도를 그대로 받아드린 것으로 보아 틀림이 없을 것이다. 그는 이 문자를 이용하여 우리의 한자음을 중국의 전통 운서음韻書音에 맞추어 정리하는 작업에 참가하였고 이어서 새 문자를 중국어 교육에서 발음기호로 이용하였다. 그가 한자의 정음을 밝히기 위항 요동遼東에 유배를 온 한림학사 황찬黃瓚을 신숙주와 함께 찾아갔을 때에 언문으로 한자음을 표기하여 한 자의 착오도 없었다는 기사가 이파李坡의 신숙주 묘지墓誌에 쓰였다(『保閑齋集』 권4 수록). 성삼문은 훈민정음이 한자음 표음에 얼마나 중요하고 귀중한 발음 기호인지를 깨닫고 있었음을 보여주는 기사다.

2) 성삼문과 『동국정운(東國正韻)』

3.1.2.0 다음으로 성삼문의 『동국정운東國正韻』 편찬에 참가한 일에 대하여 논의하고자 한다. 성삼문이 『동국정운』의 편찬에 참가하였음은 신숙주의 '동국정운서東國正韻序'에 명시되었다. 즉, 신숙주의 서문에 의하면 집현전의 응교應敎 신숙주를 비롯하여 직제학直提學 최항, 직전直殿 성삼문·박팽년, 교리校理 이개와 이조정랑吏曹正郞 강희안姜希顔, 병조정랑兵曹正郞 이현로李賢老(후일 李善老) 등 전술한 친간명유親揀名儒 7인과 승문원承文院 교리校理 조변안曹變安, 부교리副校理 김증金曾 등으로 하여금 한자음을 정리하여 『동국정운』을 편찬하게 하였음을 알 수 있다.

이 서문에서 당시 우리의 한자음에 대하여 속음俗音을 채집하고 전적을 널리 상고하여 그 자주 쓰이는 발음을 기본으로 삼았고 고운서古韻書의 반절反切에도 맞는 발음을 찾아 표준음으로 정한 것이 '동국정운東國正韻', 즉 우리나라의 바른 운이라고 한 것이다.[13] 『동국정운』의 편찬을 위하여 한자음을 정리하던 신숙주·성삼문 등은 우리 한자음, 즉 동음東音이 변한 것은 우리말의 음운 구조에 의한 것임을 분명히 하였다.

3.1.2.1 앞에서 언급한 신숙주의 '동국정운서東國正韻序'에는 우리말 과 중국어가 다르지만 한자음은 같아야 한다고 전제하고 한자의 동음東音 과 중국의 한음漢音이 다른 것에 대하여 다음과 같이 논술하였다.

> [前略] 吾東方表裏山河自爲一區, 風氣殊己殊於中國, 呼吸豈與華音相
> 合歟? 然則語音之所以與中國異者, 理之然也。至於文字之音, 則宜若與華
> 音相合矣。然其呼吸旋轉之間, 輕重翕闢之機, 亦必有自牽於語音者, 此其
> 字音之所以亦隨而變也。其音雖變, 淸濁四聲則猶古也。而曾無著書, 以
> 傳其正, 庸師俗儒不知切字之法, 昧於紐躡之要, 或因字體相似而爲一音,
> 或因前代避諱而假他音, 或合二字爲一。或分一音爲二, 或借用他字。或
> 加減點畫, 或依漢音, 或從俚語。而字母七音淸濁四聲, 皆有變焉。[下略]
> —[전략] 우리 동방은 안팎으로 산하(山河)가 스스로 한 구역이 되어 풍
> 기(風氣)가 이미 중국과 다르거늘 호흡이 어찌 중국어음과 서로 부합하
> 겠는가? 그런즉 어음이 중국과 다른 것은 이치가 그러하지만 문자의 발
> 음에 이르러서는 마땅히 중국의 발음과 서로 부합하여야 한다. 그러나
> 그 호흡이 [입안에서] 돌아가는 사이에 가볍고 무거움과 닫히고 열리는
> 기틀이 역시 [우리말의] 어음에 이끌리게 되어 한자음도 역시 이에 따라
> 변하게 된 것이다. 그 음은 비록 변하였지만 청탁(淸濁)과 사성(四聲)은
> 옛 것과 같아야 하지만 일찍이 책이 없어서 바른 음을 전하지 못하였다.

---

13 이에 대하여는 申叔舟의 東國正韻序에 "[前略] 主上殿下崇儒重道, 右文興化, 無所不用其
極。萬機之暇, 槪念及此, 爰命臣叔舟, 及守集賢殿直提學臣崔恒、守集賢殿臣成三問、·臣
朴彭年、守集賢殿校理李塏、守史曹正郎臣姜希顏、守兵曹正朗臣李賢老、守承文院校理
臣曹變安、承文院副校理金曾, 旁採俗習, 博考傳籍, 本諸廣用之音, 協之古韻之切。字母七
音, 淸濁四聲, 靡不究其源, 委以復乎正。[下略]"이란 기사를 참고할 것.

용렬한 스승과 속된 선비들은 반절법(反切法)을 모르고 유섭(紐躡)의 요
지에도 어두워 혹은 혹은 자체가 비슷하다고 하여 하나의 음으로 하거나 혹
은 전대의 휘(諱)를 피하려고 다른 음을 빌리거나 혹은 두 자를 합해서
는 하나로 만들든지 하나를 둘로 한다. 혹은 다른 자를 빌려 쓰기도 하
고 점과 획을 더하거나 감하기도 한다. 혹은 [중국어의] 한음(漢音)에 의
하던지 혹은 속어를 따르기도 한다. 이리 하여 자모(字母)와 칠음(七音),
청탁(清濁), 사성(四聲)이 모두 변하였다. [하략]

이것을 보면 『동국정운』의 편찬에 참가한 학자들은 동음東音이 우리
말의 어음語音에 이끌리고 또 우리말의 음운에 따라서 변한 것이라고 하
였다. 또 글자 모습이 비슷하여 같은 음으로 발음된 것도 있고 기휘忌諱
로 인하여 다른 음으로 발음되던 것이 그대로 남은 것도 있음을 밝혔
다. 그리고 두 자가 합해서 하나된 것, 또는 반대로 하나가 둘이 된 것,
또는 다른 글자를 차용하거나 점과 획을 가감한 것이 있어 동음東音과
화음華音, 즉 중국의 한어음漢語音과 서로 다르게 되었음을 지적하였다.
필자는 특히 마지막에 지적된 "或依漢音, 或從俚語 - 혹은 한음漢音에
의한 것이 있고 혹은 속된 말에 따른 것도 있다"에 의한 두 발음의 차이
를 주목한다. 이것은 우리 한자음이 '한음漢音'에서 들어온 것이 있고 또
'이어俚語'를 따른 것이 있어 화음華音, 즉 전통 중국어 발음과 다르게 되었
다고 본 것이다. 그러면 여기서 우리 한자음은 중국의 어느 시대, 어떤
언어의 발음을 모태로 하여 유입된 것인가 하는 문제에 부닥치게 된다.

3.1.2.2 우리나라에 한자漢字가 유입된 것은 기원전 300년경으로
소급된다. 고조선의 단군조선檀君朝鮮 때에 한자가 사용되었다는 확실한
근거가 없다. 오히려 당시에는 신지神誌의 비사문秘詞文과 같은 부호符號

문자가 사용되었을 것으로 추측될 뿐이다. 그러나 후대의 기자조선箕子朝鮮이나 위만조선衛滿朝鮮에서 한자가 사용되었을 가능성은 적지 않다. 특히 위만조선에서는 중국의 연인燕人들이 가져온 한자漢字가 통치문자統治文字로서 사용되었을 개연성은 매우 높다고 아니 할 수 없다.[14]

더욱이 고조선 시대를 지나서 한사군漢四郡 시대에 한자가 지배족의 문자로서 한반도에 유입되었을 것임은 의문의 여지가 없다. 그러나 이 시대의 한자는 역시 통치문자로서 당시 우리말을 기록하기 위한 것이거나 그에 근거하여 만든 문자가 아니다. 또 이 문자는 지배 관리들이 전용한 것이기 때문에 일반 백성은 배우지도 못했고 사용하지도 않았다. 따라서 한자가 본격적으로 한반도에 보급된 것은 삼국시대의 일이라고 보는 것이 합당하다.

물론 삼국시대 전기前期에는 역시 한자가 통치문자로서 백성에게 권위와 위엄을 갖추어야 하는 관직명官職名이나 지배계급의 이름, 관할지管轄地의 지명地名을 한자로 표기하는 일로부터 시작하였다. 이 문자는 당시 삼국의 언어와는 무관하게 통치수단의 하나로 문자가 사용된 것이기 때문에 그 발음은 중요한 것이 아니었다. 의미를 한자로 표현하고 실제 발음은 한자음과 관련이 없이 석독釋讀하는 방법이 만연하였다.

후에 삼국의 언어와 관련한 한자의 사용이 발달하여 이두吏讀와 구결口訣, 그리고 향찰鄕札이 생겨나게 되면서 한자의 발음과 표준 새김, 즉 훈석訓釋이 중요하게 되었다. 그리고 이와는 별도로 한문이 학습되면서 우리말과 한문의 문법적 차이에도 관심을 갖게 되었다. 삼국시대에 한

---

14 '統治文字'란 어떤 언어에 근거하여 만들어진 문자가 아니라 국가를 다스리기 위하여, 즉 稅金의 徵收나 군대의 徵兵을 위하여 만든 표의문자를 말한다. 인류 最古의 문자인 Sumer문자도 통치문자였다.

문漢文의 유입은 중국어를 배경으로 한 것이고 한문 학습은 자연히 중국어의 학습을 의미하게 되었다.

당시 중국어는 오늘날과 못지않게 많은 방언으로 나뉘어 있어서 당연히 어떤 방언의 중국어를 학습하려고 하였는가를 살피는 것이 중요하다. 왜냐하면 그때의 중국어 발음이 오늘날 우리 한자음의 모태가 되었기 때문이다. 중국의 여러 방언에서 표의表意문자인 한자는 동일한 의미에 동일한 한자가 사용되었지만 그 발음은 서로 달랐으며 따라서 어떤 방언으로 발음하였는가는 우리 한자음의 기반이 어디에 있는가를 결정하게 될 것이다.[15]

졸고(2003a)에서는 이에 대하여 여러 가지로 조사하여 보고하였고 특히 졸저(2011 : 101)에서는 다음과 같이 중국어의 역사를 요약하였다.

중국은 국토가 광활(廣闊)하여 수많은 민족으로 구성되었고 그 언어도 다종다기(多種多岐)하다. 그리하여 각 시대별로 국가통치를 위한 공용어가 필요하게 되었다. 주대(周代)에는 공동의 언어가 있었지만 이를 지칭하는 말이 없었으며 춘추시대(春秋時代)에는 이를 '아언(雅言)'이라고 하였다. 전국시대(戰國時代)에는 육국(六國)이 모두 자기나라 말로 표준어를 삼았으나 동주(東周)의 수도 낙양(洛陽)의 언어를 기초로 한 아언(雅言)은 이 시대에도 상류사회에서 통용되었고 삼경(三經)과 사서

---

15 成三問이 申叔舟·孫壽山 등과 함께 왕명으로 중국에서 온 사신에게 한자의 표준음(正音)을 질문할 때에 우리 한자음이 중국 福建의 발음과 유사함을 지적한 내용이 있다. 『세종실록』(권127) 세종 32년 閏正月 戊申條에 鄭麟趾가 우리 한자음은 고려에 귀화한 雙冀 學士가 가르쳐 준 것에서 시작되었고 그는 福建州 사람이기 때문에 우리 발음이 그 지방의 방언음과 같지 않느냐는 질문에 중국 사신은 그렇다고 하고 한자의 올바른 음을 보여주는 『홍무정운』에 대하여 논의하였다는 기사가 있다. 본문을 옮겨보면 "前略] 鄭麟趾曰 : 小邦遠在海外, 欲質正音無師, 可學本國之音, 初學於雙冀學士, 冀亦福建州人也。 使臣曰 : 福建之音正與此國同, 良以此也。 [下略]"과 같다.

(四書)의 언어는 이 아언(雅言)으로 서술되었다.[16]

　진(秦)의 중원 통일로 언어중심지는 중원의 서북지역으로 옮겨가서 진(秦)의 서울인 함양(咸陽)과 한(漢)의 서울인 장안(長安)의 언어는 수(隋), 당(唐)을 거치면서 공용어로 자리를 잡게 되었다. 중국어의 역사에서 '통어(通語)', 또는 '범통어(凡通語)'로 불리는 이 언어는 한(漢) 나라의 융성과 더불어 모든 방언을 초월하여 중국 전역에 퍼져나갔다. 또한 위진(魏晉) 이후 수(隋)와 당(唐)을 거치면서 장안(長安)을 중심으로 한 통어는 중국어의 역사에서 가장 오랜 기간 통용어(通用語)로서의 지위를 누렸다.

　특히 송대(宋代)에는 북송(北宋)이 중원(中原)에 정도(定都)한 후에 변량(汴梁)을 중신으로 한 중원(中原) 아음(雅音)이 세력을 얻자 전시대의 한음(漢音)을 유지하기 위하여 흠찬(欽撰) 운서인『대송중수광운(大宋重修廣韻)』(이하 줄여서 〈광운〉으로 약칭함)을 간행하였다. 특히 수대(隋代)에 육법언(陸法言)의『절운(切韻)』이 당대(唐代) 손면(孫愐)의『당운(唐韻)』으로, 그리고 송대(宋代) 진팽년(陳彭年)과 구옹(邱雍)의 〈광운〉으로 발전하여 중국 통어(通語)의 한자음(漢字音)은 운서의 정음으로 정착하게 된다. 〈광운〉을 기본으로 한『예부운략(禮部韻略)』등은 당시 과거시험의 표준 운서음(韻書音)이었음으로 이 발음은 전국적으로 널리 유포되었다.

　그러나 몽고족이 중원中原을 정복하고 원元을 세운 다음 북경北京으로 도읍을 잡으면서 중국어의 표준어는 북경 지방의 동북방언으로 바뀌게 된다. 당시 북경北京 주변에 거주하는 북방의 여러 민족들을 한아漢兒라

---

16 이에 대하여는 졸고(2000b)에서 자세히 언급되었다. 특히『論語(논어)』'述而(술이)'篇(편)에 "子所雅言, 詩書執禮皆雅言也。－공자가 시경과 서경을 읽을 때, 예를 집행할 때에는 모두 아언(雅言)을 말하였다"라는 구절과『荀子』'榮辱' 篇에 "越人安越, 楚人安楚, 君子安雅。－월나라 사람은 월나라 말을 잘 하고 초나라 사람은 초나라 말을 잘 하나 군자는 아언(雅言)을 잘 한다"는 기사는 이 사실을 뒷받침한다. 雅言은 上古語이며 영어로 Archaic chinese, 다음에 설명할 通語는 中古語(Ancient Chinese)로 불린다.

고 불렀으며 이들의 언어는 종래의 아언雅言이나 통어通語와는 매우 다른 중국어의 동북방언을 사용하였다. 즉, 당시 중국의 동북지방에는 한인漢人들과 더불어 알타이 여러 민족들이 함께 어울려 살았기 때문에 이들 언어가 영향을 주어 종전의 중국어와는 매우 다른 언어가 사용되었다.

이 지역에서 통용되던 동북방언을 한아漢兒들의 언어라고 하여 한아언어漢兒言語(이하 漢語로 약칭)라고 불렀다. 그리고 한어漢語를 중원에서 통용되던 오아吳兒의 언어를 반영한 명초明初의 남경관화南京官話나 통어通語를 반영한 앞의 운서들의 언어와 구별하였다. 이 한어漢語는 원元의 북경北京 정도定都와 더불어 새롭게 탄생한 언어였다. '한아언어漢兒言語'에 대하여는 고려 후기와 조선 전기의 사역원司譯院에서 원대元代 북경어를 배우던 {원본}『노걸대』를 발견하여 한아언어의 실체를 볼 수 있었다. 이 자료는 국내학계에는 정광·남권희·양오진(1999)으로 소개하였고 졸고(1999c)로 세계 학계에 소개되었다. 특히 졸저(2004)에서는 {원본}『노걸대』를 현대 한국어로 역주譯註하여 한아언어의 원래 모습을 실증적으로 보였다.

그런 의미에서 당시의 북경어를 운서로 만든 『중원음운中原音韻』(周德淸, 1324)과 역시 원대元代에 전통 한자음을 정리한 『고금운회古今韻會』(黃公紹, 1292)[17]는 종래의 절운切韻계 운서, 즉 『절운切韻』, 『당운唐韻』, 『광운廣韻』 등 과는 매우 다른 운서가 되었다. 『중원음운』과 『고금운회』는 한대漢代 이래 수隋·당唐·송宋에서 전통적인 공통어였던 통어通語의 한자음이 북경의 동북방언음과 융합하여 새로 만들어진 한자음의 운서韻書이었다. 이것은 원대元代 공용어인 한아언의 한자음이었으며 중국어의 역사에서 새로운 표준 한자음의 등장을 의미하게 된다. 앞에서 훈민정음 제정 이후에 '운

---

17 黃公紹의 『古今韻會』는 현전하지 않고 그의 제자 熊忠이 이를 간략하게 줄인 『古今韻會擧要』(1297)가 간행되어 현전한다.

회韻會'를 번역한 것은 이렇게 형성된 새로운 한자음, 즉 한음漢音을 표음하기 위한 것이다.

〈운회〉의 번역에는 훈민정음 제정의 초기에 반절상자의 성聲만으로 27자로 시도되었고 반절하자의 운韻은 몽운蒙韻, 특히 『몽고자운蒙古字韻』의 15운韻을 따라 번역하였다고 2.1.2.3에서 주장하였다. 이것이 〈운회〉를 번역하라는 왕명이 내린지 4일 만에 올린 최만리의 반대상소문에 언문 27자로 나타났고 「언문자모」에서는 '속소위俗所謂 반절反切 27'로 소개되었다. 특히 앞의 2.1.2.2에서 논의하여 [표 2-2]로 보인 '초기의 언문 27자'는 지금까지 훈민정음 연구에서 거론되지 않았던 것이나 이 도표로서 '이영보래以影補來' 등의 『동국정운』에서 사용한 술어를 분명하게 밝힐 수 있었다.

한어漢語의 발음은 위에서 신숙주의 동국정운서東國正韻序에 등장하는 한음漢音을 말하는 것으로 한아언어는 원대元代 이후 북경北京의 표준어였으며[18] 이것은 명초明初의 강회江淮 방언과 결합되어 북경관화北京官話로 정착되었고 이것이 현대 중국 표준어인 보통화普通話의 모태가 된 것이다.[19] 따라서 한자음을 정리하려던 성삼문 등은 고려후기에 유입된 한

---

18 실제로 조선 사역원에서는 성종 이전까지 이 漢兒言語를 학습하였다. 1998년 겨울에 필자에 의하여 발견된 (原本)『老乞大』는 놀랍게도 元代의 漢兒言語를 반영하고 있으며 그 책에서도 자신들이 배우는 것이 漢兒言語임을 명시하고 있다. 이것은 成宗 朝에 北京의 官話로 刪改되는데 최세진이 번역한 것으로 알려진 (飜譯)『老乞大』는 成宗 때의 刪改本이었다. 이에 대하여는 졸고(2000b)를 참조할 것.

19 元代 이후 明·淸시대의 중국어 公用語를 '官話'라고 하였다. 중앙관서의 官吏들은 중심으로 한 상류계급의 언어였기 때문에 이러한 이름을 얻은 것이다. 明代에는 明初에 南京이 首都이어서 이 언어를 기초로 한 南京官話가 형성되었다가 永樂年間(1403~1424)에 北京으로 遷都하면서 많은 교류가 남과 북에서 이루어졌다. 그 결과 江淮 방언을 기초로 한 明代의 南京官話는 중국의 남북 전역에 영향을 주었으며 초기 서양선교사들이 학습한 중국어는 바로 이 언어로서 그들에 의하여 『西儒耳目資』 등 많은 자료가 남게 되었다. 淸代에는 北京語音이 중시되어 북경관화가 공용어로서 지위를 굳혔다. 특히 이 시대의

자어 가운데 원대 한어漢語의 발음을 갖고 들어온 것이 있음을 지적한 것이다. 『동국정운』이 편찬된 시기는 바로 명明 태조가 중국의 북방에서 통용되는 한어漢語에 대한 대대적인 언어순화 운동을 펼친 다음, 즉 『홍무정운』을 간행한 이후의 일이다. 명明 태조가 한 것과 세종은 우리 한자음, 즉 동음東音을 전면적으로 검토하고 이를 인위적으로 〈운회〉 등의 운서음韻書音에 맞추려고 한 것은 동일하다고 보아야 할 것이다.

위의 주장에 의하면 조선 초기의 중국어는 한당漢唐의 '통어通語, 또는 '凡通語'라고 부르던 삼국시대의 중국어와 상당한 차이가 있었음을 알 수 있고 결국 이것은 우리의 전통적인 한문漢文과 한어漢語가 서로 다른 언어가 되었음을 말한다. 따라서 당시 조선의 지식인들은 한문과 다른 한어를 별도로 학습하여야 하였으며 문어文語로서도 한문古文 이외에 한이문漢吏文도 학습하지 않을 수 없었다.[20]

3.1.2.3 세종을 비롯한 조선 전기의 문자 정책을 주도한 인사들은 이 사실을 직시하고 중국어 학습과 한자음의 정리에서 발음기호의 역할을 하며 우리말도 기록할 수 있는 훈민정음을 제정한 것이다. 그러면 『동국정운』의 한자음 정리는 어떤 운서韻書에 근거하여 한자음을 정리한 것일까? 이에 대하여는 고노河野六郎(1940, 1959)를 비롯하여 劉昌均

北京官話를 'Mandarin'이라 하였는데 이 명칭은 포르투갈어인 'Falla mãdarin(官話)'에서 온 것이라는 주장이 있고 俗說로는 '滿大人'의 언어라고 보기도 한다. 중화민국이 건국된 다음에도 중국의 표준어는 북경관화였으나 그 명칭은 '國語'이었으며 표준어 사용 운동으로 국어는 중국에 널리 퍼지게 되었다. 중국 공산당이 중국 전역을 장악하고 중화인민공화국을 세운 다음에는 국어를 普通話라고 불렀으며 이 보통화는 "북경어음을 표준음으로 하고 北方話를 기초 방언으로 하며 모범적인 현대 白話文 작품을 어법 규칙으로 삼는 漢民族의 공동어"(徐世榮, 1990 : 2)로 현대 중국에서는 규정되었다(졸고, 2000b).
20 이에 대하여, 특히 吏文에서 朝鮮吏文과 漢吏文을 구별한 것에 대하여는 졸고(2006b, 2012b)를 참고할 것.

(1966), 南廣祐(1966), 李東林(1970) 등의 연구가 있다.

이들의 연구에 의하면『동국정운』은 15세기의 우리 한자음, 즉 동음東音을 중국의『고금운회거요古今韻會擧要』의 운서음韻書音과 비교하여 정리한 것으로 중국 전통의 36자모 107운 체계를 따르지 않고 23자모 91운을 독자적으로 책정한 것이었다. 이것은 한자의 동음이 중국의 전통 운서음과 완전히 차이가 난 것을 인정한 것인데 이에 대하여 신숙주의 '동국정운서序'에서는 우리의 동음이 중국의 전통 운서음과 비교하여 자모字母, 칠음七音, 청탁淸濁, 사성四聲, 질서疾徐—三聲과 入聲가 모두 변한 것이라는 주장을 상기하게 한다.[21]

중국의 성운학聲韻學에서 사성四聲을 경經, 橫軸으로 하고 칠음七音을 위緯, 縱軸으로 하여 음운을 구별하는 전통적인 방법이 있었다. 정초鄭樵의『통지通志』에 수록된 '칠음략서七音略序'에 "四聲爲經, 七音爲緯, 江左之儒知縱有平上去入爲四聲。而不知衡有宮商角羽半徵半商爲七音, 縱成經衡成緯, 經緯不交, 所以先立韻之源"이라 하여 사성四聲과 칠음七音으로 한자음을 분석하여 이 두 개가 만나는 점에서 한자음을 정할 수 있다고 본 것이다. 여기서 사성四聲은 평상거입平上去入의 성조를 말하는 것이 아니라 전청全淸, 차청次淸, 전탁全濁, 불청불탁不淸不濁을 말하는 것으로 보아야 한다.[22]

---

21 이에 대하여는 申叔舟의 '東國正韻序'에서 "天地絪縕, 大化流行, 而人生焉。陰陽相軋, 氣機交激, 而聲生焉。聲旣生而七音自具, 七音具而四聲亦備, 七音四聲經緯相交, 而淸濁輕重深淺疾徐, 生於自然矣。[中略] 而字母七音淸濁四聲皆有變焉。[中略] 由是字畫訛而魚魯混鎭, 聲音亂而涇渭同流, 橫失四聲之經, 縱亂七音之緯, 經緯不交, 輕重易序。[下略]"라고 하여 한자음은 七音과 四聲이 구비하여야 하며 그에 따라 淸濁音과 輕重音, 그리고 深淺音, 疾徐(입성과 기타 聲, 즉 폐음절과 개음절)가 구분되는데 東音은 字母와 七音, 淸濁, 四聲이 모두 변하여 橫으로는 四聲의 구별을 잃어 버렸고 縱으로는 七音이 어지러워 縱橫, 즉 經緯가 서로 맞지 않으며 輕重이 차례를 바꿨다고 보아 중국의 韻書音과는 전혀 맞지 않음을 지적하였다.

22 보통 '七音三十六母通攷'라는 제목으로〈광운〉의 36성모를 字母圖로 표시할 때에는 牙,

그리고 칠음七音, 즉 아牙, 설舌, 순脣, 치齒, 후喉, 반설半舌, 반치半齒의 조음
위치 자질들은 고대인도의 음성학, 즉 성명기론聲明記論에서 온 것으로 역
시 전게한 정초鄭樵의 '칠음약서七音略序'에 "七音之源起自西域, 流入諸夏,
梵僧欲以其敎傳之天下, 故爲此書－칠음의 기원은 서역에서 온 것으로
중국에 유입된 것이다. 범승梵僧들이 불교를 천하에 전하고자 한 것이므로
이 책이 된 것이다"이라는 기사가 있어 고대인도의 비가라론毘伽羅論에서
조음음성학의 연구 이론인 성명기론이 들어와서 중국의 성운학聲韻學으로
발전한 것임을 말하고 있다. 이것은 앞의 제2장에서 살펴본 고대인도의
성명기론聲明記論이 신미信眉 대사에 의하여 훈민정음의 해례에도 영향을
주었음을 상기하게 한다.

사성四聲은 일반적으로 성조聲調의 평상거입平上去入으로 알고 있으나 성
운학聲韻學에서는 전청全淸, 차청次淸, 불청불탁不淸不濁, 전탁全濁을 가리키기
도 한다. 사성四聲은 성조를 지칭하고 조음방식에 의한 것은 청탁淸濁이
라 하지만 때로는 청탁을 사성으로 부르기도 한다. 칠음七音이 조음위치
라면 청탁은 조음방식을 말하는 것으로 전청은 무성무기음, 차청은 유
기음, 전탁은 유성음을 말하며 불청불탁은 훈민정음의 해례에 의하면
유성비음을 말한다. 고대인도의 성명기론聲明記論에서 조음위치와 조음
방식으로 언어음을 구별한 것에 따른 것이다(졸고, 2016b).

3.1.2.4 당시 우리 한자음을 『고금운회거요古今韻會擧要』와 비교한
것에 대하여 좀 더 언급하고자 한다. 이것은 전술한 바와 같이 훈민정
음을 창제하고 미처 두 달도 지나지 않아서 '운회韻會'를 번역하라고 명

舌, 脣, 齒, 喉, 半舌, 半齒의 7음과 全淸, 次淸, 全濁, 不淸不濁의 四聲으로 縱橫으로
하여 표시한다(졸고, 2016c).

한 사실로 보아 『고금운회古今韻會』, 또는 『고금운회거요擧要』가 당시 훈민정음으로 한자음을 정리할 때에 비교할 수 있는 중요한 중국의 전통 운서韻書이었음을 전제로 한 것이다.[23] 그러나 이 운서는 한아언어漢兒言語와 같은 한자의 동북방언음을 기준으로 한 운서이다.

즉, 『고금운회거요』 권두에 부재附載된 '예부운략칠음삼십육모통고禮部韻略七音三十六母通攷'에 "蒙古字韻音同 [韻書始於江左 本是吳音 今以七音韻母通攷韻字之序 惟以雅音求之 無不諧叶) - 〈몽고자운〉과 같은 음이다. (운서는 강좌江左에서 시작하였으나 이제는 통고자에서 칠음七音으로 운모의 순서를 삼고 아음雅音에서 찾아서 배열했으므로 화합하지 않는 것이 없다)"(( )은 夾註. 이하 동)이란 언급이 있어 『몽고자운蒙古字韻』과 같은 계통의 운서韻書임을 알 수 있다.[24] 특히 전통 운서음韻書音인 오음吳音을 기준으로 한 것이 아니라 중원아음中原雅音, 즉 한어음漢語音과 부합함을 강조하였다.

원대元代에 웅충熊忠이 축약한 『고금운회거요』(이하 〈거요〉로 약칭) 권두

---

23 『古今韻會』는 元의 昭武人 黃公紹 直翁이 편찬한 것으로 『古今韻會擧要』에 附載된 劉辰翁의 序文에 '勉成之壬辰十月'이란 刊記로 보아 元 世祖 壬辰, 즉 至元 29년(1292)에 완성되었음을 알 수 있다. 그러나 이것은 너무 방대하여 直翁의 제자인 熊忠 子中이 擧要하여 元 成宗 丁酉, 大德 1년(1297)에 간행한 『古今韻會擧要』가 있으며 이 책을 조선 세종 16년(1434)에 이 땅에서도 간행하였다.

24 현전하는 『蒙古字韻』은 元 武宗 戊申, 즉 至大 1년(1308)에 朱宗文이 증보한 것이다. 즉, 『蒙古字韻』 권두에 부재된 劉更 蘭皐의 서문에 "趙次公爲杜詩忠臣, 今朱伯顏增蒙古字韻, 正蒙古韻誤, 亦此書之忠臣也。[下略]"라는 기사가 있어 朱宗文이 편찬한 것이 蒙古韻의 잘못을 수정한 『蒙古字韻』의 증정본임을 알 수 있다. 실제로 至大 戊申의 간기가 있는 朱宗文의 自序에도 "[前略] 嘗以諸家漢韻證其是否, 而率皆承訛襲舛, 莫知取舍, 惟古今韻會於每字之首, 必以四聲釋之, 由是始知, 見經堅爲ᇹ, 三十六字之母備於韻會, 可謂明切也已. 故用是詳校各本誤字, 列于篇首以俟大方筆削云. 至大戊申淸明前一日, 信安朱宗文彦章書"라고 하여 그가 〈몽고자운〉을 수정할 때에 『고금운회』를 참고하였음을 밝히고 있다. 아마도 당시에는 『고금운회』가 가장 표준적인 운서이었으며 이를 통하여 蒙古韻의 잘못을 수정하였음도 아울러 알 수 있다. 훈민정음의 창제와 더불어 『고금운회』를 번역하려던 所以도 이것으로 알 수 있다. 여기서 번역이란 발음을 훈민정음으로 표음하는 것을 말한다.

에는 「예부운략칠음삼십육모통고禮部韻略七音三十六母通攷」(이하 '예부운7음36모'
로 약칭)라는 제목의 36자모도가 있었을 것으로 추정된다. 현전하는 〈거
요〉에 '예부운7음36모'라는 제목만 있고 실제 자모도가 생략된 예가 있
다. 즉, 세종 16년(1434)에 경상감사 신인손辛引孫이 경주와 밀양에서 복
각한 것과 중국 사고전서四庫全書 소장의 〈거요〉의 권두 첫 엽을 사진으
로 보이면 [사진 3-1]과 같다.

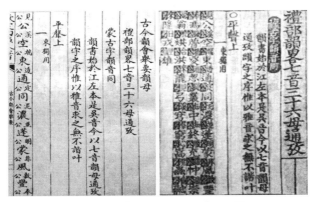

[사진 3-1] 『고금운회거요』의 첫 엽[25]

여기에 첨부되었을 자모도가 〈몽운〉의 〈증정본〉, 즉 주종문朱宗文의
{증정}『몽고자운』을 청대淸代에 필사한 것으로 런던 대영도서관에 소장된
사본의 권두에 파스파자로 표음한 36자모도字母圖가 첨부되었다. 물론 이
자모도는 아음牙音을 '見/ᄀ[k], 溪/ᄏ[kh], 群/ᄁ[g], 疑/ㄹ[ng]/'(다음
3.2.3.4의 [표 3-2]의 {증정}『몽고자운』 런던초본의 자모도 참고)와 같이 전청, 차청,

25 [사진 3-1]의 왼쪽 사고전서 판본에는 '蒙古字韻音同'이라 한 것을 오른쪽의 조선 세종
때의 복각본에서는 '據古字韻音同'이라 하여 몽고의 '蒙'자를 '據'로 바꾸었다. 당시 조선
이 얼마나 明의 눈치를 보았는지 알 수 있는 대목이다.

전탁, 불청불탁으로 배열하였고 파스파 문자로 그 음가를 표음한 것이다. 이 자모도는 명明 태조가 철저하게 호원胡元의 잔재殘滓를 철폐하려는 정책에 의하여 거의 모든 운서에서 제거되었다.[26]

참고로 몽고자운 〈증정본〉의 런던초본에 실린 36자모도를 사진으로 보이면 다음과 같다.

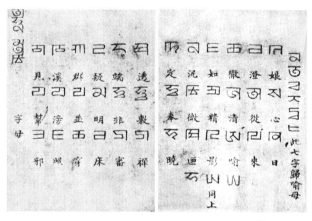

[사진 3-2] 〈몽고자운〉 런던초본의 '자모(字母)'[27]

따라서 『동국정운』의 한자음은 중국의 전통적인 절운계切韻系 운서, 즉 〈광운〉과 비교된 것이 아니라 원대元代 이후의 동북방언음을 기준으로 한 『몽고자운』 계통의 운서, 즉 〈고금운회〉에 맞춘 것이다. 이것은 『동

---

26 明 태조 朱元璋은 몽골의 잔재로 파스파 문자를 가장 중요한 것으로 생각하고 이 문자로 쓰인 모든 문서를 철저하게 파괴하였다(졸저, 2009). 중국에는 파스파 문자로 작성된 현전하는 문헌이 몇 개 안된다. 또 필자가 중국과 일본, 그리고 한국에서 참고한 모든 운서에서 36자모도는 모두 삭제되었다. 왜냐하면 이 자모도는 원래 파스파 문자로 작성되었기 때문이다(졸저, 2012).
27 이것을 『사성통해』의 「洪武韻 31자모도」에 의거하여 도표로 만든 2.1.2.1의 [표 2-1]을 참고할 것.

국정운』편찬에 참여한 인물들이 중국의 동북방언음, 즉 한어음^{漢語音}에 정통하였음을 말하는 것이며 성삼문도 그 가운데 하나인 것을 알 수 있다. 전통 운서의 방법에서 벗어난 이러한 음운의 인식은 〈광운〉의 36 성모를 『홍무정운^{洪武正韻}』에서 31성모로 한 것을 본떠서 『동국정운』의 독자적인 23자모와 91운으로 하게 되었고 그 결과 훈민정음의 초성·종성 17자와 중성 11자의 제정이 가능하게 된 것이다.

3) 성삼문과 역학(譯學)

3.1.3.0   다음으로는 성삼문의 중국어 능력에 대하여 고찰하고자 한다. 성삼문이 중국어에 능통하였고 당시 중국어 교육에 관심이 많았음은 실록을 비롯한 여러 사료^{史料}에서 발견된다. 당시는 중국어에 능통하여 현달^{顯達}한 사람이 적지 않았으며 명^明과의 접촉에서 중국어의 지식이 절대적으로 필요하였다고 할 수 있다. 실제로 단종 3년에 예조판서^{禮曹判書}로 임명된 김하^{金何}는 인품에 많은 하자^{瑕疵}가 있는 인물이었으나 역어^{譯語}에 능하여 발탁하였다는 기사가 『단종실록^{端宗實錄}』, 즉 『노산군일기^{魯山君日記}』에 보인다.[28]

성삼문의 중국어 학습은 그가 요동^{遼東}을 왕래하면서 이루어졌다. 즉, 『선조실록』(권7) 선조 6년 1월 계사^{癸巳}조에

> [前略] 又陳曰：文臣能漢語堪爲御前通事至少，故國家必預爲之培養，在世宗朝聞，中朝名士適遼東 至，遣申叔舟、成三問等，往學漢語吏文。

---

28 『魯山君日記』(권14) 단종 3년 8월 甲寅조에 "以金鉥知中樞院事, 金何禮曹判書, [中略] 成三問同副承旨, 宋處寬集賢殿副提學, 何嘗居父喪奸娼妓生兒, 以能譯語見用至是授此職, 人多恨之"를 참조.

在中廟朝崔世珍、尹漑等, 以漢語之長, 中廟勸奬而責任之其重之也。[下略]-[전략] 또 말하기를 '한어(漢語)에 능통하여 어전통사를 감당할 문신이 매우 적으니 국가에서 마땅히 미리 양성하여야 합니다. 세종 때에는 중국의 명사(名士)가 요동(遼東)에 유배되었다는 말을 듣고 신숙주·성삼문 등을 보내어 가서 한어(漢語)와 한이문(漢吏文)을 배우게 하였고 중종 때에는 최세진(崔世珍)·윤개(尹漑) 등이 한어를 잘 하여 중종께서 권장하고 책임을 지우셨으니 그 중하게 여긴 것이 이와 같습니다.' [하략]

라는 기사가 있어 성삼문이 요동에 가서 명明의 명사에게 한어를 학습하였음을 밝히고 있다. 여기서 명사名士라 함은 당시 한림학사翰林學士의 직에 있다가 요동遼東으로 유배를 온 황찬黃瓚을 말하며 성삼문 등은 그에게 음운을 질문하기 위하여 유배지에 갔던 것을 지적한 것이다.

성삼문이 요동에 가서 황찬에게 운서를 질문하였다는 기사는 세종 27년(1445)의 일이 처음으로 보인다. 즉 『세종실록』(권107) 세종 27년 정월 신사辛巳조에 "遣集賢殿副修撰申叔舟、成均注簿成三問、行司勇孫壽山于遼東, 質問韻書-집현전 수찬修撰 신숙주, 성균관 주부主簿 성삼문, 사용司勇 손수산 등을 요동에 보내어 운서를 질문하게 하다"라는 기사가 있어 성삼문이 27세 되는 해에 요동에 가서 황찬에게 운서에 관한 것을 질문하였음을 알 수 있다. 이때의 일은 신숙주의 『보한재집保閒齋集』(권7)에 부록된 이파李坡의 신숙주묘지申叔舟墓誌에서 좀 더 자세한 사실을 알 수 있다. 그 구절을 옮겨보면 다음과 같다.

時適翰林學士黃瓚以罪配遼東, 乙丑春, 命公隨入朝使臣, 到遼東見瓚質問。公諺字飜華音, 隨問軋解, 不差毫釐, 瓚大奇之。自是往還遼東凡十三度。 -그때에 한림학사 황찬이 죄로 요동에 유배되었는데 을축년

(1445) 봄에 공이 [신숙주를 말함—필자 쥐 중국에 가는 사신을 따라 요동에 도착하여 황찬을 보고 질문하였다. 공이 언문의 글자로 중국어의 발음을 번역하여 질문에 따라 잘못된 것을 풀어내는 털끝만한 차이도 없었으니 황찬이 크게 기특하게 여겼다. 이로부터 요동에 다녀온 것이 13번이다.

이에 의하면 성삼문은 신숙주와 함께 여러 차례 요동遼東을 방문하여 황찬黃瓚으로부터 한자의 한어음漢語音을 학습하였음을 알 수 있다.[29] 신숙주가 황찬으로부터 들은 한자음을 훈민정음으로 표음하여 정확하게 기억하고 있음을 말한 것이다.

또 신숙주묘지申叔舟墓誌의 기사를 보면 그들은 훈민정음이 창제되고 나서 바로 이 문자로 한자의 중국어음을 기록할 수 있었다고 한다. 비록 훈민정음의 해례解例가 아직 완성되지 않았으나 이들은 새로 만든 문자로 한어음漢語音을 능숙하게 표음할 수 있었고 중국어의 지식도 상당하였음을 알 수 있게 한다. 이때에 황찬黃瓚에게 질문한 운서는 시기적으로 보아 『고금운회거요』로 보이며 그는 파스파 문자로 된 『몽고자운蒙古字韻』을

---

29 성삼문이 신숙주와 더불어 遼東에 간 것은 13번이란 기록(『保閒齋集』권7 附錄 李坡의 申叔舟墓誌와 『東國與地勝覽』 高靈縣의 '申叔舟'조)과 12번이란 기록(『增補文獻備考』권245, 藝文考 4)이 엇갈리지만 申叔舟 자신이 쓴 『洪武正韻譯訓』의 序文에는 "[전략]令今禮曹參議臣成三間、典農少尹臣曹變安、知金山郡事金曾、前行通禮門奉禮郎臣孫壽山、及臣叔舟等, [中略] 乃命臣等, 就正中國之先生學士, 往來至于七八, 所與質之者若干人云云"이라 하여 중국의 학사선생에게 질문하러 간 것을 7~8번으로 기록하였다. 이에 대하여 홍기문(1946: 上 204)에서는 "[신숙주개 乙丑春의 一次外에는 반듯이 遼東을 目的하고 간 것도 아니요 또 반듯이 黃瓚에게 물으러 간 것도 아닌 것이 分明하다. 偶然히 第一次가 遼東까지엇고 그 中에 比較的 名價잇든 사람이 黃瓚이엇스매 드듸어 그以後 諸間의 使行까지도 全部 遼東의 黃瓚과 關聯이 잇슨 것처럼 誤傳된 것 갓다. 그뿐이 아니라 庚午에도 成三間이 中國을 가는데 申叔舟가 同伴되지 못하얏거니와 乙丑以後 成三間을 그父親 成勝이 副使로 됨을 딸아서 中國에 자조 往返한 證跡이 잇건만은 申叔舟는 자못 不分明하다. 十三度의 往返이란 그 兩人의 合한 것이나 차라리 成三間의 使行을 가르키는 것일망정 申叔舟 그 自身의 일만은 決코 아닐 것이다"(띄어쓰기 맞춤법은 원문대로)라고 하여 오히려 성삼문과 신숙주의 중국 往返을 말하는 것으로 보았다.

비롯하여 많은 원대元代의 몽고 운서를 참고로 하여 성삼문 등의 질문에 답한 것으로 보인다. 따라서 한 쪽에서는 파스파 문자로, 또 한 쪽에서는 훈민정음으로 중국어음을 표음하여 비교한 것이 아닌가 한다.[30] 두 문자가 모두 한자음 표음을 위하여 성운학에 맞추어 제정된 문자이기 때문이다. 이때의 질문 결과가 『동국정운』으로 실현되었다.

3.1.3.1 성삼문은 『홍무정운洪武正韻』의 역훈譯訓에도 많은 공헌을 하였다. 『동국정운』의 간행으로 우리 한자음 대한 정리는 일단락을 지었다. 다시 말하면 우리 한자음의 표준음을 정한 것이며 동국정운의 한자음으로 과거科擧를 수행할 수 있었다. 그러나 이와 비교된 중국의 표준음, 즉 한어음漢語音의 표준발음을 정리하는 일은 중국인과의 접촉에서 필요한 중국어의 구어口語 학습을 위하여 매우 절실한 과제가 되었다.

당시 중국 표준어는 송대宋代 중원아음中原雅音이 원대元代 동북방언음과 융합하여 새로운 표준어가 형성되는 시기였다. 명明이 처음에는 남경南京에 정도定都하여 강회江淮지역의 방언이 세력을 얻었으나 영락연간永樂年間(1403~1424)에는 명明의 성조成祖가 북경北京으로 천도遷都하면서 강회江淮

---

30 홍기문(1946 : 上 202~204)에서는 黃瓚에 대하여 『保閒齋集』에 수록된 그의 '希賢堂序' 끝에 "正統十年乙丑孟夏八月, 賜進士出身前翰林院庶吉士承直郎刑部主事黃瓚"이라 간기가 있어 黃瓚이 吉水人으로 刑部主事로 遼東에 謫居한 사람으로 보았다. 또 홍기문은 황찬이 江西人으로 明의 賜進士試에 급제한 儒生으로서 八四巴文字를 이해하지 못하였을 것으로 주장하였다. 실제로 黃瓚은 明 永樂 11년(1413)에 江西省 吉安府에서 태어나 宣德 8년(1433)에 進士가 되었고 翰林院庶吉士를 거쳐 南京刑部 主事이었을 때에 유배되었다. 따라서 그는 새로 형성된 北京官話보다는 江淮方言을 구사한 것으로 보인다. 그러나 그의 생애에 대하여 현재로서는 다른 기록이 없고 李瀷의 『星湖僿說』에서 黃瓚이 蒙古字를 이해한 것으로 기술한 것을 그대로 무시하기 어렵다. 그가 『古今韻會擧要』의 기반이었던 파스파 문자로 표음된 『蒙古字韻』을 참고하였을 것으로 추정되며 李瀷은 그것을 근거로 그가 파스파 문자를 이해한 것으로 추정하였을 것이다.

방언을 구사하는 많은 사람들이 그를 따라 북경으로 왔다.

북경관화北京官話는 이들이 가져간 강회江淮방언과 북경 원주민들의 한아언어와의 결합으로 새롭게 형성된 표준어로서 주로 북경의 관리들이나 상류사회의 언어를 말한다.[31] 성삼문이 황찬黃瓚으로부터 중국어를 학습한 시기는 명明이 북경으로 천도遷都하면서 강회江淮방언을 기초로 한 남경관화南京官話가 세력을 잃고 반세기에 걸쳐 원대元代 한아언어와 결합하여 새로운 북경관화北京官話가 형성되는 때이었다. 조선 사역원司譯院에서는 이렇게 형성된 새로운 중국의 표준어를 한어漢語, 한음漢音이라고 불렀다(졸고, 2000b). 따라서 당시 조선에서는 어떤 발음을 중국의 표준음으로 할 것인가를 결정하지 않으면 안 되었다.

3.1.3.2 『홍무정운洪武正韻』은 세종과 문종, 그리고 집현전 학자들이 중국의 표준음을 결정하는 어려움을 해소할 수 있는 명明 태조의 흠찬운서欽纂韻書이었다. 그러나 이 운서는 실제 당시의 북경어北京語와는 상당한 차이를 보여주는 운서이어서 이것을 역훈譯訓하는 데에는 많은 논란이 있었다. 예를 하나 들어보면 『세조실록』(권16) 세조 5년 4월 임술壬戌조에

朴元亨、金何問曰：本國事大文書字體， 自古用毛晃韻。今欲用洪武正韻, 難可遽改。嘉猷云：洪武正韻時皆通用, 字畫楷正, 則雖非正韻亦無

---

31 조선 司譯院의 漢語교재 가운데 조선 태종조에 간행된 것으로 보이는 (原本)『老乞大』는 『直解孝經』이나 『元典章』의 漢語와 같이 元代 漢兒言語를 반영하였으나 성종조에 수정된 (刪改)『老乞大』에서는 明初의 南京官話를 반영하고 있다. 이에 대하여는 정광·남권희·梁伍鎭(1999), 또는 졸저(2010)를 참조할 것. 또 『西儒耳目資』등 당시 중국에 왔던 西洋宣敎師들의 중국 음운 자료를 보면 明代의 南京官話가 16세기에 이미 중국의 상당한 지역에서 공용어로 사용되었음을 알 수 있다(張西平·內田慶市·柳若梅, 2013; 金薰鎬, 1998).

妨。 ─박원형과 김하가 묻기를 '우리나라의 사대문서에 쓰이는 자체가 예로부터 모황(毛晃)의 운서를 사용하였는데, 이제 홍무정운을 사용하려고 한다면 갑자기 고치기가 어려울 것입니다' 하니, [명의 사신] 진가유(陳嘉猷)가 말하기를 '홍무정운은 현재 모두 통용하고 있는데, 자획(字劃)만 바르다면 비록 홍무정운이 아니라도 또한 무방할 것입니다'라고 하였다.

라는 기사가 있어 당시 사대문서의 작성에서 한자의 자체字体를 모황毛晃의 『증주예부운략增注禮部韻略』의 것을 기준으로 하였으나 이제 『홍무정운洪武正韻』의 자체로 바꾸는 것에 대하여 논란이 있었음을 말하고 있다. 이것은 명나라 조정이 모든 사대문서의 자체를 『홍무정운』의 것으로 개정할 것을 주문하였으며 그 발음도 『홍무정운』의 것을 따르도록 종용한 것으로 보인다.

훈민정음으로 『홍무정운』을 번역하고 해석하는 일을 주도한 것은 역시 성삼문이었다. 즉, 그의 '직해동자습서直解童子習序'에

[前略] 我世宗、文宗慨然念於此，旣作訓民正音，天下之聲 始無不可書矣。於是譯洪武正韻，以正華音。又以直解童子習譯訓評話，乃學華語之門戶，命令右副承旨臣申叔舟、兼承文院校理曹變安、行禮曹佐郎臣金曾、行司正臣孫壽山，以正音譯漢訓，細書逐字之下，又用方言以解其義。仍命和義君臣瓔、桂陽君臣增監其事。同知中樞院事臣金何、昌府尹臣李邊，證其疑，而二書之音義昭晰。[下略] ─[전략] 우리 세종과 문종께서 이에 대하여 개연(慨然)하게 생각하시고 이미 훈민정음을 지으셔서 처음으로 천하의 소리를 쓰지 못할 것이 없게 하시고 이것으로 홍무정운을 번역하여 중국의 발음을 바르게 하셨다. 또 〈직해동자습〉과 〈역훈평화〉로 중국어를 학습하는 문을 열었으니 이제 우부승지 신숙주, 겸 승문원 교리 조변안, 예조좌랑 김증, 사정(司正) 손수산으로 하여금 정음으로

한어음을 번역하게 하여 각 글자에 따라 아래에 가늘게 쓰고 또 우리말로 그 뜻을 풀이하였다. 이에 화의군 영(瓔)과 계양군 증(增)으로 그 일을 감독하게 명하고 중추원의 동지사(同知事)인 김하(金何)와 부윤(府尹)인 이변(李邊)으로 그 의심나는 곳을 알게 풀이하여 이 두 책의 발음과 뜻을 밝히게 하였다.[32]

이란 기사에서 신숙주와 더불어 조변안曹變安·김증金曾·손수산孫壽山 등과 함께 정음正音으로 한음을 번역하여 각 한자의 아래에 주음注音하였음을 알 수 있다.[33] 이 『홍무정운역훈』은 단종 3년(1455)에 간행되었고 신숙주는 이를 줄여서 『사성통고四聲通攷』란 이름으로 권두에 부재하였다.

3.1.3.3 이 두 책의 간행은 한어漢語를 학습할 때 배워야 할 중국어의 표준음을 규정한 것이다. 그러나 전술한 바와 같이 『홍무정운』은 명明 태조 때에 수도였던 금릉錦陵, 즉 남경南京에서 간행된 운서韻書로서 당시 북경北京의 동북방언음을 정확하게 반영하지 못하였다. 따라서 조선 사역원司譯院과 같이 실제 발음을 배워야 하는 한어 교육에서 『홍무정운역훈』의 규정 발음을 배워서는 중국인과 통화할 수 없게 되었다. 그리하여 중종조에 최세진崔世珍은 한어 교재인 『노걸대老乞大』, 『박통사朴通事』를 번역하면서 운서음韻書音과 실제 발음을 나란히 병기倂記하였으며 후에 북경관화北京官話에 맞는 발음을 덧붙인 『사성통해四聲通解』를 편찬하

---

32 같은 내용이 신숙주의 '洪武正韻譯訓序'에 "以吾東國世事中華, 而語音不通, 必賴傳譯。首命譯洪武正韻, 令今禮曹參議臣成三間、典農少尹臣曹變安、知金山郡事金曾、前行通禮門奉禮郎臣孫壽山、及臣叔舟等, 稽古證閱 [下略]"라고 기재되었다. 성삼문이 '直解童子習序'를 썼을 때와 신숙주가 '洪武正韻譯訓序'를 썼을 때가 몇 년의 相距가 있어서 참가자의 직함이 차이를 보인다.

33 여기서는 訓民正音과 正音을 구별하였다. 한자음의 한어 표준음을 적을 때에는 正音이고 동국정운식 한자음을 적을 때에는 훈민정음이라 하는 것이 옳은 것 같기 때문이다.

였다(졸고, 2000b).

그리고 어떻게 『노걸대』·『박통사』의 번역에서 재좌음在左音과 재우음
在右音을 병기하였는지 설명하는 「번역노걸대박통사범례翻譯老乞大朴通事凡例」
(이하 〈번역노박범례〉로 약칭)를 『사성통해』의 말미에 부재하였다.[34] 이 〈번
역노박범례〉는 한어 교재인 〈노걸대〉, 〈박통사〉를 정음正音으로 주음注音
할 때의 범례를 보인 것으로 최세진이 파악한 한어음을 정음과 속음俗音
으로 나누어 한자 하나하나에 그 발음을 표음하였다.[35] 이때의 최세진은
세종조의 집현전 학자들, 특히 성삼문과 같이 실용적인 역학譯學 연구를
전개한 것으로 보아야 할 것이다.

3.1.3.4   아무튼 『홍무정운역훈洪武正韻譯訓』의 편찬은 당시 중국어의
표준음을 규정하여 정리한 것으로 한어漢語 학습에서 획기적인 일이었다.
성삼문 등이 이 『홍무정운』을 역훈譯訓할 때에는 요동遼東의 황찬黃瓉과 더
불어 조선에 사신으로 온 명明의 예겸倪謙에게도 문의한 것으로 보인다.
『보한제집保閒齋集』(권15)에 수록된 신숙주의 '홍무정운역훈서序'에

[前略] 乃命臣等, 就正中國之先生學士, 往來至于七八, 所與質之者若
干人。燕都爲萬國會同之地, 而其 往返道途之遠所, 嘗與周旋講明者, 又
爲不少。[中略] 且天子之使至國, 而儒者則又取正焉。凡騰十餘藁, 辛勤

---

34 崔世珍이 『老乞大』, 『朴通事』(이하 〈노박〉으로 약칭)를 번역할 때에 본문의 한자 하나
하나의 아래 左右에 正音으로 발음을 표음하였는데 이렇게 左右에 注音한 것을 모두
諺音이라 하였다. 또 왼쪽의 주음을 正音이라 하였으며 이 在左音은 『四聲通攷』의 韻書
音을 따른 것인데 이를 漢音이라고 부르기도 하였다. 바른 쪽에 있는 注音을 俗音이라
하였으며 이 在右音을 國音이라고도 불렀다. 『四聲通解』 말미에 附載된 '翻譯老乞大朴
通事凡例'는 〈노박〉의 번역, 즉 훈민정음으로 注音하는 데 대한 凡例이었으며 주로 左右
音과 在左音의 관계를 설명한 것이다(졸고, 1995).
35 〈번역노박범례〉의 구체적 내용에 대하여는 졸고(1995)를 참고할 것.

反復, 竟八載之久 [下略]－[전략] 이에 신들에게 명하여 중국의 선생 학
사에게 찾아가 고치게 하였으니 왕래에 7~8 차례에 이르렀으며 더불어
질문한 사람이 약간 명이 된다. 연도(燕都), 즉 북경은 여러 나라가 모여
서 만나는 곳이어서 왕복의 길이 먼 곳이지만 분명하게 설명해주는 사
람들도 적지 않다. [중략] 또 중국 황제의 칙사가 우리나라에 도착하였는
데 [그 사신이] 유학자면 또 나아가 고쳤다. 고쳐 쓰기를 열 번이 넘게
원고를 만들고 괴롭게 힘들어 반복하기를 8년에 이르렀다. [하략]

이라 하였다.

이 기사에서 선생학사先生學士를 찾아간 것이 7~8번이 되고 연도燕都,
즉 북경에 가서 더불어 질문한 사람도 약간 있으며 중국에서 온 사신使
臣이 선비이기 때문에 수정을 받았던 일이 있음을 밝히고 있다. 힘들여
반복해서 십여 차례 베껴 썼으니 8년이 걸려서 완성되었다고 한다. 여
기서 선생학사는 한림학사翰林學士를 지낸 황찬黃瓚을 말하며 중국의 사신
使臣은 바로 예겸倪謙을 말한다.[36]

예겸倪謙에게 『홍무정운』의 역훈譯訓을 위하여 한자의 한어漢語 표준음
을 질문한 사실은 실록에도 명기되었다. 즉, 『세종실록』(권127) 세종 32
년 1월 무신戊申조에 "命直集賢殿成三問、應敎申叔舟、奉禮郞孫壽山,
問韻書于使臣, 三問等因館伴以見。 [中略] ʻ此二子欲從大人, 學正音, 願
大人敎之'。 三問、叔舟將洪武韻講論良久。 [下略]－집현전 직전直殿 성
삼문, 응교應敎 신숙주, 봉례랑奉禮郞 손수산에게 명하여 운서를 사신에게
묻게 하였는데 성삼문 등이 관반館伴을 따라 만나니 [중략] [관반이 말하
기를] ʻ이 두 사람이 대인에게서 바른 발음을 배우고자 하니 대인을 가

르쳐 주기를 바랍니다' 하였다. 성삼문과 신숙주가 홍무운洪武韻을 가지고 한참 동안 강론하였다"라는 기사가 있어 중국에서 온 사신使臣에게 『홍무정운』에 대하여 질문하였음을 알 수 있다.[37]

이때의 일이 『성종실록』에 소재된 영의정領議政 신숙주의 졸기卒記에 좀 더 자세하게 기재되었다. 즉 동 실록(권56) 성종 6년 6월 무술戊戌조에

> [前略] 丁卯秋中重試, 超授集賢殿應教, 景泰庚午詔使倪謙、司馬恂到本國。世宗命選能文者從遊, 叔舟與 成三文。從謙等唱和大被稱賞。謙作雪霽登樓賦, 叔舟卽於座上, 步韻和之。─[신숙주가] 정묘년 가을의 중시(重試)에 합격하여 벼슬이 뛰어 집현전 응교에 제수 되었고 경태(景泰) 경오(庚午) 년에 조사(詔使) 예겸(倪謙), 사마순(司馬恂)이 본국에 이르렀는데 세종이 문장에 능한 자를 선발하여 교유하도록 명하였다. 신숙주와 성삼문이 예겸 등을 따라 창화(唱和)하였으므로 크게 칭찬하여 상을 내렸다. 예겸이 '설제등루부(雪霽登樓賦)'를 짓자 신숙주가 바로 그 자리에서 보운(步韻)으로 이에 화답하였다.

---

37 『洪武正韻』의 역훈도 전술한 黃瓚의 질문에 의거한 것으로 보는 것이 일반적이다. 『성종실록』(권200) 성종 18년 2월 壬申조에 "御經筵講訖, 侍講官李昌臣啓曰 : [中略] 世宗朝遣申叔舟、成三問等, 到遼東就黃瓚, 質正語音字訓, 成洪武正韻及四聲通考等書。故我國之人賴之, 粗知漢訓矣。今須擇年少能文如申從護輩, 往就邵奎, 質正字訓書籍, 則似有利益。[下略]─경연에 나아가 강을 마치자 시강관 이창신이 아뢰기를 '신이 일찍이 성절사의 질정관으로 북경에 갔다가 들으니 전 진사 소규(邵奎)가 늙어서 요동에 산다하여 돌아올 때에 방문하였는데 경사에 널리 통하고 자훈에 정밀하였습니다 세종조에 신숙주·성삼문 등을 요동에 보내어 황찬에게 어음과 자훈을 질정하게 하여 『홍무정운』과 『사성통고』 등의 책을 만들게 하였기 때문에 우리나라 사람들이 이에 힘입어 한훈(漢訓)을 대강 알게 되었습니다. 이제 반드시 신숙주와 같이 나이가 젊고 한문에 능한 자를 선택하여 따라가게 하여 소규(邵奎)에게 가서 자훈과 서적을 질정하게 하면 이익이 있을 것입니다' 하므로 [임금이 좌우에 물으니 모두 아뢰기를 '문신을 보내어 질정하는 것은 조종조의 일이므로 지금도 행하는 것이 가합니다' 하였다]"라는 기사가 있어 黃瓚에게 질문하여 『洪武正韻譯訓』과 『四聲通攷』가 이루어진 것으로 기술하였다. [ ]의 것은 원문 생략부분.

라는 기사가 있어 신숙주가 경태^{景泰} 경오^{庚午}, 즉, 세종 32년(1450)에 1월에 황제^{皇帝}의 조칙^{詔勅}을 갖고 온 명^明의 사신^{使臣} 예겸^{倪謙}, 사마순^{司馬恂} 등과 교유하면서 『홍무정운』에 대하여 논의한 것임을 알 수 있다.[38]

3.1.3.5　실제로 『세종실록』에는 이때의 사신들과 성삼문이 대화한 내용이 두 곳이나 실려 있다. 즉, 동 실록(권127) 세종 32년 1월의 갑인^{甲寅}조와 무오^{戊午}조에 성삼문이 사마순^{司馬恂}에게 율문^{律文}을 질문한 것이 적혀 있고 예겸^{倪謙}과의 대화에서 임금의 병환을 묻는 내용이 기재되었다. 또 동 무오^{戊午}조의 기사에 "成三問等質問韻書, 至茄子使臣曰 : 此国茄結子何似? 昔張騫使西域, 得葡萄種, 至今伝之中国. 吾等亦欲得茄種, 以伝中国可也 － 성삼문 등이 운서를 질문하매 가지 '가^茄'자에 이르러 사신이 말하기를 '이 나라에 가지는 열매가 무엇과 같은가? 옛적에 장건^{張騫}이 서역^{西域}에 사신으로 갔다가 포도 종자를 얻어 와서 지금까지 중국에 전해지는데 우리도 역시 가지의 종자를 얻어 가서 중국에 전하고자 한다'라고 하다"라는 구절이 있어 이에 의하면 『홍무정운』에 대하여 상당히 구체적으로 문의한 것으로 보인다.

---

38 전술한 성삼문의 문집에 正使 倪謙은 물론이고 副使 司馬恂 등과 주고받은 시문이 여러 편 전한다. 특히 『梅竹軒先生文集』(권1)의 '皇華酬唱'에 "景泰初, 侍講倪謙、給事中司馬恂 到國。謙能詩館伴鄭麟趾不能敵。世宗命申叔舟及先生, 與之遊仍質漢韻。侍講愛二士, 約爲兄弟, 酬唱不輟。竣事還也, 拔淚而別。(慵齋叢話) ◇ 張給事寧學於倪文僖, 後十年庚辰, 以天使出來, 聞先生不在, 歎訝曰 : '吾師倪侍講, 言東國多才士, 何寥寥眼中耶? 由此不喜酬唱'. 其豫讓論有意而作云 : (芝峯類說)"이라는 기사가 있어 성삼문과 倪謙이 형제와 같이 사귀었고 金蘭之契를 맺어 서로 肝膽相照하였음을 알 수 있다. 皇朝正使 倪謙이 成三問과 이별을 슬퍼한 '留別成謹甫'란 七言詩에도 "海上相逢卽故知, 燕閒談笑有移時, 同心好結金蘭契, 共飮偏燐玉樹姿, 敢謂楊雄多識字, 雅知子羽善修辭, 不堪判袂臨江渚, 勒馬東風怨別離"라 하여 두 사람이 각별한 우정이 있었음을 시로 읊었다. 이 시는 『成先生遺稿』(권2)에 '附倪天使留別成謹甫詩'란 題名으로 실렸으나 오자가 적지 않다.

『홍무정운』을 역훈譯訓함에 있어서 세종이 성삼문·신숙주 등으로 하여금 중국 사신使臣에게 문의하도록 미리부터 준비하였다. 『세종실록』(권126) 세종 31년 12월 갑술甲戌조에

上謂承政院曰：前此使臣二則館伴亦二，將以金何、尹炯爲館伴。又日今來使臣皆儒者也。申叔舟等所校韻書欲令質正。使臣入京後，使叔舟、成三問等往來太平館。又令孫壽山林效善爲通事 — 임금이 승정원에 이르기를 '전에는 사신이 둘이면 관반을 역시 둘로 하였으니 장차 김하(金何)·윤형(尹炯)으로 하여금 관반(館伴)을 삼도록 하라' 하고 또 말하기를 '지금 오는 사신은 모두 유자이다. 신숙주 등이 교열한 운서를 질정하고자 하니 사신이 입경한 뒤에는 신숙주·성삼문 등으로 하여금 태평관에 왕래하게 하고 또 손수산·임효선으로 통사를 삼게 하라' 하였다.

라는 기사가 있어 세종은 예겸倪謙 등이 오면 운서를 질정叱正하기로 미리 준비하고 있었음을 알 수 있다.

성삼문 등이 예겸倪謙에게 질문한 것은 주로 한자의 중국어 표준 발음이었다. 이것은 『홍무정운』의 역훈譯訓을 위한 것으로 반절로 표시된 이 운서의 표준 발음을 예겸倪謙에게 확인하는 작업이었다. 그리고 『홍무정운』의 역훈에서 예겸倪謙에게 질문한 것이 매우 유용하였음은 다음 사실로 확인할 수 있다. 즉, 성삼문이 중국에 가게 되어 다시 그곳에서 질문할 음운에 대하여 문종에게 아뢰니 문종은 예겸과 같은 학자가 있으면 모르되 그렇지 못하면 물을 필요조차 없다고 하였다.[39] 이것은 당

---

39 『문종실록』(권4) 문종 즉위년 10월 庚辰조에 "司憲府掌令申叔舟, 賚音韻質問事目, 及中朝敎場刑制以啓。上曰：音韻倪謙來時, 已令質問。雖中朝罕有如倪謙者, 今成三問入朝, 如遇勝於倪謙者問之, 不則不必問也。敎場事目下兵曹商確以啓。 — 사헌부 장령 신숙주가 질문할 음운과 중국의 교장 형제의 사목을 아뢰니 임금이 말하기를 '음운은 예겸이

시『홍무정운』역훈에서 문종과 집현전 학자들이 예겸^{倪謙}의 조언을 얼마나 높게 평가하였는지를 알 수 있다.

이렇게 편찬된『홍무정운역훈^{洪武正韻譯訓}』은 실제 한어^{漢語} 교육에서 표준 발음서로 사용되었다. 즉『세조실록』(권3) 세조 2년 4월 무신^{戊申}조에

禮曹啓:'譯語事大先務, 關係非輕。 歲癸丑世宗大王, 請遣子弟入學, 未蒙准請。 以所選入學文臣幷衣冠子弟三十人, 爲講隷官, 聚司譯院習漢語, 至今二十餘年, 譯語精通者頗有之。[中略] 本曹與議政府司譯院提調, 更選年少文臣及衣冠子弟, 以充元額, 所習漢音字樣, 請以增入諺文, 洪武正韻爲宗隷習'。 從之。 ─예조에서 아뢰기를 '역어는 사대의 먼저 할 일이니 관계됨이 가볍지 않습니다. 계축년에 세종대왕께서 자제를 보내어 입학시킬 것을 [제신에게] 청하였으나, 이 요청에 따르지 않았습니다. [그때에] 뽑아서 입학시키려던 문신과 아울러 의관(衣冠) 자제(子弟)⁴⁰ 30인을 강예관(講隷官)으로 삼아 사역원에 모아서 한어를 익힌 지 지금 20여 년이 되어서 역어에 정통한 자가 자못 많습니다. [중략] 본 예조는 의정부, 사역원 제조와 더불어 다소 연소한 문신과 의관자제를 선정하여 원액(元額)에 충당하고 한음(漢音)과 자양(字樣)을⁴¹ 익히려 하니, 청컨대 증입언문(增入諺文)한 홍무정운을 으뜸으로 삼아 배우게 하소서' 하니 그대로 따랐다.⁴² (번역문의 [ ]은 필자 삽입)

왔을 때에 이미 질문하도록 하였다. 비록 중국 조정에서도 예겸 같은 자가 드물겠지만 이제 성삼문이 [명의] 조정에 들어가니 만약 예겸보다 뛰어난 자를 만나거든 물어보고 그렇지 않으면 물을 것도 없다. 교장의 사목은 병조에 내려 상량하여 확정하고 보고하라'라고 하다"라는 기사가 있어 倪謙에 대한 文宗의 신뢰가 대단하였음을 알 수 있다.

40 '衣冠 子弟'는 중류 이상의 집에서 문물이 트인 집 자식들을 말한다.

41 여기서 '字樣'이 무엇인지 분명하지 않다. 필자는 몽고자양, 즉 파스파 문자로 볼 수 있지 않은가 하며 한자음 표음에 사용된 파스파 문자가 이때까지 文臣들 사이에 교육되고 있음을 알려주는 대목이다. '蒙古字樣'이 파스파 문자를 지칭한 것에 대하여는 졸저(2002) 및 졸저(2017)을 참고할 것.

42 여기서 '增入諺文'한『홍무정운』은 한글로 발음과 뜻을 써서 넣은『洪武正韻譯訓』을

라는 기사가 있어 증입언문增入諺文한 홍무정운, 즉 언문으로 설명한『홍무정운역훈』을 기본으로 하여 중국의 한어漢語 교육을 실시하였음을 알수 있다.

3.1.3.6 다음은 성삼문의『직해동자습直解童子習』의 역훈譯訓과 평화平話에 대하여 고찰하기로 한다. 성삼문이『직해동자습』을 훈민정음으로 역훈하고 이를 해석한 것은 그이 '직해동자습서直解童子習序'에서 자세히 밝혀놓았다. 즉, 그가『직해동자습』의 간행에 즈음하여 붙인 이 서문序文은 『동문선東文選』(권94)을 비롯하여 『해동잡록海東雜錄』(권13)과 『매죽헌선생문집梅竹軒先生文集』(권2), 『성근보선생집成謹甫先生集』(권2), 『성선생유고成先生遺稿』(권3) 등에 수록되었다. 다만『동문선』과『성선생유고』에는 '동자습서童子習序'란 제목을 붙였고『해동잡록』, 『매죽헌선생문집』과『성근보선생집』에는 '직해동자습서直解童子習序'란 이름 아래에 서문이 전재되었다.

주지하는 바와 같이『동자습童子習』은 명明 영락永樂 2년(1404)에 주봉길朱逢吉이 편찬한 훈몽 교과서다. 주자치周子治의 '동자습서童子習序'에 의하면 유교의 훈몽서訓蒙書로서 아이들이 학습하여야 할 '사친事親, 효감孝感, 사장事長, 우애友愛, 쇄소灑掃, 언어, 음식, 의복, 위의威儀, 택류擇類, 향학向學, 지계知戒, 예빈禮賓, 관례觀禮, 융사隆師, 교우, 사군事君' 등 17개의 주제에 대하여 설명한 장구章句와 관련 고사故事를 모은 것이라 한다. 이 책은 조선 전기에『훈세평화訓世評話』와 함께 명대明代의 아동용 훈몽 교과서로서 널리 보급되었다(졸저, 1988). 즉 명대明代 이전의 유교적인 훈몽서로서는 『소학小學』이 있었으나 좀 더 구체적인 내용의 훈몽서인 『동자습童子

말하는 것으로 보인다.

習』이 개발되어 명明과 조선에서 인기를 얻게 된 것이다.

이『동자습童子習』은 중국의 고문古文으로 작성되어 아동들이 이를 이해하기 어려웠던 것으로 보인다. 당시 중국에서는 문어文語로서 고문古文과 백화문白話文, 그리고 원대元代에 발달하여 행정문서에만 쓰인 이문吏文(우리의 吏讀文과 구별하기 위하여 '漢吏文'이라 함)이 있었다.[43] 그리고 구어口語로서는 여러 방언이 있었으며 원대元代 이후부터 동북방언을 기본으로 한 한아언어漢兒言語가 형성되어 종래의 한漢·당唐의 수도 장안長安의 언어를 기본으로 한 통어通語와 대치하여 공용어로 사용되었다. 명대明代에는 한아언어를 모태로 한 북경관화北京官話가 새롭게 형성되고 있었음을 전술한 바 있다.

명대明代의 북경관화는 서민들의 한아언어와 지배족인 명조明朝의 관리들의 강회江淮방언이 결합하여 만들어진 언어다. 그리하여 관화官話란 이름을 얻었던 것이다. 『직해동자습直解童子習』은 명대明代의 훈몽서로서 『동자습』을 당시 북경관화로 풀이한 것으로 보인다. 실제로 훈몽서인 『효경孝經』을 원대元代 북경어인 한아언어로 풀이한 『직해효경直解孝經』이 있으며 이것은 『원전장元典章』 등과 함께 중국어의 역사적 연구에서 초기 북경어, 즉 한아언어와 한이문漢吏文을 보여주는 얼마 되지 않는 귀중한 자료의 하나다.[44]

또 여말선초麗末鮮初에 설장수偰長壽가 명대明代 남경관화로 풀이한 『직해소학直解小學』이 조선 사역원司譯院의 한어漢語 학습교재로 애용되었음을

---

43 중국의 吏文에 대하여는 元代 徐元瑞가 편찬한 『吏學指南』에 자세한 설명이 있다. 『이학지남』에 대하여는 정광·정승혜·梁伍鎭(2002)을 참고할 것.
44 『直解孝經』에 대하여는 나가자와·아베(1933)을, 『元典章』에 대하여는 요시가와(1953), 다나카(1964, 1965)를 참고하고 조선 초기 『직해효경』이 중국어 학습에 이용된 것에 관하여는 졸저(1988)를 참조할 것.

실록의 기사에 의하여 확인할 수 있다(졸저, 1990). 원元으로부터 귀화한 위구르인의 설장수가 조선 초기에 사역원司譯院의 설치에서 주역을 맡았기 때문에 『직해소학』은 조선 전기에 사역원 한학의 기본 교재였다. 〈소학〉을 당시 한어漢語로 직해한 것처럼 〈동자습〉을 직해한 『직해동자습直解童子習』도 중국의 당시 한어를 학습하는 강독교재이었음을 추찰推察하기 어렵지 않다.

3.1.3.7 필자는 사역원의 역학서 연구에서 조선전기의 사역원에서 사용한 외국어 학습교재, 즉 역학서들은 해당국의 동몽교과서를 수입하여 사용하였다고 주장하였다(졸저, 1988). 이것은 필자가 조선전기의 왜학서倭學書를 일본의 무로마찌室町 시대에 사찰의 테라코야寺子屋 등의 사립私立 교육기관에서 사용하던 훈몽교과서임을 밝힌 것에 의거한 것이다(졸저, 1988). 다른 역학서, 특히 여진학서의 "소아론小兒論, 삼세아三歲兒, 칠세아七歲兒, 팔세아八歲兒" 등이 모두 소아용 훈몽서이며 이 가운데 '소아론·칠세아'는 중국 춘추전국春秋戰國 시대에 유행한 '공자항탁상문서孔子項託相問書'라고 하는 항탁설화項託說話를 소재로 한 것이라고 주장한 바 있다.[45]

물론 이들 모두는 북방민족이 건국한 요遼, 금金의 아동兒童 교육에서 사용한 교재로 추정된다(졸고, 2001c). 같은 생각을 몽고어 학습의 몽학서蒙學書에도 적용하여 실록이나 『통문관지通文館志』 등에 보이는 서명書名으로 고찰한 결과 역시 소아용 훈몽서일 가능성이 높았으며 따라서 조선전기 사역원의 외국어 교재는 해당국의 동몽童蒙 교과서를 수입하여

---

45 '孔子項託相問書'는 공자와 7세의 어린 소년인 項託, 또는 項槖과 서로 재주를 겨루어 공자가 졌다는 설화를 말함. 당시 북방의 유목민족들에게는 널리 퍼져있던 反儒敎 문화의 설화로 보인다(졸고, 2001c 및 졸저, 근간).

사용한 것으로 결론하였다(졸저, 2002).

성삼문은 이 『직해동자습直解童子習』을 훈민정음으로 역훈譯訓하고 또 이를 평화平話하여 당시 사역원에서 중국어 학습의 강독교재로 사용할 수 있게 한 것으로 보인다.[46] 따라서 이 책의 서명은 아마 '직해동자습 역훈평화直解童子習譯訓平話'이었을 것이다. 성삼문은 전게한 그의 '직해동자 습서序'에서 "[前略] 於是譯洪武正韻, 以正華音. 又以直解童子習譯訓評 話, 乃學華語之門戶 —[전략] 이에 〈홍무정운〉을 번역하여 중국어 발음 을 바르게 하고 또 〈직해동자습〉을 역훈하고 평화平和하여 중국어 학습 의 입문서로 하였다"라는 구절에서 확인할 수 있다.

3.1.3.8 이때의 『직해동자습』의 역훈譯訓과 평화平話의 의미는 동 서문에서 설명하여 놓았다. 먼저 '역훈譯訓'은 이 서문에서 "以正音譯漢 訓, 細書逐字之下 —훈민정음으로 중국어를 번역하여 각 한자 아래에 작게 쓰고"라고 한 것이며 '평화平話'는 "又用方言, 以解其義 —또 우리말 을 써서 그 뜻을 풀이하다"를 말한 것으로 보아야 할 것이다.[47]

성삼문의 '직해동자습서直解童子習序'는 『동문선東文選』에서는 줄여서 '동 자습서童子習序'로 되었다. 그러나 『매죽헌선생문집梅竹軒先生文集』 등의 후대 문집에는 '직해동자습서'로 되었고 앞에서 인용한 서문 내용도 "又以直

---

46 성삼문의 '직해동자습序'에 "[前略] 自我祖宗事大至誠, 置承文院掌吏文. 司譯院掌譯語, 傳其業而久其任 [下略]"이란 기사가 있어 사역원이 당시 譯語를 관장하였고 외국어 학습 을 전업으로 하였음을 알 수 있다.

47 '平話'는 宋代에 발달한 口碑文學의 일종으로 이야기꾼이 어떤 說話를 口演하는 것을 말한다. 그러나 여기서는 談話體의 문장을 우리말로 전문을 번역하는 것을 의미한다고 볼 수 있는데 홍기문(1946 : 224~225)에서도 같은 의견을 보였다. 그리고 '漢訓'은 『세종실록』(권47) 세종 12년 3월 戊午조에 소재된 諸學取才의 詳定所 啓文에서 외국어 학습자 취재인 譯學으로 漢訓(중국어), 蒙訓(몽고어), 倭訓(일본어)을 두고 이에 대한 취재 방식을 마련한 것으로 '중국어, 또는 중국어 학습'을 의미하는 것임을 알 수 있다. 졸저(1988 : 47) 참조.

解童子習、訓世評話 – 또 동자습과 훈세평화를 직해하여"로 개서改書하여 오늘날 많은 논문에서 성삼문이 마치 〈직해동자습〉과 〈훈세평화〉를 편찬한 것으로 오해하였다. 그러나 『훈세평화訓世評話』는 이변李邊(1391 ~1473)이 성종 4년(1473)에 지은 것으로[48] 성삼문의 『직해동자습』을 역훈하고 평화平話한 다음에 간행된 것이니 그의 서문에 오를 수 없는 문헌이다. 따라서 『매죽헌선생문집』과 『성근보선생집成謹甫先生集』, 『성선생유고成先生遺稿』의 '훈세평화訓世評話'는 후대 사람이 잘못 이해하여 '역훈譯訓'을 '훈세訓世'로 고친 것으로 보아야 할 것이다.[49]

'직해동자습역훈평화直解童子習訓平話'가 오늘날 실전되어 어떠한 역학서譯學書인지 분명하지 않지만 중종 시대 최세진의 『노걸대』·『박통사』(이하 〈노박〉으로 약칭)의 번역과 유사한 것으로 추찰推察할 수 있다. 이 〈노박〉의 번역은 본문의 한자漢字 하나하나의 좌우 아래에 훈민정음으로 주음注音하고 구절마다 언해를 붙였다. 다만 『직해동자습』의 역훈譯訓은 번역 〈노박〉과는 달리 한자 아래에 한글로 하나의 표준발음만을 붙였을 것이나 〈노박〉의 번역에서는 전술한 바와 같이 한자 아래의 좌우 양편에 정음과 속음을 붙였다. 최세진은 역관譯官의 신분이어서 비록 역학에 조예가 깊었지만 그의 학술활동은 세종조 집현전 학자들의 것을 그대로 모방하는 데 그쳤다는 졸고(2000a)의 주장을 여기서 다시 한번 상기하게 된다.

---

48 李邊이 『訓世評話』를 漢語로 편찬한 것에 대하여는 『성종실록』(권31) 成宗 4년 6월 壬申조에 "領中秋府使李邊, 纂集古今明賢節婦事實. 譯以漢語, 名曰訓世評話以進, 傳曰今見所撰書, 嘉賞不己. 賜油席一張, 襄衣一件, 仍命饋酒, 令典校署印行"이란 기사 참조.

49 조선전기에 李邊이 지은 『訓世評話』는 한학서, 즉 漢語 학습서로 매우 인기가 있었다. 그런 이유로 '譯訓平話'가 '訓世評話'로 바뀐 것으로 보인다. 『訓世評話』에 대하여는 강신항(1990)과 박재연(1997)을 참조할 것.

이상 성삼문의 학문에 대하여 역학譯學연구를 중심으로 살펴보았다. 한반도는 지리적으로 중국과 인접하여 있고 역사적으로 정치, 법률, 행정의 여러 제도를 비롯하여 많은 문물을 대륙으로부터 수입하였기 때문에 중국어와 접촉할 기회가 많았다. 특히 문자로서 한자의 차용과 그에 대한 연구는 중국어의 역사적 변천을 인식하게 되었으며 또 중국어와 우리말의 차이를 의식하게 되었다. 그리고 동일한 문자로 기록된 중국어를 학습하는 과정에서 자연스럽게 우리말과 비교하게 되었고 그 차이점과 유사성을 고찰하게 된 것이다.

이러한 언어의 대비연구는 한자漢字와 한어漢語 학습을 위한 것으로 조선시대에는 이러한 연구를 역학譯學이라 불렀다. 물론 역학은 외국어 학습을 전제로 한 것이며 해당국의 언어와 국어를 비교하여 얻어진 결과를 해당언어의 학습에 이용하려는 것이다. 그러나 이러한 연구를 통하여 조선시대에는 우리말에 대한 깊은 연구가 이루어졌고 그 결과로 훈민정음이 제정된 것이라고 필자는 생각한다.

성삼문은 이렇게 창제된 훈민정음을 깊이 이해하였으며 실제로 이 문자의 해례解例에 참여하여 {해례}『훈민정음』을 편찬하는 데 참가하였다. 또 이 새 문자로 한자의 동음東音을 정리하여 『동국정운』을 편찬하는 데 주도적 역할을 했을 뿐만 아니라 그는 중국어 교육에 관심을 가져 표준 발음사전인 『홍무정운역훈洪武正韻譯訓』을 편찬하였고 중국어 학습의 강독 교재인 『직해동자습直解童子習』을 역훈譯訓하고 평화平話하여 한어漢語의 실제 교육에 사용하게 하였다.

이로부터 성삼문은 훈민정음을 사용하여 외국어를 학습하는 역학譯學의 방법을 개발하고 이를 크게 발전시켰다. 실제로 성삼문의 이러한 역학의 방법은 후대에 면면하게 이어져서 중종中宗조에 최세진이 이를 크게 중흥中興하게 하는 데 원동력이 되었으며 조선후기에 사역원司譯院과 실학자實學者들의 훈민정음 연구에도 그대로 계승된 것이다.

전통 국어학의 연구사에서 역학譯學의 연구는 언제나 중심 역할을 하였다. 더욱이 세종조에 『고금운회古今韻會』를 중심으로 한 북방음의 운서 연구가 없었다면 『동국정운』 23자모와 같은 우리말 표기에 획기적인 자모문자가 세상에 태어나기 어려웠을 것이다. 만일 〈절운切韻〉계 전통 운서의 연구에만 집착하였다면 훈민정음은 파스파 문자처럼 몽고어의 음운과 맞지 않는 36자모 체계를 마련하게 되어 한때 유행하다가 없어질 수도 있는 한시적 발음기호의 제정에 그쳤을지도 모른다.[50] 그런 의미에서 성삼문의 역학譯學 연구는 우리 전통국어학의 연구사에서 매우 중요한 위치를 차지한다고 보아야 할 것이다.

2. 신숙주(申叔舟)

3.2.0 필자는 2002년 7월에 문화관광부가 이 달의 문화인물로 선정한 매죽헌梅竹軒 성삼문成三問에 대하여 "성삼문의 학문과 역학譯學"이란 제목으로 논문을 발표한 바가 있다. 그때에 매죽헌과 더불어 당대 쌍벽을 이루던 보한재保閑齋 신숙주申叔舟에 대하여 많은 관심을 갖고 살펴보았고 이때에 쓴 원고를 손질하여 여기에 첨부한다. 이 두 사람은

---

50 파스파문자도 36字母를 모두 문자화하지는 않았다. 『몽고자운』의 '字母'에 전재된 36字母表에서 舌上音의 '知, 徹, 澄'에 해당하는 파스파문자와 正齒音 '照, 穿, 床'의 문자는 'ㅌ, ㅎ, ㅁ'으로 자형이 완전히 일치한다. 같은 문자로 치부한 것이다. 다만 이 운서에 부재된 '篆字母'에서는 서로 다른 자형을 보여준다.

세종조에 왕의 총애를 받으면서 같이 중국 운학韻學 연구에 정진하였고 그 결과 세종이 훈민정음을 창제한 다음에 이를 해례解例하는 데 지대한 공헌을 하였기 때문이다.

매죽헌 성삼문을 살펴보면서 그의 배후에는 항상 신숙주가 있었으며 집현전集賢殿에서 시작된 두 사람의 환로宦路는 처음에 성삼문이 앞섰으나 곧 신숙주가 그를 앞질러서 오히려 성삼문을 인도하기에 이르렀다. 아마도 강직하기만 하였던 성삼문에 비하여 비교적 온후하고 합리적인 신숙주의 인품이 두 사람의 환로 경쟁에서 보한재保閑齋가 앞서 가게 된 것으로 보인다. 아무튼 조선 초기 훈민정음의 창제를 둘러싼 중국의 운학이나 성리학적 지식, 그리고 중국어의 구사에 있어서 두 사람은 난형난제였던 것으로 보인다.

여기서는 보한재保閑齋 신숙주의 학문, 특히 그의 훈민정음 해례에 대한 공헌을 중심으로 이루어질 것이며 많은 부분에서 동학으로 참가한 성삼문의 이야기도 곁들이게 될 것이다.

1) 신숙주의 생애와 벼슬, 학문

3.2.1.0 먼저 훈민정음 창제와 관련하여 신숙주의 생애를 살펴보기로 한다. 신숙주의 생애에 대하여는 『조선왕조실록』과 그의 문집인 『보한재집保閑齋集』, 특히 『보한재 속집續集』 「부록附錄 연보年譜」의 '보한재선생연보保閑齋先生年譜'를 중심으로 고찰하고 후대의 연구논문에서 신숙주의 생애에 대한 부분을 인용하여 고찰하고자 한다.

신숙주는 자字가 범옹泛翁이며 본관은 고령高靈으로 태종 17년(1417) 6

월 13일에 공조참판工曹參判를 지낸 신장申檣의 다섯 아들 가운데 3남으로 태어났다.[51] 호를 보한재保閑齋, 또는 희현당希賢堂이라 하였는데 이 두 호號는 모두 그가 중국에서 만난 황찬黃瓚이란 운학자韻學者와 예겸倪謙이란 정치가와 관계가 있다.

희현당希賢堂이란 호는 그가 요동遼東에서 황찬을 찾아보았을 때에 그가 지어준 것이고[52] 보한재保閑齋는 그가 중국의 사신으로 갔을 때에 회동관會同館에서 만난 예겸倪謙에게 자신의 새로 지은 정자亭子를 '보한保閑'이라 하였고 그에 대한 절구絕句 한시漢詩를 부탁하는 편지가 있어[53] 이 아호雅號의 내력을 알 수 있다. 그가 평소에 번잡을 물리치고 소일함이 한가함만 같지 못하고 한가함도 또한 얻기가 쉽지 않다는 생각을 갖고 있었으며 그로부터 '보한재保閑齋'란 아호를 즐겨 사용한 것이다.

황찬黃瓚은 명明의 한림학사翰林學士를 지낸 당대의 운학자로서 요동遼東

---

51 이들 5형제는 모두 뛰어난 재능을 가지고 있어 그들이 태어난 마을 오룡동(五龍洞)으로 부를 정도였다고 한다. 아버지는 세종 25년(433)에 돌아가셨고 맨 끝의 형제인 말주(末舟)를 제외하고는 모두 그보다 일찍 세상을 떠난 것으로 보인다.

52 『保閑齋集』'補遺'에 黃瓚이 '希賢堂'의 堂額을 써 준 전말을 "처음 숙주가 배우기 위하여 내게 와 있을 때에 그의 용모가 극히 단아하고 [중략] 얼마 후 돌아갔다가 한 달 남짓 되어 다시 왔는데 서로 주고받는 것이 간격이 없어서 그의 마음을 더욱 깊이 알 수 있어 이에 착한 선비로 지목하게 되었다. 그 뒤에 돌아가려 하면서 堂額을 부탁하기에 드디어 '希賢'으로 명명하였다. 운운"이라 하였다. 번역문은 안병희(2002)에서 재인용하였다. 『保閑齋續集』「附錄 年譜」'保閑齋先生年譜'에 의하면 세종 을축(1445)년 4월 8일에 "始號希賢堂"이란 제하에 '希賢'이란 호의 유래를 설명하였다.

53 신숙주가 문종 2년(1452)에 북경에 갔을 때에 숙소인 北京의 會同館에서 서울에서 교유했던 명의 관리 倪謙에게 絕句 두어 편을 지어달라는 부탁의 편지가 『보한재집』(16권)「書簡」의 '在燕京會同館呈倪學士謙手簡'에 수록되었다. 여기에서 '保閑'이란 호의 유래를 알 수 있는데 이 부분을 여기에 옮겨보면 "숙주는 어려서부터 글을 읽었으나 몽매하여 앎이 없고 성품이 영화로운 녹을 좋아하지 않으며 벼슬살이 하려는 뜻이 얕았습니다. 우리나라는 비록 작으나 관직은 이미 분수를 넘었으니 뜬 인생은 틈을 지나는 망아지처럼 잠간인데 스스로 골몰해 보아야 무엇 하겠습니까? 앞으로 이곳에 깃들어 살며 결백한 뜻을 지키려고 하는데 오직 번잡을 물리치고 소일함이 한가함만 같지 못하고 한가함도 또 한 얻기가 쉽지 않으므로 保閑으로 정자의 이름을 지었습니다. 운운"와 같다.

으로 유배를 당하였을 때에 신숙주와 성삼문이 여러 차례 찾아가서 운서에 대한 질문을 하여 서로 알게 되었다. 또한 예겸倪謙은 명明 황제의 칙사勅使로 서울에 왔다가 신숙주와 교유하게 되었다. 그는 역시 당대 운학의 대가로 알려졌으며 신숙주가 북경北京에 갔었을 때에도 그를 만난 일이 있었다.

3.2.1.1 신숙주는 7세 때에 후일 처조부妻祖父가 될 대제학大提學 윤희尹淮에게서 수학하기 시작하였으며 어려서부터 박람강기博覽强記로 유명하였다. 세종은 유학자들이 훈고訓詁만 존중하는 폐단을 없애기 위하여 시詩와 부賦를 시험하는 진사시進士試를 개설하였다. 세종 20년(1438)에 처음으로 실시한 진사시의 초시初試와 복시覆試에 신숙주는 연달아 장원으로 합격하였다. 제1회 진사시에 동방同榜 합격한 사람으로 서거정徐居正이 있음은 널리 알려진 사실이다. 그 후 성균관成均館에 입교하여 김반金伴에게 성리학性理學을 배웠고 세종 21년(1439)에 생원시험과 전시殿試에 을과乙科 3인으로 합격하였다.[54]

전시殿試 합격 후에 바로 전농시典農寺[55] 직장直長(종7품직)을 초사初仕로 하여 환로에 나아갔으며 곧 제집사祭執事로 차정差定되었지만 첩문帖文이 제대로 전달이 되지 않아 출사하지 못하여 파직되었다. 다음 해에 주자소鑄字所의 별좌別坐라는 서반西班의 직을 얻었으나 곧 집현전集賢殿의 부수찬副修撰이 되었다. 비로소 제 자리에 앉게 된 것이다.

여기서 그는 장서각藏書閣의 많은 서적을 탐독하였는데 다른 이를 대

---

54 당시 大科인 殿試에서는 중국과 동일하게 할 수 없다고 하여 甲科는 없애고 乙科만 두었으니 그는 科擧의 문과 甲科 3인으로 합격한 것과 같다. 당시 7인의 급제자가 있었다고 한다.
55 典農寺는 세조 6년(1460)에 司贍寺로 개명되었다.

신하여 야간의 숙직을 하면서 책을 읽었고 이 사실을 내관^{內官}으로부터 들은 세종이 어의^{御衣}를 한 벌 내린 일은 두고두고 많은 이들의 입에 오르내린 바가 있다. 집현전 학사들의 학구열은 대단하여 세종은 드디어 신숙주는 물론 성삼문, 이석형^{李石亨}, 박팽년^{朴彭年}, 하위지^{河緯地} 등에게 사가독서^{賜暇讀書}의 은전^{恩典}을 내리게 되었다(세종 24년, 1442). 그들은 서울 근교의 진관사^{津寬寺}에서 책을 읽었으며 신숙주는 여기서 일본의 사신으로 떠날 때까지 손에서 책을 놓지 않았다.

세종 25년에 서장관^{書狀官}으로 일본의 통신사행^{通信使行}(正使 卜孝文, 副使 尹仁甫)을 수행한 이래 중국에도 여러 번 다녀왔고 문종 2년(1452)에는 수양대군(후일의 세조)을 정사^{正使}로 하는 사은사^{謝恩使}의 서장관으로, 세조 1년(1455)에는 주문사^{奏文使}로 중국을 다녀오게 되어 조선시대에 가장 외국을 많이 다녀온 중신^{重臣} 가운데 하나가 되었다. 그의 경륜^{經綸}과 학문은 단지 서책에서 얻은 것만이 아니고 이처럼 외국의 문물을 직접 접하고 외국의 학자들과 교유하면서 얻어진 것이다.

3.2.1.2 세종 29년(1447) 가을에 중시^{重試} 문과시험에 4등으로 급제하여 집현전 응교^{應敎}에 올랐고 세종 30년(1448)에는 시강원^{侍講院} 우익선^{右翊善}과 세종 31년(1449)에는 춘추관^{春秋館}의 기주관^{記注官}을 겸임하였다. 그러나 세종이 생존 시에는 그의 본직이 집현전을 떠난 적이 없었다. 세종 32년(1450)에 사신으로 온 명^明의 한림시강^{翰林侍講} 예겸^{倪謙}을 만나 중국 운학에 대한 논의를 하면서 교유를 시작한 것도 집현전 학사로 있을 때의 일이었다.

세종이 승하하고 나서 문종 원년(1451) 여름에 집현전 직제학^{直提學}을 끝으로 그는 집현전을 떠나게 된다. 그 해 5월에 사헌부^{司憲府} 장령^{掌令}에 임명되고 곧 이어 11월에 집의執義(종3품)로 승진하였다. 단종 즉위년 (1452)에 경연經筵의 시독관試讀官이 되었다. 문종이 승하하자 수양대군을 따라 중국의 사은사謝恩使를 수행하였으며 단종 원년(1453) 봄에 용양시 위사龍驤侍衛司의 상호군上護軍 겸 지병조사知兵曹事가 되었고 계유정난癸酉靖難 이후에는 좌승지左承旨, 그리고 단종 2년(1454)에는 도승지都承旨가 되었다.

3.2.1.3 세조가 즉위한 이후 그의 환로는 더욱 틔어서 예문관藝文館 대제학大提學이 되었고 고령군高靈君에 봉해졌다. 세조 원년(1455) 10월에 세조의 즉위를 명明에 알리고 명의 고명誥命을 받아오는 주문사奏聞使로 중국에 갔다가 세조 2년 2월에 귀국하였다. 귀국하고 바로 병조판서兵曹判書 가 되어 국방을 담당하게 되어 일본과의 관계에 관심을 갖게 되었다. 소위 사육신의 난으로 알려진 단종 복위 운동이 발각되자 이를 잘 수습하고 그 공으로 중추원中樞院 판사判事 겸 성균관 대사성大司成이 되었다.

세조 3년(1457)에는 좌찬성左贊成으로 승차하였고 세조 4년(1459)에 북정北征을 준비하는 세조가 그를 황해, 평안도 도체찰사都體察使로 삼았다가 겨울에 우의정右議政으로 불러 들였다. 세조 5년에는 함길도 도체찰사로, 그리고 이어서 좌의정左議政에 올랐다. 이듬해 세조 6년(1460)에는 함길도 도체찰사 겸 선위사宣慰使로 임명되어 북방 야인을 정벌하였다. 세조 8년 (1462)에 영의정領議政에 임명되었다가, 그리고 세조 12년(1466)에 만기 퇴임하였으며 세조 13년에는 다시 조정에 불려나와 예조판서가 되었다.

세조가 승하하고 예종이 즉위하자 세조의 유명遺命으로 원상院相이 되었으며 같은 해에 남이南怡의 난을 처리하고 수충보사병기정난익대공신輸忠保社炳幾定難翊戴功臣의 호를 받았다. 예종이 일찍 승하昇遐하고 어린 성종이 즉위하는 일에 깊이 관여하여 성종 원년(1470)에 순성명량경제홍화

좌리일등공신純誠明亮經濟弘化佐理一等功臣의 호를 받았다. 그 해에 다시 영의정에 임명되었으며 여러 차례 사직을 표하였으나 받아드려지지 않았다. 뿐만 아니라 여러 번 과거의 시관試官이 되어 후학을 길렀고 많은 저술을 남겼으며『고려사절요高麗史節要』,『국조보감國朝寶鑑』 등의 편찬에도 참가하였다. 성종 6년 6월 21일에 향년 59세로 세상을 떠났다.

3.2.1.4 신숙주는 어려서부터 박람강기博覽强記하고 한문漢文을 잘하여 시문詩文에 능할 뿐 아니라 구어인 한어漢語도 능통한 것으로 알려졌다. 명나라 한림시강翰林侍講 예겸倪謙 등이 사신으로 왔을 때에 그들과 한시漢詩를 주고받았으며 요동遼東에 유배되어 온 황찬黃瓚과는 중국운학에 관하여 토론을 거침없이 나누었다고 한다.

신숙주의 외국어 실력에 대하여『보한재집』(부록)에 수록된 강희맹姜希孟의 '문충공행장文忠公行狀'에 "公俱通漢倭蒙古女眞等語, 時或不假舌人, 亦自達意. 後公手諸譯語以進, 舌人賴以通曉, 不假師受-공은 한어, 왜어, 몽골어, 여진어 등을 모두 잘 해서 통역의 힘을 빌리지 않고 스스로 뜻을 전할 수가 있었다. 나중에 공은 스스로 역어譯語(언어를 통역하는 교육)의 교재를 지어 받쳤는데 역관들이 공부하는 데 많은 도움이 되었고 스승의 가르침이 없어도 되었다"라는 기사가 있을 정도다.[56]

이러한 외국어의 지식은 그가 다른 집현전 학자들과 더불어 세종의 훈민정음을 고유어와 한자어의 예를 들어 해석한 {해례본}『훈민정음』의 간행에 많은 도움을 주게 되었다. 또한 그의 한어漢語에 대한 지식은『절운切韻』과 같은 중국의 전통 운서의 발음과 현실 중국어음, 즉

---

56 문하생 李坡와 李承召의 신숙주 碑銘에도 유사한 내용이 실려 있다.

북경 관화음과 우리 한자음의 차이를 인식하게 되었고 이에 근거하여 우리 한자음을 정리하여 『동국정운東國正韻』을 간행하는 데 주도적 역할을 하게 된다.

2) 신숙주와 훈민정음의 해례(解例)

3.2.2.0 신숙주는 훈민정음의 해례에 많은 공헌을 하였다. 훈민정음은 세종의 친제親制이었으며 세종 계해癸亥년(1443) 12월에 완성된 것으로 알려졌다. 세종의 훈민정음 창제는 제1장에서 살펴본 바와 같이 동궁東宮과 대군大君, 그리고 공주公主들과 같은 가족들만이 참가하는 비밀 프로젝트의 소산이었다.[57] 이렇게 제작된 훈민정음은 당시 집현전 학자들에게도 당혹스럽기 짝이 없는 제왕帝王의 문화사업이었다. 그들이 이 새 문자의 창제를 공식적으로 알게 된 것은 아마도 이 문자를 이용하여 '운회韻會'를 번역하라는 명령에 의한 것으로 보인다.[58]

『세종실록』(권103)의 세종 26년 2월 병신丙申조의 기사에 의하면 세종이 계해년(1443) 12월에 훈민정음을 창제한 지 미처 두 달로 지나지 않은 甲子年(1444) 2월 16일에 집현전의 소장 학자들에게 운회의 번역을 명하고 동궁과 진양晉陽, 안평安平 대군들에게 이 일을 감장監掌하게 하였음을 알 수 있다.[59] 진양대군은 후일의 수양대군首陽大君을 말하면 조카인

---

57 세종의 둘째 따님인 貞懿公主가 훈민정음 창제에 도움을 준 것에 대하여는 『竹山安氏大同譜』의 기사를 들 수 있다. 이 기사에 의하면 공주가 훈민정음으로 '變音吐著'의 난제를 해결하였다고 되었는데 아마도 당시 吐, 즉 口訣을 훈민정음으로 표시한 것을 말한다.
58 여기서 말하는 '韻會'는 元代 黃公紹가 지은 『古今韻會』로 보이나 이 책은 간행된 일이 없기 때문에 그의 제자인 熊忠이 이를 간략하게 줄여서 간행한 『고금운회擧要』를 말한다.
59 세종이 자신 지은 훈민정음으로 '韻會'를 번역하도록 명한 신하는 대부분 집현전 소속의 학자들로서 집현전 校理 崔恒, 副校理 朴彭年, 修撰 成三問, 副修撰 申叔舟·李善老·李塏 등과 敦寧府 主簿 姜希顔이다. 그리고 그의 세 아들인 동궁과 晉陽大君 李瑈, 安平大

단종端宗을 밀어내고 세조가 되었다.

여기서 운회韻會의 번역翻譯은 원대의 운선인 〈고금운회〉, 또는 〈고금운회거요〉의 번역을 말하는 것으로 이미 이 운서는 몽운, 즉 〈몽고운략〉과 〈몽고자운〉에서 파스파 문자로 번역되었다. 여기서 번역이란 한자를 표음문자로 발음을 전사하는 것을 말한다. 따라서 파스파 문자와 훈민정음의 문자 대응을 알면 어렵지 않게 운회韻會를 번역할 수 있다. 졸고(2011a)에서는 신숙주의 『사성통고四聲通攷』로부터 최세진의 『사성통해四聲通解』로 전재轉載된 〈광운廣韻 36자모지도〉나 〈운회韻會 35자모지도〉, 그리고 〈홍무운洪武韻 31자모지도〉는 몽운의 파스파 문자와 훈민정음의 대응을 위한 도표로 보였다.

3.2.2.1 새로운 한자의 정음을 정하는 커다란 일이 자신들도 모르게 진행된 것을 알게 된 집현전의 중견 간부들은 4일 뒤인 2월 20일에 부제학副提學 최만리崔萬理를 중심으로 하여 직제학直提學 신석조辛碩祖 등 7인이 훈민정음의 창제를 반대하는 상소문을 올리게 된다. 물론 이 반대 상소에는 운회韻會의 번역을 명령을 받은 집현전의 소장학자들은 참가하지 않았다. 이 반대 상소문을 본 세종은 새 문자의 창제에 대한 여러 신하들의 보다 명확한 이해와 새 문자의 제자와 사용에 대한 보다 정밀한 해설이 필요함을 통감하고 운회의 번역작업을 수행하는 집현전의 소장학자들로 하여금 새 문자 훈민정음의 해설서를 편찬하게 한다.

그리하여 세종 28년(1446) 9월 상한上澣에 완성된 이 해설서는 '훈민정음訓民正音'이란 서명으로 세종의 서문序文과 예의例義, 그리고 이에 대한 집

君 李瑢이 이 일을 감장(監掌)하게 하였다는 기사가 『세종실록』(권103) 세종 26년 2월 병신(丙申)조에 보인다.

현전 학자들의 해례^{解例}와 정인지^{鄭麟趾}의 후서^{後序}를 붙여 간행하게 된 것이다. 이것이 오늘날 원본으로 알려진 훈민정음으로 보통 훈민정음의 〈해례본〉으로 불리며 오늘날에는 이 책이 간행된 9월 상한^{上澣}을 양력으로 환산하여 10월 9일을 한글날로 정하여 기념한다.

3.2.2.2 훈민정음의 해례에 참가한 학자들은 당시 예조판서^{禮曹判書}로서 집현전 대제학^{大提學}을 겸임하고 있던 정인지^{鄭麟趾}의 후서^{後序}에 명기되었다. 그에 의하면 집현전 응교^{應敎} 최항, 부교리^{副校理} 박팽년, 신숙주, 수찬^{修撰} 성삼문, 부수찬^{副修撰} 이개, 이선로^{李善老}, 그리고 돈녕부^{敦寧府} 주부^{主簿} 강희안 등이 참가하였음을 알 수 있고 이들은 운회의 번역에 동원된 인원과 일치한다. 정인지를 포함한 이들 8명의 학자들은 '친간명유^{親揀名儒}(임금이 친히 뽑은 이름 있는 선비)'라는 별명이 붙을 정도로 세종이 총애하는 학자들이었다.[60] 그러나 친간명유는 신숙주와 성삼문이 중심이었는데 정인지를 제외한 최항, 박팽년, 강희안, 이개, 이선로^{李善老}[61] 등 7인은 훈민정음의 해례만이 아니라 새 문자를 이용하여 한자음을 정리한 『동국정운^{東國正韻}』의 편찬에도 주도적 역할을 하였으며 『용비어천가^{龍飛御天歌}』의 한시를 번역하여 국문가사를 짓는 일에도 참가하였다. 다시 말하면 세종이 발명한 새 문자를 가장 제대로 사용할 수 있는 사람들이었다.

---

60 親揀名儒라는 별명에 대하여는 申叔舟의 『保閒齋集』에 附載된 任元濬의 序文에 "世宗創制諺文, 開局禁中, 極簡一時名儒, 親揀名儒著爲解例, 使人易曉"라는 구절에서 세종이 여러 名儒 가운데서 친히 뽑은 학자들을 시켜 훈민정음의 해례를 저술하게 하였음을 알 수 있다. 또 崔恒의 『太虛亭集』에 수록된 姜希孟의 崔恒墓誌에 "世宗創制諺文, 開局禁中. 親揀名儒八員, 掌制訓民正音, 東國正韻等書 [下略]"에도 親揀名儒가 『訓民正音』과 『東國正韻』 등의 편찬을 관장하였다고 기술하고 있다. 여기서 『訓民正音』은 세종 28년에 간행된 〈해례본〉을 가리킬 것이다.
61 전술한 李賢老가 후일 개명하여 李善老가 되었다.

세종이 이들 친간명유들을 훈민정음의 해설에 동원한 것은 운서의 번역에 앞서 최만리 등의 반대 상소문에서 노정露呈된 새 문자의 문제점을 보완하고 이들만이라도 새 문자를 완전하게 이해해 주기를 바란 것으로 볼 수 있다. 신숙주도 이 해설에 참가하였음은 정인지의 후서後序에서 확인할 수 있다. 다만 운회의 번역을 하명下命 받았을 때에는 부수찬副修撰(從6品)으로서 집현전의 수찬修撰(正6品)인 성삼문보다 하위계급에 있었으나 {해례본}『훈민정음』이 간행될 때에는 신숙주가 부교리副校理(從5品)로 승진하여 오히려 수찬修撰인 성삼문을 추월하였다.

신숙주가 이 훈민정음의 해례에 참가한 것은 그가 새 문자의 제자와 초初·중中·종성終聲의 의미 및 그 합자合字의 원리, 그리고 그 사용의 예를 모두 숙지하고 있음을 말한다. 새 문자의 해설서인 {해례}『훈민정음』에서 다음 사항은 새 문자를 창제한 세종의 숨은 뜻과 이에 대한 이론적 해설을 덧붙인 집현전 학자들의 새 문자에 대한 기본적인 태도를 감지하게 한다.

첫째는 세종의 어제서문의 "御製曰 : 國之語音, 류乎中國, 與文字不相流通"이란 첫 구절이 앞에서 논의한 바와 같이 한자의 우리 발음과 중국어의 발음이 서로 달라서 동일 한자라도 중국인과 대화할 때에 서로 통하지 않는다는 뜻으로 볼 수밖에 없다. 실제로 고려 말과 조선 전기의 유학자들은 한문에 정통하였으며 중국인과의 접촉에서 같은 한자를 사용하지만 그들이 사용하는 당시 북경北京의 동북방언 한자음과 달라서 서로 의사소통이 불가능하였다. 이 구절은 이것을 지적한 것으로 보는 것이 전체 맥락에서 타당하다고 본다.

다음으로 정인지의 후서에 "雖風聲鶴唳鷄鳴狗吠, 皆可得而書矣 - 비록 바람 소리나 학의 울음소리, 닭소리, 개가 짖는 소리일지라도 모두

글로 쓸 수 있으니"라는 구절이다. 이것은 당시 집현전 학자들이 훈민
정음을 어떤 소리라도 적을 수 있는 표음문자로 보았음을 증언하는 것
이다. 이것은 새 문자를 창제하여 바로 '운회韻會'의 번역을 명한 사실로
보아 세종은 적어도 새 문자가 한자의 중국어 발음을 표음할 수 있는
발음기호로 생각한 것이 아닌가 한다. 이것은 훈민정음의 모델이 된 원
대元代 파스파 문자의 경우와 같다.

신숙주는 성삼문 등과 같이 훈민정음 해례에서 볼 수 있는 새 문자
제정에 대한 이와 같은 태도를 그대로 받아드린 것으로 보아 틀림이
없을 것이다. 그는 이 문자를 이용하여 우리의 한자음을 중국의 전통
운서음에 맞추어 정리하는 작업에 참가하였고 이어서 새 문자를 중국
어 교육에서 발음기호로 이용하였다.

3.2.2.3 『동국정운』의 편찬에 신숙주를 비롯한 친간명유親揀名儒가
참가하였음은 신숙주의 '동국정운서序'에 명시되었다. 즉 신숙주의 서문
에 의하면 집현전의 응교應敎 신숙주를 비롯하여 직제학直提學 최항, 직전直
殿 성삼문·박팽년, 교리校理 이개와 이조정랑吏曹正郎 강희안, 병조정랑兵曹正
郎 이현로 등 전술한 친간명유 7인과 승문원承文院 교리 조변안曺變安, 부교리
김증金曾 등으로 하여금 한자음을 정리하여 『동국정운』을 편찬하게 하였
음을 알 수 있다. 이 서문에서 당시 우리의 한자음에 대하여 항간에 통용
하는 속음俗音을 채집하고 전적을 널리 상고하여 그 자주 쓰이는 발음을
기본으로 삼았고 고운서古韻書의 반절反切에도 맞는 발음을 찾아 표준음으
로 정한 것이 '동국정운東國正韻', 즉 우리나라의 바른 운이라고 한 것이다.

앞에서 살펴 본 바와 같이 『동국정운』의 한자음은 우리 한자음, 즉
동음東音이 국어의 음운 구조에 의한 것임을 알고서 신숙주의 '동국정운

서'에는 우리말과 중국과 다르지만 한자음은 같아야 한다고 전제하고 한자의 동음東音과 중국의 한음漢音이 다른 것을 논술하였다. 이 서문에서 『동국정운』은 동음東音이 우리말의 어음에 이끌리고 또 우리말의 음운에 따라서 변한 것임을 분명히 하였다. 또 글자 모습이 비슷하여 같은 음으로 발음된 것도 있고 기휘忌諱로 인하여 다른 음으로 발음되던 것이 그대로 남은 것도 있음을 밝혔다. 그리고 두 자가 합해서 하나된 것, 또는 반대로 하나가 둘이 된 것, 또는 다른 글자를 차용하거나 점과 획을 가감한 것이 있어 동음東音과 화음華音은 서로 다르게 되었음을 지적하였다고 다고 앞에서 살펴보았다.

우리나라에 한자가 유입된 것은 고조선 시대까지 소급한다. 본서의 제3장 3.1.2.2에서 살펴본 것처럼 고조선의 기자조선箕子朝鮮이나 위만조선衛滿朝鮮에서 통치문자統治文字로서 한자가 사용되었다고 보았고 고조선 시대를 지나서 한사군漢四郡 시대에 한자가 통치문자로서 당시 우리말을 기록하였지만 이 문자는 관리官吏들이 사용한 것이고 일반 백성들이 사용한 것은 아님을 지적하였다. 따라서 한자가 본격적으로 한반도에 보급된 것은 삼국시대의 일이라고 보았다.

물론 삼국시대 전기에는 백성에게 권위와 위엄을 갖추어야 하는 관직명官職名이나 인명人名, 지명地名을 한자로 표기하였다. 이 문자는 발음이 중요한 것은 아니고 의미의 파악을 위한 것이므로 한자의 사용이 훈석訓釋을 중심으로 표기하였다. 후에 한자의 발음까지 이용하여 향찰鄕札과 이두吏讀, 구결로 발전하게 되었다. 그리고 이와는 별도로 한문이 학습되면서 우리말과 한문의 문법적 차이에도 관심을 갖게 되었다. 삼국시대에 한문의 유입은 중국어를 배경으로 한 것이고 한문의 학습은 자연히 중국어의 학습을 의미하게 되었다.

당시 중국어는 많은 방언으로 나뉘어져 있어서 우리말을 한자로 표기한 것을 고찰할 때에 어느 시대 어느 방언음의 한자로 우리말을 표기하였는가를 살피는 것이 중요하다. 왜냐하면 당시의 중국어 발음이 오늘날 우리 한자음의 모태母胎가 되었기 때문이다. 중국의 여러 방언에서 표의表意 문자인 한자는 동일한 의미에 동일한 한자가 사용되었지만 그 발음은 서로 달랐으며 따라서 어떤 방언으로 발음하였는가는 우리 한자음의 기반이 어디에 있는가를 결정하게 될 것이다.

한반도에서는 중국어의 역사에서 상고어上古語, Archaic chinese로 된 사서오경四書五經으로 한문을 학습하였으며 당대唐代의 중고어中古語, Ancient Chinese가 우리 한자음의 기반이 되었다고 본다(졸고, 2003). 상고어는 유자儒者들이 학습하는 교재인 사서오경의 중국어여서 모두 익숙하게 익혔다. 특히 본서의 제3장 3.1.2.2에서 고찰한 바와 같이 상고어上古語가 동주東周의 수도 낙양洛陽의 말을 기초로 한 아언雅言이며 춘추전국시대를 거쳐 한漢·당唐 때에 서울이었던 장안長安의 말이 중고어中古語, 즉 통어通語라고 하였다. 이 통어의 한자음을 기반으로 하여 한반도의 한자음, 즉 동음東音이 된 것이라고 주장하였다.

그러나 원대元代에 북경北京을 수도首都로 정하면서 이곳의 동북방언이 표준어가 되었다. 당시 이곳에 거주하는 여러 북방 민족들은 한아漢兒라고 하여 종래 오아吳兒의 아언雅言이나 서북방언인 통어通語와는 매우 다른 중국어가 표준어로 등장한 것이다. 중국 북방의 한아漢兒들이 사용하는 언어를 한아언어漢兒言語라고 하였고 고려 중기 이후에는 이 언어를 배워서 원元의 관리들과 소통하지 않을 수 없게 되었다.

이 한아언어漢兒言語, 줄여서 한어漢語의 한자음을 반영한 『중원음운中原音韻』(周德淸, 1324)은 지나치게 혁신적이어서 조선 전기에 이를 받아드리기 어려웠다. 왜냐하면 종래의 절운계切韻系 운서인 수대隋代의 『절운切韻』이나 당대唐代의 〈당운唐韻〉, 그리고 송대宋代의 〈광운廣韻〉 등에 익숙했던 조선 전기의 유학자들에게 이 운서는 너무나 다른 운서였기 때문이다. 그리하여 훈민정음 제정자들은 비교적 광운계廣韻系 운서를 많이 추종한 〈고금운회古今韻會〉에 의존하여 새로운 원대元代 한자음을 익히려 하였다. 훈민정음을 제정하고 바로 이 문자로 운회韻會를 번역한 이유가 여기에 있다.

따라서 신숙주는 고려후기에 유입된 한자 가운데 원대 한아언어漢兒言語의 발음을 우리의 동음東音과 비교하여 『동국정운』을 편찬하는 일에 종사하게 된다. 이 운서가 편찬된 시기는 바로 명明 태조가 원대元代 한아언어漢兒言語에 대하여 대대적인 언어순화言語醇化 운동을 펼쳤고 그 결과 『홍무정운洪武正韻』을 칙찬勅撰 운서로 간행하여 제국帝國의 표준음을 정하였기 때문이다. 따라서 우리 한자음, 즉 동음東音에 대한 전면적인 검토가 이루어진 다음에 〈홍문정운〉과 같이 인위적인 표준음을 정하려고 한 것이 〈동국정운〉이다.

당시 중국의 표준 한자음은 통어通語를 기반으로 한 동음東音과는 매우 다른 한자음으로 명明의 수도 금릉錦陵 즉, 남경南京의 발음을 기반으로 하여 인위적으로 정하게 된 것이다. 더구나 영락제永樂帝가 15세기에 수도를 다시 북경北京으로 옮긴 다음에 남경관화南京官話는 역시 생명을 잃게 된다. 따라서 실제 사용되는 한자음이 아니라 인위적으로 정한 발음이고 동북방언의 한어와 달라 실제 발음과 많이 다른 〈홍무정운〉이나 역시 〈고음운회〉에 맞추어 인위적으로 정한 〈동국정운〉이 모두 후대에 사라지게 되었다. 이 한자음들은 당시 과거 시험 등에서 일부 사용되었으나 곧 생명을 다 하게 된다. 아무리 제왕帝王의 권력이라도 언어까지도 마음대로 정할 수는 없기 때문이다.

3) 신숙주와 『홍무정운역훈(洪武正韻譯訓)』

3.2.3.0　　다음에 신숙주와 『홍무정운역훈洪武正韻譯訓』에 대하여 살펴보기로 한다. 신숙주가 중국어, 특히 한어漢語에 능통하였음은 앞에서 살펴본 바가 있다. 실제로 그는 여러 차례 중국을 방문하면서 자신의 중국어 지식을 넓혀갔던 것이다. 신숙주의 중국어 학습은 그가 요동遼東을 왕래하면서 이루어졌다. 앞의 3.1.3.0에서 인용한 『선조실록』(권7) 선조 6년 1월 계사癸巳조의 기사에 "[前略] 又陳曰∶'文臣能漢語堪爲御前通事至少, 故國家必預爲之培養, 在世宗朝聞, 中朝名士適遼東。至遣申叔舟、成三問等, 往學漢語吏文"(언해는 3.1.3.0을 참조)라는 기사가 있어 신숙주가 요동遼東에 가서 명明의 명사名士에게 한어를 학습하였음을 알 수 있다.

여기서 명사라 함은 당시 명明의 한림시강원翰林侍講院에서 학사學士로 있다가 요동遼東으로 유배流配를 온 황찬黃瓚을 말하며 신숙주 등이 그에게 한자음을 질문하기 위하여 요동에 갔던 것을 지적한 것이다. 신숙주가 요동에 가서 황찬黃瓚에게 운서를 질문하였다는 제1장의 1.1.4.4에서 인용한 것처럼 세종 27년(1445)의 일이 처음으로 보인다. 즉 『세종실록』(권107) 세종 27년 정월 신사辛巳조에 "遣集賢殿副修撰申叔舟、成均注簿成三問、行司勇孫壽山于遼東, 質問韻書 - 집현전 부수찬 신숙주와 성균관 주부 성삼문, 사용 손수산을 요동으로 보내어 운서를 질문하다"라는 기사가 있어 신숙주, 성삼문, 손수산孫壽山이 요동遼東에 가서 황찬黃瓚에게 운서에 관한 것을 질문하였음을 알 수 있다.

이때의 일은 전게한 신숙주의 『보한재집保閑齋集』(권7)에 부록된 이파李坡의 '신숙주묘지申叔舟墓誌'에서 좀 더 자세한 사실을 알 수 있으며 앞의 3.1.3.0에서 인용한 바와 같이 "그때에 한림학사 황찬이 죄로 요동에 유배되었는데 을축년(1445) 봄에 공(신숙주를 말함)이 중국에 가는 사신을 따라 요동에 도착하여 황찬을 보고 질문하였다. 공이 언문자로 중국어의 발음을 번역하여 질문에 따라 잘못된 것을 풀어내는 털끝만한 차이도 없었으니 황찬이 크게 기특하게 여겼다. 이로부터 요동에 다녀온 것이 13번이다"와 같이 황찬黃瓚을 만나 한자음에 관한 질문이 있었음을 밝혀주고 있다.

이에 의하면 신숙주는 성삼문과 함께 여러 차례 요동을 방문하여 황찬으로부터 한어를 학습하였음을 알 수 있다. 이것은 신숙주가 성삼문과 함께 훈민정음을 완전하게 숙지하고 이 문자로 황찬이 일러주는 한자의 중국어음을 표기한 것임을 말한다. 당시는 비록 훈민정음의 해례가 아직 완성되지 않았으나 새로 만든 문자를 능숙하게 사용하였음을 말한다.

황찬 역시 〈고금운회〉 계통의 몽운, 즉『몽고운략蒙古韻略』과『몽고자운蒙古字韻』의 파스파 문자의 한음 표기를 이해하고 그것으로 신숙주와 성삼문에게 한음을 가르쳤을 것이다. 왜냐하면 이때에 황찬黃瓚에게 질문한 운서는 시기적으로 보아『고금운회거요』에 관한 것이기 때문이다. 따라서 한 쪽에서는 파스파 문자로, 또 한 쪽에서는 훈민정음으로 중국어음을 표음하여 비교한 것이 아닌가 한다. 이때의 질문 결과가『동국정운』으로 실현되었음은 앞에서 언급하였다.

3.2.3.1 몽골의 쿠빌라이 칸이 원元을 건국하면서 북방민족들 사이에 새 국가에는 새 문자의 전통에 따라 파스파 문자를 제정하여 국자國字로 삼는다. 이 문자는 팍스파八思巴 라마가 황제皇帝의 칙령勅令으로 만든 것으로 훈민정음을 제정하고『동국정운』을 편찬한 것처럼 파스파 문자를 제정한 다음에 전술한 몽운蒙韻, 즉『몽고운략』,『몽고자운』, 그

리고 {증정}『몽고자운』을 편찬한다. 팍스파 라마는 불경에 들어있는 실
담悉曇의 마다摩多와 체문体文에 의거하여 7개의 유모자喩母字, 즉 모음자와
36개의 성모자聲母字, 즉 자음자를 만든다(졸저, 2009).

그리하여 원대元代에 간행된 성희명盛熙明의 『법서고法書考』나 도종의陶宗
儀의 『서사회요書史會要』에서는 36개 성모聲母에 대한 글자와 7개 유모喩母
에 대한 글자를 합하여 파스파 문자를 43개로 명기하였다.[62] 그러나 실
제 이 두 책에서 보인 글자 수는 41개뿐으로 2개의 성모聲母가 이미 중
복되었기 때문이다. 이에 대하여는 『원사元史』(권202) 「전傳」 89 '석로釋老
팍스파八思巴'조에는

中統元年, 世祖卽位, 尊他爲國師, 授給玉印。令他製作蒙古新文字,
文字造成後進上。這種文字祇有一千多個字, 韻母共四十一個, 和相關聲
母造成字的, 有韻關法; 用兩個、三個、四個韻母合成字的, 有語韻法;
要點是以諧音爲宗旨。 -중통(中統) 원년에 세조가 즉위하고 [팍스파]를
존경하여 국사를 삼았다. 옥인(玉印)을 수여하고 몽고 신문자를 제작하
도록 명령하였고 그는 문자를 만들어 받쳤다. 문자는 일천 몇 개의 글자
이었고 운모(韻母)는 모두 41개이었으며 성모(聲母)가 서로 관련하여 글
자를 만들고 운이 연결하는 법칙이 있어 두 개, 세 개, 또는 네 개의 운모
가 합하여 글자를 이루며 어운법(語韻法)이 있어 요점은 음이 화합하는
것이 근본 내용이다.

라 하여 34개 성모자聲母字에 7개 유모자喩母字를 제정한 것으로 하였다.[63]

---

62 이에 대하여는 『法書考』의 "[前略] 我皇元肇基朔方, 俗尙簡古, 刻木爲信, 猶結繩也。[中
略] 乃詔國師拔思巴, 采諸梵文, 創爲國字, 其母四十有三。"와 『書史會要』의 "[前略] 奄有
中夏, 爰命巴思八, 采諸梵文, 創爲國字, 其功豈小補哉。字之母凡四十三。"이란 기사를
참고할 것. 본문의 '拔思巴'와 '巴思八'는 '八思巴'를 표기한 것이다.
63 현전하는 朱宗文의 {증정}『몽고자운』런던 초본에는 喩母가 이미 聲母에 속한 것으로

파스파 문자로 한자음을 표음한 운서로 『몽고운략蒙古韻略』, 『몽고자운 蒙古字韻』을 흔히 몽운蒙韻, 또는 몽고운蒙古韻이라 하는데 이 운서들은 『고금 운회』와 『사성통해』에 인용되었다. 최세진의 『사성통해』의 권두에 '범례 凡例' 26조가 실렸다. 그 첫 조에 "蒙古韻略元朝所撰也。[中略] 乃以國字飜 漢字之音, 作韻書以敎國人者也 - 〈몽고운략〉은 원나라에서 지은 것이 다. [중략] 국자國字(파스파 자를 말함)로 한자의 발음을 전사하여 운서를 만 들고 이로써 나라 사람들을 가르친 것이다"라고 하여 이 몽운蒙韻이 파스 파 문자로 한자음 표음하여 국인國人, 즉 몽고인들에게 한자를 교육하는 데 사용하였음을 알 수 있다. 이것은 물론 신숙주의 『사성통고四聲通攷』에 서 인용된 것으로 보아야 할 것이다.

3.2.3.2 파스파 문자를 제정한 팍스파八思巴 라마는 흔히 라마교 Lamaism라고 부르는 티베트 불교의 승려이다. 원래 불경 속에 전해오는 비가라론毗伽羅論의 성명기론聲明記論에 의거하여 티베트의 서장西藏 문자가 제정되었다. 즉, 7세기 중반에 티베트 토번吐蕃 왕국의 송첸 감포松贊干布 대왕이 신하들을 인도에 파견하여 비가라론毗伽羅論의 성명기론聲明記論을 배우고 돌아와서 티베트어를 표기할 수 있는 표음문자를 만들게 하였 으니 이것이 바로 서장西藏 문자다. 원대元代 황제의 칙명勅命을 받은 팍스 파는 고국故國인 토번吐蕃에 돌아와서 서장 문자에 의거하여 한자음을 표 음하고 몽고어를 표기할 수 있는 파스파 문자를 만들었다.

서장西藏과 파스파 문자 제정의 기반이 된 비가라론毗伽羅論은 범어梵語 의 "분석하다"는 'Vyākaraṇa'를 한역漢譯하여 한자로 적은 것이니 산스크

하였기 때문에 여기에 속한 파스파字가 6개뿐이다. 거기에다가 舌頭音의 '泥 ㄴ'와 舌上 音의 '孃 ㄴ'이 동일하여 모두 41개의 글자만 제시하였다(졸저, 2009 : 191~192).

리트어, 즉 범어梵語의 분석 문법론인 셈인데 기론記論으로 의역意譯한다. 이 가운데 인간의 발화 음성vocal sound, 즉 성명聲明에 대한 비가라론의 연구가 바로 '성명기론聲明記論'이다.[64] 비가라론이 문법론이라면 성명기론은 음성학인 것이다. 티베트어나 중국어가 범어와 문법적으로 다르기 때문에 문법론인 비가라론毘伽羅論보다 음성학인 성명기론이 더 유용하게 인용되었다.

파스파 라마가 쿠빌라이 칸의 문자 제정에 대한 명령을 받고 토번吐蕃으로 돌아온 것은 아마도 중통中統 원년으로 보인다. 염상念常의 『불조역대통재佛祖歷代通載』(권21) 「왕반王磐 파스파 행장八思巴行狀」의 기사에 의하면 파스파 라마喇嘛는 중통中統 원년元年(1260) 12월에 국사國師가 된 다음에 문자를 만들라는 명을 받고 서장西藏으로 돌아갔다고 적었다. 아마도 이때에 문자를 만들기 위한 준비를 한 것으로 보이며 불경佛經 가운데 자모字母와 음운音韻에 관한 저술을 수합하고 주변의 서장西藏문자 전문가들과 토론을 하였을 것이다.

이렇게 만들어진 파스파 문자는 원元 세조의 조령詔令으로 반포된다. 즉 『원사元史』(권202) 「전傳」89 '석로 파스파釋老八思巴'조에

[前略] 至元六年, 下詔頒行天下。 詔令說 : "朕認爲用字來書寫語言, 用語言來記錄事情, 這是從古到今都采用的辨法。 我們的國家在北方創業, 民俗崇尙簡單古樸, 沒來得及制定文字, 凡使用文字的地方, 都沿用漢字楷書及畏兀文字, 以表達本朝的語言。 查考遼朝, 金朝以及遠方各國, 照例各有文字,

---

64 聲明은 불가 五明(pañca-vidyā-sthāna)의 하나인 '聲明'을 해명하는 학문이다. 五明은 다섯 가지 학문이나 기예를 말하며 '明'은 배운 것을 분명히 한다는 뜻이다. 따라서 聲明은 언어음을 밝혀내는 음성학이며 언어음과 문자를 연구하는 학문이다. 따라서 '聲明記論'은 聲明에 대한 毘伽羅論의 연구를 말한다.

如今以文教治國逐漸興起, 但書寫文字缺乏, 作爲一個朝代的制度來看, 實在是沒有完備。所以特地命令國師八思巴創制蒙古新字, 譯寫一切文字, 希望能語句通順地表達淸楚事物而已。從今以後, 凡是頒發詔令文書, 都用蒙古新字, 幷附以各國自己的文字。"[下略]－지원(至元) 6년(1269)에 반포하여 천하에 사용하라는 조칙(詔勅)을 내리다. 조칙의 명령은 "짐은 오로지 글자로써 말을 쓰고 말로써 사물을 기록하는 것이 고금의 공통 제도라고 본다. 우리들이 북방에서 국가를 창업하여 속되고 간단한 옛 그대로의 것을 숭상하고 문자를 제정하는 데 게을러서 [지금에] 쓰이는 문자는 모두 한자의 해서(楷書)나 위구르 문자를 사용하여 이 나라의 말을 표시하였다. 요(遼) 나라와 금(金) 나라, 그리고 먼 곳의 여러 나라들의 예를 비추어 보면 각기 문자가 있으나 우리가 지금처럼 문교로 나라를 다스려 점차 흥기하였는데 다만 서사할 문자가 없으니 한 왕조의 역대 제도를 만든 것을 보면 실제로 [이것이 없이는] 완비되었다고 할 수 없다. 그러므로 국사 파스파에게 몽고신자를 창제하라고 특명을 내려서 모든 문자를 번역하여 기록하라고 하였다. 그리하여 능히 언어가 순조롭게 통하고 각지의 사물이 바르게 전달되기를 바랄 뿐이다. 이제부터 대저 조령(詔令) 문서의 반포와 발행은 모두 몽고신자를 쓸 것이며 각국의 자기 문자는 함께 붙이게 하다.

― 졸저(2009 : 154~6)에서 인용

라는 파스파 문자를 반포하는 조령^{詔令}이 있어 이 문자 제정의 동기와 이유를 밝혔다. 실제로 이 문자를 제정하고 나서 바로 원^元 제국^{帝國}은 제로^{諸路}(路는 지금의 省과 같음)에 몽고자학^{蒙古字學}, 그리고 후에 국자학^{國字學}으로 이름을 바꾼 학교를 설치하여 이 문자로 몽고인에게는 한자를, 중국인에게는 몽고어를 교육하였다.[65]

---

65 이에 대하여는 『元史』(권6) 「世祖紀」(3)의 "至元六年七月。己巳, 立諸路蒙古字學。癸酉. 立國子學。－지원 6년 7월 己巳 일에 각 路에 蒙古字學을 세우고 癸酉 일에 國子學을 세우다"란 기사를 참조할 것(졸저, 2009 : 161).

3.2.3.3 이 문자는 조선 초기에 조선에서도 교육되었다. 졸저 (1990 : 136~7)에 의하면 『태조실록』(권6) 태조 3년(1394) 11월 갑술甲戌조에 '칠과입관보이법七科入官補吏法'이 있어 하급 관리를 시험하여 관리로 임명하는 제도를 마련하였음을 밝혔다. 그 가운데 외국어를 시험하여 역관에 임명하는 시험 방법에서 몽고어를 학습한 '습몽어자習蒙語者'의 경우 "能譯文字能寫字樣, 兼偉兀字, 爲第一科。只能書寫偉兀文字, 兼通蒙語者, 爲第二科 — 능히 문자를 읽을 줄 알고 자양을 쓸 줄 알며 겸하여 위구르 문자를 읽고 쓰면 제1과를 삼다. 오로지 위구르자만 서사書寫할 줄 알고 겸하여 몽고어에 통하면 제2과를 삼다"이라 하여 '자양字樣'과 '위구르자偉兀字'를 모두 능히 쓸 수 있는 자를 제1과로 하였는데 이때의 '자양字樣'은 파스파 문자를 말한다. 선초鮮初에는 명明이 실시하는 호원胡元의 잔재殘滓를 철폐하려는 조처가 극심하였기 때문에 조선에서 몽고신자, 즉 파스파 문자를 시험하는 일이 세상에 알려지는 것을 두려워하였다.[66]

특히 파스파 문자가 훈민정음처럼 한자음 표기를 위하여 제정된 것임을 상기하게 된다. 즉, 청淸의 도광道光 연간에 나이지羅以智가 쓴 '발몽고자운跋蒙古字韻'에

> [前略] 蒙古初借用畏吾字, 迨國師製新字, 謂之國字。[中略] 頒行諸路, 皆立蒙古學。此書專爲國字漢文對音而作, 在當時固屬通行本耳。 ─[전략] 몽고는 처음에 위구르 문자를 빌려서 썼는데 국사(國師)가 새 글자를 만들어 국자(國字)라고 불렀다. [중략] [이 문자를] 제 로(路)에 나누어

---

[66] 파스파 문자가 胡元의 殘滓로서 가장 시급히 철폐해야 하는 과제로 삼은 것 같다. 이에 대하여는 졸저(2009 : 239, 289)와 졸고(2015b)를 참고할 것.

주어 사용하게 하여 모두 몽고 학교를 세웠다. 이 글자는 오로지 국자(國字)로 한문의 대음(對音)을 기록하기 위하여 만든 것으로 당시에 널리 통행하게 할 뿐이었다.

— 졸저(2009 : 36)에서 재인용

라는 기사는 파스파 문자가 한자음의 표음을 위하여 널리 통용되었음을 말한다.

3.2.3.4 신숙주가 파스파 문자에 정통하였을 것임은 그의 『사성통고四聲通攷』(이하 〈사성통고〉로 약칭)가 파스파 문자로 한자음을 표음한 『몽고운략蒙古韻略』을 인용하였기 때문에 분명한 일이다. 그가 〈사성통고〉에 도표로 제시한 〈광운廣韻36자모지도〉, 〈운회韻會35자모지도〉, 그리고 〈홍무운洪武韻31자모지도〉가 최세진의 『사성통해』에 그대로 전재되었다(졸저, 2015 : 315~320).

〈광운 36자모도〉는 〈광운廣韻〉 계통의 전통 운서인 『예부운략禮部韻略』을 파스파 문자로 표음한 『몽고운략蒙古韻略』의 36자모도이며 〈운회 35자모도〉는 〈몽고운략〉을 〈고금운회거요古今韻會擧要〉에 의거하여 수정한 『신간운략新刊韻略』에 의거하여 역시 파스파 문자로 표음한 『몽고자운蒙古字韻』의 35자모도이고 마지막 〈운회 31자모도〉는 주종문朱宗文이 증정한 {증정增訂}『몽고자운』이 32자모도로 보인다(졸저, 2015 : 339~344).

〈사성통해〉에 첨재添載된 이 자모도들은 아마도 신숙주의 〈사성통고〉의 것을 전재한 것으로 보여 신숙주가 〈몽운〉의 파스파 문자들에 대하여 깊이 알고 있었음을 암시한다. 특히 〈사성통해〉에서 〈홍무운洪武韻31자모도〉에 제시한 31개 성모는 훈민정음 〈언해본〉의 한음漢音 32

자와 일치한다. 즉, 졸저(2015 : 318)에 소개된 『사성통해』 권두에 첨부된 홍무운洪武韻 31자모도는 다음과 같다.

[표 3-1] 「홍무운삼십일자모지도(洪武韻三十一字母之圖)」[67]

五音	角	徵	羽		商		宮	半徵	半商
五行	木	火	水		金		土	半火	半金
七音	牙音	舌頭音	脣音重	脣音輕	齒頭音	正齒音	喉音	半舌	半齒
全清	見ㄱ·견	端ㄷ 둰	幫ㅂ 방	非ㅸ 비	精ㅈ 징	照ᅎ ·쟐	影ㆆ :힝		
次清	溪ㅋ 킈	透ㅌ 틓	滂ㅍ 팡		清ㅊ 칭	穿ᅕ 쳔	曉ㅎ :햘		
全濁	群ㄲ·꾼	定ㄸ·띵	並ㅃ :삥	奉ᅗ·뽕	從ᅏ 쭝	狀ᅔ 쫭	匣ㆅ·혱		
不清 不濁	疑ㆁ 이	泥ㄴ 니	明ㅁ 밍	微ㅱ 븨			喻ㅇ·유	來ㄹ래	日ㅿ·싱
全清					心ㅅ 심	審ᄼ :심			
全濁					邪ᄽ 써	禪ᄿ ·쎤			

[표 3-2] {증정}『몽고자운』 런던초본의 36자모도[68]

	牙音	舌音		脣音		齒音		喉音	半音	
		舌頭音	舌上音	脣重音	脣輕音	齒頭音	正齒音		半舌音	半齒音
全清	見	端	知	幫	非	精	照	曉		
次清	溪	透	徹	滂	敷	清	穿	匣		
全濁	群	定	澄	並	奉	從	床	影		
不清 不濁	疑	泥	娘	明	微			喻	來	日
全清						心	審			
全濁						邪	禪			

---

67 이 도표는 졸저(2015 : 319)에서 재인용하였다. 洪武韻 31자모는 훈민정음 제정 당시의 한자음의 표준 聲母였으며 이것으로 正音의 初聲을 삼았던 것을 보인다. 즉, 『사성통해』권두의 凡例에 "初聲爲字母之標, 而見、溪等三十一母, 無韻不在焉 [下略]"이란 기사나 "[前略] 雖千萬諸字之音, 不過以初聲三十一、中聲十、終聲六 而管綴成字, 得有七百餘音 [下略]"이란 기사에서 홍무운에 보이는 초성 31자와 중성 10자, 종성 6자가 漢音 표기를 위한 정음의 글자이었음을 명기하고 있다.
68 이 도표는 {증정}『몽고자운』 런던초본의 권두에 첨부된 字母를 『사성통해』의 홍무운 31 字母之圖에 맞추어 만든 것으로 졸저(2009 : 187)에서 인용하였다.

이것은 졸저(2015)에서 주장한 바와 같이 앞의 3.1.2.4에서 [사진 3-2]
로 보인 {증정}『몽고자운』(이하 〈몽고자운〉으로 약칭)의 런던초본에 첨부된
자모도와 거의 일치한다.

[표 3-2]는 앞에서 보인 [사진 3-2]를 도표로 정리한 것이다. 이 [표
3-2]에서 보이는 것처럼 파스파 문자는 설상음舌上音의 전청, 차청, 전탁
의 글자가 정치음의 그것과 글자 모양이 /ㅌ, ㆅ, ㄹ/로 동일하고 순경
음脣輕音 전청과 전탁도 /ㅭ/로 동일하다. 따라서 4자가 줄어 32자만이
서로 다른 글자로 표음한 것이다.

이것은 『사성통해』의 〈홍무운 31자모지도〉와 비교하면 설음舌音에서
설두舌頭와 설상舌上의 불청불탁이 /泥 ㄖ/와 /娘 ㄇ/으로 구별되지만
[표 3-1]에서 보이는 것처럼 〈홍무운 31자모도〉에서는 이것이 /泥ㄴ 니
/로 통합되어 31자가 되었다. 그리고 나머지는 모두 동일하다. 즉, 〈몽
고자운〉의 32자모와 홍무운 31자모도에서 1자의 차이가 나는 것은 설
음에서 설상음舌上音의 낭모娘母의 /ㄇ/가 니모泥母의 /ㄖ/와 구별되어 별
개의 문자로 표시되었기 때문이다.

[표 3-1]의 〈홍무운 31자모도〉는 훈민정음 〈언해본〉의 한음漢音 표음
을 위한 32 초성과는 순경음脣輕音의 차청次淸이 하나 더할 뿐이고 모두
동일하여 〈몽고자운〉의 32자에 맞추었다. 즉, 홍무운의 31자에서 차청
의 '퐁敷'가 추가되었는데 이를 도표로 보이면 [표 3-3]과 같다.

따라서 훈민정음은 〈홍무운 31자모〉를 〈몽고자운〉의 32자모에 맞추
어 초성 32자를 제자하고 여기에 한음漢音 표기를 위한 치두齒頭와 정치正齒
를 구별하는 글자들을 통합하여 5자를 줄이면 27자가 된다. 이것이
2.1.2.1에서 논의하고 2.1.2.2에서 [표 2-2]로 제시한 '초기의 언문 27자'이

[표 3-3] 훈민정음 〈언해본〉의 32 초성(漢音 포함)[69]

	牙音	舌音	脣 音		齒 音		喉音	半舌音	半齒音
			脣重音	脣輕音	齒頭音	正齒音			
全清	ㄱ(君)	ㄷ(斗)	ㅂ(彆)	병(*非)	ᅎ(*精)	ᅐ(*照)	ㆆ(挹)		
次清	ㅋ(快)	ㅌ(呑)	ㅍ(漂)	퐁(*敷)	ᅔ(*淸)	ᅕ(*穿)	ㅎ(虛)		
全濁	ㄲ(虯)	ㄸ(覃)	ㅃ(步)	뼝(*奉)	ᅏ(*從)	ᅑ(*床)	ㆅ(洪)		
不清不濁	ㆁ(業)	ㄴ(那)	ㅁ(彌)	ㅱ(*微)			ㅇ(欲)	ㄹ(閭)	△(穰)
全清					ᄼ(*心)	ᄾ(*審)			
全濁					ᄽ(*邪)	ᄿ(*禪)			

며 최만리崔萬理의 반대 상소에 등장하는 '언문諺文 27자이다. 여기서 다시 순경음脣輕音 4자를 빼면 23자모가 되는데 이것이 동국정운 23자모가 된다.

여기에서 다시 전탁자全濁字 6자 /ㄲ, ㄸ, ㅃ, ㅉ, ㅆ, ㆅ/를 빼면 훈민정음의 예의例義에서 규정한 초성 17자가 된다. 여기에 중성 11자를 더하면 훈민정음 28자가 된다. 전탁자들은 당시 전통 운서음에서 유성음有聲音이었기 때문에 이 음운이 변별적이지 못한 우리말이나 우리 한자음, 즉 동음東音의 표기에서는 필요가 없었기 때문이다. 당시 우리말도 오늘날과 같이 유성有聲 대 무성無聲의 대립이 없어서 굳이 유성음을 따로 표기할 필요가 없었다. 현대의 정서법에서는 이 전탁자들은 된소리 표기에 이용되었다.

3.2.3.4 『동국정운東國正韻』(이하 〈동국정운〉으로 약칭) 23자모의 운목자韻目字, 즉 "ㄱ 아음군자초발성牙音如君字初發聲 — ㄱ은 '군君'이란 한자의 첫

---

69 각 글자의 음가를 나타내는 한자, 즉 韻目字는 〈언해본〉에 들어있는 것만 밝히고 훈민정음에서 없는 것은 *를 붙여 전통 36字母에서 빌려 썼다. 예를 들면 齒頭와 正齒를 구별하는 글자는 훈민정음 글자만 표시되었고 음가를 표시하는 한자, 즉 韻目字는 언해에 제시하지 않았다. 脣輕音의 글자들도 운목자가 없어서 전통 36자모의 한자에 *표를 붙였다. 이러한 도표는 졸저(2015)의 것을 옮겼다.

소리와 같다"라고 하여 /ㄱ/이란 글자의 음가 표시에 등장하는 군^君자
는 〈동국정운〉의 한자음으로 새로 제시하였다. 즉, 〈동국정운〉에서는
중국 전통의 36자모에 사용하는 운목자를 버리고 새롭게 한자의 동국
정운 한자음으로 훈민정음의 글자들에 대한 발음을 제시하였다. 이 둘
사이의 대응하는 한자들을 표로 제시하면 다음의 [표 3-4]와 같다.

[표 3-4]의 도표에서 후음^{喉音}에서 '효^曉: 허^虛', '유^喩: 욕^欲'의 대응을 볼
수가 있는데 이로부터 다음의 고찰이 가능하다. 즉, [표 3-2]에서 홍무운
^{洪武韻} 31자모도와 [표 3-3]의 훈민정음 〈언해본〉의 32 자모도에서는 후
음^{喉音}의 전청^{全淸}에서 홍무운은 '影 ㆆ'모^母이고 〈언해본〉에서는 '挹 ㆆ'
모^母라 운목 한자가 바뀌었을 뿐이고 모두 전청으로 동일이다.

그러나 〈몽고자운〉의 증정본에서는 '曉(ᅎ)'가 전청^{全淸}이고 차청^{次淸}
이 '匣(ᄇ)', 전탁^{全濁}이 '影(ᄅ)'이라 순서가 다르다. 즉, '효^曉(ᅎ)'는 〈몽
고자운〉에서 전청이어서 이를 쌍서^{雙書}하면 'ㆅ'이 된다. 따라서 이에 의
하면 후음에서의 전탁이 차청을 쌍서한 것이 아니게 된다. 즉, '효^曉: 허
^虛'의 대응에서 보면 '虛 ㅎ'가 전청인 셈이기 때문이다. 이에 대하여는

[표 3-4] 〈광운〉 계통의 운서와 〈동국정운〉의 운목자 비교표

	牙音	舌音	脣音	齒音⁷⁰	喉音	半舌音	半齒音
全淸	君:見ㄱ[k]	斗:端ㄷ[t]	彆:幫ㅂ[p]	卽:精ㅈ[ts]	挹:影ㆆ[ɦ]		
次淸	快:溪ㅋ[kh]	呑:透ㅌ[th]	漂:滂ㅍ[ph]	侵:淸ㅊ[tsh]	虛:曉ㅎ[h]		
全濁	虯:群ㄲ[g]	覃:定ㄸ[d]	步:並ㅃ[b]	慈:從ㅉ[dz]	洪:匣ㆅ[ɣ]		
不淸不濁	業:疑ㆁ[ng]	那:泥ㄴ[n]	彌:明ㅁ[m]		欲:喩ㅇ[ø]	閭:來ㄹ[r]	穰:日ㅿ[z]
全淸				戌:心ㅅ[s]			
全濁				邪:邪ㅆ[z]			

70 중국 전통의 36자모에서는 齒音을 齒頭와 正齒로 나누었는데 권설음의 正齒音은 해당이
  없는 것으로 간주하여 비록 문자는 /ㅅ : ㅅ, ㅆ : ㅆ, ㅈ : ㅈ, ㅊ : ㅊ, ㅉ : ㅉ/으로 나누었
  으나 그에 해당하는 韻目字는 제시하지 않았다. 따라서 여기서는 東國正韻의 齒音과
  중국 전통 36자모도의 齒頭音을 비교하였다.

2.1.2.2에서 초기에 제정된 '언문 27자'가 있어 그에 의거하여 전청을 쌍서한 것이라고 주장하였다.

　[표 3-1]에서 홍무운洪武韻의 차청次淸인 '曉 ㆆ', 즉, 〈언해본〉의 '虛 ㆆ'가 [표 3-2]의 〈몽고자운〉 자모字母에서는 전청全淸이다. 이로 보면 훈민정음의 전탁자全濁字는 전청자全淸字를 두 번 쓴다는 원칙, 즉 "전청을 병서하면 전탁이 된다全淸並書則爲全濁"에 의하여 〈몽고자운〉의 후음喉音에서는 전청자 '曉 ㆆ'인 '虛 ㆆ'을 두 번 쓴 것으로 볼 수 있다. 즉, 〈동국정운〉에서는 〈몽고자운〉의 전청인 효모曉母에 대응하는 허모虛母의 'ㆆ'을 병서並書한 것으로 보아야 할 것이다.

　그동안 후음 전탁이 차청자를 쌍서한 것에 대하여 명확한 해명이 어려웠다. 즉, 훈민정음의 〈해례본〉 '제자해制字解'에서 이에 대하여 "全淸並書則爲全濁, 以其全淸之聲凝則爲全濁也。唯喉音次淸爲全濁者, 盖以ㆆ聲深不爲之凝, ㅎ比ㆆ聲淺, 故凝而爲全濁也 – 전청은 전탁을 병서並書하는데 전청의 소리가 엉기어서 전탁이 되기 때문이다. 다만 후음은 차청을 [병서하여] 전탁이 되는데 /ㆆ/음은 소리가 깊어서 엉기지 않기 때문이며 /ㆆ/에 비하여 /ㅎ/이 소리가 얕아서 엉기므로 전탁이 되기 때문이다"라고 하여 후음에서 전청의 성심聲深한 'ㆆ'보다는 차청의 /ㅎ/이 성천聲淺하기 때문에 병서並書하여 전탁자 /ㆅ/로 만든 이유를 설명하였다.

3.2.3.5　이러한 〈해례본〉의 설명은 납득하기 어렵다. 왜냐하면 성심聲深과 성천聲淺은 발화 음의 조음위치에 대한 것이어서 같은 후음喉音의 조음위치에서 소리가 깊거나 얕다는 구별은 이해하기 어렵다. 오히려 전청全淸과 차청次淸, 전탁全濁의 조음방식에 대한 설명에서 '엉긴다凝'는 음운 자질은 전청 /ㆆ/보다 차청의 /ㅎ/이 보다 자음성子音性이 강

하다는 설명으로 보인다.

〈해례본〉의 문자 제정에 대한 설명이 고대인도의 조음음성학인 성명기론에 의거한 것이라고 졸고(2018a)에서 주장하였다. 특히 생성음운론의 변별적 자질에 의거하여 해례의 여러 설명을 이해할 수 있다고 하였다. 이에 의하면 해례의 '엉기다^凝'란 술어는 생성음운론의 기본자질로 자음성子音性 자질consonantal을 말하는 것으로 보아야 한다. 또 제자해制字解에서 설명한 /ㅇ→ㆆ→ㅎ/의 인성가획引聲加劃의 원리에 의하여 제자制字되었다.

따라서 생성음운론의 자질 이론에 의하면 후음 불청불탁의 /ㅇ/은 아마도 모음의 [-consonantal, +sonorant, +syllabic]이었고 /ㆆ/은 비자음非子音 비모음非母音의 [-consonantal, -sonorant, -syllabic]일 것이며 /ㅎ/은 완전히 자음으로 간주되어 자음의 [+consonantal, -sonorant, -syllabic]으로 이해한 것이다. 앞에 든 〈해례본〉의 설명은 /ㆆ/이 엉기지 못하는 음운, 즉 자음子音이 아니기 때문에 이를 병서竝書하여 전탁全濁을 만들 수 없다고 본 것이다.

그러나 신숙주 등은 〈몽고자운〉의 후음喉音에서 전청全淸으로 본 효모曉母를 〈동국정운〉의 허모虛母와 대응시켜 /ㅎ/을 전청으로 하고 이를 병서竝書해서 전탁의 /ㆅ/을 만들면서 이를 〈몽고자운〉에서 따른 것임을 숨기기 위하여 앞에 든 〈해례본〉의 구차한 설명을 붙인 것으로 보는 것이 보다 합리적인 설명이다. 왜냐하면 명明의 감시 아래에서 〈몽고자운〉을 따른 것을 되도록 숨겨야 했기 때문이다. 〈몽고자운〉의 후음은 '曉(ꡢ), 匣(ꡣ), 影(ꡜ), 喩(ꡝ)'의 순서이었고 이를 홍무운洪武韻처럼 훈민정음의 글자로 대치하면 '曉(ㅎ), 匣(ㆅ), 影(ㆆ), 喩(ㅇ)'가 된 것이다. 그렇다면 역시 전청을 병서竝書한 것이 된다.

3.2.3.6 이것은 신숙주 등이 〈몽고자운〉에 대한 상당한 지식이 있었음을 말한다. 신숙주의 『사성통고四聲通攷』에 대하여 자세하게 언급한 최세진의 『사성통해』에서는 신숙주가 〈몽고운략蒙古韻略〉을 이용하여 〈사성통고〉를 편찬하였음을 암시하고 있어서 그가 이 몽운蒙韻에 대하여 깊이 이해하고 있음을 말해준다. 즉, 『사성통해四聲通解』의 권두에 첨부된 범례凡例 26조의 첫머리에

> 蒙古韻略元朝所撰也。胡元入主中國, 乃以國字飜漢字之音, 作韻書以敎國人者也, 其取音作字至精。且切四聲通攷所著俗音, 或同蒙韻之音者多矣。故今撰通解必參以蒙音,　以證其正俗音之同異。 -〈몽고운략〉은 원나라에서 편찬한 것이다. 오랑캐 원나라가 주인의 중국에 들어와서 국자(國字)로 한자의 발음을 번역하여 운서를 짓고 나라 사람들을 가르쳤는데 그 발음을 취하는 것이 지극히 자세하였다. 또 [신숙주의] 〈사성통고〉에 저술한 바 있는 [한자음의] 속음이 몽운(蒙韻)과 같은 것이 많았다. 그러므로 이제 〈사성통해〉를 편찬할 때에도 몽운의 한자음을 반드시 참고했으며 그로서 [한자의] 정음과 속음의 같고 다른 것을 증명할 수가 있었다.

라고 하여 신숙주가 지은 〈사성통고〉가 이미 몽운蒙韻, 즉 『몽고운략』이나 『몽고자운』, 그리고 [증정]『몽고자운』 등을 참고하였고 최세진도 『사성통해』를 편찬할 때에 이들 몽운蒙韻을 참고하였음을 밝히고 있다. 신숙주 등에 의하여 원대元代의 파스파 문자가 훈민정음의 제정에 깊이 영향을 끼치게 되었음을 알려주는 대목이다.

3.2.3.7 이상 신숙주의 생애와 학문에 대하여 그가 세종의 새 문

자로 제정한 훈민정음을 이해하고 새 문자의 해례와 한자음의 정리, 그리고 중국어 학습에 이 문자의 사용을 중심으로 살펴보았다. 한반도는 지리적으로 중국과 인접하여 있고 역사적으로 정치, 법률, 행정의 여러 제도를 비롯하여 많은 문물을 수입하였기 때문에 중국어와 접촉할 기회가 많았다. 특히 문자로서 한자의 차용과 그에 대한 연구는 중국어의 역사적 변천을 인식하게 되었으며 또 중국어와 우리말의 차이를 의식하게 되었다. 그리고 동일한 한자로 기록된 중국어를 학습하는 과정에서 자연스럽게 우리말과 비교하게 되었고 그 차이점과 유사성을 고찰하게 된 것이다.

이러한 언어의 대비연구는 한자와 한어 학습을 위한 것으로 조선시대에는 이러한 연구를 역학譯學이라 불렀다. 물론 역학은 외국어 학습을 전제로 한 것이며 해당국의 언어와 국어를 비교하여 얻어진 결과를 해당언어의 학습에 이용하려는 것이다. 외국어의 학습에서, 특히 중국어의 교육에서는 한자의 발음 표음하는 발음기호로서의 표음문자가 절실하게 필요하였다. 이미 원대元代에 몽고인들이 한자 학습을 위하여 제정한 파스파 문자의 효용성을 조선 전기의 유학자들은 이미 알고 있었다.

신숙주 등은 원대元代에 제정된 파스파 문자와 그를 이용한 한자의 운서韻書, 즉 몽운蒙韻에 대하여 깊이 알고 있었다. 이러한 파스파 문자에 대한 지식을 갖고 새로 창제된 훈민정음을 정확하게 파악하였으며 실제로 이 문자의 해례에 참여하여 『훈민정음』, 즉 〈해례본〉을 편찬하였다. 또 한자음 표기를 위한 파스파 문자의 제정과 이를 이용하여 몽운蒙韻을 편찬한 원대元代의 문교文敎 사업을 확실하게 이해하였다. 그리고 이를 반면교사로 삼아 새 문자로 한자의 동음東音을 정리하고 『동국정운』을 편찬하는 데 주도적 역할을 했을 뿐만 아니라 그는 중국어 교육에 관심을 가져 표준 발음사전인 『홍무정운洪武正韻』을 역훈譯訓하였다.

이러한 작업은 신숙주 등이 훈민정음을 발음 기호로 사용하여 이룩한 것으로 이 문자를 발명한 세종의 뜻에 부합하는 일이었다. 신숙주 등의 이러한 학문연구는 외국어를 학습하면서 우리말과 글을 중국어와 한자를 비롯한 외국의 언어와 문자를 비교하는 역학의 방법을 개발하고 이를 크게 발전시켰다. 실제로 신숙주 등의 이러한 역학의 방법은 후대에 면면하게 이어져서 중종 때에 역관이던 최세진이 이를 크게 중흥시켰으며 조선후기에 사역원과 실학實學자들의 훈민정음 연구에도 그대로 계승된 것이다.

세종 때에 몽운蒙韻이나 『고금운회』를 중심으로 한 북방음의 운서연구가 없었다면 『동국정운』 23자모와 같은 우리말 표기에 획기적인 자모문자가 세상에 태어나기 어려웠을 것이다. 만일 『절운』계 전통 운서의 연구에만 집착하였다면 훈민정음은 파스파 문자처럼 몽고어의 음운과 맞지 않는 36자모 체계를 마련하게 되어 한때 유행하다가 없어질 수도 있는 한시적 발음기호에 그쳤을지도 모른다.[71] 신숙주 등의 역학연구는 우리 전통국어학의 연구사에서 매우 중요한 위치를 차지한다고 보아야 할 것이다.

---

71 앞에서 살펴본 것처럼 파스파 문자도 36字母를 모두 문자화하지는 않았다. 『몽고자운』의 '字母'에 전재된 36字母表에서 舌上音의 '知, 徹, 澄'에 해당하는 파스파 문자와 正齒音 '照, 穿, 床'의 문자는 'ㅌ, ㆱ, ㄹ'으로 자형이 완전히 일치한다. 또 脣輕音의 '非, 奉'도 'ㅎ'로 동일하여 실제로는 32개의 글자만 보였을 뿐이다. 다만 이 운서에 부재된 '篆字母'에서는 서로 다른 자형을 보여준다.

제4장

최세진과 훈민정음의 중흥(中興)

4.0　한국어 연구사에서 최세진崔世珍이 차지하는 비중은 매우 크다고 할 수 있다. 그의 업적은 훈민정음 창제에 관여한 집현전集賢殿 학자들에 필적匹敵하다고 보아도 과언은 아니다. 왜냐하면 한국어에 대한 과학적인 연구가 본격적으로 시작된 것을 훈민정음이란 새 문자의 발명을 위하여 국어를 연구한 것으로 생각하는 것이 국어학계의 가장 온당한 견해다. 국어에 대한 면밀한 연구가 있은 다음에 이것을 표기하는 수단으로 훈민정음이란 새 문자를 창제하였다는 사실에 대부분의 국어학자들이 공감하고 있다는 뜻이다.

그러나 훈민정음의 창제에 직접 관여한 세종世宗과 문종文宗, 집현전 학자들이 모두 세상을 떠나고 이들의 뒤를 이어 새 문자 보급에 노력한 세조世祖마저 저 세상으로 간 다음에 정음正音에 대한 연구는 급격하게 퇴조하였다. 특히 연산군燕山君의 폭압 정치하에서 새 문자는 대단한 박해를 받았으며 자칫하면 한때 유행하고 없어진 원대元代의 파스파 문자처럼 역사의 뒤안길에 살아졌을지도 모른다. 중종 때에 들어와서 새 문자를 널리 보급하고 고유어나 한자의 동음 표기, 그리고 중국어를 비롯한 외국어 발음표기수단으로 훈민정음을 다시 정리한 것은 역시 최세진의 공이라고 아니할 수 없다.

따라서 국어학사의 기술에서 최세진은 특별한 대접을 받았고 여러 차례 그의 생애와 학문에 대하여 논의가 있었다. 그러나 그의 업적에 비하여 생애에 관한 기사는 매우 소략하고 애매하여 그의 생애에 대한 많은 부분이 분명하지 않다. 특히 그의 생년生年과 향년享年이 제대로 알려지지 않아서 학계의 대표적인 국어학사 연구서인 김민수(1987)에서는 그의 생애를 '1468~1542'로 보았고[1] 강신항(1994)에서도 "崔世珍(成宗 4年頃~中宗 37年, 1473?~1542)"라고 하여 그의 생년을 1473년경으로 추정

하였다.[2]

뿐만 아니라 그의 가계家系도 분명하지 않아서 역관譯官 최정발崔正潑의 아들, 또는 사역원司譯院 정正 최발崔潑의 아들로 보는가 하면 본관도 괴산槐山 최씨, 또는 직산稷山 최씨 등으로 이론이 분분하다.[3] 그리고 그가 문과文科 급제의 문신文臣인가 아니면 역과譯科 출신의 역관譯官인가 하는 문제도 계속 논란이 되고 있다. 또 그가 다른 문신들로부터 끊임없이 핍박을 받은 것은 그의 인품에 문제가 있는 것인가 아니면 역관譯官 출신이기 때문인가, 또는 그의 미천한 가계 때문인가 하는 문제도 많은 논의가 있었으나 아직 정설이 없다.

이에 대하여 방종현(1948)을 위시하여 이숭녕(1965), 강신항(1966a, b), 이숭녕(1976), 김완진(1994), 안병희(1997 및 1999a, b)의 괄목할 논저가 발표되었으나 여전히 그의 생애에 대한 논전은 계속되었다. 문화관광부가 1999년 10월의 인물로 최세진을 선정하였고 그의 생애와 업적에 대한 소개를 필자에게 부탁하여 졸고(1999a)를 씀으로써 필자도 이러한 논쟁에 휘말리게 되었다.

---

1 김민수(1987 : 126)에서는 "그의 생존연대에 대하여는 문헌의 기록이 희미하여 출생시기가 자세하지 않아 논란이 많았으나, 작고 시기는 『中宗實錄』에 의하여 중종 37년(1542)이라 적혀있으니 대략 1468?~1542년이라고 보아서 좋을 것이다"라고 하였고 김민수(1990 : 142)에서는 "崔世珍(1465경~1542)은 미천한 譯官 최정발의 아들로 태어나서…"라고 하여 같은 저자의 책에서도 생년이 1468?, 또는 1465경으로 다를 정도로 그의 생년에 대하여는 이제까지 분명하지 않았다.

2 북한의 연구에서도 최세진의 생년에 대한 것은 별다른 진전이 없는 것으로 보인다. 북한의 대표적인 국어학사로 알려진 김병제(1984)는 김일성대학의 김영황이 심사한 것으로 가장 널리 알려진 국어학사인데 그 책에 "최세진(1470~1572)은 중국어와 리문(吏文)에 대한 연구가 깊었지만 조선말연구에서도 적지 않은 성과가 있는 학자다"라고 하여 최세진의 생년을 1470년으로 인정하였다.

3 졸고(2017b : 159)에서 최세진의 후손임을 주장하는 槐山 崔氏 문중의 증언으로 그가 槐山 최씨임을 확인할 수 있었다.

다행이 최근 그의 향년享年이 명기된 묘지명墓地銘이[4] 발견되어 적어도 그의 생년生年에 관한 사실만은 분명해 졌다. 그러나 미쳐 이를 보지 못한 졸고(1999a)에서는 그의 생년 추정에 2년간의 오류가 생기게 되었고 묘지명을 소개하면서 쓴 안병희(1999b)에서 이런 사실이 자세하게 비판되었다. 이 장章에서는 묘지명의 발견으로 밝혀진 생년 추정의 오류를 수정하고 기타의 비판에 대하여는 필자의 주장을 다시 한 번 확인하고자 한다.

1. 최세진(崔世珍)의 생애

4.1.0 최세진崔世珍의 일생에 대하여 본격적으로 논의된 것은 방종현(1948)의 연구가 효시嚆矢라고 할 수 있다. 이어서 방종현(1954)에서는 최세진의 죽음을 애도하기 위하여 그와 동방으로 합격한 김안국金安國이 쓴 '최동지세진만사崔同知世珍挽詞'에서 "逆旅浮生七十翁 - 여관에 머물다가 가는 부평초 같은 인생 70"을 인용하여 최세진의 향년을 70으로 추정하였다.[5] 그러나 이 만시輓詩의 해석이 잘못된 것으로 우선 인용된 만사挽詞에는 많은 오자가 있었다. 김안국의 '최동지세진만사'가 실린 『모재집慕齋集』(15권 7책)은 원간본과 중간본이 현전한다. 이에 대하여 다시 살펴보기로 한다.

---

4 墓地銘은 죽은 이의 이름, 官位, 行蹟, 자손의 이름, 그리고 生·死·葬의 연월일을 돌이나 陶板에 새겨 묘지에 넣는 글을 말한다. 두 판으로 된 正方形의 돌이나 도판에 한 쪽에는 銘을 새기고 한 쪽에는 誌文을 새겨 서로 합하여 棺앞에 눕혀놓는다. 墓誌라고 약칭하기도 한다.

5 전문을 이숭녕(1980)에서 재인용하면 다음과 같다(*은 誤字).

逆旅浮生七十翁　親知凋盡寄孤窮*　登名四紀幾更變　餘榜三人又失公
爲希*自今誰共討　輯書裨後世推公*　嗟吾後死終無益　淚洒東風慟不窮

1) 최세진과 김안국의 만시(輓詩)

4.1.1.0 『모재집』은 최세진과 봉세자별시에 동방으로 합격한 김안국(호는 慕齋)의 시문집으로 선조 때에 유희춘柳希春이 간행한 것과 숙종 13년(1687)에 김구룡金構龍이 중간한 것이 있다. 유희춘의 원간본은 고려대학교 한적漢籍도서관의 만송晩松문고에 낙질본으로 문집(권1, 권3, 4) 3책과 시집(권1, 권3, 4집) 3책이 소장되어 모두 6책이 현전한다.

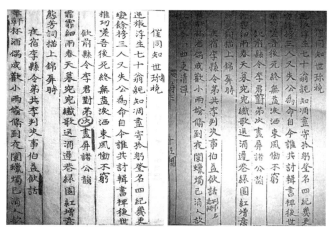

[사진 4-1] 『모재집』 「시집(詩集)」(권3) 15앞 '최동지만(崔同知世珍挽)' 부분

'최동지세진만사'가 실려 있는 시집 권3이 고려대 한적도서관 만송문고에 원간본의 낙질본 속에 현전하고 있어 그동안 학계에서 통용되는 만사輓詞와 비교할 수 있으며([사진 4-1] 참조) 이를 통하여 안병희(1997)와 졸고(1999a)에서 그 오자가 바로 잡혔다. 중간본에서도 학계에 통용되는 오자誤字의 만사輓詞는 없었으므로 어떻게 이런 오자로 된 만사가 그대로 여러 연구서에 인용되었는지 참으로 불가사의한 일이라 하지 않을 수

없다. 인용문의 원전 확인은 연구자의 의무라는 기본적인 상식이 새삼 머리에 떠오른다.

방종현(1948, 1954 : 144)에서는 이 만사輓詞의 "逆旅浮生七十翁"이란 구절을 최세진이 70세를 산 것으로 오해하고 그가 타계한 1542년(『중종실록』 중종 37년 2월의 기사에 의함)으로부터 역산하여 1473년(성종 4년)을 그의 생년으로 보았다. 이것이 그동안 학계에 통용되었으나 이숭녕(1976 : 89~91)에서 『국조문과방목國朝文科榜目』의 한 이본異本에서 최세진에 관한 기사 가운데 '병오원丙午員'이란 기사에 착안하여 새로운 주장을 폈다.

즉, 『국조방목』의 '봉세장별시방목封世子別試榜目'에 "講肆習讀崔世珍 字 公瑞 同知 丙午員 父正潑 [下略]—강이습독관 최세진 자 공서, 동지, 병오원 부父는 정발正潑 [하략]"이란 기사의 '丙午員'을 "병오생원丙午生員"으로 보아 최세진이 성종 병오丙午(1486)의 생원시生員試에 합격한 것으로 추정하고 최세진이 성종 4년(1473)에 출생하였다면 성종 병오의 생원시에 합격했을 때에는 나이가 불과 14세이므로 불합리하다고 주장하여 성종 4년에 출생했다는 종전의 가설에 이의를 제기하였다.

4.1.1.1 이어서 김완진(1994)에서는 중인中人으로서 최세진의 생애가 검토되었고 문과방목의 여러 이본의 기사와 그 신빙성에 관한 문제가 거론되었다. 그리고 안병희(1997)에서 김안국의 만사輓詞가 실린 『모재집慕齋集』에 대한 서지학적인 검토를 수행하면서 오자가 있음을 지적하면서 '역려부생칠십옹逆旅浮生七十翁'의 해석에서 70을 살다간 최세진을 말하는 것이 아니라는 견해를 피력하였다.

그 후에 졸고(1999a, 2000a)에서는 이 이본의 '병오원丙午員'이[6] 성종 병오丙午(1486)의 역과譯科에 합격하여 사역원司譯院에 출사出仕한 것을 말하는 것으로 보았다. 대체로 사역원의 역생들이 역과 복시覆試에 응과應科하는 연령이 보통 20세 전후임으로 이때로부터 역산하여 세조 11년(1465)경에 태어난 것으로 보았고 따라서 그의 향년을 77세로 추정한 것이다. 또 문제가 된 김안국의 '최동지세진만사崔同知世珒挽詞'(『慕齋集』, 권3 15장 앞)에 나오는 '부생浮生 70'은 김안국 자신을 가리키는 것으로 보고 다음과 같이 전문을 풀이하였다.[7]

> 逆旅浮生七十翁 – 잠깐 다녀가는 뜬구름 같은 인생 70의 노인이
> 親知凋盡寄孤躬 – 친한 이는 모두 살아져 이 몸만이 고독하게 남아있
> 　　　　　　 구나.
> 登名四紀幾更變 – 과거 급제에 이름을 올린 지 40년, 그 동안 몇 번이
> 　　　　　　 나 세상이 바뀌었는가?
> 餘榜三人又失公 – 동방 가운데 남은 것은 셋인데 또 공을 잃었으니
> 爲命自今誰共討 – 이제부터 사대문서를 지을 때에 누구와 더불어 토
> 　　　　　　 론하리오?[8]
> 輯書裨後世推功 – 그에게는 책을 지어 후세에 도움을 주는 공이 있으나

---

6 김완진(1994)에 의하면 방종현 선생은 이 부분을 '丙午叅'으로 보았고 또 다른 방목에서
　는 이 부분이 누락된 점을 분명히 하였다. 이 논고에서는 원전의 비판이 매우 중요함을
　강조하였고 필자는 여기에 참으로 시사 받은 바가 많다.
7 필자가 졸고(1999a)를 쓸 때에는 안병희(1997)를 보지 못한 상태였다. 오자가 교정되지
　않은 김안국의 挽詩를 몇 번이고 풀이하려다가 도저히 해석이 되지 않아서 원문을 찾게
　되었고 그 결과 몇 군데 오자가 있음을 알게 되어 이를 바로 잡은 다음에 겨우 해독이
　가능하였다. 그러나 이미 오자가 있는 것에 대하여는 안병희(1997)에서 논의되었던 것이다.
8 "爲命自今誰共討"의 '爲命'은 외교문서의 작성을 말하는 것으로 『論語』 '憲問' 편에 "子曰
　: 爲命, 裨諶草創之, 世叔討論之, 行人子羽修飾之, 東里子産潤色之. – 공자가 말씀하시
　기를 위명, 즉 외교문서를 작성할 때에는 비심(裨諶)이 처음 짓고 세숙(世叔)이 이를
　토론하고 역관 자우(子羽)가 이를 수식하고 동리(東里)의 자산(子産)이 이를 윤색하여
　만들다"라는 구절이 있어 여러 단계를 거쳐 문서가 작성됨을 말하고 있다. 최세진은
　한이문에 능통하여 늘 사대문서를 지을 때에 이를 주관하였음으로 世叔에 비견하여
　'討論'하는 사람으로 본 것이다.

嗟吾後死終無益－슬프다! 나는 그보다 뒤에 죽으나 아무런 이익 됨
　　　　　이 없으니

淚洒東風慟不窮－눈물을 동풍에 뿌리며 소리 내어 울기를 그칠 수가
　　　　　없도다.[9]

　안병희(1997)에서는 이 만사輓詞의 전문을 해석하지는 않았으나 중요
한 오자誤字에 대하여 언급하였고 안병희(1999a)에서는 최세진의 향년에
대하여는 76세로 추정하였으니 이 논문과 졸고(1999a, 2000a)는 그때까지
최세진의 묘지명墓地銘을 보지 못한 탓으로 정확한 생년을 밝히지 못한
것이다.[10]

9　이 만사를 보면 대과의 방에 오른 지 40년(四紀)이란 글귀가 보여 역시 최세진의 죽음이
　봉세자별시의 대과에 합격한 연산군 9년(1503)으로부터 40년 후인 중종 37년(1542)의
　일임을 말하고 있다. 김안국이 생원시, 즉 初試에 합격한 것은 전술한『국조방목』의
　기록에 의하면 연산군 辛酉 式年試(1501년 시행)의 일이다. 그는 성종 9년(1478)에 출생
　하였으므로 23세 되던 해의 일이며 大科에 합격한 것은 3년 후의 일로서 그의 나이
　26세의 일이다. 당시 최세진은 36세로서 10년의 차이가 있었으나 同榜이 되었으며 이후
　김안국은 承文院에 등용되어 博士, 副修撰, 副校理 등을 역임하면서 최세진과 오랫동안
　같이 근무하게 되었다.
10　안병희(1999b)에서는 졸고의 생년 추정에 대하여 "정광(1999 : 8)에서 77세를 산 것으로
　기술하였으나 78세의 잘못이다. 만으로 나이를 계산한 것인지 모르나 생일이 분명하지
　않으므로 어려운 데다가, 죽은 날짜가 2월 10일(辛酉)이므로 만으로 따지면 오히려 76세
　일 가능성이 큰 것이다"(p.50의 주4)라는 지적이 있었다. 졸고(1999a)에서는 역과 등과
　의 평균 연령을 20세 전후로 보고 그로부터 추정하여 1476년경에 태어난 것으로 보아
　77세쯤에 타계한 것으로 추정한 것을 비판한 것이다. 그때의 원문을 옮겨보면 "역과의
　경우에는 사역원의 譯生들이 17세에 초시, 20세에 복시에 應科하는 것이 일반적이었다.
　따라서 그가 만일 역과 초시에 합격한 것이라면 14세라도 불가한 것은 아니지만 복시에
　합격한 것이라면 20세 전후에 응과한 것으로 보아야 할 것이다. 만일 그가 20세의 나이
　에 역과 복시에 합격한 것이『통문관지』의 기사에 보이는 '成廟朝中院科選－성종조에
　원과에 선발되었다'이고『국조방목』의 '丙午員'이라면, 그는 성종 병오(丙午, 1486)에 역
　과 복시에 합격한 것으로 볼 수 있으며 그로부터 20년을 소급하면 세조 11년(1465)에
　출생한 것이 된다. 또한『중종실록』의 기사와 같이 중종 37년(1542)에 사망하였다면
　그는 77세까지 산 것이 된다"와 같다. 그러나 이러한 연대 추정은 잘못된 것이다 성종
　병오(1486)에 역과 복시에 합격하였고 그것이 그가 20세의 일이었다면 그는 세조 13년

4.1.1.2 이번에 학계에 소개된 최세진의 묘지명은 신문(『조선일보』 1999년 10월 12일자, 사진 포함)에 소개된 바와 같이 과천의 한 아파트 기초공사에서 발굴된 2매의 백자도판으로 모두 90자의 명문銘文과 지문誌文이 적혀있다([사진 4-2] 참조). 안병희(1999b)에도 소개되었지만 여기에 옮겨보면 다음과 같다.

제1판 嘉善大夫 同知中樞府事 兼五衛將 崔公世珍之墓

東爲貞夫人 永川李氏之墓 夫人嘉靖辛丑九月葬 (夫人年四十七終)[11]

제2판 年至七十五 嘉靖壬寅以疾終 同年四月二十日葬于果川縣

午坐子向之原 夫人先公一年七月二十九日終 ([사진 4-2] 참조)

[사진 4-2] 최세진의 묘지명(墓誌銘)

(1467)에 태어난 것이 되어야 한다. 새로 발견된 묘지명에 의하면 최세진의 향년이 75세라고 하였으니 그는 세조 14년(1468)에 태어난 것으로 계산된다. 그렇다면 성조 병오의 합격은 그가 19세의 일로서 졸고(1999a)에서 향년을 77세로 한 것이라든지 생년을 세조 11년으로 한 것은 나이 계산에서 1년을 더하는 것을 미처 생각하지 못한 때문이다.

11 ( ) 안의 글자는 雙行 夾註로 된 것이다.

이 묘지명에 의하면 그가 가선대부嘉善大夫(종2품)에 중추부中樞府 동지사
同知事와 오위장五衛將을 겸한 것이 가장 높은 벼슬이었음을 알 수 있다.
그리고 그가 나이 75세인 가정嘉靖 임인壬寅, 즉 중종 37년(1542)에 병사하
였음을 알 수 있다. 또 과천현果川縣의 남쪽 언덕에 묻었으며 부인은 영
천永川 이씨로서 그보다 1년 먼저인 가정嘉靖 신축辛丑(1541) 7월 29일에 타
계하였음을 알 수 있다.

이 묘지명으로 알 수 있는 사실들은 대부분 이미 실록 등을 통하여
알려진 것이나 그의 향년享年과 부인의 성姓 및 생몰生沒 년대는 이것을
통하여 비로소 분명히 알게 된 것이다. 이에 의거하면 최세진은 향년
75세로서 실록의 죽은 날로부터 역산하면 세조 14년(1468)에 태어난 것
으로 확인된다.

4.1.1.3 세조 14년, 즉 1468년 출생이라면 그는 19세에 역과 복
시에 합격한 것이 된다. 졸저(1990)에 의하면 조선후기의 일이기는 하지
만 영조 신묘辛卯(1771)의 역과譯科 한학漢學 식년시에 응과한 유학기劉學基
와 역시 그의 아들로 역과 한학에서 정조正祖 기유己酉(1789)에 응과한 유
운길劉運吉 부자는 22세와 17세의 나이에 복시覆試에 합격한 일이 있으므
로(졸저, 1990) 최세진도 세조 11년(1465)경에 태어났으면 19세에 역과 복
시覆試에 합격하여 강이습독관講肄習讀官으로 사역원司譯院에 출사하였고 향
년을 77세로 추정한 것이다.

다만 안병희(1999b : 61)에서 주장한 대로 최세진이 생원生員으로 소과小
科에 합격하여 바로 승문원承文院의 강이습독관이 되었다는 추정은 납득
하기 어렵다. 왜냐하면 승문원承文院(일명 槐院)은 조선 태종 10년에 설치된
기관으로서 사대교린事大交隣의 문서를 작성하는 곳이며 그 곳의 강이습

독관은 한어漢語와 한이문漢吏文을 학습하고 실제로 사대문서를 작성하는 직책이기 때문에 한어에 능숙한 인사가 참여한다. 따라서 생원 소과에 합격한 인물이 바로 한이문漢吏文이나 한어漢語를 배우는 강이습독관講肄習讀官이 될 수는 없고 또『문과방목』에 '병오원'으로 기록되지도 않는다.[12]

2) 최세진은 중인(中人)인가?

4.1.2.0 다음으로 최세진에 연구에서 가장 중요한 논점은 그가 사대부의 유신儒臣인가, 아니면 중인中人 출신의 역관譯官인가 하는 문제다. 이것은 최세진의 생애에 대한 연구에서 김완진(1994)와 안병희(1997, 1999a)에서 부각된 중요한 쟁점이다. 최세진을 유신儒臣으로 보는 주장은 강신항(1966b, 1978)에서도 주장된 것으로『국조문과방목』에 연산군 9년 (8월 28일 시행)의 봉세자封世子 별시別試에서 급제한 것으로 올라있는 것을 근거로 한 것이다. 앞에서 살펴 본 김안국과 동방同榜으로 급제자의 명단에 최세진의 이름이 보이기 때문이다.

그러나 졸고(1999a, 2000a)에서는『통문관지通文館志』'인물人物 최세진'조에 "中廟朝崔世珍卽漢吏科出身也 - 중종조의 최세진은 한이과 출신이다"라는 기사가 있으며 졸저(1990)에서 밝힌 바와 같이 조선조에서는 중기부터 한이문의 학습을 권장하기 위하여 한이과漢吏科에 급제한 인물을 문과文科와 동방同榜으로 창명唱名하는 제도가 있었다. 이에 따라 연산군 때에도 한어漢語와 한이문漢吏文의 학습을 권장하기 위한 한이과漢吏科를 문과와 병시倂試하여 문과 급제자와 동방의 영광을 준 것으로 보았다.

---

12 생원소과에 합격한 것으로『문과방목』에 '丙午員', 또는 '丙午參'으로 기록한 예는 찾기 어렵다. 본고의 발표에서 '병오원'이 "병오년에 관원이 되었음"으로 해석할 수 있다는 고문서 전문가인 안승준 선생의 지적을 참고할 수 있다.

앞에 말한『통문관지』의 기사는 바로 이 제도에 의하여 최세진이 한이과에 부거^{赴擧}하여 급제하고 문과와 함께 동방^{同榜}에 창명^{唱名}한 것을 말한 것이라고 주장하였다. 졸저(1990)의 같은 곳에 인용된『통문관지』(권2)「권장^{勸獎}」제2 '과거'의 '한이과^{漢吏科}'조에 "{額數} 只三人 {放榜} 殿庭放榜, 賜紅牌遊街, 中廟朝崔世珍卽漢吏科出身也 –액수, 즉 급제자 수는 다만 3인이고 {방방, 즉 방을 붙여 알리는 것은} 대궐의 뜰에 방을 붙여 알리며 홍패를 내려주고 거리에 유가한다. 중종조의 최세진은 바로 한이과 출신이다"라고 하여 최세진이 한이과 출신임을 분명하게 말하고 있다. 다만 최세진은 동반^{東班}으로 천전^{遷轉}하는 혜택을 입어 그만이 아니라 괴산^{槐山} 최씨가 모두 동반으로 바뀌어 괴산 최씨들은 더 이상 중인이 아니라 역과에 응과^{應科}하지 않았을 뿐이다.

4.1.2.1 최세진의 동반^{東班} 천전^{遷轉}에 대하여는 졸저(1990)에 자세히 언급되었으므로 중복이 되므로 구체적인 것은 피하겠으나 중요한 부분만을 다시 옮겨보면 다음과 같다. 이씨^{李氏} 조선은 건국 초에 과거제도를 정하고 문과^{文科} 이외에 무과^{武科}, 의과^{醫科}, 음양과^{陰陽科}, 한이과^{漢吏科}, 통사과^{通事科}를 두었다. 한이과는 태조 원년 7월에 정한 과거법^{科擧法}에는 없었으나 그 후에 과제^{科制}를 개정할 때에 권근^{權近}의 소청으로 개설된 것으로『증보문헌비고^{增補文獻備考}』(권186)「선고과^{選考科}」(2), '과제^{科制}'에 "權近上書曰 : [中略] 漢吏之文, 事大要務不可不重, 今醫譯陰陽律等學。皆有科目, 而此獨無之, 誠闕典也。乞依前朝明科例, 文科試日幷試, 吏文之士許於正科, 同榜唱名, 其赴文科者, 有欲幷試吏文者, 正科內加其分數 –권근이 상서하여 말하기를 [중략] '한이문은 사대외교의 필요한 업무로서 중하게 여기지 않을 수 없습니다. 이제 의학, 역학, 음양학, 율학

등은 모두 과거가 있으나 한이학만은 홀로 없어 법전(『경세육전』을 말함)에 빠졌습니다. 바라건대 전조(고려 왕조를 말함)의 명과明科 례에 의거하여 문과 시험일에 함께 시험하고 한이문을 공부한 선비도 정과正科에 응과應科할 것을 허가하여 동방창명하기를 바랍니다.' 문과에 부거한 자도 이문에 병시倂試하기를 바라는 자는 정과 내에 그 점수를 추가하다"라는 기사가 있어 문과 시험일에 한이문과漢吏文科를 함께 시험하고 합격하면 문과 급제와 동방同榜에 창명唱名하는 제도가 있었음을 알 수 있다(졸저, 1990 : 68~70).

이것은 최세진이 문과 급제가 아님을 전제로 하는 것으로 후술할 『국조문과방목』(奎106, 권5)의 연산군 9년 계해癸亥 8월에 실시한 봉세자 별시에 제2등 2인으로 "崔世珍同知, 精於吏文華語, [未登第以質正官朝天, 臺諫以非舊例爲言, 成廟曰 : '我作古例何妨'] - 최세진은 동지 벼슬을 지냈고 한이문과 한어에 정통하였다. [과거에 급제하지 않고 질정관으로서 중국에 간 것에 대하여 대간들이 옛 예에 어긋난다고 말하니 성종이 말하기를 '내가 고례를 만들면 무엇이 방해가 되는가?'라고 하였다"([ ]안의 것은 협주임)"라는 기사가 있어 이 사실을 뒷받침한다.[13]

---

13 中宗이 舊例에 얽매이지 않고 최세진을 발탁하여 질정관으로 중국에 파견한 일은 매우 유명한 일로서 『중종실록』에도 등장하며 『통문관지』(권7) '人物' 최세진조에도 "[前略] 旣數年親講所業大加奬歎, 特差質正之官。言官啓曰以雜職而補質正之官 古無比例 上曰 苟得其人 何例之拘 自予作古可也 累赴京師。[下略] - [전략] 이미 여러 해 동안 [임금이] 소업을 친강할 때에 크게 칭찬하였다. 특별히 질정관으로 보내니 언관들이 말하기를 '잡직으로서 질정관을 보하는 것은 옛 일에 없었습니다'고 하니 임금이 말하기를 '진실로 그 사람을 얻었거늘 어찌 구례에 얽매이겠는가? 스스로 내가 고례를 만드는 것이 옳다'라고 하시다. 여러 번 북경에 가다"라는 기사가 있어 이미 성종 때에 중국어를 잘하여 임금의 총애를 얻었으며 문신이 갈 수 있는 질정관으로서 중국에 다녀왔음을 알 수 있다. 이후에는 사역원의 역관이 질정관으로서 중국에 가는 使行을 수행하는 것이 정식이 되었다(졸저, 1988).

4.1.2.2 그가 문신文臣이 아니며 문과 급제가 아닌 것은『중종실록』 중종 4년 1월 정유丁酉조의 기사에 신분상의 하자를 들어 그가 승문원承文院에서 사대부의 유생들을 교육할 수 없으니 승문원 습독관習讀官의 직을 체임遞任하라는 대간의 간쟁諫諍으로도 확인된다. 또『중종실록』 중종 12년 12월 정미丁未조의 기사에 "한어에 능통하여 가업을 잃지 않고 요행이 과거에 올라 벼슬길을 열었으며"라는 기사가 있어 그가 역관의 집안으로 가업을 이어받아 역과에 올랐음을 말하고 있다.

모든 〈국조문과방목國朝文科榜目〉의 연산군 9년에 실시한 봉세자 별시의 방목에서도 유독 최세진만이 부친을 제외한 조부, 증조부, 외조부 등이 누락되었고 본관도 불분명하다. 그가 한이과漢吏科 출신으로서 역관의 자제이기 때문에 겨우 사역원 정正을 지낸 부친의 이름만 올랐고 나머지는 삭제한 것이다.[14]

그가 문과에 합격한 것이 아니라는 무엇보다도 중요한 증거는 앞에서 언급한 새로 발견된 묘지명墓誌銘에 대과급제에 관한 기사가 없다는 것이다. 보통의 묘지명에는 반드시 적혀야 할 이 부분이 누락된 것은 그가 대과大科에 정식으로 급제한 것이 아니기 때문으로 보아야 할 것이다.

3) 최세진의 가계(家系)

4.1.3.0 그러며 최세진의 가계家系는 어떠한가? 부친은 최정발崔正濊인가 사역원 정 최발崔濊인가 하는 문제가 생긴다.『국조문과방목』에

---

14 역과에 응과할 때에도 四祖單子를 제출하고 역과 試券 오른쪽 상단에 四祖를 기록하여 糊封하는 제도가 있어 역과에 응시하는 擧子들도 모두 家系를 밝히게 되었으나(졸저, 1990 : 110) 최세진의 경우는 文科榜目에 唱榜할 때에 문신들이 일부러 뺀 것으로 본다. 뿌리 깊은 雜科 출신자에 대한 차별의식의 발로라고 볼 수 있다.

등재된 최세진의 가계에서 유일하게 부친의 이름만 실렸다. 김완진 (1994 : 74~76)에 의하면 '문과방목'이란 제하의 역대 문과 합격자의 명단을 실은 문헌은『문과방목文科榜目』(奎34, 宣祖 32~高宗 22)을 비롯하여『국조문과방복國朝文科榜目』(奎106, 태조~영조 50),『국조방목國朝榜目』(奎5202, 高麗 忠烈王~朝鮮 高宗),『국조방목國朝榜目』(奎11655 貴重本, 太祖 1~高宗 31),『국조방목』(서울대 古 4650, 太祖~英祖 19),『국조문방國朝文榜』(서울대 古 4950, 太祖~純祖),『국조방목國朝榜目』(서울대 想, 太祖~成宗)[15] 등 서울대학교 소장본만 7개를 헤아린다.

이 가운데 최세진에 관한 기사가 가장 자세한 것은『국조문과방목國朝文科榜目』(奎106)으로서 그 부분을 옮겨보면 다음과 같다.

> 習讀 崔世珍, 公瑞, 父正潑, 曾, 外, 妻父
> 同知, 精於吏文華語
> 未登第以質正官朝天, 臺諫以非舊例爲言, 成廟曰 : '自我作古何
> 妨' 槐山人

이 외에『국조방목國朝榜目』(奎5202)에는 "習讀崔世珍, 公瑞, 同知精於 吏文 父 ─습독 최세진, 호는 공서, 동지 벼슬을 하다. 이문에 밝다, 부는"라는 기사밖에 없고『국조방목』(奎11655, 貴重本)에는 "講肄習讀崔世珍, 公瑞, 同知, 父正潑, 丙午員 ─강이 습독의 최세진은 호가 공서, 동지 벼슬, 부는 정발, 병오의 원貝"이란 기사가 있다. 나머지 방목에는 그나마 부명父名도 보이지 않는다. 여기서 최세진의 부父를 '최정발崔正潑'로 보거나 또는 '사역원의 정正을 지낸 최발崔潑'로 보기도 한다.

---

15 '想'은 서울대 도서관의 '想白文庫本'를 말함.

김완진(1994)에서는 『성종실록』 성종 13년 11월조의 기사에 "差通事司譯院副正崔潑, 云云 –사역원의 부정副正인 최발을 통사로 보내다"에 등장하는 사역원의 부정副正인 최발崔潑을 말한 것으로 볼 수 있다고 하였으며 방종현(1954)에서는 신숙주申叔舟의 '제역생최발 약운도題譯生崔潑約韻圖'에 나오는 역생譯生 최발崔潑로 생각하기도 하였다. 아마도 세조 때에 사역원의 역생譯生이었던 최발崔潑이 연산군燕山君 때에는 사역원의 부정副正을 거쳐 정正(정3품)까지 승진한 것으로 추측된다.

4.1.3.1 다만 『통문관지』(권) 인물 '최세진'조의 기사에도 그의 부명父名에 대하여 기재된 바가 없고 『국조방목』의 기사에 '父正潑'을 "사역원 정正의 최발"로 볼 수 있는가 하는 문제는 남아있다. 이것은 『국조방목』의 최세진에 관한 기사가 한이과漢吏科 합격을 동방同榜 창방唱榜한 것으로 본다면 다른 합격자와는 별도로 기재되었을 가능성이 있다. 실제로 『국조방목』의 기사가 동방同榜의 김안국金安國과 비교할 때에 매우 다른 것을 볼 수 있다.

최발崔潑이 최세진의 친부親父였다면 그는 분명히 역관이었고 그의 가업을 이어받은 최세진도 역관이 아니라고 할 수 없을 것이다. 특히 『통문관지』의 '인물人物'조에 최세진 이름이 보이는 것은 그가 비록 연산군대에 문과와 동일한 시기에 시행된 한이과漢吏科에 급제하여 홍패를 받았지만 어디까지나 역관이기 때문이었다. 『통문관지』의 '인물'난에는 결코 한 사람의 문신文臣도 그 이름을 볼 수 없다.[16]

즉, 『통문관지』(권7)의 '인물'조에는 조선 태종 때의 원민생元閔生을 비

---

16 『통문관지』의 편찬과 제 異本에 대하여는 졸고(1992b)를 참조할 것.

롯하여 수십 명의 역관譯官들이 그의 행장을 싣고 있다. 이 가운데 최세진도 들어 있으며 중종 때에 최세진과 함께 활약한 역관 이화종李和宗의 이름도 최세진과 나란히 등재되었다. 여기에 실린 인물들은 하나같이 사대교린의 외교활동에 유공한 역관들이고 유신은 한 사람도 보이지 않는다. 만일 최세진이 대과大科에 급제한 유신儒臣이었다면 『통문관지』의 '인물'난에 들어 있을 수가 없을 것이다. 그와 동방이었던 김안국도 물론 이 명단에는 들어있지 않다. 만일 최세진이 유신儒臣인데 이 『통문관지』의 '인물'조에 그의 이름이 들어있다면 괴산槐山 최씨 문중에서 그대로 있을 리가 없다.[17]

또 하나 최세진이 한이과 출신의 역관이라는 증거는 그가 받은 관직이 모두 상호군上護軍, 부호군副護軍, 오위장五衛將 등의 군직軍職이었다는 사실이다. 즉 졸고(1999a, b)에 의하면 중종 12년(1517) 11월에 『사성통해』를 완성하였을 때에 그의 벼슬은 사역원 한학교수 겸 승문원의 참교參校(종3품)로서 내섬시內贍寺의 부정副正을 겸임하였고 같은 해 12월 6일에 그는 내섬시 정正(정3품 당하관)으로 승진하였다고 하였다. 비록 직임은 내섬시 부정이든지 승문원 한학교수 등이었으나 녹봉은 서반직의 것을 받았다는 사실이다. 예를 들어 중종 32년(1537) 12월 15일에는 상호군上護軍 최세진이 『운회옥편韻會玉篇』과 『소학편몽小學便蒙』을 저술하여 임금에게 받쳤으며 중종은 이것을 높이 평가하여 상으로 안장이 갖추어진 말과 술을 지급하였고 첨지중추부사僉知中樞府事를 제수하게 하였다는 기사가 실록에 기재되었다.

---

17 필자의 『한글의 발명』(서울 : 김영사, 2015)이 간행되어 매스컴에 알려지자 槐山 최씨 문중 사람들이 필자의 연구실에 찾아와서 자랑스러운 문중의 조상인 최세진에 대하여 물었다. 그가 槐山 최씨임을 확인해준 일이었다.

또 중종 34년(1539) 5월 17일에는 부호군副護軍 최세진이 『대유대주의大儒大奏議』 2권과 『황극경세설皇極經世說』 12권을 임금에게 받치니 중종은 상으로 술을 내려주었고 품계를 올렸다는 기사가 있다. 그리하여 그는 승문원承文院 제조提調(종2품)로서 오위장五衛將(종2품)이 되었는데 이들 상호군上護軍, 부호군副護軍이나 오위장五衛將은 모두 서반西班의 직책이다. 유신들 가운데 일시적으로 군직軍職의 녹봉을 받는 일이 있었지만 최세진과 같이 서반西班의 직함을 계속해서 받은 일은 없다. 만일 그가 역관이 아니고 대과급제의 문신이었다면 이와 같이 일관되게 군직의 녹봉을 받을 수가 없다. 조선조 후기의 일이지만 졸저(1990)에서는 역관들에게 군직을 제수하는 조선조의 제도에 대하여 자세하게 언급하였다.

4.1.3.2 무엇보다도 중요한 것은 『중종실록』에서 최세진을 역관으로 취급하였다는 것이다. 즉 『중종실록』(권38) 중종 15년 3월 병오丙午조에 "임금이 이르기를 '[전략] 또 승문원의 일은 지극히 중대하므로 늘 검거해야 하니 이화종·최세진을 일시에 함께 북경에 보내는 것은 불가하다'라고 하시니 남곤南袞이 아뢰기를 '주청하는 일은 지극히 중대한 일인데 황제가 남경에 있으니 해당 부서에서 명을 청하자면 두 곳을 왕래하는 동안에 사신이 오래 북경北京에 머물러야 하고 따라서 사명辭命을 전달함에 있어서 언어가 소통되어야 하는 것이니 반드시 한어에 익숙하고 중국 조정의 일에 익숙한 자라야 할 것입니다. 이렇다면 이화종·최세진을 함께 보내지 않을 수 없습니다'라고 하다. [하략]"라는 기사가 있다.[18]

---

18 원문은 "[前略] 且承文院之事至重, 可常檢擧。李和宗、崔世珍, 似不可一時俱赴京也。袞曰: '今奏請之事, 至爲重大, 而帝在南京。該部請命, 必兩度往來, 其間使臣, 久留于京。辭命之傳達, 言語之相通, 必因鍊熟華語, 諳習中朝之事者然後可。李和宗、崔世珍, 不可不俱遣' [下略]"(『중종실록』 권38 중종 15년 3월조).

이에 의하면 최세진은 당시 승문원에서 역관譯官 이화종李和宗과 함께 명에 보내는 모든 사대의 문서를 검토하였으며 두 사람이 일시에 승문 원을 비울 수 없을 정도로 그는 명明과의 접촉에서 중요한 인물이었음 을 말하고 있다. 더욱이 이화종이 연로하여 은퇴한 다음에는 오로지 최 세진 혼자 명明과의 접촉을 전담하게 되었다는 내용도 보인다. 이와 같 이 『중종실록』에서는 그를 유신으로 보지 않고 이화종 등과 같은 역관 譯官의 부류로 보고 있는 것이다.

4) 최세진의 이력

4.1.4.0 이상과 같이 최세진은 역관 출신의 중인가계中人家系로서, 전술한 『국조방목國朝榜目』이나 『국조문과방목國朝文科榜目』에도 그의 조부 나 증조부, 외조부, 장인에 대한 기록은 남아있지 않다. 그는 부친을 따라 사역원에 입속入屬하여 한어를 학습하였고 앞에서 살펴본 바와 같이 성종 成宗 때에 사역원에서 시행한 역과譯科에 선발되어 강이습독관講肄習讀官이 되었다. 그는 역과에 합격하여 사역원에 출사한 이후 한어 역관으로 활약 하였으며 그가 질정관質正官이 되어 중국에 다녀온 일에 대하여는 많은 기록이 남아있다.

최세진은 연산군 9년(1503) 5월에 사역원 제조提調 이세좌李世佐의 천거로 중국에서 온 사신使臣에게 한어를 배웠으며, 이어서 8월에 전술한 봉세자 별시의 한이과漢吏科에 응과하여 합격하였다. 이 과거에는 한어와 한이문 의 학습을 권장하기 위하여 문과文科이 외로 한이과를 병시倂試하였는데 최세진은 이에 합격하여 문과 급제자와 동방同榜의 영광을 얻은 것이다.

최세진은 봉세자별시에 급제한 이후 사역원에 출사하였으나 연산군

9년 9월에 이세좌가 갑자사화甲子士禍로 처형되자(『燕山君日記』 권56, 연산군 9년 12월조의 기사), 그의 천거를 받은 바 있는 최세진의 급제도 파방罷榜되었다. 거기다가 파방 이후에 익명서匿名書의 투척자로 의심을 받았으나 다행히 승지承旨 권균權鈞이 변명하여 겨우 국문을 면하였다. 그러나 후일 최세진은 중국에서 사신이 왔을 때에 어전御前에서 통역한 공로를 인정받아 홍패를 환급 받았다.

즉, 연산군 12년 3월 13일 중국의 사신이 와서 왕을 뵙겠다고 하였으나 마땅한 통사通事가 없어 최세진이 이를 담당하였으며 이 공로를 인정받아서 파방이 취소되었다. 따라서 약 2개월에 걸친 자격정지이었으나 최세진은 이 때문에 학문에 대한 의욕을 잃어버린 것으로 보인다. 연산군燕山君 때에는 다른 모든 학문 분야와 같이 역학譯學도 침체되었고 이 시대의 최세진도 별다른 학문적 업적을 남기지 못하였다.

4.1.4.1 최세진의 학문 활동은 중종 대에 들어와서 활기를 찾는다. 중종 반정反正 이후 최세진은 연산군의 사위사辭位使인 김응기金應箕와 중종의 승습사承襲使인 임유겸任由謙이 북경에 갈 때에 질정관으로 동행하여 많은 활약을 한다(『중종실록』 권2 중종 2년 2월 己丑조의 기사 참조). 이후부터 최세진에 대한 중종의 총애는 각별하게 되었으며 그에 따른 문신들의 시기와 모함이 잇달았다. 그 후에 최세진은 한어 교육에 전념하였고 점차 그의 한이문漢吏文에 대한 지식이 인정되어 동반東班으로 천전遷轉하게 되었으며 문신의 반열에 들게 되었다. 뿐만 아니라 사역원의 한학교수와 승문원承文院의 훈회訓誨 겸 습독관으로서 후학의 교육에 전념하게 된다(『중종실록』 중종 10년 11월 丙申조의 기사 참조).

중종 12년(1517) 11월에 『사성통해四聲通解』를 완성하였는데 이때에 그

이 벼슬은 사역원 한학교수 겸 승문원承文院의 참교參校(종3품)로서 내섬시 內贍寺의 부정副正을 겸임하였다. 같은 해 12월 6일에 그는 내섬시 정正(정3품 당하관)으로 승진하였다.[19] 그러나 이때에도 문신의 관직을 역관 출신에게 제수하는 것에 대한 대간臺諫의 탄핵彈劾이 있었다.

이때의 탄핵은 '종 천비千非'의 사건과 관련이 있다. 이 사건은 내관內官인 이평李坪과 강석손姜碩孫 등이 사온서司醞署의 여종인 천비를 심사도 하지 않고 함부로 궁중을 출입하게 하였다. 그러던 중에 천비가 쌀을 가지고 나가다가 체포되어 한바탕 소동이 일어났다. 사온서는 술을 만들어내는 관청이고 내섬시는 그 술을 공급하는 기관이어서 천비의 잘못을 내섬시의 장관인 최세진에게 묻게 된 것이다.

이때에 문신들은 다시 한 번 최세진을 경솔하고 미천해서 장관에 적합하지 못하다고 탄핵하여 천비의 사건과 관련하여 그의 신분이 양반 사대부가 아님을 문제 삼았다. 춘추관의 사관史官들도 최세진에 대하여 "성품이 본시 탐비貪鄙하나 한어에 능통하여 가업을 잃지 않고 요행히 과거에 올라 벼슬길을 열었으며, 통사나 습독관을 선발할 때에 그 권세를 이용하여 부를 축적하였다"라고 동조하였다(『중종실록』 중종 12년 12월 丁未 및 戊申조 기사 참조). 이로써 그가 중인中人 출신임에도 불구하고 권력과 재물을 향유하고 있는 것에 대한 문신들의 시기가 여간 심한 것이 아니었음을 알 수 있다. 여종 천비의 사건으로 불거진 최세진의 탄핵은 마침내 그를 예빈시禮賓寺의 부정副正(종3품)으로 강등시키고 만다.

이후에도 최세진에 대한 문신들의 탄핵은 계속되어 여러 차례 그를

---

19 內贍寺는 태조 1년에 설치했던 德泉庫를 태종 3년에 개칭한 것이다. 여러 궁전에 대한 공상품이나 2품 이상에게 주는 술, 倭人과 女眞人에게 주는 음식과 직포 등을 관장하는 기관이었다. 戶曹에 소속되었으며 정3품 당하관이 正을 맡았다.

벼슬에서 몰아내려고 하였으나 중종은 끝내 이를 윤허하지 않았다. 최세진이 한어에 능통하여 명과의 교섭에서 빠질 수 없는 인물이기 때문에 조정도 그를 파직할 수 없었던 것이다. 이때의 탄핵이 과격하였음은 실록을 작성하는 춘추관의 사관들도 인정하고 있다. 즉, 『중종실록』 중종 13년 4월 무자戊子조에 "사신史臣은 논한다. [중략] 근일에 와서 언론을 담당한 자가 지금의 쌓인 폐단을 밉게 보아 하루아침에 없애고 싶은 생각을 하나 한갓 공의만 믿고 과격하게 논란하여 너무 지나치게 탄핵한다. [중략] 위로 군덕君德을 보충하고 아래로 민심을 진정시켜 치화治化를 밝히는 것이 참으로 급선무라고 할 것이다"라는 평가를 내리고 있다.

4.1.4.2 중종 15년에 최세진은 사역원 정正(정3품)이 되었다. 문신들의 탄핵은 이때에도 계속되었으나(『중종실록』 중종 15년 4월 乙亥조 기사 참조) 이때의 문신들의 탄핵은 그가 잘못된 인물이어서가 아니라 최세진의 한어와 한이문에 대한 탁월한 실력을 시기하고 자신들의 열등의식에 대한 질투에서 연유된 것이다. 그것을 증명하는 한 예로써, 『중종실록』 중종 15년 4월 을해乙亥조의 기사에 남곤南袞이 그를 변호한 내용을 들 수 있다.

즉, 대간臺諫 유형兪炯이 경연經筵에서 최세진의 인품이 한 관사의 장관이 될 수 없다고 탄핵한 것에 대하여 당시 이 경연의 영사領事였던 남곤이 변호하기를 "육시칠감六寺七監의 일은 정正이 통솔하며 그 직위는 참의參議 다음임으로 가려 써야한다는 말은 참으로 마땅합니다. 그러나 신이 전에 최세진과 함께 북경에 갔었는데 그 사람됨과 학문이 천박하지 않았습니다. 한이문과 한어를 잘 알뿐만 아니라 중국 사람의 문담文談도 잘 알아들었으니 그 지식이 많음을 알 수 있습니다"(『중종실록』 권39, 중종

15년 4월 乙亥조의 기사)라고 하여 그의 학식과 인품이 결코 천박하지 않았음을 말하고 있다. 이로 인하여 춘추관의 사관들도 최세진의 탄핵이 공정하지 못하였다고 보았던 것이다.

이후부터 최세진에 대한 대간의 탄핵은 수그러들고 그의 한어에 대한 실력은 더욱 인정을 받아서 중용이 되었으며, 특히 중국과의 외교 임무를 수행하는 데 없어서는 안 될 인물이 되었다. 중종 13년 7월에 주청사奏請使로 가는 남곤南袞·이자李耔와 성절사聖節使로 가는 방유녕方有寧 등과 함께 최세진도 질정관으로 중국에 가게 되었으며 그때 최세진의 서열은 삼사三使에 버금가게 되었다. 그리하여 중종 시대의 명明과의 접촉에서 그는 어전 통역을 비롯하여 외교문서의 해독에 이르기까지 거의 모든 절차에 관여하게 되었으며 잠시라도 그 직을 떠날 수 없게 되었다(『중종실록』 중종 15년 3월 丙午조 기사 참조). 당시 최세진은 승문원에서 역관 이화종李和宗과 함께 명에 보내는 모든 사대의 문서를 검토하였으며 두 사람이 일시에 승문원을 비울 수 없을 정도로 그는 중국과의 접촉에서 중요한 인물이었다. 더욱이 이화종이 연로하여 은퇴한 다음에는 오로지 최세진 혼자 명과의 사대외교를 전담하게 되었다.

4.1.4.3 중종 16년(1521) 초에 최세진은 질정관으로 다시 북경에 다녀왔다. 그런데 그가 들은 '명明이 공녀貢女를 원한다'는 정보를 조정대신에게 전하자, 조선은 이를 위하여 곧 채녀采女가 있으리라는 유언비어가 장안에 퍼져 일대 소동이 일어난다. 소위 채녀 사건으로 알려진 이 일은 최세진이 잘못된 정보를 유포하여 일어난 것이라는 대간의 탄핵을 받았으나 이번에도 좌의정 남곤이 변호하여 겨우 무사할 수 있었다. 이 사건은 당시 명에 파견되는 통사通事들의 역할이 얼마나 중요한가를

보여주는 일이다. 이 사행에서 돌아오면서 그는 중종에게 소요건逍遙巾과 『성학심법聖學心法』을 구하여 바쳤다.

중종 19년(1524) 2월에 임금은 예조禮曹의 주청에 따라 최세진에게 『세자친영의주世子親迎儀註』와 『책빈의부冊嬪儀註』를 번역하도록 명하였다. 이때에 그의 벼슬은 군자감軍資監의 정正(정3품 당하관)이었다. 또 중종 22년(1527) 3월 정해丁亥에는 한이문漢吏文을 익히는 관원을 전정殿庭에 모아 이문정시吏文庭試를 보았을 때에 최세진 등 5인이 합격하였다(『중종실록』 중종 22년 3월 丁亥조 기사 참조). 이때의 합격으로 최세진은 품계가 올라 절충장군折衝將軍(정3품 당상관)으로 승진하였다. 이에 대하여 전술한 『통문관지』(권7) 「인물」 '최세진'조에 "[前略] 嘉靖丙戌以吏文庭試第一, 特陞堂上 [下略]−가정 병술(1526)에 이문정시가 있었는데 1등을 하여 특별히 당상관에 승진하다"라는 기사가 있다.[20]

같은 해 4월에는 『훈몽자회訓蒙字會』를 편찬하였고 10월에는 겸사복장兼司僕將(종2품)에 임명되었다. 중종 23년(1528) 1월에는 최세진 이외에 한어漢語와 한이문漢吏文을 아는 자가 없음을 걱정하는 정광필鄭光弼·심정沈貞·이행李荇 등의 계문이 있었으며 같은 해 6월에는 중국에 보내는 차비문差備文의 작성으로 최세진을 급히 불렀다는 기사가 있다(『중종실록』 중종 23년 6월 戊午조 기사 참조).

중종 25년(1530) 12월에 최세진은 『황극경세서집람皇極經世書集覽』을 임금께 바쳤는데, 이때의 벼슬은 일시 현직에서 물러난 첨지중추부사僉知中樞府事(정3품)였다. 그러나 중종 27년(1532) 9월 12일에 『번역여훈飜譯女訓』을 저작하여 임금에게 받칠 때에는 오위장五衛將(종2품)으로 승진하여 다시

---

20 『중종실록』과 『통문관지』의 기사가 1년씩 차이가 나는 것은 각기 다른 기록에 의거한 때문이다. 『통문관지』의 기사는 『稗官雜記』에 의거한 것이다.

실직에 복귀하였음을 알 수 있다. 중종 31년(1536) 12월에는 중국에서 온 사신의 통역을 위하여 상중^{喪中}인 최세진이 천거되었다.

그는 이미 노쇠하여 임무를 수행하기 어려웠고 겨우 상복을 벗었음에도 불구하고 그 외에는 이 일을 감당할 사람이 없어 어전통사로서 그를 임명하지 않을 수 없었다는 기사가 『중종실록』(권81, 중종 31년 12월 壬午条)에 실렸다. 또 같은 해 12월 11일의 기사에는 최세진이 병들어 그 임무를 수행할 수 없어 많은 차질이 있었다는 내용이 있다. 그리고 다음날인 12월 12일에는 사역원 제조^{提調}였던 김안로^{金安老}가 한어 교육을 강화하고 인재양성에 힘써야 하겠다는 주청이 있었으니 최세진이 없으면 명과의 접촉이 불가능할 정도였음을 알 수 있다. 최세진의 병은 그 이듬해 1월까지 계속되었다.

4.1.4.4 중종 32년(1537) 12월 15일에는 상호군^{上護軍} 최세진이 『운회옥편^{韻會玉篇}』과 『소학편몽^{小學便蒙}』을 저술하여 임금에게 바쳤다는 기록이 있다. 특히 중종은 이것을 높이 평가하여 상으로 안장이 갖추어진 말과 술을 지급하였고 첨지중추부사를 제수 하게 된 것이다. 또 중종 34년(1539) 5월 17일에는 부호군^{副護軍} 최세진이 『대유대주의^{大儒大奏議}』 2권과 『황극경세설^{皇極經世説}』 12권을 임금에게 받치니 중종은 상으로 술을 내려주었고 품계를 올렸다는 기사가 있다. 그리하여 그는 승문원 제조^{提調}(종2품)로서 오위장(종2품)의 녹봉을 받았는데 역시 이때에도 대간들의 반대가 있었다. 그러나 중종은 대간들의 말을 듣지 않고 오히려 숙마^{熟馬} 1필을 상으로 최세진에게 내림으로써, 그에 대한 왕의 신임이 어떠하였는가를 보였다.

같은 해 7월 24일에는 승문원에서 중국에 사은사^{謝恩使}를 보내지 않고 동지사冬至使의 출발 일을 개정하는 일을 의논하여 임금에게 보고하였는데 이때에 승문원 도제조인 영의정 윤은보尹殷輔를 비롯한 조정의 중신들과 함께 오위장 최세진의 이름이 보인다. 특히 이때에는 동방同榜 김안국이 좌참찬左參贊으로 함께 의논에 참가하였다. 또 이 해 8월 7일에는 이문정시吏文庭試를 보았는데 최세진이 수석으로 뽑혀 특별히 가자加資하였다는 기사가 실록에 나타난다. 아마도 이때에 동지중추부사同知中樞府事(종2품)의 직함을 받은 것으로 보인다. 이에 대하여는 전술한 『통문관지』의 같은 곳에 "[前略] 己亥又試第一 陞嘉善 [下略]-[전략] 기해년(1539)에 또 시험을 보아 1등을 하여 가선대부嘉善大夫(종2품)에 승진하다. [하략]"이라는 기사가 있다.

중종 35년(1540)에는 건강이 나빠진 것으로 보이니 10월 13일자 실록의 기사에는 중국에서 보내 온 『문견등록聞見謄錄』이 한이문이 섞여 있어 해독하기 어려움으로 최세진에게 읽히려 하였으나 그가 병으로 입궐할 수 없어서 다른 이문학관吏文學官으로 질정하게 하였다는 기사가 있다. 이때에 그의 나이는 이미 75세를 넘었다. 중종 36년(1541) 6월에 그는 중국 남경南京의 궁궐과 도성, 산천을 그린 『경성도지京城圖志』와 『여효경女孝經』,[21] 그리고 지도 1축을 진상하였는데 임금은 숙마 1필을 하사하여 이에 답례하였다.

중종 37년(1542) 2월 10일에 최세진이 세상을 떠났으니 그때 그의 벼슬은 상술한 동지중추부사同知中樞府事였다. 실록에 그의 죽음을 기재하면서 "최세진은 미천한 가문에서 태어났지만 어려서부터 학문에 힘썼으

---

21 『여효경(女孝經)』은 진막(陳邈)의 아내 정씨가 지은 것으로 『효경(孝經)』의 장수를 모방하여 撰集한 것이다. 그림도 있고 傳도 있는 것이 『三綱行實圖』와 같았다고 한다. 『중종실록』 중종 36년 6월 壬申조의 『여효경』 주를 참조.

며 더욱이 한어漢語에 정통하였다. 과거에 급제하여서는 모든 사대에 관한 이문吏文을 맡아보았고 벼슬이 2품에 이르렀다. 저서로는 『언해효경諺解孝經』과 『훈몽자회』, 『이문집람吏文輯覽』이 세상에 널리 알려졌다"라는 평을 남겼다. 출신은 비록 한미하였지만 오로지 학문에 몰두하여 입신 출세한 의지의 인물이었음을 알 수 있다.

4.1.4.5 이상 최세진의 생애에 대하여 졸고(1999a, b)에서 잘못 추정한 생년生年과 향년享年을 수정하고 그의 출신과 가계에 대하여 종전의 주장을 다시 한번 고찰하였다. 그는 새로 발견된 묘지명墓誌銘에 기재된 바와 같이 향년이 75세이고 생년은 세조 14년(1468)으로 수정한다. 다만 그의 출신은 성종 병오丙午(1486)에 역과에 합격하여 승문원에 출사하였으며 연산군 9년(1503년 8월 28일 시행)에 시행된 봉세자 별시의 한이과漢吏科에도 합격하여 문과文科와 동방창명同榜唱名한 것으로 보았다. 이에 대하여는 『증보문헌비고增補文獻備考』(권186)의 기록과 『통문관지』의 기록에 의거하여 졸저(1990)에서 이미 주장한 바가 있으며 여기서 다시 한 번 확인하는 것이다.

비록 『국조문과방목』에 등재되었지만 연산군 9년의 봉세자 별시에서 대과에 급제한 것이 아니고 정과正科에 병시併試된 한이과 출신이라는 사실은 전술한 각종 문헌의 기록에서 확인된다. 특히 그가 역관이라는 사실은 새로 발견된 묘지명에 대과 급제의 사실이 기재되지 않았다든지 『통문관지』의 역관 인물조에 다른 역관들과 함께 등재된 사실, 그리고 상호군上護軍, 부호군副護軍, 오위장五衛將 등의 군직을 제수받은 사실 등으로 확인된다.

최세진의 가계家系에 대하여는 여전히 분명하지 않으며 현재로는 그의 부친이 사역원 정正을 역임한 역관 최발崔潑일 가능성이 가장 높다. 본관도『국조방목』에 기재된 바와 같이 괴산槐山 최씨로 보인다. 실제로 괴산 최씨가 존재한다는 김완진(1994)의 조사가 시사하는 바가 크다.

4.1.4.6 이상의 논의로 최세진의 일생을 정리하면 다음과 같다.

世祖 14년(戊子, 1468)-譯官 崔潑의 아들로 태어남.

成宗 17년(丙午, 1486)-司訳院 譯科에 합격.

성종 17년(丙午, 1486)~燕山君 9년(1503)-司譯院 講隷習読官으로 한어 학습.

燕山君 9년(癸亥, 1503) 8월-漢吏科에 장원급제하여 封世子 別試에 2등 2인으로 同榜唱榜.

연산군 9년(癸亥, 1503) 9월-甲子士禍로 罷榜, 즉 봉세자 별시의 합격이 취소됨.

연산군 12년(丙寅, 1506) 1월-匿名書 투척의 의혹을 받았으나 承旨 權鈞의 발명으로 무사함.

연산군 12년(丙寅, 1506) 3월-御前 통역의 공로로 紅牌를 還給받음. 罷榜이 취소되고 다시 사역원의 강이습독관이 됨.

中宗 2년(丁卯, 1507)-연산군의 辞位使와 중종의 承襲使를 수행하여 중국에 감.

중종 4년(己巳, 1509) 1월-喪中 作妾으로 臺諫의 탄핵을 받아 강이습독관을 면함. 이때에『老乞大』,『朴通事』를 번역한 것으로 보임.

중종 10년(乙亥, 1515) 11월-사역원의 한학 교수, 承文院의 訓誨 겸 습독관으로 漢語와 漢吏文의 교육에 임함.

중종 12년(丁丑, 1517)-승문원 參敎, 사역원 한학교수에 재임명. 11월-『四声通解』완성.

12월 – 内贍寺 正에 임명되었으나 대간의 탄핵으로 파직. 禮賓寺의 副正으로 좌천.

중종 13년(己卯, 1518) 4월 – 예빈시 부정으로 있는 최세진을 台諫이 탄핵함.

　　7월 – 奏請使와 聖節使의 사행을 수행하여 북경에 감.

중종 15년(庚辰, 1520) 4월 – 사역원 正에 임명됨. 다시 대간의 탄핵을 받았으나 무사함.

중종 16년(辛巳, 1521) – 연초에 북경에 감. 채녀(採女) 사건으로 대간의 탄핵을 받았으나 영의정 南袞의 변호로 무사함.

중종 19년(甲申, 1524) 2월 – 『世子親迎儀註』와 『冊嬪儀註』의 번역을 명받음. 벼슬은 軍資監의 正.

중종 22년(丁亥, 1527) 4월 – 『訓蒙字會』를 완성함.

중종 25년(庚寅, 1530) 12월 – 『皇極経世書集』을 진상함. 僉知中樞府事의 직에 있었음.

중종 31년(丙申, 1536) 12월 – 병환이 들어 출사를 못함. 그로 인하여 조정에서는 사대외교에 많은 차질이 생김.

중종 32년(丁酉, 1537) 12월 – 『韻会玉篇』과 『小学便蒙』을 저술하여 임금께 진상하여 鞍具馬와 술을 하사 받음. 벼슬은 上護軍.

중종 34년(己亥, 1539) 5월 – 승문원 提調로서 『大儒大奏議』 2권과 『皇極経世説』 12권을 진상함.

중종 35년(庚子, 1540) 10월 – 다시 병석에 누웠음.

중종 36년(辛丑, 1541) 6월 – 중국 南京의 지도인 『京城志』와 『女孝経』, 그리고 지도 한 축을 임금께 올림.

중종 37년(壬寅, 1542) 2월 10일 – 최세진 사망. 벼슬은 同知中枢府事에 五衛將이었음.

2. 최세진과 한어(漢語)

4.2.0   다음으로 최세진의 한어^{漢語}와 한이문^{漢吏文}, 그리고 조선이문^{朝鮮吏文}에 대한 지식이 과연 어떠했는지 살펴보기로 한다. 그는 평생 중국어를 통역하는 한어^{漢語} 역관이었으며 한이문^{漢吏文}으로 작성된 명^明의 외교문서를 해독하고 또 명^明과의 외교접촉에서 한이문으로 작성한 실용문서들을 저술하였다. 그리고 앞에서 살펴본 바와 같이 이문^{吏文} 정시^{庭試}에서 늘 장원으로 벼슬이 올랐다.

따라서 그는 한어^{漢語}에 능통하였고 이의 실용문인 한이문^{漢吏文}에도 일가견이 있었으며 조선이문^{朝鮮吏文}의 학습 교재인 『이문집람^{吏文輯覽}』을 저술하였다. 졸고(2006b)에서 논의한 바와 같이 중국의 이문인 한이문^{漢吏文}은 원대^{元代}에 한인^{漢人} 관리들이 시작한 공문서의 실용 한문이었으며 명대^{明代}에도 한이문은 관리들의 실용문으로서 여전히 사용되었다. 또 졸고(2006b)에 의하면 고려 말과 조선 초기에 원대 한이문을 모방하여 우리의 실용 한문인 조선이문^{朝鮮吏文}이 발달하였는데 최세진은 한이문과 조선이문의 차이를 밝히고 이를 발달시키려고 노력하였다. 다음은 이에 대하여 살펴보기로 한다.

1) 최세진의 학문(學問)

4.2.1.0   최세진의 학문 활동은 앞에서 살펴본 바와 같이 역관으로서 '한어^{漢語}'를 배우고 또 사역원의 훈회^{訓誨}로서 이를 교육하였다. 그리고 '조선이문^{朝鮮吏文}'를 '한이문^{漢吏文}'과 비교하고 교육하고 보급하기 위하여 노력하였다. 더욱이 한자음의 표기에 유용한 한글을 보급하고 우

리 한자음을 표준화하여 교육하는 데 열심이었다.

한어漢語란 원대元代 북경지역의 공용어이었던 한아언어漢兒言語를 말하는 것으로 종래 수隋, 당唐 송宋의 중국어와는 매우 다른 중국어의 동북 방언이었다. 오늘날의 중국어에서는 보통화普通話가 된 이 한아언어는 한문으로 배운 중국어의 아언雅言이나 통어通語와는 매우 달라서 별도로 학습하지 않으면 안 되었다. 원대元代에 처음으로 공용어가 된 한어漢語은 명대明代에 남경, 또는 북경관화北京官話가 되어 표준어로 사용되었고 청대淸代 북경北京 만다린, 그리고 오늘날 보통화普通話가 바로 이 한어에서 발달한 것이다.

한이문漢吏文은 유교 경전의 한문 문장인 아언雅言의 고문古文이나 진秦 이후에 문학작품의 언어인 통어의 변문變文과도 다른 한문 문장어로서 원대元代 한아언어를 기반으로 하여 형성되었으며 명대明代에도 행정, 사법의 공용문서로 사용되었다(졸고, 2006b). 한반도에서는 원元의 요구로 고려 후기부터 이 문장어로 사대문서를 작성하였고 원元이나 명明, 후대의 청淸에서 보내오는 외교문서가 모두 이 한이문漢吏文으로 작성되었다. 뿐만 아니라 조선에서 보내는 사대문서도 모두 이 한이문漢吏文으로 작성하여야 하기 때문에 이에 대한 지식이 절대로 필요하였다.

조선에서는 구어口語인 한어漢語는 사역원司譯院에서 교육하고 문어文語인 한이문漢吏文은 승문원承文院에서 교육하였다. 사역원은 실제 중국인과의 접촉에서 통역을 담당하는 부서였다면 승문원은 사대문서를 작성하는 곳이었기 때문이다. 또 사역원의 역관들은 중인中人들의 몫이었다면 승문원의 한이문은 문신文臣들의 전공이었으나 중국과의 접촉이라는 상호 공통의 목적이었으므로 양자를 모두 공부하는 경우가 적지 않았다.[22]

---

22 예를 들면 졸고(2006e)에서는 文臣들도 漢語를 어느 정도 구사할 줄 알아야 보직에 임명되었다고 주장하였다. 즉, 당시 산기 문고에 소장된 嘉靖本『老乞大』의 뒤표지에 쓰인

4.2.1.1　최세진은 구어인 한어와 문어인 한이문에 모두 정통하였다. 먼저 한어 회화에 대한 그의 실력은 그가 사역원 훈회訓誨 겸 강이 습독관講肄習讀官으로 있을 때에 사역원의 한어 회화 강독 교재인『노걸대老乞大』(상·하)와『박통사朴通事』(상·중·하)를 번역하고 이들의 주석서인『노박집람老朴集覽』(1권)을 저술한 것으로 그 수준을 알 수 있다. 이 한어 교재의 번역은 한자 하나하나의 한어 발음을 정음正音으로 전사하는 것이었다. 즉, 한자의 좌우에 발음을 붙였는데 하나는 운서음韻書音이었고 하나는 실제 발음으로 알려졌다. 이『노박집람』은 최근 원대 한어를 반영한 {원본}『노걸대老乞大』가 발견됨으로써 그 가치가 더욱 높게 인정되었다.

　뿐만 아니라 중국어 표준발음 사전인『사성통해四聲通解』도 편찬하였다. 훈민정음 제정 당시에도 이미 중국어 발음사전의 필요성을 인정하여『홍무정운洪武正韻』을 역훈 하였으며 이를 축약하여 신숙주申叔舟가『사성통고四聲通攷』를 편찬한 바가 있다.『사성통해』는 위의 두 중국어 발음사전을 개정한 것으로『노걸대』와『박통사』의 번역에서 두 사전의 잘못이 많이 발견되어 새로운 발음 사전의 필요성을 절감하게 되었으며 이를 수정하여『사성통해』를 편찬한 것이다.

　세종조에 시작되어 단종端宗 3년(1455)에 완성한『홍무정운역훈洪武正韻譯訓』은 편찬 당시에도 문제가 있는 운서였지만 최세진 시대에는 이미 무용지물에 가까울 정도로 옛 운서의 발음만을 보여주기 때문에 이를 개정하지 않을 수 없었다. 그리하여 최세진은 먼저『속첨홍문정운續添洪武正韻』을 짓고 이어서『사성통해』를 편찬하면서 그 말미에「번역노걸대

荸書에는〈노걸대〉을 통하여 한어를 학습하고 시험에 합격한 다음에 양주 목사로 보임되었음을 밝혀두었다.

박통사범례飜譯老乞大朴通事凡例」(이하 「노박범례」로 약칭함)를 붙이면서 『홍문정운역훈』의 정음을 『사성통해』에서 수정하지 않을 수 없는 이유를 밝혔다. 즉, 「노박범례」는 『노걸대』, 『박통사』의 번역에서 왜 『사성통고』의 발음 전사를 따르지 않고 번역 『노걸대』・『박통사』의 오른쪽에 붙인 주음과 같이 독자적인 한어 발음 전사를 보였는가에 대한 장황한 설명이었다(졸고, 1995). 여기에서 최세진은 우리말과 중국어의 차이, 특히 성조의 차이에 대하여 깊이 있는 연구 성과를 보여준다.

4.2.1.2 더욱이 예빈시禮賓寺에 근무할 때의 경험을 살려 그가 군자감軍資監 정正으로 있던 중종 19년(1524)에 『세자친영의주世子親迎儀註』 및 『책빈의주冊嬪儀註』를 저술하였다. 이 두 책은 궁중의 예절과 법도를 규정한 것으로 중국의 규범에 맞춘 것이어서 최세진의 한어 지식이 필요했던 것이다.

중종 22년(1527)에는 한자 교육서인 『훈몽자회』를 편찬하였으며 이때의 벼슬은 충무위忠武衛 부호군副護軍에 품계가 절충장군折衝將軍(정3품 당상관)이었다. 중종 27년(1532)에는 『번역여훈飜譯女訓』을 저술하여 임금께 바쳤는데 이 책은 교서관校書館에서 간행되었다. 중종 32년(1537)에는 『운회옥편韻會玉篇』(2권)과 『소학편몽小學便蒙』(4권)을 저술하여 임금께 바쳤으며 조선이문의 교육을 위한 『이문집람吏文輯覽』을 저작하였다.

『운회옥편』과 『소학편몽』은 모두 한자 학습과 관련이 있는 것으로 최세진이 이를 편찬하여 진상하면서 "우리나라에서는 『운회』는 있으나 『옥편』이 없기 때문에 상고하여 보기 어려우므로 신이 글자의 유類를 모아 『운회옥편』을 만들어 바칩니다. 만약 간행하도록 하신다면 글자를 상고하는 데 보탬이 있을 것입니다. 그리고 우리나라에는 『소학』으로 자제를 가르치는데 내편內篇은 모두가 본받을 만한 성현의 일로 이루어졌지만 외편外篇은 아이들이 배우는데 긴요하지 않은 듯하고 또한 두루 읽을 수도 없기 때문에 신이 그 가운데 본받을 만한 일을 유類대로 뽑아 4권으로 만들어 바칩니다. 본편本篇에서는 더하거나 줄인 것이 없습니다. 간단하고 복잡하지 않으며 편리하고 쉬우니 만약 간행할 것으로 명하신다면 아이들이 배우는 데 보탬이 될 것입니다"(『중종실록』 권86, 중종 32년 12월 庚申조)라고 하여 이 두 책의 저술 목적을 밝히고 있다.

4.2.1.3　실제로 이 두 책은 중종이 '사용하는 사람으로 쉽게 깨우칠 수 있게 하고 어린아이들이 배우는데도 매우 편리하게 되어서 최세진이 유념하여 책을 만든 것이 진실로 가상하다'(『중종실록』 같은 곳)라는 평가와 같이 한자 학습에 매우 편리한 자전字典이자 참고서였다.

『운회옥편』과 『소학편몽』을 저술할 때는 상호군上護軍의 벼슬을 지냈다. 최세진이 오위장五衛將이라든지 부호군副護軍, 상호군上護軍 등의 군직을 지내는 것은 조선조에서 역관들에게는 서반西班의 직을 제수 하는 것이 관례였기 때문이다. 최세진은 동반東班 천전遷轉의 혜택을 받았으나 여전히 녹봉은 군직에서 받은 것 같다.

실직實職에서 물러난 다음에도 서책을 저술한 공로로 조정에서는 첨지중추부사僉知中樞府事를 제수 하였고 역관으로서는 최고위인 동지중추부사同知中樞府事(종2품)에 승진하였다. 이미 이때에는 동반東班으로 옮겨간 것으로 간주한 것이다.

2) 한아언어(漢兒言語)와 한이문(漢吏文)

4.2.2.0 최세진의 주된 임무는 한어 역관으로서 사역원에서 한어를 교육하거나 중국에 가는 부경사신赴京使臣을 수행하고 조선으로 오는 명明의 사신을 접대하며 그 언어를 통역하는 것이었다. 특히 그는 중종 때에 어전통사御前通事의 임무를 오래도록 수행하여 그의 실력을 인정받았던 것이다. 사역원의 역관들은 통역의 임무만이 아니라 후배를 양성하는 외국어 교육의 임무도 함께 수행하였다. 그리하여 사역원에서는 많은 외국어 교재가 간행되었으며 최세진이 번역한『노걸대』,『박통사』 등도 실제로 사역원의 한어 교재로서 편찬된 것이다.

최세진이 생존했을 당시의 중국어는 명초明初에 잠시 세력을 가졌던 남경관화南京官話로부터 영락제永樂帝가 북경北京으로 천도한 다음에 명대明代 북경관화北京官話가 성립되는 시기였다. 우리가 보통 한문漢文이라고 부르는 것은 선진先秦시대에 고문古文을 말한다. 보통 사서삼경四書三經으로 불리는 초기 유교 경전經典의 한문을 고문古文이라고 말하는데 이 문어文語는 동주東周의 수도인 낙양洛陽의 언어를 기본으로 하여 형성된 것이다. 중국어의 역사에서 '아언雅言'이라고 불리는 주대周代의 공용어가 선진先秦 때까지는 학문의 언어이었고 주周의 행정언어이기도 하였다. 이를 바탕으로 한 고문古文은 간결성과 암시성을 특징으로 하는 기록과 의사전달이 주된 목적으로 형성된 문장어였다.[23]

4.2.2.1 그러나 이러한 고문古文은 시대의 변화에 따라 바뀌게 된

---

23 古文은 先秦시대에 만들어진『論語』,『孟子』,『莊子』,『荀子』,『韓非子』 등의 諸家의 議論文에서 기틀이 잡혔고 漢代에 賈誼의『治安策』,『過秦論』 등의 論策文과 左丘明의『春秋左氏傳』, 司馬遷의『史記』 등에서 서사문으로 발전하였다.

다. 춘추전국시대에 각국各國의 언어가 독자적으로 발전하였고 진秦의 통일 이후 한당漢唐 시대에는 중국의 서북방언인 장안長安의 언어가 새로운 공용어로 부상하게 되었다. 보통 '통어通語'라고 부리는 이 새로운 언어는 그동안 중원의 공용어로 사용되었던 아언雅言의 권위에 도전하였다.

유교 경전經典의 언어이었던 고문古文은 다른 종교의 경전에서 볼 수 있는 것처럼 매우 보수적이었고 다른 언어로의 변화를 받아드리지 못하였다. 따라서 통어通語는 유경儒經의 언어를 바꾸지는 못하였고 이후에 시문詩文의 언어로 발전한다. 즉 고문古文이 가진 간결성과 암시성으로부터 장식성이 추가된 통어通語를 바탕으로 생겨난 새로운 문어文語였다. 이 문어는 육조六朝시대에 이르러 더욱 장식성이 두드러지게 나타났다. 이렇게 변형된 한문을 '변문變文'이라고 부른다.

변문變文의 시작을 당대唐代 중기 이후 불경 번역문에서 찾는 학자도 있다. 문법구조가 다른 범어梵語를 번역하면서 그 문법에 이끌렸고 특히 불승佛僧들의 속강俗講에서 고문古文의 아언雅言과는 다른 통어通語가 사용되었다. 이때에 불교의 교리를 대중에게 전파하기 위하여 곡조를 붙일 수 있는 운문韻文과 교리를 설명하는 산문散文을 혼합하여 연창대강連唱帶講하는 경우가 있었는데 변문은 이와 같이 운문과 산문이 혼합된 것이 특징이다. 소박하고 간결하며 고립적 문법 구조인 고문古文에 비하여 변문變文은 시문詩文에 사용된 것이기 때문에 화려하고 장식적이다.

당唐, 송宋, 원元 이후에 발달한 평화平話, 사화詞話, 백화소설白話小說, 보권寶卷, 탄사彈詞, 고자사鼓子詞 등이 모두 변문으로부터 나온 것으로 본다.[24]

---

24 淸의 光緖 25년(1899)에 중국 甘肅省 敦煌의 千佛洞 石室에서 2만여 권의 장서가 발견되었다. 그 가운데 佛經의 俗講 교재로 보이는 變文으로 된 사본이 다수 포함되었다. 이것

그러나 변문變文은 동 시대에 한자를 빌려서 자신들의 민족어를 기록한 이민족異民族의 한문 표기에서도 나타난다. 그것은 한문 고문의 문법에서 벗어나 자신들이 언어에 맞추어 표기했기 때문이다. 이 변문은 주로 동북아 알타이제어의 한문표기에서 나타난다.

남송南宋시대에 금金의 사절로 회녕會寧(지금의 吉林)에 간 홍매洪邁(1123~1201)는 거란(契丹)의 어린이들이 한시漢詩를 읽을 때에 우리의 이두문吏讀文과 같이 여진어女眞語의 어순에 맞추어 읽는다고 하였다. 그는 예를 들어 금金나라 사신으로 갔을 때에 자신을 영접한 부사副使 비서소감秘書少監 왕보王補가 퇴고推敲의 고사로 유명한 당唐 가도賈島의 '제이응유거題李凝幽居'의 절구 "鳥宿池中樹, 僧敲月下門"을 "月明裏和尙門子打 水底裏樹上老鴉坐"라고 읽어 웃음을 금치 못했는데 왕보王補는 금주錦州사람으로 거란인契丹人이었다는 기사가 있다(『夷堅志』「丙志」第18 '契丹誦詩'조).[25]

물론 이와 같은 '거란송시契丹誦詩'를 변문變文에 넣지는 않는다. 오히려 이것은 우리의 이두문吏讀文과 같은 것으로 별도의 한문으로 여겨서 쓰기는 한자로 쓰였지만 읽기는 아마도 여진어로 읽었을 것이다. 당시 중국 대륙과 그 주변의 여러 민족이 그들의 다양한 언어를 한자로 기록하였으며 그 가운데는 고문古文의 문장구조와 일치하지 않는 일종의 변문變文도 적지 않았던 것으로 보인다.

이 소위 敦煌 變文 자료로서 盛唐(8세기 후반)부터 宋 太宗 2년(977)의 것이 가장 새로운 것이라고 한다. 따라서 變文은 唐代 中葉부터 발달한 것으로 본다.

25 淸格爾泰(1997)에서는 이 "月明裏和尙門子打 水底裏樹上老鴉坐 - 달밤에 화상이 문을 두드리고 물 밑 나무 위에 갈가마귀가 앉았다"에 해당하는 몽고어 "saran-du xoošang egüde toɤsixu-du naɤur taxi modun-du xeriy-e saɤumui"를 들면서 중국사신 洪邁가 듣기에는 우스운 중국어 語順이지만 契丹語로는 당연한 것이고 이 어순은 몽고어와도 일치함을 주장하였다. 물론 이것은 우리말의 어순과도 일치하며 아마도 우리의 吏讀文도 이와 같이 '우스운' 중국어의 하나이었으니 이러한 현상은 고립적인 중국어 문법에 의한 한문과 교착적 문법 구조의 契丹文이나 몽고어, 吏讀文의 차이에서 생겨난 것이다.

전술한 중당中唐 이후에 발달한 변문들은 고문古文에서 조금 일탈逸脫한 것으로 그 문법구조는 중국 상고어上古語, 즉 고문古文의 그것에 맞춘 것이다. 그러나 수隋, 당唐을 거치면서 통어通語의 세력은 더욱 커져 이 언어를 모태로 한 새로운 문어文語가 등장하였으니 그것이 백화白話, 또는 백화문白話文이다. 보다 구어적인 이 새로운 문체는 산문散文에 쓰였으나 일부는 문학작품의 언어가 되었다. 당唐, 송宋에 이르러 구어적인 이 문체로 고문古文의 유교 경전들, 즉 사서오경四書五經이 주석된다.[26]

4.2.2.2 중국어의 역사에서 가장 특기할 만한 일은 몽고족에 의하여 건립된 원元의 건국으로 인하여 언어 중심지가 동북방언이 사용되던 북경北京으로 옮겨진 것이다. 쿠빌라이 칸忽必烈汗, 즉 원元 세조世祖가 연경燕京, 지금의 북경北京에 도읍을 정할 때에 이 지역은 동북아의 여러 이민족이 한족漢族과 각축을 벌리던 곳이어서 여러 언어가 혼용되었다. 13세기 초에 몽고족이 세력을 얻어 이 지역의 패권을 차지하면서 몽고어가 많이 혼입된 형태의 중국어가 등장하게 되었는데 이것이 종래 몽문직역체蒙文直譯体, 또는 한문이독체漢文吏牘体로 불리던 한아언어漢兒言語다.[27]

---

26 이러한 儒教 經典의 註釋은 後漢시대 鄭玄의『十三經奏疏』까지 거슬러 올라가지만 唐・宋代 通語에 의한 經典의 주석은 宋代 朱子에 의해서 본격적으로 이루어진 것으로 볼 수 있다.

27 '漢兒言語'는 필자에 의하여 세상에 알려진 元代 北京지역의 口語로서 실제 이 지역의 공통어이었다. 元代 高麗에서는 이 언어를 학습하는 '漢語都監'을 두었고(졸저, 1988) 이 언어를 학습하는『老乞大』,『朴通事』를 편찬하였는데 조선 太宗 때에 간행된 것으로 보이는『老乞大』가 최근 발견되어 소개되었고 필자에 의하여 이것이 漢兒言語를 학습하던 교재이며 거의 原本으로 추정되었다(졸저, 2002, 2004). (原本)『老乞大』의 발견과 이것이 漢兒言語의 교재라는 주장은 중국과 일본의 중국어 역사를 전공하는 많은 연구자들에게 충격적이었다. 이미 中宗 때에 崔世珍에 의하여 소개된 바 있는 元代 漢兒言語와 그 교재의 존재에 대하여는 졸고(1999c, 2000b, 2003b)에 의해서 여러 차례 주장되었고 이제는 세계의 많은 중국어 연구자들에게 사실로 받아들이고 있는 것으로 보인다(金

이 언어는 종래의 아언雅言이나 통어通語와는 의사소통이 불가능할 정도의 다른 언어이었던 것이다.

김문경金文京 외(2002 : 369~370)에서는 북송北宋의 허항종許亢宗이 선화宣和 7년(1125)에 금金 태종太宗의 즉위식에 축하의 사절로 다녀오면서 쓴 여행기『허봉사행정록許奉使行程錄』을 인용하면서 어떻게 이런 언어가 생겨났는지를 소개하였다. 즉 허봉사許奉使 일행이 요遼의 황용부黃龍府(지금 하얼빈에서 남서쪽으로 약 100km 지점) 부근을 지날 때의 기록으로 "거란契丹이 강성强盛했을 때에 이 부근으로 여러 민족을 이주시켰기 때문에 여러 나라의 풍속이 섞여있어서 서로 말이 통하지 않았는데 '한아언어漢兒言語'를 써서 처음으로 의사가 소통했다는 기록이 있다"(『三朝北盟會編』 권20)고 하여 이 지역에 이주해온 여러 이민족들이 한아언어로 의사를 소통했음을 지적하였다. 실제로 북경지역에 모여 살게 된 동북아 여러 민족들이 일종의 코이네Koinē로서[28] 한아언어를 사용하였고 이것은 종래 중원中原의 공용어이었던 장안長安의 언어를 기본으로 한 통어通語와는 매우 다른, 이 지역의 알타이어족의 교착적 언어와 섞인 엉터리 중국어이었던 것이다.

한아언어漢兒言語는 앞에서 언급한 거란어의 문법에 맞춘 '거란송시契丹 誦詩'와 같이 몽고어의 어순에 맞추고 몽고어의 조사와 어미를 삽입한 상태의 언어로서 졸저(2004)에서는 일종의 크레올로 보았고 김문경金文京 외(2002)에서는 이를 '호언한어胡言漢語(오랑캐들이 말하는 한어)'라 불렀다.[29]

文京 외, 2002). 졸고(1999c)는 일본어로 東京에서, 졸고(2000b)는 한국어로 서울에서, 그리고 졸고(2003b)는 영어로 ICKL에서 발표한 것이며 졸고(2004b)는 중국어로 北京에서 발표되었다.

28 코이네(κοινη, Koinē)는 알렉산더대왕 이후 지중해 지역을 석권한 대 희랍제국의 공용어로서 아티카 방언을 기본으로 한 것이다. 이로부터 大帝國의 공용어를 '코이네'라고 한다.

29 金文京 외(2002 : 370~371)에 '胡言漢語'에 대하여 "南宋人이 '漢人', '漢兒'라고 말하는

원元에서는 이 언어를 공용어로 하여 고려가 중국과의 교섭에서 사용하게 하였다. 따라서 고려에서는 원元이 건국한 이후에 한어도감漢語都監을 두어 이 언어를 별도로 교육하게 되었다.[30]

원元은 몽고인에 의하여 국가가 통치하였지만 실제로 백성을 다스리는 일은 다스를 차지한 한인漢人들이었고 몽고인들은 이들을 감독하는 일을 하였다.[31] 따라서 한인들은 몽고인 통치자에게 보고서를 올리게 되었는데 이 보고서에 사용된 것은 고문古文의 한문이 아니라 한아언어漢兒言語를 모태로 하여 새롭게 형성된 문어文語이었다. 이렇게 새롭게 생겨난 문어를 그동안 '한문이독체漢文吏牘体', 또는 '몽문직역체蒙文直譯体'라고 불렀는데 이에 대하여 김문경金文京 외(2002 : 372)의 설명에 의하면 다음과 같다.

> 金의 王族은 몇 마디라도 '漢語'를 말할 줄 알았지만 몽고의 王族이나 貴族은 일반적으로 漢語를 알지 못하였으며 또 배울 생각도 없는 것 같았다. 그렇기 때문에 특히 汗의 命令과 같이 중요한 사항은 汗이 말한 몽고어로 번역하여 기록할 필요가 생겨났다. 거기에는 원래 엉터리 중국어였던 '漢兒言語'를 사용하는 것이 가장 간편하였고 또 정확하였을 것이다. 만일 정규 중국어, 혹은 文言(古文이나 후대의 백화문 등)으로

경우 그것은 반드시 北方의 金나라 治下에 있는 중국인을 가르친다. 따라서 '漢語'도 북방에서 사용되는 중국어를 의미하지만 그 언어는 南宋人에게는 奇妙한 말로 들린 것 같다. 南宋의 저명한 철학자 陸九淵(1139~1193)의『象山語錄』(卷下)이나 禪僧의 傳記集인『五灯會元』(卷16) '黃檗志因禪師'조 등에 엉터리, 이상한 말이라는 의미로 '胡言漢語'라는 말투가 보인다'라고 기술하였다.

30 고려시대의 '漢語都監' 및 '吏學都監'의 설치와 운영에 대하여 졸저(1990)을 참고할 것.
31 예를 들면 元代 各省에는 몽고인의 감독관이 있어 漢人 官吏를 지휘하였는데 大都省에는 '札魯花赤, 首領官, 六部官, 必闍赤人' 등의 몽고인이 있어 漢人 官吏를 감독하게 되었으나『元典章』延祐 7년(元 英宗 卽位年, 1320)의 '中書省 奏過事內 1件'에 이들이 출근을 게을리 하므로 皇帝가 일찍 출근하고 늦게 퇴근할 것을 申飭하는 聖旨가 실려 있다. 여기서 '札魯花赤'는 "몽고인 斷事官"을 말한다.

번역하려고 생각하면 意譯에 의하여 의미의 어긋남이 없을 수가 없게
된다. 더구나 이것을 읽는 사람들이 契丹人, 女眞人 등 漢兒言語를 사용
하고 있을 '漢人'들이었다. 이리하여 '漢兒言語'는 口語에서 文章語가 되
었다. 소위 '蒙文直譯体'라는 漢文이 바로 그것이다. (번역 필자)

그러나 이러한 설명들은 이 문장어가 모두 한아언어라는 당시 실존
한 구어口語를 반영한 것이라는 점을 간과한 것으로 이제는 빛바랜 주장
이라고 아니할 수 없다. 이미 필자의 여러 논문(졸고, 1999c, 2000b, 2003b,
2004b)에서 당시 한아언어와 몽고어가 혼효된 한어漢語가 일종의 코이네
(공통어)로서 실제로 존재하였으며 '몽문직역체蒙文直譯体'란 이 구어를 그
대로 한자로 기록한 것으로 보았다. 한문이독체漢文吏牘体는 한어漢語를 기
반으로 하여 새롭게 형성되어 사법司法과 행정에서 사용된 문장어의 문
체를 말하는 것이기 때문이다.

몽골 제국帝國의 제2대 대한大汗인 태종太宗, 즉 오고타이窩闊大가 몽고인
단사관斷事官, 札魯忽赤의 자제에게는 '한아언어'와 그 문서를, 그리고 한인漢
人 서기관書記官, 必闍赤의 자제에게는 몽고어를 학습시키라는 성지聖旨를32
내린 것은 이 한漢·몽蒙의 관리들이 몽고어와 그를 번역할 한아언어,
그리고 그 문어文語를 서로 학습하여 의사소통에 지장이 없도록 할 목적
으로 내린 것이었다.

---

32 이 오고타이 大汗의 聖旨는 北京의 地誌인 『析津志』(『析津志輯佚』, 北京古籍出版, 1983)
에 실려 있으며 元 太宗 5년(1233)에 내린 것이다. 그 내용은 燕京(元의 首都)에 '四教讀'
이란 학교를 설립하고 그곳에서 몽고인 斷事官과 達魯花赤의 子弟 18인에다가 중국인
怯里馬赤과 必闍赤의 자제 22인을 함께 起居시키면서 몽고인의 자제에게는 '漢兒言語·
文書'를, 중국인의 자제에게는 몽고어와 弓術을 교육하게 하라는 것이었다. 여기서 '漢
兒言語'는 당시 漢人들의 口語를 말하며 또 '文書'는 文語인 漢吏文을 말하는 것으로
이해할 수 있다. 金文京 외(2002) 참조.

3) 최세진의 한어(漢語) 연구와 교육

4.2.3.0 외국어를 교육하거나 그 학습 교재를 계발啓發할 때에는 당연히 자국어와의 대조對照 연구가 선행된다. 최세진의 한어 연구는 주로 우리말과 중국어의 차이를 밝히고 중국어의 특징을 찾아내는 것이었다. 특히 당시에는 한문이 일반화된 상태이기 때문에 발음상의 차이가 중요한 연구 과제가 되었다. 실제로『노걸대』, 『박통사』의 번역은 그 발음을 훈민정음으로 주음 하는 것이었으며 「노박범례」에서는 한어漢語 주음注音의 기준과 원칙, 한어와 우리말의 차이 등에 대하여 언급하였다.

『노걸대』와『박통사』(이하〈노박〉으로 약칭)는 고려 말에 편찬된 한어漢語의 회화용 강독 교재로서 중국을 여행할 때에 일어나는 여러 가지 상황을 설정하고 그에 해당하는 대화를 회화 교재로 엮은 것으로 사역원의 한어 교육에서 가장 중요한 교재였다. 전에는 오로지 한자로만 된 것이 있었을 뿐이나 최세진이 훈민정음을 이용하여 이를 번역하고 또 언해를 붙여 한어 학습에 사용하였다. 최세진의 번역은 이 교재에 쓰인 한자 하나하나에 정음으로 발음을 전사轉寫하였는데 한 자 아래의 좌우에 이원적二元的으로 주음注音하였다. 예를 들면 다음과 같다.

老	乞	大	上	朴	通	事	上
랗 랖	·깅 ·키	따 ·다	썅 ·샹	팡 ·포	퉁 ·퉁	·쓰 ·스	·썅 ·샹

한어 학습서에서 이와 같은 2원적 발음 표기는 최세진 이후 한어 교재의 언해에서 모두 이를 따르게 되어 하나의 전통이 되었다. 그리하여 후대의 한어 교재인『역어유해譯語類解』를 비롯하여 {번역}〈노박〉의 개정본이『노걸대언해老乞大諺解』라든지『박통사언해朴通事諺解』에서도 같은 방법이 채용

되었고 일본어 학습의 왜학서(倭學書)나 몽고어와 만주어 학습의 몽학서(蒙學書), 청학서(淸學書)에서도 한글을 이용하여 그 발음을 표음하게 되었다. 최세진은 한글을 이용하여 역학서를 편찬하는 새로운 전통을 수립한 것이다.

4.2.3.1 『사성통해』(2권 2책)의 편찬은 올바른 발음사전을 위한 것이었다. 이 운서의 편찬은 종래의 『사성통고(四聲通攷)』가 한어 학습에 매우 긴요한 책이었지만 주석이 없어 불편했던 것을 보완하기 위한 것이었으며 단어의 수효(실제는 한자의 수)도 2,636자를 보충하여 모두 13,124자로 늘렸다. 그리고 '금속음(今俗音)'이라 하여 북경 관화음(官話音)의 변천에서 당시 통용되는 발음을 추가하였다. 특히 이 책의 하권 말미에 부재한 「노박범례」는 국어와 한어의 차이에 대하여 언급하여 국어의 연구에 매우 귀중한 업적이 되었으며 현대의 국어연구에서 자주 인용되고 있다.

먼저 '노박범례'의 협주에 "漢訓諺字, 皆從俗撰, 字旁之點, 亦依鄉語 —한자의 새김을 쓴 언문자는 모두 속되게 쓰는 것을 따랐다. 글자에 붙인 방점도 역시 우리말에 의거하다"라고 하여 최세진이 사용하고 있는 정음자가 훈민정음 제정 당시의 것, 예를 들면 동국정운식의 한자음에 사용된 글자가 아니고 그 후에 통용되는 속음이라고 불리던 언문들이며 방점(傍點)도 우리말의 성조 표시에 쓰인 것을 사용하였다는 의미로 보아야 할 것이다. 이 범례는 '국음(國音), 한음(漢音), 정음(正音), 속음(俗音), 언음(諺音), 방점(旁點)' 등으로 나누어 한자의 아래에 재좌음(在左音)과 재우음(在右音)의 이원적인 주음을 하게 된 이유를 설명한 것이다(졸고, 1995).

4.2.3.2 '노박범례'의 방점(傍點)조를 보면 "在左字旁之點, 則字用通攷所制之字, 故點亦從通攷所點. 而去聲入聲一點, 上聲二點, 平聲無點.

在右字旁之點, 則國俗編纂之法而作字, 故點亦從國語平仄之乎而加之.
—왼쪽에 있는 주음자의 방점은 〈사성통고〉에서 지은 글자를 쓴 것이
다. 그러므로 방점도 역시 〈사성통고〉에서 찍은 점에 따라서 거성, 입
성은 1점이고 상성은 2점이며 평성은 점이 없다. 오른쪽의 방점은 글자
를 속되게 편찬하는 방법으로 만든 것이어서 방점도 역시 우리말의 평
측平仄에 따라 더 했다"라고 하여, 이원적인 주음에서 왼쪽의 주음은 사
성통고의 작자作字와 방점旁點을 따른 것이며 오른쪽의 주음은 당시에 통
용하는 철자법과 방점법에 따른 것임을 알 수 있다. 특히 이 범례에서
우리말의 성조聲調에 대하여 한어漢語와 비교한 설명은 당시 국어의 성조
의 연구에 매우 중요한 자료로 주목되고 있다. 다만 아직도 '노박범례'
에 대하여 많은 사실이 분명하게 밝혀지지 않고 있으며 이에 대한 연구
가 앞으로 계속되어야 할 것이다.

4.2.3.3 최세진은 한어 교재인 〈노박〉의 발음만을 고찰한 것이
아니고 이 두 교재에 쓰인 어려운 말을 추려서 음音과 의義를 정음으로
표시하여 『노박집람老朴集覽』을 편찬하였다. 이 책에서는 한어의 난해어,
또는 난해구를 출전 순서와 자수字數 별로 구분하고 뜻과 전거를 밝혔다.
특히 「단자해單字解」에서는 역학譯學에서 사용하는 문법과 그 용어의 설명
이 있어 한국어연구에서 문법이 고찰된 초기 단계의 모습을 볼 수 있다.
리봉운의 『국문정리』에서는 역학의 문법연구를 도입하였으며 김민수의
『신정 국어학사』(1980)에서는 이러한 연구를 역관문법譯官文法이라 이름을
붙였으나 아직 이에 대한 연구도 거의 이루어지지 않고 있다.
　더욱이 최세진이 가장 공을 들여 연구한 한이문漢吏文과 조선이문朝鮮吏
文에 대한 연구서인 『이문집람吏文輯覽』에 대하여도 아직 뚜렷한 연구가

없다. 중국에서는 원대元代 이후부터 행정문서 작성을 위한 한문 문체로서 이문吏文이 있었는데 이것이 한반도에도 수입되어 조선시대에 공용 문어가 되었으며 이러한 조선이문이나 또 이두문과 구별하기 위하여 한이문漢吏文이라 부른다. 중국에 보내는 사대문서는 대부분 이 한이문으로 작성되었으며 이를 위하여 조선에서는 승문원承文院에서 한이문을 별도로 교육하였다. 이 한이문에 대한 관심은 조선 후기에 내려올수록 높아졌는데 최세진은 구어口語인 한어만이 아니라 문어文語인 한이문에도 일가견이 있어 승문원 교회敎誨(＝교사)로서 이문을 교육하였고 이때의 교재로 『이문집람』을 편찬한 것이다.

〈노박〉의 번역이 구어의 교과서였다면 『이문집람』은 문어文語인 한이문의 참고서였던 것이다. 그리고 『사성통해』가 문자와 발음의 사전이어서 최세진은 한어 교육을 위한 구어와 문어의 교재, 사전 등 제반 학습서를 마련한 것이다.

3. 최세진과 이문(吏文) 연구

4.3.0 　앞에서 중국의 한문漢文에 여러 형태의 것이 존재함을 밝혀왔다. 즉, 사서삼경四書三經의 고문古文에 대하여 진秦 이후에 한당漢唐에서 여러 문체가 발달하였고 특히 원대元代 이후에 발달한 이문吏文은 지금까지 별로 그 연구가 이루어지지 않은 독특한 문체였음을 알 수 있다. 그리고 원대元代에 발달한 이문吏文의 영향으로 고려 후기와 조선에서도 유사한 한문 표기가 생겨나서 널리 사용되었다. 이것을 원元 이후에 발달한 것과 구별하기 위하여 후자를 조선이문朝鮮吏文, 전자를 한이

문漢吏文이라 불렀음을 앞에서 강조하였다. 그러면 이문吏文은 어떤 한문인가? 앞에서 시사한 것처럼 원대元代에 공용문서에 사용되기 시작한 이문吏文은 원元의 공용어였던 한아언어漢兒言語와 관련이 있다. 몽골 제국帝國의 원元에서는 황제皇帝가 각 지방에 백성을 다스리는 몽고인의 자르구치札魯忽赤, Jarghuchi, 즉 단사관斷事官을 보내어 통치하게 하였다. 그리고 그 휘하에는 한인漢人과 색목인色目人들로서 실제로 백성과 접촉하여 민정民政을 살피며 행정을 수행하는 다르구치達魯花赤, Darguchi가 있었다.[33] 또 몽고인의 단사관과 백성의 한인漢人들과의 통역을 담당하는 게레메치怯里馬赤, Kelemechi, 또는 문서를 번역하는 비치에치必闍赤, Bichechi도 두었는데 단사관斷事官과 그 휘하의 서리胥吏로부터 소위 관官과 이吏의 관리官吏라는 용어가 생겨난 것이다.

통역通譯의 게레메치怯里馬赤나 서기書記의 비치에치必闍赤가 몽고인의 통치자인 자르구치札魯忽赤에게 구두로 올리는 보고는 한아언어漢兒言語를 사용하였고 문서로 올리는 경우에는 몽고어가 아니고 한문도 아니며 당시 공용어인 한아언어漢兒言語를 한자로 기록한 것이다. 그리하여 하급관리들의 문체라는 의미의 이문吏文이라 불리었다. 이때의 이문吏文은 몽고어의 영향을 받은 구어口語의 한아언어를 한자로 적은 것이다. 따라서 원래의 중국어, 즉 통어通語를 기반으로 한 종래의 한문과는 매우 다르게 되었다.

원대元代의 이문吏文은 사법司法의 문헌에서 많이 사용되었다. 특히 죄인을 문초하여 한아언어로 자백하면 이를 그대로 한자로 직사直寫하여

---

33 세종의 고조부인 李子春은 원에 귀화해서 雙城總管의 다르구치가 된다. 다음에 소개할 『直解孝經』의 저자인 小雲石海涯도 다르구치의 벼슬을 살았다. 두 사람 모두 몽고인이 아니므로 당시에는 아마도 몽고인만이 아니라 元 帝國에 귀화한 사람들에게도 내리는 벼슬로 보인다.

기록하였기 때문이다. 앞에서 언급한 바와 같이 이를 의역意譯하여 한문으로 작성할 경우에 정실에 흐를 위험이 있기 때문이다. 이로부터 사법에서 쓰인 이문吏文을 몽문직역체蒙文直譯体로 알려졌으며 조금 더 정식 한문에 이끌린 이문을 한문이독체漢文吏牘体라고 한 것이다. 다음은 이에 대하여 고찰하기로 한다.

1) 한이문(漢吏文)

4.3.1.0   위에서 언급한 바와 같이 원대元代의 구어口語인 한아언어漢兒言語를 기반으로 하여 형성된 문장어를 '몽문직역체蒙文直譯体'와 '한문이독체漢文吏牘体'로 나누어 생각한 학자가 있다. 즉, 다나카(1964)에서는 그 논문 모두冒頭에 다음과 같이 기술하였다.

「원전장(元典章)」, 정확하게는 「대원성정국조전장(大元聖政國朝典章)」에 수록된 문서의 스타일은 크게 나누어서 한문이독체(漢文吏牘体)와 몽문직역체(蒙文直譯体)의 2종으로 나누어진다. 전자는 행정·사법의 실무에 종사하는 서리(胥吏)의 손으로, 적어도 북송(北宋) 때에는 거의 완성된 법제문서용(法制文書用)의 문체이다. 이에 대해서 후자는 몽골족이 지배하는 원(元) 왕조(王朝)의 특수 정황 아래 발생하였고 몽고어로 쓰인 법제문서를 역사(譯史, 飜譯官)가 중국어로 번역할 때에 사용한 문체를 가르친다. 몽문직역체(蒙文直譯体)라는 말은 임시로 지은 이름에 지나지 않고 이것도 역시 한자로 쓰인 일종의 한문이다. 다만 이들 2종의 문체는 통상의 중국문과 조금씩 양상을 달리 하기 때문에 일반적으로 「원전장」의 문장은 난해하다고 하여 살아있는 사료를 많이 가지고 있지만 지금도 충분하게 활용하지 못하고 있다. (일문 원문으로부터의 번역은 필자)

―다나카, 1964 : 47

이러한 주장은 한문이독체漢文吏牘体가 북송北宋 때부터 시작되었고 몽문직역체蒙文直譯体는 원대元代에 발생한 것으로 보았으나 필자는 후자가 원대元代 북경지역의 구어인 한아언어漢兒言語를 그대로 기록한 것이고 전자는 이를 정식 한문에 더 이끌려 문어화文語化한 것으로 본다. 이에 대하여 요시가와(1953)에서는 원대元代 이독문吏牘文의 대표적 자료인 『원전장元典章』의 문체에 대하여 다음과 같은 언급한 것은 비록 그가 한아언어의 존재를 몰랐다 하더라도 당시 현실을 꿰뚫어본 것이다.

> [원전장(元典章)에는] 아주 정말 적기는 하지만 마치 『원곡(元曲)』의 '백(白)'과 같이 구어를 그대로 적으려고 한 부분이 존재한다.[34] 그것은 아마도 어떤 언어로 유도된 범죄인가가 형량을 정하는데 관계됨으로 그러한 필요에 대비하기 위한 것일 수도 있다고 생각된다. 요컨대 이독(吏牘)으로 된 문장이 필요에 응하기 위하여 어떤 언어라도 수용할 수 있는 태도라는 것을 다른 면에서 보여준 것이다.[35]

이 언급은 원대 이독문吏牘文이 사법司法에서 사용될 때에는 죄인의 공초供招라든지 소송의 소장訴狀에서 사실을 파악하기 위하여 그들이 사용하는 구어口語를, 그것이 어떤 언어이든지 그대로 기록하려고 한 부분이 있다는 것이다.[36] 여기서 어떤 언어라는 것은 두말할 것도 당시 북경

---

34 요시가와(1953)에서는 『元典章』에서 사건 관계자의 회화를 본래의 회화대로 기록하려고 한 부분은 거의 刑部조에만 보이지만 간혹 戶部에도 보인다고 하였다.
35 원문을 옮겨보면 "[전략] かくきわめて僅かではあるが、あたかも元曲の白のごとく、口語の直寫を志した部分が存在する。なぜこれらの部分たけ口語を直寫しようとするのか。それは恐らく、いかなり言語に誘導されての犯罪であるかが、量刑に關係するからせあり、その必要にそなえる爲であろうと思われるが、要するに吏牘の文が、必要に応じてはいかなる言語をも受容し得る態度にあることを別の面から示すものである。[후략]"(요시가와, 1953)와 같다.
36 요시가와(1953)에는 당시 口語를 『元典章』에 그대로 기록한 예를 몇 개 들었는데 그

지역에서 코이네로 사용되던 한아언어이며 원대 이독문史讀文에는 이러한 구어를 몽문직역체蒙文直譯体란 이름으로 잠정적으로 규정한 것이다.

그러나 후대의 학자들은 요시가와吉川幸次郞와 다나카田中謙二의 이러한 잠정적 용어를 마치 실제로 한문漢文에 그러한 문장체가 존재하는 것처럼 신봉하여 왔다. 이것은 모두가 한아언어漢兒言語의 존재를 미처 이해하지 못한 결과라고 할 수 있다.[37] 필자는 지금까지 논의한 원대元代에

중 하나로서『元典章』(권)「殺親屬」제5의 예로 妻를 죽인 범인의 供招가 있어 그것을 예로 하였다. 그것은 皇慶 元年(1312) 6월 12일 池州路 東流縣으로 饑饉을 피하여 온 霍牛兒가 乞食의 동무인 岳仙과 싸움하여 여지없이 얻어맞았는데 그것을 본 妻가 "你喫人打罵, 做不得男子漢, 我每日做別人飯食, 被人欺負. -당신은 사람들에게 얻어맞고 욕을 먹네. 사내로서 자격이 없어. 나는 매일 다른 사람의 밥을 얻어먹으니(?) 사람들로부터 바보라고 하지"라고 하는 말을 듣고 처를 죽였다는 審問 내용에 나오는 문장이다. 이것은 구어체로서 古文과는 매우 다른 문장이며 형식을 갖춘 漢文史讀体와도 다름을 지적하였다. 실제로 이 문장구조는 필자가 漢兒言語의 자료로 소개한 (原本)『老乞大』의 그것과 일치한다. 졸저(2004) 참조.

37 漢兒言語가 口語이고 蒙文直譯体가 文語라는 주장에 대하여는 이보다 먼저 필자와 일본 학자들과의 論戰이 있었다. 즉, 1998년 초에 '老乞大'란 이름의 古書가 大邱에서 발견되었고 이것이 놀랍게도 高麗末에 漢兒言語를 학습하던 회화 교습서인 것이 1998년 겨울에 필자에 의하여 學界에 알려졌다(졸고. 1999c). 일본 쪽에서는 발 빠르게 1999년 6월 6일에 일본 大阪市立大學 文學部 中國學朝鮮學敎室에서 필자를 초청하여 "新發見『老乞大』について"란 제목으로 이 책의 전모에 대하여 발표를 시켰다. 이 발표가 끝난 뒤에 이 자료의 영인본이 경북대학교 출판부에서 간행되었는데 이 자료를 접한 일본 학자들 대다수가 이『原本老乞大』의 중국어가 蒙文直譯体라는 주장이 있어 필자를 불러 論戰을 하기로 하고 심포지움을 준비하였다. 這間의 사정을 모르는 필자는 大阪市立大學의 경우처럼 새로운 자료의 소개를 원하는 것으로 알고 무심하게 일본 京都大學 文學部 中文科의 초청에 응하였다. 平田교수의 사회와 金文京 교수의 討論으로 시작된 이 발표회에서 필자 이외에도 京都大學의 謀 교수가 새로 발견된『老乞大』가 蒙文直譯体의 文語라는 주장을 필자의 발표가 끝난 다음에 하도록 되어있었다. 그러나 그는 먼저 필자가 司譯院의 漢語 학습교재는 역과들의 회화교재로 편찬한 것이고『老乞大』는 살아있는 구어의 회화교재라는 요지의 발표문을 보고 생각을 바꿔 자신의 발표문은 제자인 대학원생에게 代讀시키고 끝까지 그 자리에 나타나지 않았다. 당시 필자의 발표 요지는 한아언어는 口語이고 蒙文直譯体는 그에 의거하여 생겨난 文語라는 것이었는데 일본에서는 蒙文直譯体가 애초부터 인공적으로 만들어진 문장어라는 학설이 定說이었다. 필자의 발표로 인하여 지금까지의 정설이 무너지는 것으로 보면서 茫然自失하던 일본 연구자들의 얼굴이 눈에 떠오른다. 이러한 생각은 모든 문장어가, 예를 들면 고대 이집

사법司法이나 행정行政에서 주로 사용한 한문이독체漢文吏牘体를 '한이문漢吏文'으로 보고자 한다.

다시 말하면 지금까지 일본인 학자들에 의하여 주장된 '한문이독체漢文吏牘体', '몽문직역체蒙文直譯体'라는 한문의 변문變文은 실제로 원대元代 이문吏文으로 당시 구어인 한아언어를 직사直寫한 몽문직역체와 이를 문어화文語化한 한문이독체를 말하는 것이다. 특히 '한문이독체漢文吏牘体', 즉 원대 이후 발달한 중국의 '이문吏文'을 조선시대에 한반도에서 널리 쓰이던 이문吏文과 구별하여 '한이문漢吏文'으로 부르고자 한다(졸고, 2006b).

4.3.1.1 지금까지 누구도 한문이독체漢文吏牘体의 원대元代 문어文語가 고문古文과 다른 문체를 보이며 이를 한이문漢吏文임을 언급한 일이 없다. 그러나 조선 초기까지 원대元代에 시작된 이문吏文, 즉 한이문漢吏文을 시험하는 한이과漢吏科가 있었으며 『세종실록』(권47) 세종 12년 경술庚戌 3월조의 기사에는 상정소詳定所에서 제학諸學의 취재取才에 사용할 출제 교재를 규정하여 등재하였는데 여기에 한이과漢吏科의 과시課試 방법이 상세히 설명되었다.

그 가운데 한이과漢吏科의 출제서로는 '서書, 시詩, 사서四書, 노재대학魯齋大學, 직해소학直解小學, 성재효경成齋孝經, 소미통감少微通鑑, 전후한前後漢, 이학지남吏學指南, 충의직언忠義直言, 동자습童子習, 대원통제大元通制, 지정조격至正條格, 어제대고御製大誥, 박통사朴通事, 노걸대老乞大, 사대문서등록事大文書謄錄, 제술製述: 주본奏本·계본啓本·자문咨文'을 들었는데 이 한이과에 사용된 출제서야말로 한이문을 학습하는 한이학漢吏學의 교재임이 틀림없다(졸저, 1990).

트의 상형문자로 쓰인 文語라 할지라도 자연언어에 의거하여 생겨난다는 언어학의 기본적인 지식조차 무시한 것이다.

위의 취재서 가운데 '서書, 시詩, 사서四書'의 "서경書經, 시경詩經, 사서(四書, 論語, 孟子, 中庸, 大學)"은 선진先秦시대의 고문古文으로 작성된 것이고 '박통사朴通事', '노걸대老乞大'는 당시의 구어口語인 한아언어漢兒言語를 학습하는 교재이며 나머지는 한이문漢吏文을 학습하는 교재로 보아야 할 것이다. 이 각각에 대하여 소개하면 다음과 같다.

4.3.1.2 먼저 '노재대학魯齋大學'은 원元의 허형許衡이 편찬한 〈노재유서魯齋遺書〉 3권 가운데 하나인 『직해대학直解大學』을 말하는 것으로 사서의 하나인 『대학大學』을 당시 원대 한아언어로 풀이한 것으로 보이며 '성재효경成齋孝經'은 원대元代에 북정北庭 성재成齋가 역시 당시 한어로 해설한 『효경직해孝經直解』을 말한다.[38]

'대원통제大元通制'는 원元의 건국초기부터 연우연간延祐年間(1314~1320)에 이르기까지 원元 제국帝國의 법률제도를 집대성한 책으로 원元의 황경皇慶 1년(1312)에 인종仁宗이 아산阿散에게 명하여 원元의 개국 이래의 법제사례를 편집하도록 한 『대원통제大元通制』를 말하며 지치至治 3년(1323)에 완성된 원대元代 유일한 체계적 법전이다. 당연히 한이문漢吏文으로 작성되었다.

'지정조격至正條格'은 원元 지정至正 6년(1346)에 『대원통제』를 산수刪修하

---

38 『成齋孝經』은 한국정신문화연구원의 人文研究室에 편찬한 精文研(1986 : 484)에 "明의 陳琦이 지은 책. 兒童의 敎訓을 위하여 지은 것이다"라는 설명이 있어 정광·정승혜·梁伍鎭(2002 : 18)의 주3에서 "『成齋孝經』은 元代의 『直解孝經』을 明代 陳琦(號 成齋)이 당시 북경어로 주석한 것이다. [중략] 精文研(1986) 참조"로 보았다. 그러나 이것은 잘못된 것으로 『直解孝經』은 元代 北庭成齋 小雲石海涯(自號 酸齋, 一名 成齋)의 저작이다. 일본에 전해지는 『孝經直解』는 그 서명이 '新刊全相成齋孝經直解'이며 卷尾에는 '北庭成齋直說孝經終'으로 되었고 서문의 말미에 '小雲石海涯 北庭成齋自敍'로 되었다. 필자의 여러 논문에서 精文研(1986)의 역주를 인용하여 실수한 경우가 많은데 이것도 그 가운데 하나다. 참으로 독자 제위에게 미안하게 생각하며 엉터리 역주를 편찬한 精文研의 인문연구실에 유감을 표한다.

여 간행한 『지정조격至正條格』를 말한다. '어제대고御製大誥'는 명明 태조가 원대元代의 악풍惡風을 바로잡기 위하여 관민官民의 범법 사례를 채집하고 이를 근거로 홍무洪武 18년(1385) 10월에 '어제대고御製大誥' 74조를 반포하였으며 이듬해 다시 '어제대고속편御製大誥續編' 87조(1권)와 '어제대고삼御製大誥三'의 47조(1권)를 만들었는데 이를 통칭하여 『어제대고御製大誥』라고 한다. 모두 한이문漢吏文으로 작성된 사법司法의 문헌들이다.

『사대문서등록事大文書謄錄』은 조선시대 승문원承文院에서 중국 조정과 왕래한 문서를 모아놓은 것으로『세종실록』의 기사(권51, 세종 13년 1월 丙戌조; 동 권121, 세종 30년 8월 丙辰조)와 『단종실록』(권13, 단종 3년 1월 丁卯조)의 기사에 의하면 5년마다 한 번씩 서사書寫하고 10년마다 한 번씩 인쇄하여 출간하였다고 한다(정광 · 정승혜 · 梁伍鎭, 2002). 또한 『직해소학直解小學』은 송대宋代에 주자朱子의 제자인 유자징劉子澄이 편찬한 몽학서 『소학小學』을 조선 초기의 사역원司譯院에서 한어漢語 교육을 담당하던 설장수偰長壽가 저술한 것이다. 설장수는 위구르인으로 원元으로부터의 귀화하였으며 고려를 거쳐 조선 초기에 사역원의 제조提調로서 한어 및 몽고-위구르 문자의 사용을 교육하였다(졸고, 2015b).

4.3.1.3 따라서 '노재대학魯齋大學, 직해소학直解小學, 성재효경成齋孝經, 소미통감少微通鑑, 전후한前後漢' 등의 한이과漢吏科 출제서는 '대학, 소학, 효경, 통감通鑑, 전한서前漢書, 후한서後漢書' 등의 경사서經史書를 한아언어漢兒言語로 풀이한 교재들이고 '이학지남吏學指南, 충의직언忠義直言, 대원통제大元通制, 지정조격至正條格, 어제대고御製大誥'는 그동안 한문이독체漢文吏牘体라고 불러왔던 원대元代의 새로운 문어文語, 즉 한이문으로 작성된 교재들이며 이 가운데 『이학지남吏學指南』은 이러한 한이문을 학습하는 참고서다.[39]

그리고 '충의직언忠義直言, 대원통제大元通制, 지정조격至正條格, 어제대고御製大誥'와 같은 출제서는 앞에서 살펴본 『원전장元典章』과 같은 부류의 문헌으로 원대元代의 법률, 조칙詔勅, 상소上疏 등의 행정문서를 모은 문헌이다. '노걸대老乞大, 박통사朴通事'는 구어口語인 한아언어를 학습하는 교재인데 이 언어가 한이문漢吏文이란 문어文語의 모태이었다.

그러면 위에서 한이문漢吏文, 즉 한문이독체漢文吏讀体와 몽문직역체蒙文直譯体의 교본이던 '노재대학魯齋大學, 직해소학直解小學, 성재효경成齋孝經, 소미통감少微通鑑, 전후한前後漢' 가운데 필자가 자유로이 이용할 수 있는 『성재효경成齋孝經』을 예로 하여 한이문漢吏文의 정체를 알아보기로 한다.

2) 『성재효경(成齋孝經)』의 몽문직역체(蒙文直譯體)

4.3.2.0 앞에서 살펴본 바와 같이 『성재효경成齋孝經』은 원대元代 소운석해애小雲石海涯가 『효경孝經』을 당시 한아언어로 알기 쉽게 설명한 것으로 노재魯齋(元의 許衡)가 『대학大學』을 직설直說한 것을 본 따서 원元제국帝國의 공용어였던 한아언어로 풀이한 것이다.[40] 이 책의 저자인 소운석해애는 『원사元史』(권143)에

小雲石海涯家世, 見其祖阿里海涯傳, 其父楚國忠惠公, 名貫只哥, 小

---

39 『史學指南』에 대하여는 정광·정승혜·梁伍鎭(2002)를 참조할 것. 元 大德 5년(1301)에 徐元瑞가 편찬한 『史學指南』을 조선 세조 4년(1458)경에 경주에서 복간하였는데(奎章閣 소장) 정광·정승혜·梁伍鎭(2002)에서는 이 책을 영인하여 공간하면서 상세한 해제와 표제어의 색인을 붙였다.

40 이에 대하여는 일본에 전해지는 『新刊全相成齋孝經直解』의 권두에 붙은 自敍에 "[前略] 嘗觀魯齋先生取世俗之□直說大學, 至於耘夫竟子皆可以明之, 世人□之以寶, 士夫無有非之者於以見, 云云 [下略]"라는 기사를 참조할 것. □ 부분은 훼손되어 글자가 보이지 않는 부분임. 일본에 전해지는 『孝經直解』에 대하여는 오다·사토(1996)를 참조.

雲石海涯. 遂以貫爲氏, 復以酸齋自號 [中略] 初襲父官爲兩淮萬戶府達魯花赤, [中略] 泰定元年五月八日卒, 年三十九, 贈集賢學士中奉大夫護軍, 追封京兆郡公, 諡文靖. 有文集若干卷, 直解孝經一卷, 行于世 - 소운석해애의 가세(家世)는 그 조부 아리해애의 전기를 보면 아버지가 초국의 충혜공(忠惠公)으로 이름이 관지가(貫只哥)이었으며 그리하여 소운석(小雲石) 해애(海涯)는 '관(貫)'으로 성을 삼았다. 또 자호(自號)를 '산재(酸齋)'라 하였다. [중략] 처음에는 아버지의 관직을 세습하여 '양회만호부다루가치(兩淮萬戶府達魯花赤)'가 되었다. [중략] 태정 원년(1324) 5월 8일에 돌아갔다. 나이가 39세 집현학사(集賢學士) 중봉대부(中奉大夫) 호군(護軍)을 증직(贈職)하였고 경조군공(京兆郡公)으로 추증되었다. 시호(諡號)는 문정(文靖)이며 문집 약간 권과『직해효경(直解孝經)』1권이 있어 세상에 유행하였다.

라고 하였다. 이 기사를 보면 소운석해애小雲石海涯(1286~1324)가『직해효경直解孝經』1권을 지어 세상에 유행시켰는데 그는 원래 위구르인으로 한명漢名을 관운석貫雲石이라 하였다. 그는 관산재貫酸齋란 이름으로 악부산곡樂府散曲의 작자로도 널리 알려졌다.

『직해효경直解孝經』은 당시 매우 인기가 있었던 것으로 전대흔錢大昕의『보원사 예문지補元史 藝文志』(권1)과 김문조金門詔의『보삼사 예문지補三史 藝文志』에 "小雲石海涯直解孝經一卷 - 소운석해애의 직해효경 1권"이란 기사가 보이며 예찬倪燦의『보요금원 예문지補遼金元 藝文志』와 노문초廬文弨의『보요금원 예문지補遼金元 藝文志』에 "小雲石海涯孝經直解一卷 - 소운석해애의 직해효경 1권"이란 기사가 보인다. 또 명대明代 초굉焦竑의『국사경적지國史經籍志』(권2)에는 "成齋孝經說 一卷 - 성재효경설 1권"으로 기재되었다(나가자와 · 아베, 1933).

관운석貫雲石의 『성재효경成齋孝經』은 그의 자서自敍 말미에 "至大改元孟春旣望, 宣武將軍, 兩淮萬戸府達魯花赤, 小雲石海涯, 北庭成齋自敍"라 하여 지대至大 원년元年(1308) 정월正月 15일에 완성되었음을 알 수 있다. 그리고 그가 선무宣武장군에 양회兩淮의 만호부에서 다루가치로 있었으며 위구르인들의 본산지인 북정北庭 출신으로 호가 성재成齋임을 알 수 있다. 그는 허형許衡의 『노재대학魯齋大學』과 같이 『효경孝經』을 당시 한아언어로 풀이하여 직설直說한 것으로 필자가 소개한 {원본}『노걸대』(이하 〈원노〉로 약칭함)와 『효경직해孝經直解』(이하 〈효해〉로 약칭함)는 당시 한아언어를 동일하게 반영한다.

4.3.2.1 〈효해〉가 〈원노〉와 같이 한아언어의 문체를 갖고 있는 예를 〈효해〉의 직해문에서 찾아보면 다음과 같다.

『新刊全相成齋孝經直解』「孝治章 第八」
원　문 : 治家者不敢失於臣妾, 而況於妻子乎. 故得人之懽心, 以事其親.
직해문 : 官人每, 各自家以下的人, 不着落後了, 休道媳婦孩兒, 因這般上頭, 得一家人懽喜, 奉侍父母呵不枉了有, 麽道－관인들은 각기 자신의 아랫사람을 홀대하지 않는다. 아내나 아이들에게는 말할 것도 없다. 이러한 차례로 일가 사람들의 기쁨을 얻어 부모님에게 시중을 들면 굽힘이 없다고 말할 것이다. (밑줄 필자)

이 예문에서 직해문의 밑줄 친 ① 每와 ②上頭, ③呵, ④有, ⑤麽道는 모두 몽고어의 영향으로 한문에 삽입된 것이다. 이제 이들을 고찰하여 〈효해〉가 〈원노〉와 같이 당시 구어口語인 한아언어로 직해直解한 것임을 살펴보기로 한다.

① 每

이 직해문의 "官人每"에 보이는 '每'는 명사의 복수접미사로 후대에는 '每 〉們'의 변화를 보였다. 조선 중종中宗 때 최세진의 『노박집람』에서는 〈원노〉에 '每'가 사용되었음을 알고 있었고 이에 대하여 다음과 같이 언급하였다.

> 每 : 本音上聲, 頻也. 每年、每一箇. 又平聲, 等輩也. 我每、咱每、俺每 : 우리, 恁每 : 你每 너희, 今俗喜用們字 (單字解 1 앞) — 본음은 상성 (上聲)이고 '빈번하다'란 뜻이다. '每年 — 해마다', '每一箇 — 하나씩'. 또는 평성(平聲)으로 읽으면 '等輩 — 같은 무리'와 같은 의미를 나타낸다. '我每 — 우리들, 咱每 — 우리들(청자 포함), 俺每 — 우리들, 恁每 — 당신들, 你每 — 너희들' 등이다. 지금은 일반적으로 '們'자를 즐겨 쓴다.

이 해설에 의하면 '每'가 복수접미사임을 말하고 있고 『노걸대』의 신본新本, 즉 산개본刪改本에서는[41] 이미 '每'가 '們'으로 바뀌었음을 증언하고 있다. 실제로 〈원노〉의 '每'는 {산개刪改}『노걸대老乞大』(이하 〈산노〉로 약칭함)[42]와 {번역飜譯}『노걸대老乞大』(이하 〈번노〉로 약칭)에서는 '們'으로 교체되었다.

---

41 한문본 〈노걸대〉는 현재까지 연구된 바에 의하면 고려 말에 편찬된 〈원본〉이 있고 이를 조선 성종 때에 刪改한 〈산개본〉이 있으며 영조 때에 新釋한 〈신석본〉이 있다. 〈박통사〉와 달리 〈노걸대〉는 〈신석본〉이 너무 상스러운 口語를 반영한다고 하여 정조 때에 고쳐서 중간하여 〈중간본〉의 4종이 있다. 이 가운데 〈산개본〉부터 언해되어 {飜譯}〈노걸대〉, 〈老乞大諺解〉로 간행되었고 〈신석본〉과 〈중간본〉은 언해되어 〈新釋老乞大諺解〉와 〈重刊老乞大諺解〉라는 서명으로 간행되었다.
42 고려 말에 편찬된 {原本}『老乞大』를 조선 성종 14년(1483)경에 漢人 葛貴 등이 刪改한 것으로 『飜老』와 『老乞大諺解』의 저본이 되었다.

別人將咱每做甚麼人看(〈원노〉 2앞)	別人將咱們 做甚麼人看(〈번노〉 上 5뒤)
漢兒小厮每 喛頑,(〈원노〉 2앞)	漢兒小厮們 十分頑 漢兒(〈번노〉 上 7앞)
俺這馬每不曾飲水裏,(〈원노〉 9앞)	我這馬們不曾飲水裏(〈번노〉 上 31앞)

복수의 의미로 '們'이 사용되기 시작한 것은 송대^{宋代}부터이었으며 '㳘
(滿), 瞞, 門(們)' 등의 형태로 나타난다. 원대^{元代}에 이르러서도 '們'이 부
분적으로 사용되었으나 대부분은 '每'로 바뀌었다. 그러다가 명대^{明代} 중
엽부터 다시 '們'의 사용이 많아지기 시작하였다. 이처럼 송^宋·원^元·명
대^{明代}에는 '們 〉 每 〉 們'의 형태로 반복되는 과정을 거쳤으며 그 원인에
대해서는 정확히 밝혀지지 않고 있다.

주목되는 것은 원대^{元代}에 이르러 북방계 관화^{官話}가 표준어로 되면서
'每'가 통용되었지만 남방계 관화^{官話}에서는 여전히 '們'을 사용하였으며
원대 이후에는 또한 북방계 관화에서조차 '每'가 점차 사라지게 되었다
는 것이다(呂叔湘, 1985 : 54). 따라서 〈효해〉가 〈원노〉와 같이 북방계 한
아언어를 반영함을 알 수 있다.

4.3.2.2 다음 후치사의 삽입에 대하여 살펴보기로 한다.

② 上頭

〈효해〉 직해문의 "因這般上頭"에 나오는 '上頭'는 후치사로서 이 시
대의 한아언어에서만 사용되고 후일에는 '上頭 〉 因此上(-까닭에)'으로
바뀌었다. 『노박집람』(이하 〈노박집람〉으로 약칭함)에 "上頭 견츠로 今不用
(累字解 2 앞)-'上頭'는 '까닭으로'라는 의미로 현재는 사용하지 않는다"
라는 주석이나 "因此上 猶言上頭(累字解 2 뒤)-'因此上'은 '上頭'(까닭으로)
와 같은 의미이다"라는 주석은 '上頭'와 '因此上'이 같은 의미였음을 말

하고 있다.

'因此上'은 원인을 나타내는 접속사의 형태이며 '上頭'는 '上'에 '頭'가 첨가된 형태로서 원인을 나타낸다. 모두 몽고어의 영향을 받은 후치사의 형태로 분석된다. 『원조비사元朝秘史』(이하 〈원사〉로 약칭함)의 대역문에는 '禿剌tula'로 대응되는데 이 사용례를 余志鴻(1992:6)에서 옮겨보면 다음과 같다.

注 音:	騰格裏因	札阿潾	札阿黑三	兀格	黍貼昆	禿剌	(〈원사〉 206-567)
對譯文:	天的	神告	告了的	言語	明白的	上頭	
意譯文:	天告你的言語			明白的上頭			(〈원사〉 206 앞013)

따라서 〈효해〉 자주 쓰인 '上頭'는 몽고어 '禿剌tula'에 대응되어 삽입된 것이다. 이 예는 〈효해〉의 직해문을 몽문직역체蒙文直譯体라고 보는 것을 이해하게 한다.

4.3.2.3 다음은 어기조사의 삽입에 대하여 고찰한다.

③ 呵

다음으로 직해문의 "奉侍父母呵"에 나오는 '呵'는 역시 후치사로서 몽고어에 이끌려 삽입된 것이다. 후대에는 '呵 〉 時(-면)'로 변화되었는데 이에 대하여 〈노박집람〉에서는 "時 猶則也 古本用呵字 今本皆易用時字 或用便字(單字解 5 앞)－'時'는 '則'과 같다. 古本에서는 '呵'자를 사용하였는데 今本에서는 모두 '時'자로 바꾸거나 또는 '便'자를 사용하였다"[43]라고

---

43 〈노박집람〉에는 '呵'에 대한 『音義』의 주석을 옮겨놓았다. 이를 인용하면 "音義云 : 原本內說的[呵]字不是常談, 如今秀才和朝官是有說的, 那箇[俺]字是山西人說的, [恁]字也是官話不是常談. 都塗(抹)了改寫的, 這們助語的[那][也][了][阿]等字, 都輕輕兒微微的說. 順帶

하여 고본古本의 '呵'를 금본今本에서 '時'로 교체하였음을 밝히고 있어 〈원노〉에서는 '呵'였음을 알 수 있다. 예를 〈원노〉에서 찾아보면 다음과 같다.

身己安樂呵 也到 - 몸이 편안하면 도착하리라, (〈원노〉 1 앞)
既恁賣馬去呵 咱每恰好做伴當去 - 네가 말을 팔러 간다면 우리들이
벗을 지어 가는 것이 좋다, (〈원노〉 3 앞)[44]

'呵'는 어기조사語氣助詞로 분석될 수도 있겠으나 예문이 보여 주는바와 같이 가정의 의미를 나타내는 후치사 형태로 보는 것이 더욱 타당할 것이다. 이것은 몽고어에서 그 흔적을 찾아 볼 수 있는데 〈원사〉에 의하면 '阿速'(-blasu/esü)의 대역문으로 '呵'가 사용되었고 이 몽고어는 국어의 '-면'과 같이 가정의 의미를 나타내고 있으며 'b'는 모음 뒤에서만 사용된다(余志鴻, 1992 : 3).

4.3.2.3 다음으로 문장종결의 '유有'에 대하여 살펴본다.
④ 有
졸저(2004)에서 〈원노〉의 특징으로 몽고어의 시제時制와 문장종결을

過去了罷, 若緊說了時不好聽, 南方人是蠻子, 山西人是豹子, 北京人是태子, 入聲的字音是都說的不同 - 『音義』에 의하면 원본(原本)에서 사용한 '呵'자는 일상용어가 아니라고 하였다. 현재는 수재(秀才)나 조정의 관리 중에 그 말을 사용하는 사람들이 있다. 그 '俺'자는 산서인(山西人)이 사용하는 말이며 '恁'字 역시 관화(官話)로서 일상용어가 아니므로 모두 지워버리고 고쳐서 쓴 것이다. 어조사인 '那', '也', '了', '呵' 등의 글자들은 가볍게 발음하여 지나가야 하며 만일 발음을 분명히 할 경우 듣기가 좋지 않다. 남방인(南方人)은 '蠻子', 산서인(山西人)은 '豹子', 북경인(北京人)은 '태子'라고 하는데 이들은 입성자(入聲字)의 발음을 각기 다르게 한다"라고 하였다.
44 이들은 {飜譯}『老乞大』에서는 모두 '呵〉時'로 교체되었다.
身己安樂時, 也到. (〈번노〉 上 2 앞)
你既賣馬去時, 咱們恰好做火伴去. (〈번노〉 上 8 앞)

나타내는 'a-(to be), bayi-(to be)'를 '有'로 표기하였고 이것이 원대 한아언어의 영향임을 최세진은 〈노박집람〉에서도 밝힌 바 있음을 소개하였다. 즉, 〈노박집람〉에 '漢兒人有'의 설명에서 "元時語必於言終用有字, 如語助而實非語助, 今俗不用 - 원대의 한어에서는 반드시 말이 끝나는 곳에 '有'자를 사용하는데 어조사語助辭인 것 같지만 실은 어조사가 아니다. 지금은 세간에서 사용하지 않고 있다"(〈노박집람〉 上 1앞)라고 하여 어조사語助辭처럼 사용되는 문장 종결어미의 '有'가 원대 언어에 있었으나 최세진 당시에는 더 이상 사용되지 않음을 말하고 있다.

몽고어의 동사 'bui(is), bolai(is), bülüge(was)'와 모든 동사의 정동사형all finite forms of the verbs인 'a-(to be)', 'bayi-(to be)', 그리고 동사 'bol-(to become)'은 모두 계사繫辭, copula로 쓰였다.[45] 따라서 〈원노〉에 쓰인 문장종결의 '有'는 몽고어의 'bui, bolai, bülüge, a-, bayi-, bol-'가 문장의 끝에 쓰여 문장을 종결시키는 통사적 기능을 대신하는 것으로 몽고어의 영향을 받은 원대元代 북경어의 특징이라고 보았다(졸저, 2004 : 518~519).

〈효해〉의 직해문에서 '有'가 사용된 용례가 많으며 그 중에 몇 개를 추가하면 다음과 같다.

㉠ 원　문 : 夫孝德之本也, 〈효해〉「開宗明義章 제1」
　　직해문 : 孝道的勾當是德行的根本有 - 효행이라는 것은 덕행의 근본이다.

㉡ 원　문 : 敬其親者 不敢慢於人, 〈효해〉「天子章 제2」

---

45 이에 대하여는 Poppe(1954 : 157)의 "The Simple Copula" "the verbs bui "is", bolai "is", bülüge "was", and all finite forms of the verbs a-"to be", bayi- "to be", and bol- "to become" usually serve as copula"라는 설명을 참조하라.

직해문 : 存着自家敬父母的心呵, 也不肯將別人來欺負有 — 스스로 부모를 존경하는 마음을 갖고 있는 사람은 다른 이를 업신여기지 않는다.

ⓒ 원 문 : 君親臨之厚莫重焉,〈효해〉「聖治章 제9」

직해문 : 父母的恩便似官裏的恩一般重有 — 부모의 은혜는 마치 천자의 은혜만큼 무겁다.

ⓔ 원 문 : 宗廟致敬不忘親也 修身愼行恐辱先也,〈효해〉「感應章 제16」

직해문 : 祭奠呵, 不忘了父母有. 小心行呵, 不辱末了祖上有 — 제를 지내는 것은 부모를 잊지 않으려는 것이다. 수신하여 행동을 조심하는 것은 조상을 욕되게 함을 두려워하기 때문이다.

이 예문의 직해문 문말에 쓰인 '有'는 시무라志村良治(1995 : 384)에서는 이리야入矢義高(1973)의 주장에 따라 원대元代 초기부터 사용되기 시작하였으며 확정적인 의미를 나타낸다고 주장하였다. 한편 오다太田辰夫(1991 : 179)에서는 '有'자의 이러한 용법은 원대元代에서 명초明初에 걸친 자료들에서 많이 찾아 볼 수 있으므로 실제 구어체口語體에서 사용되었던 것임에 틀림이 없다고 하였다. 그리고 원곡元曲에 이르러서는 더 이상 사용되지 않았으나 '一壁有者'(한 쪽에서 기다리고 있다)와 같은 관용어적 용법은 원곡에서도 찾아 볼 수 있으며 따라서 '有'는 어휘적 의미가 없는 문장 말 종결어미였을 것으로 추정이 된다고 하였다.

〈원노〉에서는 문장 말에 '有'가 대량으로 사용되었음을 발견할 수 있다. 이것은 〈노박집람〉의 해설과 같이 바로 원대元代의 대도大都 지역의 언어임을 보여주는 유력한 근거라 할 수 있다.[46] 〈원노〉에 나오는 예를 두 개만 들어보자.

　　㉤ 我也心裏那般想著有－나도 마음에 이렇게 여기노라. (〈원노〉 3뒤)
　　㉥ 您是高麗人却怎麼漢兒言語說的好有－너는 고려인인데 어떻게 한아언어를 잘 말하느냐(〈원노〉 1앞)[47]

　이 예문들을 보면 '有'가 문장종결어미로서 과거완료 시상時相을 보여주는 것으로 보인다.[48]

4.3.2.5　몽고어의 'ge'e'의 '麼道'도 특수한 표현이다.

⑤ 麼道

　'麼道'는 〈효해〉만이 아니고 원대元代의 성지聖旨나 그를 새긴 비문碑文에서도 발견된다. 이것은 몽고어의 'ge'e말하다'를 표기한 것으로 몽한대역蒙漢對譯 한아언어 비문을 보면 몽고어의 'ge'en, ge'eju, ge'ek'degesed aju'ue'를 대역한 것이다. 즉 '麼道'는 '~라고 말씀하셨다'에 해당하는 몽고어를 대역한 것이다. 예를 대덕大德 5년(1301) 10월 22일의 상주문上奏文에서 찾으면 다음과 같다.

---

46 〈원사〉의 경우를 살펴 보면 '有'는 '-UmU'에 대응되는데 다음과 같은 예문에서 보여주는 바에 의하면 과거에서 현재까지(미래까지 지속 가능한) 지속되는 시제를 나타낸다고 하였다(余志鴻, 1988).
　貼額周 阿木'載着有(〈원사〉 101, 948) 迭兒別魯 梅'顫動有(〈원사〉 98, 947)
　莎那思塔 木'聽得有(〈원사〉 101, 948)
47 『飜譯老乞大』에서는 이 '有'가 없어진다.
　我也心裏這般想着(〈번노〉 上 11앞)
　你是高麗人 却怎麼漢兒言語說的好(〈번노〉 上 2앞)
48 몽고어의 "ge'ek'degsed aju'ue(말 하고 있다)"가 '說有, 說有來'로 표시되는 예를 들 수 있다(다나카, 1962).

大德五年十月二十二日奏過事內一件:

陝西省官人每, 文書裏說將來. "貴(責)赤裏愛你小名的人, 着延安府屯田有, 收拾贖身放良不蘭奚等戶者 麼道, 將的御寶聖旨來有, 敎收拾那怎生?" 麼道 "與將文書來" 麼道, 奏呵. '怎生商量來' 麼道－대덕 5년 10월 22일에 상주(上奏)한 안건(案件) 하나: 섬서성 관인들이 문서로 전해 와서 "貴赤(弓兵)의 愛你(아이니)라고 하는 사람이 연안부(延安府)의 둔전(屯田)에 와서 '속량금으로 평민적을 회복한 보론기르(不蘭奚, 옛 南宋 지구에서 몽고군에 포로로 잡혀 와서 노예로 일하는 사람을 말함. '孛蘭奚'로도 씀)를 돌아가라'고 말한 어보성지(御寶聖旨)를 휴대하고 있습니다만 돌아가게 시키면 어떨까요?"라고 <u>하는</u> 문서를 보내 왔다고 상주(上奏)하였더니 "어떻게 상담하였는가?라고 <u>하여</u>. (밑줄 친 부분은 '麼道'를 번역한 곳)

이 예를 보면 밑줄 친 '麼道'가 3번 나오는데 모두가 인용문 형식을 취하고 있다. 물론 〈원노〉에는 이러한 인용문이 없기 때문에 '麼道'는 사용되지 않는다. 필자는 〈효해〉의 이러한 문체가 〈원노〉의 한아언어로부터 문어^{文語}로써 한이문^{漢吏文}으로 발전해 가는 과정을 보여주는 것으로 본다. 여기서 〈노걸대〉의 한아언어는 구어^{口語}로서 일상회화에 사용되는 언어이었고 〈효해〉의 직해문은 문어^{文語}의 모습을 보이는 것으로 장차 이문^{吏文}으로 발전한 것이다.

4.3.2.6 이상 〈효해〉를 예로 하여 한이문^{漢吏文}의 특징을 살펴보았다. 위에서 살펴본 바와 같이 〈효해〉에는 보통 한문에서 사용되지 않는 '每, 上頭, 呵, 有, 麼道' 등의 어휘를 사용하였으며 문장 구조도 고문^{古文}과는 상당한 차이를 보인다. 그러나 〈효해〉가 조선 전기에 시행된 한이과^{漢吏科}의 출제서임으로 이러한 한문, 다시 말하면 한이문^{漢吏文}을

실제로 학습하였고 이것으로 사대문서를 작성하였음을 알 수 있다.

즉, 앞에서 한이과漢吏科의 출제서로는 "서書, 시詩, 사서四書, 노재대학魯齋大學, 직해소학直解小學, 성재효경成齋孝經, 소미통감少微通鑑, 전후한前後漢, 이학지남吏學指南, 충의직언忠義直言, 동자습童子習, 대원통제大元通制, 지정조격至正條格, 어제대고御製大誥, 박통사朴通事, 노걸대老乞大, 사대문서등록事大文書謄錄, 제술製述 : 주본奏本·계본啓本·자문咨文"이 있었다.

위의 출제서 가운데 '서書, 시詩, 사서四書'의 "서경書經, 시경詩經, 사서(四書, 論語, 孟子, 中庸, 大學)"은 선진先秦시대의 고문古文으로 작성된 것이고 '박통사朴通事', '노걸대老乞大'는 당시의 구어口語인 한아언어漢兒言語를 학습하는 교재이며 나머지는 한이문漢吏文을 학습하는 교재다. 한이문을 시험하는 한이과의 출제서야말로 한이학漢吏學의 교재이며 도선 세종 때에는 이를 통하여 한이문을 학습하였던 것이다(졸저, 1990).

이 가운데 『성재효경成齋孝經』이란 서명으로 출제서가 된 관운석貫雲石의 『효경직해孝經直解』, 즉 〈효해〉의 특수 어휘를 중심으로 이 교재가 한이문의 학습교재임을 살펴보았다.

3) 『원전장(元典章)』의 한문이독체(漢文吏牘体)

4.3.3.0 위에서 언급한 『세종실록』(권47) 세종 12년 3월 경술庚戌조의 기사에는 상정소詳定所에서 한이과漢吏科, 즉 한이문을 시험하는 출제서로 '충의직언忠義直言, 대원통제大元通制, 지정조격至正條格, 어제대고御製大誥'이 있었고 이들은 『원전장元典章』과 같은 부류의 책으로 원대元代의 법률, 조칙詔勅, 상소上疏 등의 행정문서를 모은 문헌이었다. 요시가와(1953)에서는 『원전장元典章』, 즉 『대원성정국조전장大元聖政國朝典章』(60권)과 『신집지치조

례新集至治條例』(不分卷)의[49] 한문 문체를 고찰하고 이 자료에 보이는 한문은 몽문직역체蒙文直譯体로 보이는 것도 없지는 않지만[50] 대부분은 한문이독체漢文吏牘体로 보인다고 하였다.[51]

예를 들어 『원전장』(권42)「형부刑部」'잡례雜例' 가운데 "사람을 치어죽이고 시체를 옮긴 일"이란 제목에서 다음과 같은 예를 골랐다.

> 看碾子人李鎭撫家驅口閭喜僧狀招 : 至元三年八月初八日. 本宅後碾黍間. 有小厮四箇. 於碾北四五步地街南作要. 至日高碾儸. 前去本家. 取墊碾油餠回來. 到碾上. 見作要小厮一箇. 在西北碾槽內. 手脚動但掙揣. 其餘三箇小厮. 碾北立地. 喜僧向前抱出小底. 覷得頭上有血. 抱於西墻下臥地. 恐驢踏着. 移於碾東北房門東放下. 倚定瘋楷坐定. 手動氣出. 喜僧委是不知怎生碾着. 避怕本使問着. 走往阜城縣周家藏閃. 在後却行還家. 干證人殷定僧等三人狀稱. 崔中山於碾內弄米來. 俺三箇碾外要來. 趕碾的人無來. 法司擬. 旣是殷定僧等稱. 崔中山自來弄米. 別無定奪. 止據閭喜僧不合移屍出碾. 不告身死人本家得知. 合從不應爲. 事輕. 合笞四十. 部擬三十七下. 呈省准擬

---

49 약칭하여 『元典章』이라고 하는 이 자료는 正集에 2,400餘例, 新集에는 200餘例의 勅令, 判決例를 모아놓은 방대한 元代의 法律集이다.
50 『元典章』에서 蒙古語直譯体를 보이는 예로 제19 戶部의 「房屋」에 "관리가 房屋을 사는 것을 禁함"이란 條에 "至元二十一年四月. 中書省奏過事內一件. 在先收附了江南的後頭. 至元十五年行省官人每. 管軍官每. 新附人的房舍事産. 不得買要呵. 買要呵. 回與他主人者麼道. 聖旨行了來. 如今賣的人. 用着鈔呵. 沒人敢買. 生受有. 人待買呵. 怕聖旨有. 依着聖旨. 官人每不得買. 百姓每買呵. 賣呵. 怎生麼道. 闊闊你敎爲頭衆人商量了. 與中書省家咨示來. 中書省官人每. 俺衆人商量得. 依已前體例. 官吏不得買者. 百姓每得買賣者麼道. 奏呵. 那般者麼道. 聖旨了也. 欽此"(띄어쓰기, 구두점은 吉川의 것을 따름)를 들었다 (요시가와, 吉川幸次郞, 1953). 역시 '每, 呵, 麼道' 등의 어휘가 쓰였다.
51 그는 『元典章』 자료의 예문 가운데 4분에 3은 蒙古語直譯体가 아니라고 주장하였다(요시가와, 吉川幸次郞, 1953 : 1).

내용은 방앗간을 지키는 사람으로 이진무李鎭撫의 노예인 염희승閻喜僧
의 장초狀招(문초한 내용)이다.[52] 이 한문 문장은 당시의 구어를 그대로 채
용한 것으로 보이는 어휘가 있으며 고문古文이라면 다른 단어를 사용하
였을 것으로 보이는 어휘가 빈번하게 혼용되었다. 예를 들면 고문古文이
라면 '男兒'라고 할 것을 '小廝, 小底'라고 하고 '어린 아이들이 노는 것'
은 '作戲'라고 해야 할 것을 '作要'라고 한다든지 '運動'을 '動但', '발버둥
치는 것'을 '掙揣', '서는 것'을 '立地'라고 하고 '보는 것'을 '見, 看'이라고
하지 않고 '覷得'라고 하며 '어떻게 하든지'를 '如何'라고 하지 않고 '怎
生'이라 하는 것들이 바로 그런 예들이다.

4.3.3.1　이러한 예로부터 필자는 원대元代의 한문 이독吏牘이 '한아
언어'라는 구어口語를 바탕으로 형성된 것으로 보는 것이다. 다시 말하
면 한아언어가 구어口語라면 원대元代 이문吏文은 그에 의거한 문어文語라
할 수 있다. 따라서 한이문漢吏文, 즉 한문의 이독吏牘 문체는 어디까지나
중국어이며 문법적으로는 고문古文의 그것과 그렇게 크게 다르지 않
다.[53] 왜냐하면 한아언어는 비록 어휘나 문법요소에서 몽고어의 영향을
받았지만 문법구조는 중국어이기 때문이다.

　이 한문의 이독吏牘 문체는 하급관리인 한인漢人이 통치자인 자르구치
札魯忽赤의 몽고인에게 올리는 일체의 행정문서에서 일괄적으로 사용되

---

52 이 문장의 해독은 정식 한문이 아니기 때문에 쉽지 않다. 졸고(2006b)에서 전문을 해독
　하였다.
53 이에 대하여 요시가와(吉川幸次郎, 1953 : 7)에서는 "元典章中の漢文の吏牘、その語法の
　基礎となっているものは、古文家の古文のそれとそんなに違ったものでない。口語的な語
　彙の混用から、語法的にも口語に近いものを多く含むと豫想するならば、この豫想はあた
　らない。語法の基礎となるものは、やはり大たいに於いて古文家のそれである。"라고 하
　여 元代의 한문 吏牘이 문법적으로는 古文 계통임을 강조하였다.

었다. 따라서 고전적 교양을 중시하던 옛 중국의 관습은 무너지고 실무의 지식과 기능이 중시되었다. 여기서 '사士, 선비'보다는 실제 법률 지식이 풍부한 '서리胥吏'가 우대를 받았다. 몽고인의 통치를 받고 있는 원대元代에 한인漢人이 출세하는 길은 법률, 행정, 문서작성과 같은 실무 지식과 한이문漢吏文에 정통하는 길밖에 없었다(미야자키, 1987).

4.3.3.2 여기서 필자는 원대元代에 유행하기 시작한 이독吏牘의 한문 문체를 역시 한이문漢吏文으로 보려고 한다. 조선 전기에 한이과漢吏科를 개설한 것은 사대문서를 작성하는 데 한이문에 정통한 인원이 필요하였기 때문이며 이때의 출제서로 전술한 한이문 교재들이 선택된 것이다.

중국에서는 이러한 한이문을 학습하는 것을 '이도吏道'라고 하였으며 '이독吏牘'은 원래 한이문으로 쓰인 문서이었으나 점차 한이문漢吏文 작성 자체를 말하게 된다. 즉, 일정한 공문서 서식에 의하여 작성된 이문을 이독吏牘이라 한 것이다. 전자에 대하여 한반도에서는 '이두吏頭'로, 후자에 대하여는 '이독吏讀'으로 한 글자를 고쳐서 술어로 사용하게 된 것으로 본다.

즉, 원대元代에 형성된 한문 문체 가운데 그동안 몽문직역체蒙文直譯体로 불리던 것은 원대元代의 공용어였던 한아언어漢兒言語를 그대로 직사直寫한 것으로 사법司法에서 조인의 자백서에 주로 사용되던 문체였다. 원元 제국帝國의 옥리獄吏가 죄인을 문초하여 단사관斷事官에게 올리는 보고서의 문자에 주로 사용되었다.

반면에 한문이독체漢文吏牘体는 앞의 몽문직역체보다는 좀 더 문어文語가 되어 전통 한문의 문체를 많이 살려둔 문제를 말한다. 주호 고문古文으로 된 경서經書의 해설에 이용된 문체인데 앞에서 살펴본 관운석貫雲石

의『효경직해孝經直解』에서 볼 수 있는 한문 문체를 말한다. 몽문직역체이거나 한문이독체이거나 모두 원대元代 이후에 하급관리들이 실용문에서 사용했기 때문에 '이문吏文'으로 불렀고 필자는 조선이문과 구별하기 위하여 '한이문漢吏文'이라 한 것이다.

4. 최세진의 한자음 연구와 한글의 보급

4.4.0　한어 역관으로서의 최세진은 주로 한어漢語와 한이문漢吏文에 관한 연구가 주종을 이루었으나 말년에는 우리 한자음과 한자 교육에도 많은 관심을 가졌다. 그는『훈몽자회訓蒙字會』(이하〈훈몽자회〉로 약칭함)를 편찬하여 우리 한자음 연구와 새 문자인 한글의 보급에 크게 기여한다.〈훈몽자회〉는 미암眉巖 유희춘柳希春의『신증유합新增類合』과 같이 역관의 저서가 아닌 유신儒臣의 저작에 해당하는 것이다. 실제로 그자신이『효경언해孝經諺解』와 같은 유신儒臣의 저작을 간행한 일도 있어서 그를 문신文臣으로 오해한 논문도 없지 않다.

〈훈몽자회〉는『천자문千字文』과『유합類合』과 같이 우리 한자음의 교육과 그 뜻을 가르치기 위한 아동용 교과서였다. 그리하여 서명도 '훈몽訓蒙'이란 이름을 붙였으며『천자문』과 더불어 조선조에서 가장 널리 보급된 한자 교과서의 하나로서 일본에서도 명성을 얻어 널리 사용되었다. 이 책은 한자 3,360자를 전실자全實字(실명자)와 반허자半虛字로 나누어 천문天文, 지리地理 등의 항목별로 배열한 일종의 분문分門 유별類別 어휘집, 즉 유서類書라고 할 수 있다.

특히 〈훈몽자회〉의 권두에 실린 범례^{凡例}와 「언문자모^{諺文字母}」는 최세
진의 새 문자의 보급에 기여한다. 이 책의 범례에 부재된 '언문자모'는
협주^{夾註}에 "俗所謂反切二十七字 —속되게 소위 말하는 반절 27자"라 하
여 훈민정음이 언문^{諺文}이란 이름 이외에도 '반절^{反切}'이란 이름으로 불리
었음을 알 수 있게 한다. 이 언문자모는 이 책의 범례에 "凡在邊鄙下邑
之人, 必多不解諺文. 故今乃幷著諺文字母, 使之先學諺文, 次學字會則
庶可有曉誨之益矣. [下略] —무릇 변방이나 시골 읍의 사람들이 언문을
이해하지 못하는 수가 많아서 이제 언문자모를 함께 싣는다. 먼저 언문
을 배우게 하고 다음에 훈몽자회를 배우면 깨우치고 이해하는 데 모두
도움이 있을 것이다"라 하여 전부터 있던 언문자모를 실어 언문을 깨우
치게 하고 그로부터 훈몽자회를 배울 수 있게 하였음을 알 수 있다.

언문자모는 훈민정음의 보급을 위하여 후대에 간편한 이두자^{吏讀字}를
써서 그 사용법을 설명한 것으로, 풀이의 간편성과 실제 문자생활을 영
위하는 중인^{中人}들의 이두 표기 방법으로 설명되어 새 문자 보급에 크게
기여하였다. 이 언문자모는 아마도 훈민정음 제정 당시까지 거슬러 올
라갈 수 있을 것으로 보인다. 앞의 제1장 1.2.2.4에서 논의한 바와 같이
「언문자모^{諺文字母}」는 정의^{貞懿}공주가 작성하여 세조 때의 『초학자회^{初學字}
^會』에 첨부되었던 것을 〈훈몽자회〉에 전재^{轉載}한 것으로 추정된다.

〈훈몽자회〉에는 『초학자회』의 것이 많이 그대로 인용되었고 이 언
문자모의 정서법은 순전히 우리 한자음, 즉 동음의 표기를 위한 것이기
때문이다. 만일 언문자모가 『초학자회』에 부재된 것을 〈훈몽자회〉에
전재한 것이라면 이것은 최세진의 저작이 아닐 수 있으며 따라서 이
언문자모의 견해는 최세진의 그것과 다를 수도 있다. 이에 대하여는 이
기문(1963 : 84~85)에서 논의되었음을 전술한 바 있다.

1) 「언문자모」의 초성(初聲)

4.4.1.1 언문諺文은 훈민정음을 여항閭巷에서 속되게 부르는 명칭이었으며 협주의 '반절 27자'는 초기에 반절상자反切上字, 즉 초성으로 27자를 제정하여 그렇게 부르던 것이 전해 내려온 것이다(졸고. 2017b). 그러나 실제로 「언문자모」에서는 훈민정음의 초성 17자에서 읍모揖母 'ㆁ'자를 제외한 16자에 중성 11자를 더하여 27자라고 하였다. 반절하자反切下字, 즉 운韻이 중성만으로 볼 수 없는 것을 잘못 이해한 것이어서 〈훈몽자회〉에서는 '속소위俗所謂'란 수식어를 앞에 붙였다.

먼저 「언문자모」에서는 "初聲終聲通用八字－초성과 종성으로 모두 쓸 수 있는 8자"라 하여 다음 8자의 초성의 예와 종성의 예를 보였다.

[표 4-1] 「언문자모」 초성종성통용(初聲終聲通用) 8자

성/문자	ㄱ	ㄴ	ㄷ	ㄹ	ㅁ	ㅂ	ㅅ	ㆁ
초성	기(其)	니(尼)	디(池)	리(梨)	미(眉)	비(非)	시(時)	이(伊)
종성	역(役)	은(隱)	귿(末)*	을(乙)	음(音)	읍(邑)	옷(衣)	응(凝)

이것은 훈민정음 〈해례본〉 '종성해'에서 "八終聲可足用－8개의 받침으로 족히 쓸 수 있다"의 8종성 체계를 따른 것으로 훈민정음 '예의例義'의 "終聲復用初聲－종성은 모든 초성을 다시 쓴다"와는 다른 태도다. 아마도 〈해례본〉 이후에는 8종성終聲이 일반적이었던 것으로 보인다. 이 가운데 *표시한 '귿末', 옷衣'은 원圈문자로 표시하여 "俚語爲聲－우리 말로서 발음을 삼는다"라고 하였음으로 '末'은 '귿(=끝)', '衣'는 '옷'으로 석독釋讀한 것이다.

여기서 한 가지 주의할 점은 초성과 종성으로 통용하는 'ㆁ 異凝'의

설정에 대한 최세진의 견해다. 그는 '언문자모'의 끝 부분에 다음과 같은 설명을 붙였다.

> 唯ㆁ之初聲, 與ㅇ字音俗呼相近, 故俗用初聲則皆用ㅇ音. 若上字有ㆁ音終聲, 則下字必用ㆁ音爲初聲也. ㆁ字之音動鼻作聲, ㅇ字之音發爲喉中, 輕虛之聲而已, 初雖稍異而大體相似也 [下略] —다만 'ㆁ' 초성은 'ㅇ'자와 더불어 속되게 발음하면 서로 비슷하다. 그러므로 속용으로 초성에 모두 'ㅇ'음을 쓴다. 만약에 앞 자에 'ㆁ'음을 종성으로 갖고 있으면 뒷자도 반드시 'ㆁ'음을 써서 초성을 삼아야 한다. 'ㆁ'자의 발음은 코를 울려서 소리를 만들며 'ㅇ'자의 발음은 목구멍 가운데서 가볍고 허하게 만든 소리일 뿐이다. 비록 처음에는 조금 다르지만 대체로는 서로 비슷하다.

이에 의하면 최세진은 'ㅇ음'과 'ㆁ음'을 구별하여 'ㆁ음'은 종성으로만 쓸 수 있고 'ㅇ음'은 초성으로만 쓸 수 있음을 주장하여 'ㆁ'과 'ㅇ'을 혼용한 'ㆁ 異凝'을 인정하지 않았다는 것이다(이기문, 1963 : 84~5). 이 사실을 감안하면 「언문자모」는 최세진의 소작이 아님이 더욱 분명해진다.

4.4.1.2 다음으로 "初聲獨用八字—초성으로만 쓰는 8자"라 하여 훈민정음 17개 초성 가운데 위에 적은 8개를 제외하고 우리 한자음과 우리말의 음절 초에서 불필요한 'ㆆ'모를 뺀 8개의 초성을 나열하였다. 이를 표로 보이면 다음과 같다.

[표 4-2] 언문자모 초성독용(初聲獨用) 8자

성/문자	ㅋ	ㅌ	ㅍ	ㅈ	ㅊ	ㅿ	ㅇ	ㅎ
초성	키(箕)*	티(治)	피(皮)	지(之)	치(齒)	싀(而)	이(伊)	히(屎)

이 표에서도 '箕*'와 같이 '*'표가 있는 것은 원㉠문자로서 이두에 쓰이는 석독釋讀의 표시였으며 따라서 "箕 키 기"임으로 '키'를 표음한 것이다. 언문자모에서 제시한 초성자 가운데 종성과 통용하는 8자는 초성과 종성 모두의 보기를 들어 "ㄱ 其役, ㄴ 尼隱, 池末*,…"과 같이 2자의 예를 들었으나 초성 용용用의 경우는 초성의 보기만을 들어 "ㅋ 箕*, ㅌ 治, ㅍ 皮,…"와 같이 1자의 예만 보인다. 따라서 이들을 문자의 명칭으로 보기 어려우나 후대에는 이를 문자의 이름으로 삼아 'ㄱ-기역, ㄴ-니은, ㄷ-디귿,…' 등으로 불리게 되었다. 다만 초성 독용獨用의 8자는 끝에 '으+받침'으로 하여 'ㅋ-키윽, ㅌ-티읕, ㅍ-피읖,…'등으로 부르게 된 것이다.

홍기문(1946)에 의하면 훈민정음의 〈언해본〉에 보이는 "ㄱ는, ㅋ는, ㅇ는, ㄷ는,…" 등의 조사助詞를 근거로 하여 훈민정음 창제 당시의 초성자의 명칭은 'ㄱ-기, ㅋ-키, ㅇ-이, ㄷ-디,…'였다고 주장하였다. 그리하여 훈민정음 〈언해본〉의 "ㄱ는, ㅋ는, ㅇ는, ㄷ는, ㅌ는, ㄴ는,…" 등은 "기는, 키는, 이는, 디는, 티는, 니는,…"으로 읽었을 것이라고 보았고 언문자모의 이 명칭은 오늘날과는 달리 초성과 종성의 예만을 보인 것이라고 주장하였다.

그러나 앞에서 언급한 범자梵字의 체문体文에서 첫 글자가 "ka kha, ga, gha, nga"이고 티베트의 서장西藏문자도 "ka, kha, ga, nga"로 시작하며 훈민정음과 가장 밀접한 관계에 있는 파스파 문자도 첫 글자가 "ka, kha, ga, nga"임으로 〈언해본〉의 'ㄱ. ㅋ, ㅇ'이 '가, 카, 아'로 읽었을 가능성도 없지 않다. 다만 〈언해본〉에서 'ㄲ'는 각자병서各字竝書의 방법으로 제자할 수 있음을 말했을 뿐 글자는 제시하지 않았음으로 '까'로 읽었을 가능성은 없다.

여기서 주의할 것은 훈민정음 초성의 배열순서와 다른 점이다. 그러나 초성과 종성에 통용하는 8자와 초성으로만 쓰이는 8자로의 구분은 이미 성현成俔의 『용재총화慵齋叢話』에 나오는 이야기임으로 최세진의 창안으로 생각하기 어렵다. 즉 『용재총화』권7에 "世宗設諺文廳, 命申高靈成三問等製諺文, 初終聲八字、初聲八字、中聲十二字, 其字體依梵字爲之 - 세종이 언문청을 설치하고 고령부원군 신숙주와 성삼문 등에게 언문을 짓게 하였다. 초성과 종성의 8자, 초성 8자, 중성 12자다. 그 자체는 범자에 의지하여 만들었다"라는 기사가 있어 전부터 훈민정음의 문자를 초성과 종성에 통용하는 8자, 그리고 초성으로만 쓰이는 8자, 중성 12자로 보아 모두 28자로 하였음을 알 수 있다. 다만 언문자모에서는 중성을 11자로 하여 언문 27자로 한 것이다.

훈민정음에서는 오음五音, 즉 '아牙, 설舌, 순脣, 치齒, 후喉'의 순서로 자모를 배열하고 같은 오음五音 안에서는 청탁淸濁, 즉 '전청全淸, 차청次淸, 불청불탁不淸不濁, 전탁全濁'의 순서로 초성을 배열하였으나 언문자모에서는 오음五音의 순서대로 하였으되 초성과 종성으로 통용되는 것을 먼저 배열하고 청탁의 순서에서도 불청불탁의 것을 앞에 두었다. 그리하여 'ㄱ(아음 전청), ㄴ(설음 불청불탁), ㄷ(설음 전청), ㄹ(반설음 불청불탁), ㅁ(순음 불청불탁), ㅂ(순음 전청), ㅅ(치음 전청), ㅇ(아음 불청불탁)'의 순서가 되었다.

이것을 보면 훈민정음의 제자制字에서 최불려자最不厲字를 기본자로 하고 인성가획引聲加劃하는 방법을 연상하게 된다. 즉, 초성자의 제자는 가장 거세지 않은 불청불탁의 글자를 기본자로 하여 오음五音의 기본자 5개를 정하고 각기 인성가획하는 방법으로 17자를 제자制字하였다. 언문자모의 초성 배열에서도 같은 방법을 취하여 최불려자最不厲字인 불청불탁의 글자를 앞에 두고 인성引聲에 따라 전청, 차청의 순서로 초성자를 배열하였다. 그 가운데 'ㅇ 아음 불청불탁'을 맨 마지막으로 한 것은 이를 후음喉音으로 간주한 때문이다. 원래 'ㅇ'음은 후성喉聲이 많아서 그 글자의 모습도 후음의 'ㅇ-欲母'와 유사하게 하기 위하여 인성가획引聲加劃의 방법이 아닌 이체자異体字로 만든 것이다.

초성 독용獨用의 경우도 'ㅋ(아음 차청), ㅌ(설음 차청), ㅍ(순음 차청), ㅈ(치음 전청), ㅊ(치음 차청), ㅿ(반치음 불청불탁), ㅇ(후음 불청불탁), ㅎ(후음 차청)'의 순서로 배열하여 오음과 청탁淸濁의 순서가 '아음→설음→순음→치음→후음'과 '불청불탁→전청→차청'이어서 청탁의 순서에서 훈민정음의 초성 배열과 조금 어긋남을 알 수 있다.

2) 「언문자모」의 중성(中聲)

4.4.2.1 언문자모에서 중성은 역시 그 음가를 이두에 많이 쓰이는 글자로 표시하였다. 그리하여 중성 11자를 다음과 같이 보였다.

[표 4-3] 언문자모의 중성 자모도(字母圖)

문자	ㅏ	ㅑ	ㅓ	ㅕ	ㅗ	ㅛ	ㅜ	ㅠ	ㅡ	ㅣ	ㆍ
차자	阿	也	於	余	吾	要	牛	由	応*	伊*	思*

이 도표에서 *가 붙은 '應(응) {不用終聲-받침은 쓰지 않음}과 '伊' {只用中聲-중성만 씀}, 그리고 '思(ᄉ) {不用初聲-초성은 쓰지 않음}는 이 중성을 나타내는 적당한 한자가 없었기 때문에 이 한자를 빌린 것이다. 이것도 〈언해본〉 훈민정음에서 "ㆍ는, ㅡ는, ㅣ는, ㅗ는, ㅏ는, ㅜ는, ㅓ는, ㅛ는, ㅑ는, ㅠ는, ㅕ는"이므로 조사助詞의 연결로 보아 중성의 문자 이름이 'ㆍ, 으, 이…'였다는 주장이 있다(홍기문, 1946 : 48~52).

여기에서 주목할 것은 중성中聲의 순서가 훈민정음과 다르다는 점이다. 즉 훈민정음에서는 '천天, 지地, 인人' 삼재三才를 상형象形하여 기본자 "ㆍ, ㅡ, ㅣ" 3자를 만들고 이를 조합組合하여 모두 11자의 중성자를 제자制字하였다. 그리고 이들을 동출음同出音, 즉 발음위치가 같은 것끼리 합용合用하여 4개를 더 만들고 이를 다시 모두 'ㅣ'와 합용하는 상수합용相隨合用까지 합치면 모두 29개의 중성자를 만들었다. 즉, 기본자 [ㆍ, ㅡ, ㅣ] 3개, 초출자 [ㅗ, ㅏ, ㅜ, ㅓ] 4개, 재출자 [ㅛ, ㅑ, ㅠ, ㅕ]의 4개의 11개가 있고 여기에 동출합용자同出合用字 4개 [ㅘ, ㅝ, ㆇ, ㆊ], 그리고 ㅣ의 상수합용相隨合用인 ㅣ와 한 글자 합용자 10개 [ㆎ, ㅢ, ㅚ, ㅐ, ㅟ, ㅔ, ㅚ, ㅒ, ㆌ, ㅖ], 또 ㅣ와 두 글자 합용자에 ㅣ를 더한 4개 [ㅙ ㅞ, ㅙ, ㅞ]를 더하여 도합 29개의 중성자를 만든 것이다.

4.4.2.2 그러나 언문자모에서는 "ㅏ ㅑ ㅓ ㅕ ㅗ ㅛ ㅜ ㅠ ㅡ ㅣ ㆍ"의 순서로 바뀌었다. 훈민정음의 예의例義에서는 11자 중성中聲을 인정하였고 그 순서는 "ㆍ ㅡ ㅣ ㅗ ㅏ ㅜ ㅓ ㅛ ㅑ ㅠ ㅕ"였으나 언문자모에서는 기본자 3개가 뒤로 물러났으며 그 순서도 'ㅡ, ㅣ, ㆍ'로 바뀌었다. 그러나 중성의 이러한 배열방법은 신숙주의 『사성통고四聲通攷』에서 이미 있었던 것으로 언문자모에서 처음 시작한 것은 아니다.

이와 같이 초성과 중성의 자모 순서가 바뀐 것은 성현의 『용재총화慵齋叢話』에서 볼 수 있었던 자모의 3분법, 즉 초성종성통용初聲終聲通用의 8자와 초성독용初聲獨用 8자, 그리고 중성中聲 11자의 구분과 관계가 있는 것으로 볼 수 있다. 중성의 경우는 장구張口, 즉 비원순 모음의 중성자를 먼저 배열하고 축구縮口, 즉 원순모음의 것을 다음에 배열하는 방법을 전부터 사용해왔다. 즉 『사성통고』의 범례에 "如中聲ㅏ ㅑ ㅓ ㅕ 張口之

字, 則初聲所發之口不變, ㅗㅛㅜㅠ縮口之字, 則初聲所發之舌不變 — 예를 들면 중성 'ㅏㅑㅓㅕ'는 입이 펴지는 글자들이어서 초성을 발음할 때에 입이 변하지 않고 'ㅗㅛㅜㅠ'는 입이 쭈그러드는 글자여서 초성을 발음할 때에 혀가 변하지 않는다"라고 하여 장구지자張口之字(즉 평순음의 글자인 'ㅏㅑㅓㅕ'와 축구지자(縮口之字)), 즉 원순음의 글자인 'ㅗㅛㅜㅠ'의 중성 순서가 이때에 이미 결정된 것이다. 또 자형이 종縱으로 된 것을 앞으로 하고 횡橫으로 된 것을 뒤로 하였으며 기본자를 맨 마지막으로 하였다. 이는 음성학적으로 보면 개구도開口度에 따라 배열한 것으로 보는 견해도 있다. 이상의 초성과 중성의 순서를 정리하면 [표 4-4]와 [표 4-5]와 같다.

[표 4-4] 언문자모 초성(初聲) 자모의 순서

	牙音	舌音	脣音	齒音	喉音
初声과 終声 通用	ㄱ	ㄴㄷㄹ	ㅁㅂ	ㅅ	ㆁ
初声 独用	ㅋ	ㅌ	ㅍ	ㅈㅊㅿ	ㅇㅎ

[표 4-5] 언문자모 중성(中聲) 자모의 순서

字形	縱	縱	縱	縱	橫	橫	橫	橫	橫	縱	橫
口形	口張	口張	口張	口張	口蹙	口蹙	口蹙	口蹙	不深不浅	声浅	声深
中声字	ㅏ	ㅑ	ㅓ	ㅕ	ㅗ	ㅛ	ㅜ	ㅠ	ㅡ	ㅣ	ㆍ

3) 「언문자모」의 초·중·종성의 합용

4.4.3.1 다음으로 "初中聲合用作字例 — 초성과 중성을 합용하여 글자를 만드는 예"와 "初中終三聲合用作字例 — 초성, 중성, 종성의 3성을 합용하여 글자를 만드는 예"에서는 초성과 중성, 그리고 종성을 합용하여 글자를 만드는 예를 다음과 같이 보였다.

初中聲合用作字例

가갸거겨고교구규그기 ᄀᆞ

以ㄱ其爲初聲, 以ㅏ阿爲中聲, 合ㄱㅏ 爲字則가, 此家字音也, 又以ㄱ役 爲終聲, 合가ㄱ爲字則각, 此各字音也. 餘倣此 - ㄱ(其)으로서 초성을 삼고 ㅏ(阿)로서 중성을 삼아 글자를 만들면 '가'가 된다. 이는 家(가)자의 음이다. 또 ㄱ(役)을 종성으로 삼아 가(家)와 ㄱ을 합하여 글자를 만들면 '각'이 되는데 이는 各(각)자의 음이다. 나머지도 이와 비슷하다.

이 설명은 "ㄱ其+ㅏ阿=가家, 가家+ㄱ役=각各"의 자모 합자법을 설명한 것이다. 이어서 초중성初中聲 합용合用 작자례作字例로 '가갸거겨고교구규그기ᄀᆞ, 나냐너녀노뇨누뉴느니ᄂᆞ…' 등 176자(16×11)와 초성, 중성, 종성의 3성 작자례로 "각各, 간肝, 갇笠, 갈刀, 감枾, 갑甲, 갓ᄒᆞᆺ, 강江"의 예를 들었다. 여기에서 *표가 있는 것은 역시 석독釋讀함을 말한다.

4.4.3.2 끝으로 사성四聲의 표기도 언문자모에서 언급되었다. 같은 한자가 성조의 차이에 따라 하나 이상의 뜻이나 음音으로 사용될 때에 그 본뜻이나 그 본은本音이 아닌 것은 한자의 네 귀에 '돌임圈點'을 붙여 표시하는 '평상거입정위지도平上去入定位之圖'도 소개되었다. 예를 들어 '행行'은 평성일 때에 "녈 힝"으로서 "다닌다"는 의미고 '힝'이란 발음이다. 이때를 본음本音, 본의本義라고 하고 "져·제 항"(평성)이란 의미와 발음을 가질 때에는 ',行'과 같이 좌측 하단에 권점을 붙이고 ":힝·뎍:힝"(거성)과 같이 쓰일 때에는 '行'과 같이 우측 상단에 권점을 붙이는 방법이다. 실제로 같은 자가 여러 의미, 또는 음으로 읽히는 예는 『훈몽자회』에서 33개나 찾을 수 있다. 물론 이 방법도 『용비어천가龍飛御天歌』, [해례본]『훈민정음』 등에서 이미 사용한 바 있다.

이와 같이 '언문자모'의 새 문자 소개와 정서법의 설명은 매우 요령이 있고 간단하여 배우는 사람으로 하여금 쉽게 깨우칠 수 있게 되었다. 이로 인하여 언문의 사용법이 널리 보급되었으며 새 문자의 보급에 언문자모가 끼친 영향은 실로 대단하다고 할 수 있다. 불가^{佛家}에서도 이 언문자모를 '언본^{諺本}'이란 이름으로 교육하였다. 즉, 융경^{隆慶} 3년 (1569) 대선사^{大禪師} 설은^{雪블}이 지은 『진언집^{眞言集}』 권두에 이 '언본^{諺本}'이란 이름의 언문자모가 실렸고 그의 중간본에도 계속해서 게재되었다. 따라서 언문자모는 이 시대에 매우 유행하였음을 알 수 있다. 정의^{貞懿} 공주의 언문자모가 새 문자의 보급에 절대적인 역할을 한 것으로 보는 소이^{所以}가 여기에 있다.

최세진은 훈민정음이 창제된 지 80년 만에 혜성과 같이 나타나서 세종조에 이룩했던 중국어 발음 전사와 한자음 표기, 그리고 고유어의 기록에 쓰이는 새 문자에 대하여 종합적으로 재검토하였다. 실로 훈민정음은 최세진에 의하여 중흥^{中興}이 되었고 앞으로의 발전이 보장되었던 것이다. 이후에 새 문자는 하나의 국자^{國字}로서 고유어의 표기는 물론이고 외국어의 발음 전사와 한자 교육에 있어서 동음^{東音}의 표기에 이용되었던 것이다.

제5장

북한의 언어 연구와
구소련의 영향

5.0 북한은 엄격한 냉전시대에 남북 분단의 오랜 시간을 겪으면서 구소련의 언어학의 많은 영향을 받은 것으로 추정되었다. 다음은 북한의 언어 연구를 고찰하기 위하여 먼저 구소련의 언어학에 대하여 개관하고 구소련에서 훈민정음을 이용하여 한국어의 계통연구를 수행한 폴리봐노프의 연구를 소개하고자 한다.

필자는 엄격한 냉전시대에 이름만 들었던 폴리봐노프의 논문을 일본 유학시절에 읽고 참으로 많은 감동을 받았다. 공산주의자였기 때문에 우리들에게는 알려지지 않은 그의 논문은 훈민정음의 한국어 음운 분석을 정확하게 파악하였고 그로부터 한국어가 알타이제어와 친족관계가 있음을 처음으로 추정해 내었다. 이러한 폴리봐노프의 연구는 당연히 북한의 언어연구에 영향을 주었을 것으로 생각하였다.

왜냐하면 해방 이후 구소련의 점령군에 의하여 정권이 수립된 북한이 그로부터 많은 영향을 받았으며 언어연구도 예외가 아닐 것으로 보았기 때문이다. 그러나 그 결과는 매우 실망스러웠다. 왜냐하면 1930년대 말에 처형된 폴리봐노프의 언어 이론과 한국어 계통에 관한 연구는 해방이 된 1945년을 전후한 시대에는 아무런 영향력이 없었기 때문이다.

이 장에서 먼저 구소련舊蘇聯의 언어학과 그러한 언어 연구의 전통으로 훈민정음을 고찰하여 중세한국어의 모음체계에 대하여 괄목한 연구 업적을 남긴 폴리봐노프의 연구에 대하여 살펴보고 이어서 초기 북한의 언어연구에 대하여 살펴보려고 한다. 남한과 다르게 북한에서 진행된 훈민정음과 우리말에 대한 연구가 어떠하였는가를 알아보기 위한 것이다. 그리고 이제서 우리가 자유롭게 접촉할 수 있는 구소련의 언어학이 어떠하였는가를 소개하기 위한 것이다.

1. 구소련(舊蘇聯)의 언어학

5.1.0 제정帝政 러시아는 레닌이 이끄는 볼셰비키의 2월 및 10월 혁명에 의하여 멸망하고 1918년부터 러시아 공산당이 통치하는 소비에트 사회주의 연방국가가 되었다. 이러한 혁명의 와중에서 인문과학의 하나인 언어학도 근본적인 변화를 겪었는데 이렇게 변모된 러시아의 언어학은 소쉬르에 의하여 창도唱導된 서방세계의 언어학과 매우 다르게 되었다.

북한은 이와 같은 구소련의 언어학을 받아드렸기 때문에 남한과는 매우 다른 국어연구의 양상을 띠게 되었다. 이제 제정러시아의 말기로부터 공산혁명을 거쳐 구소련과 러시아를 거쳐 변모해가는 동구권東歐圈의 언어학을 살펴보기로 한다.

1) 보드엥 드 꾸르뜨네(Baudouin de Courtenay)와 까잔 학파

5.1.1.0 러시아는 1918년부터 러시아 공산당이 통치하는 소비에트 사회주의 연방국가가 되었다. 이러한 혁명의 와중에서 언어학도 근본적인 변화가 있었다. 이 변화에 의하여 러시아의 언어학은 소쉬르Ferdinand de Saussure에 의하여 창도된 서방세계의 언어학과 매우 다르게 되었다. 북한은 이와 같은 구소련의 언어학을 받아드렸기 때문에 남한과는 매우 다른 국어연구의 양상을 띠게 되었다. 이제 제정러시아의 말기로부터 공산혁명을 거쳐 구소련과 러시아를 거쳐 변모해가는 동구권의 언어학에서 가장 중요한 것은 보드엥 드 꾸르뜨네Jan Ignacy Niesław Baudouin de Courtenay, Иван Александрович Бодуэн де Куртнэ의 까잔 학파를 들지 않을 수 없다.

제정러시아로부터 구소련에 걸쳐 현대 구조주의 언어학을 수립한 선

각자는 프랑코 스위스 학파의 페르디낭 드 소슈르, 또는 프라그 학파의
뚜르벳츠꼬이N. S. Trubetzkoy와 이름을 같이할 수 있는 보드엥을 들 수 있
다.[1] 19세기 말부터 20세기 초에 활약한 러시아 포말리스트들이 매우
진보적인 언어관을 갖고 있었던 것은 이미 널리 알려졌다. 그리고 보드
엥의 참신한 학설이 러시아 형식주의formalism 시학詩學의 성립에 결정적
인 역할을 한 것도 주지의 사실이다.[2]

19세기말에는 러시아에서도 통시태通時態와 공시태共時態의 언어연구가
주목되었고 보드엥에 의하여 이미 1870~80년대에 공시태의 연구가 우
선되어야 함이 주장되었다. 보드엥의 애제자愛弟子였고 일본에 러시아

---

1 보드엥 드 꾸르뜨네는 1845년 3월 13일 폴란드 바르사와 근교의 작은 마을인 라지민에
  서 태어났다. 러시아 문헌에서는 이반 알렉산드로비치 보드우엥 데 꾸르뜨네(Иван Ал
  ександрович Бодуэн де Куртнэ)라고 불리고 폴란드어로는 얀 이그나찌 니에치스
  와브 보드엥 드 꾸르뜨네(Jan Ignacy Nieisɬaw Baudouin de Courtenay)라고 불린다. 아
  버지는 폴랜드 帝國의 測量士엿으며 어머니는 지주의 딸이었다. 얀 이그나찌 니에치스
  와브는 카도릭 교도의 이름이고 보드엥이란 성은 프랑스의 것이다. 보드엥은 바르사와
  대학 문학부에 들어가 언어학을 전공하였고 1866년에 동 대학을 졸업하였다. 그후 그는
  여기 저기 전전하다가 러시아의 쌍크뜨 뻬제르부르그대학의 대학원에 입학하여 '14세
  기 이전의 고대 폴란드어에 대하여'라는 제목으로 석사학위를 취득하였다. 폴란드인이
  기 때문에 러시아에서 교수직을 얻기가 어려웠으며 '레지아방언의 음운연구 시고'란
  제목으로 쌍크뜨 뻬제르부르그대학에서 박사학위를 취득하였다. 이후 시베리아의 볼가
  강 중류에 위치하여 구소련의 타타르자치공화국의 수도였던 카잔의 카잔대학에 부임하
  여 비로소 정착하게 된다. 그는 여기서 카잔 학파를 만들어 연구 활동을 계속하였으며
  음소(Фонема)란 술어를 처음으로 사용한 논문을 발표하였다. 1881년에는 파리에서 개
  최된 언어학회에서 소쉬르와 만났다. 1883년 학교와의 마찰로 카잔을 떠나 도르파트로
  갔다. 1897년에는 쌍크뜨 뻬제르부르그 과학아카데미의 준회원이 되어 뻬제르부르그에
  돌아왔으나 여전히 대학에서는 전임으로 받아드리지 않았고 시간강사로 근무할 뿐이었
  다. 1913년에는 1907년에 썼던 소수민족을 옹호한 논문 때문에 체포되어 재판을 받았고
  학교에서 해고되었다. 1918년에 폴란드에 귀국하여 바르사와 대학에서 활동하였고
  1929년 11월 3일 고국에서 생애를 마쳤다.
2 포모르스카(K. Pomorska)는 그의 포모르스카(1968)에서 '오포야즈(詩的言語硏究會)'가
  전개한 문학이론의 기본적인 원천으로서 첫째 人文學의 一般方法論, 둘째 훗써얼의 現象
  學的 哲學, 셋째 근대언어학의 方法論, 넷째 近代藝術의 이론과 실천의 넷을 들고 있다.

구조주의 언어학, 특히 구조방언학을 전수한 폴리봐노프는 공시적 언어연구의 창시자로서 인정되는 드 소쉬르 유저遺著인 『일반언어학강의』에 대하여 폴리봐노프(1928 : 34)에서 다음과 같이 전혀 새로운 것이 없다고 극언을 퍼부었다.

　　많은 사람들에 의해서 무엇인가 일대 발견인 것처럼 받아들이고 있는 드 소쉬르의 유저(遺著)는 옛날 우리의 보드엥 및 보드엥 학파가 이미 자기 장중(掌中)의 것처럼 알고 있었던 것이었음에 비하여 일반언어학적인 문제의 제기와 그 해결에 있어서 이 책에서는 문자 그대로 하나도 눈에 새로운 것이 보이지 않는다. (한국어 번역 필자)

　　　　　　　　　　　　　　　― 구와노(桑野隆, 1979a : 13)의 번역에서 인용

　이것을 액면 그대로 받아 드릴 수는 없지만 러시아 형식주의의 언어학 방법론은 당시로서는 매우 진보적이었으며 '일상 언어와 시적詩的 언어의 구별'에 대하여 보드엥이 갖고 있었던 '언어적 사고에 있어서 무의식적인 것과 의식적인 것의 구별'이라든지 '언어의 다기능성' 등에 대한 집요한 주장은 러시아 형식주의의 근간이 되었다(구와노, 1975a).

　그러나 포모르스카K. Pomorska, К. Поморска나 바흐친은 러시아나 구소련의 언어학이 드 소쉬르의 언어학에 영향을 받았다고 생각한다. 구와노桑野隆(1979a : 11)에서 인용한 포모르스카(1968 : 19)의 이에 대한 언급은 다음과 같다.

　　소쉬르 및 러시아에 있어서 그의 신봉자들은 공시적 연구를 우선하였지만 그것은 어떠한 역사적 해석도 포함하지 않고 체계(system)로서 언어를 완벽하게 기술하는 것을 의미하였다. 기원론적인 문제에 대해서는 그

특유의 방법을 별도로 사용함으로써 맞서야 한다고 본다. 소쉬르적인 방법론의 두 번째 중요한 특징은 랑구와 빠롤의 구별, 즉 체계 전체와 개인 언어활동을 구별한 것이다.

— 구와노(桑野隆, 1979a : 11)의 번역에서 인용

이 언급에 의하면 러시아 언어학자들은 언어의 공시적 연구라든지 체계적인 언어의 기술 같은 것을 소쉬르로부터 받아온 것으로 생각하고 있음을 알 수 있다. 1920년대에도 이러한 생각이 널리 퍼져있었는데 예를 들면 바흐친은 그가 쓴 글 가운데 "우리나라의 언어학적 사고를 대표하는 사람들의 태반은 소쉬르 및 그 제자들—바이이와 세쉬에—의 결정적인 영향 아래에 있다(볼쉬노프, Волошинов, 1928)"라고 하여 보드엥의 영향을 인정하지 않았다.

그러나 소쉬르의 이론이 칼쩨프스키S. I. Karcevskij에 의하여 러시아에 소개된 것은 1917년 3월의 일로서 그 이전에 쉬크로프스키V. B. Shkrovskij의 『말의 復活』(1914)이나 시그로프스키와 야쿠빈스키L. P. Jakubinskij, 그리고 폴리봐노프E. D. Polivanov 등에 의하여 편찬된 『시적언어논집』 제1호(1916) 및 제2호(1917)가 소쉬르의 영향을 받았다고 볼 수는 없다.

5.1.1.1 보드엥이 까잔 대학으로 옮긴 다음 그곳에서 강의를 들은 제자들, 특히 폴란드 출신의 끄루제프스키Mikolai Kruszewski(1851~1887)와 다른 제자들, 예를 들면 부리치S. K. Burič 등과 함께 발전시킨 언어학 사상을 까잔 학파Kazan school라고 한다.[3] 이들의 언어학 사상은 비록 그것이 1870년

---

3 이들은 모두 보드엥 드 꾸르뜨네의 강의에 매료되어 모여든 학생들이었다. 보드엥의 강의에 대하여는 부리치가 "학문으로 쏟아붓는 격렬한 정열, 스스로 모두가 한 마음이 되어 다른 사람도 자기와 같이 무아의 경지에 도달하게 하는 능력, 이러한 특징도 역시

대의 것이지만 그 내용에 있어서는 매우 진보적이어서 먼 뒷날인 금세기에 이르러서야 그들의 학설을 이해할 수 있을 만큼 전혀 새롭고 신선하며 독특한 체계를 보여준다는 평가를 얻었다(이비치, 1970 : §186).

두 사람이 활약한 까잔은 러시아에서 변두리에 속하며 학문 활동을 하기에는 적합하지 않은 곳이다. 쌍크트 뻬쩨르부르그에서 수학하고 까잔 대학으로 부임한 보드엥이 학위를 받으려고 이곳에 온 끄루스제우스키를 만난 것은 참으로 행운이었다고 할 수 있다. 이 두 사람의 대화에는 그때까지 논의된 일이 없는 언어에 대한 많은 문제가 들어있었으며 일반언어학에 대한 정밀하고 새로운 이론을 세워 나갔다.

그러나 이들이 하나의 학파로서 그 사상을 정리할 수가 없었다. 왜냐하면 보드엥은 폴란드의 민족주의자로 인식되어 러시아정부의 박해가 계속되었고 급기야 까잔대학의 교수직을 사임하게 되어 까잔을 떠나게 되었기 때문이다. 또 그의 제자이며 그와 더불어 새로운 언어이론을 수립해나가던 끄루스제우스키도 젊은 나이에 요절하였다. 실로 그의 스승인 보드엥의 회상이 없었다면 그의 이름은 영원히 망각되었을 것이다.[4]

5.1.1.2 현대 언어학에서 기초적인 중요한 개념들이 까잔 학파

또 천부적인 재능이 풍부함을 증명하는 것이다. 그리고 그것에 의해서 멀리 떨어진 까잔 대학의, 청강생에게도 수자로 들어가지 않는 미미한 문학부에서 비교적 단기간에 보드엥 드 꾸르뜨네를 둘러싼 [중략] 젊은 학자들이 자립된 완전한 하나의 학파가 탄생할 수 있었던 이유도 설명이 가능한 것이다"(브리치, 1897 : 48∼49)라고 하여 얼마나 꾸르뜨네의 강의가 열정적으로 이루어졌으며 학생들을 감동시켰는지를 말하고 있다.
4 끄루스제우스키에 관하여는 Jakobson의 "The Kazan School of Polish Linguistics and Its Place in the International Development of Phonology," 야콥손(Jakobson, 1971, II : 389∼428)와 꾸르뜨네의 "미꼬라이 끄루스제우스키, 그 생애와 업적(Baudouin de Cortenay : Mikolaj Kruszewski, jgo zucie I prace naukowe)," Prace filologiczne, II, Fasc., 3(1888), pp.837∼849 및 Prace filologicane, III, Fasc., 1(1889), pp.116∼175 등을 참조할 것.

의 두 사람에 의하여 공식화되었다. 예를 들면 랑구langue와 빠롤parole의 구별이라든지 언어의 공시적 연구의 중요성을 인식한다든지 하는 등의 새로운 개념이 이들에 의하여 제안되었다. 보드엥은 언어사실의 변천에 대한 연구와 더불어 일정한 시대의 정태적인 언어의 연구도 중요함을 이해한 최초의 학자로 알려졌다(이비치, 1970 : §188). 오늘날 서방 세계에서는 이러한 기본적이고 중요한 언어연구의 개념이 드 소쉬르가 처음으로 주장한 것으로 알고 있다.

까잔 학파의 최대의 공적은 드 소쉬르의 프랑코-주네브 학파와 프라그 학파의 혁명적인 언어이론의 발전에 직접적인 자극을 주었다는 점이다. 보드엥과 소쉬르는 1881년 12월과 그 이듬해에 여러 차례 만났으며 편지도 주고 받았다(구와노, 桑野隆, 1979 : 23). 소쉬르에게는 정태학靜態學과 동태학動態學의 구별이라는 점에서 상호 영향을 주고받았으며 프라하 학파에는 이미 언어 분석의 단위로서 그 개념이 파악되고 있는 음소에 대하여 포네마Фонема, phonema라는 러시아어를 대응시켰고 형태소란 술어도 고안하여 다대한 영향을 주었다(야콥손, "The Kazan School of Polish Linguistics and Its Place in the International Development of Phonology", 야콥손, 1971 II, pp.394~428). 또 음성학과 음운론을 구별하였으며 유형론typology에도 관심을 가졌다. 그리하여 형태론적인 악센트 사용의 유무와 모음에서 장단의 대립 유무에 의한 슬라브제어의 분류는 오늘날에도 그 탁월성을 인정하고 있다.

2) 포르뚜나또프(Fortunatov) 학파와 모스크바 언어학 서클

5.1.2.0 러시아에서 볼쉐비키 혁명이 일어나기 직전에 모스크바 대학의 비교문법학 교수였던 포르뚜나또프F. F. Fortunatov, Филив Федрович Фо ртунатов(1848~1914)는 보드엥과 같은 시대의 사언어학자로서 비록 까잔 학파와 같은 수준의 언어관은 아니었으나 당시로서는 매우 진보적인 사상을 갖고 있었다. 포르뚜나또프의 언어연구는 매우 실천적이었으며 주로 현실의 언어자료를 연구했지만 학문적 통찰력을 갖고 있었다. 그는 언어의 통시태通時態와 공시태共時態의 구별이 필요함을 인식하고 있었으며 심리학적 방법을 원용하지 않고 직관直觀에 의하여 올바른 언어 분석의 기준을 세웠다(이비치, 1970).

포르뚜나또프 자신은 많은 논저를 남기지 않았으나 뻬스코프스키A. М. Пешковский, 샤흐마또프A. А. Шахматов, 벨리치A. Белич 등의 저명한 슬라브 언어학자들을 규합하여 후일 모스크바 학파로 불리는 언어연구의 새로운 경향을 창출하였다. 유고슬라비아의 언어학자인 벨리치는 포르뚜나또프의 학생이었으며 소장문법학파를 사숙하였다. 그는 세르보-크로아티아어에 대하여 연구하였고 후일 이 언어들에 대한 연구는 그의 문하생에 의하여 독점되었다.

그는 소장문법 학파의 영향을 받아 슬라브어의 역사적 연구에 관심을 가졌으나 후일 언어이론에 몰두하여 단어의 형태론적 구조의 차이라든지 그 연결의 원리를 이해하기 위한 단어의 통사론적 기능을 강조하였다. 이것이 통사론 층위에서 단어의 결합에 관한 이론으로 발전하여 오늘날 '통합론統合論, syntagmatics'의 시초가 되었다. 이들의 연구는 제자들의 모임인 모스크바 언어학서클로 발전하여 구소련의 언어학을 대표하게 되고 야콥슨에 의하여 그 일부가 서방세계에 소개되기도 하였다.

5.1.2.1 모스크바 언어학 서클Moscow Linguistic Circle, Moskovskij lingvističeskij kružok은 1915년 야콥슨P. О. Якобсон, 보가프레프П. Г. Богатырев, 부스라에프

А. А. Буслаев, 아프레모프Ф. Н. Афремов, 야코블레프Н. Ф. Яковлев, 라고진С. И. Рагозин, 스베쉬니코프П. П. Свешников 등 언어학과 민속학에 관심을 가진 7명의 학생에 의하여 창설된 것이다(야콥슨, 1971 Ⅱ : 530).

야콥슨은 이 서클의 50주년을 기념하는 글("移住하는 術語와 制度 모델의 一例", 1965)에 의하면 "이와 같은 서클은 1세기 전과 같이 관헌官憲의 적의敵意를 불러일으키기 쉬웠다. 그것 때문에 어려움을 피하기 위하여 러시아 과학 아카데미와 연결된 모스크바 방언위원회의 추진자이며 우리들이 좋아하는 우샤코프Д. Н. Ушаков 선생에게 말씀을 드려 우리 그룹이 이 위원회의 후원 아래에 활동할 수 있도록 의존하였다. [중략] 우샤코프선생의 친절한 신청의 덕분에 방언위원회 의장 콜쉬Ф. Е. Корш에 의해서 1914년 말에 아카데미에 정식으로 제출되었다. 러시아어·러시아문학 부문의 서기書記 샤흐마토프А. А. Шахматов가 공식적으로 서명한 아카데미로부터의 회답은 우리들이 '방언위원회와 제휴提携함과 더불어 언어학, 시학, 운율론, 민속학의 연구를 목적으로 하는 젊은 언어학자들의 서클circle of young linguists, Кружок из молодых лингвистов을 창설'할 것을 인정하였다. 우리들은 콜쉬의 내락을 얻어 그를 명예회장으로 뽑을 예정이었으나 1915년 3월 2일 첫 모임의 그날에 우리 서클은 그의 서거逝去를 알게 되어 언어와 운문韻文, 구전口傳 전통문학의 위대하고 과감한 연구자인 그에게 묵도를 올리게 되었다. 18세에서 20세 전후였던 학생들은一7명의 창시자들과 후에 참가한 2인, 바질레비치Д. И. Базилевич, 딩게스Г. Г. Дингес—콜쉬의 연구로부터 얻은 교훈을 충실하게 지켰다. [중략] 후에 활동적인 멤버가 되어 서기書記가 된 뷔노쿠르Г. И. Винокур는 1922년에 민속학과 민족학 문제와 똑같이 실용언어와 시적언어 쌍방의 언어학적 문제를 해명하는 임무를 수행하였다. 조사 방법은 공동의 집

단적 연구에 의함을 목표로 하였다"(桑野隆, 1979 : 41에서 일부 재인용)라고
하여 이들의 연구가 민속학, 시학, 그리고 언어학의 연구에 있음을 알
수 있다. 1918년 이래로 이 서클은 자신들의 집회실과 도서실을 갖게
되었고 그곳을 방문한 젊은 언어학·시학詩學의 연구자들 모두에게 학
문적 흥미를 고취시키는 역할을 하는 등 1919~20년 사이에 모스크바
에서 대단한 활약을 하였다(야콥슨, Selected Writings, II, 1971 : 530~531).

5.1.2.2　모스크바 언어학 서클은 1924년 여름에 정식으로 해산
하였다. 이 해는 러시아에서 형식주의formalism의 바람이 강하게 불기 시
작한 때다. 아무튼 이 서클은 단순한 언어 연구만은 아니고 야콥슨 등
에 의하여 주도된 언어학과 문학, 특히 시학詩學의 만남이 되어 후일 그
의 학문이 나아갈 바를 예견하게 된다. 그는 이들의 시적 언어에 대한
연구를 "지금까지 전통적인 언어학이 방치하여 온 이 영역을 통하여 신
문법학파新文法學派의 흔적에서 벗어날 수가 있었고 더욱이 언어에 있어
서 전체와 부분의 문제라든지 목적과 수단의 관계, 즉 그 구조적인 법
칙이나 창조적인 양상은 일상적인 말에 있어서보다 시적언어에 있어서
관찰자에게 한 층 잘 파악할 수 있기 때문이다"라고 하여 이들이 주도
한 언어학과 시학의 만남이 의도적이었음을 강조하고 있다(ツヴェタン·ト
ドロフ編,『文學の理論』, 理想社, 1967 : 7).

　모스크바언어학 서클의 가장 큰 특징은 이 시대의 소련 언어학에서
소쉬르의 언어학을 수입하여 전통적인 러시아 언어학과 대항하려 했다
는 점이다. 소쉬르의『일반언어학강의』(소쉬르, 1972)는 1916년에 그의
제자들에 의하여 세상에 알려지게 되었지만 실제로는 1910~20년대에
러시아에 있어서 상당한 영향을 끼쳤다. 바흐친은 '서구西歐에 있어서의

최신 언어학사조'(1928)에서 "러시아에서는 포슬러 학파가 친해지지 않은 것만큼 소쉬르 학파가 인기를 넓히고 있으며 영향력을 구사하고 있다. 우리나라 언어학적 사상을 대표하는 사람들의 태반은 소쉬르 및 그의 제자들—바이이와 세쉬에—의 결정적인 영향 아래에 있다"(비노쿠르, 1923 : 100~101)고 하여 그 시대에 얼마나 소쉬르의 영향이 컸던가를 증언하고 있다.

모스크바 언어학 서클의 일원이었던 롬A. И. PoM(1898~1943)은 1922년 소쉬르의 『일반언어학강의』를 번역하여 바이이와 세쉬에에게 출판하겠다고 편지를 보냈으나 그들로부터 허가를 얻지 못하여 단념한 일도 있었다.[5] 모스크바 언어학 서클은 전술한 보드엥으로부터 직접 언어학을 배우지 못하였기 때문에 후술할 뻬제르부르그 학파보다 더 직접적으로 소쉬르의 이론을 수용하게 되었다. 특히 소쉬르의 정태적靜態的 연구, 즉 공시적 언어연구방법은 이들에게 강렬한 영향을 주었다. 당시 모스크바 대학에서 이 서클을 주도하던 야콥슨도 보드엥의 영향을 일찍이 경험한 바 있음을 회상하였다. 야콥슨은 뻬제르부르그 대학 시절의 회상기에서 다음과 같이 언급하였다.

신입생인 저자가 자신이 만든 독서계획의 문헌리스트를 첵크하여 주십사하고 우샤코프(Д. Н. Ушаков) 선생께 말씀드렸더니 선생께서는 쉬체르바(Л. В. Щерба) 저(著)의 러시아 모음에 관한 1912년의 모노그

---

5 러시아에서 소쉬르의 『일반언어학강의』가 번역된 것은 페첼숀(Печелшон—그는 바흐친에 의하여 소쉬르 신봉자의 대표자로 불렸다)이 『出版과 革命』1923년 제6호에 '일반언어학'이란 소논문을 실어 소쉬르의 『일반언어학강의』의 개요를 짧게 소개하였다. 이때에 'langage'는 'речь', 'langue'는 'язык', 'parole'은 'слово'로 번역하였다. 이 책이 정식으로 러시아로 번역된 것은 1933년의 일로서 이때에는 'langage'는 'речевая деятельность', 'langue'는 'язык', 그리고 'parole'은 'речь'로 번역되어 그대로 굳어지게 되었다.

라프(쉬체르바, 1912, 다음의 뻬쩨르부르그학파를 참조할 것)를 제외하고는 나머지 모두를 찬성하였다. 쉬체르바의 그 책은 보드엥의 탐구로부터 성장한 것이며 모스크바 언어학파의 정통적인 이론과는 전혀 이질적인 연구 흐름을 따른 것이다. 당연한 일이지만 저자(야콥손)가 최초로 읽은 것은 다른 것이 아니라 이 금지된 글이었으며 필자는 그 도전적인 책의 서문에서 음소의 개념에 대한 주석을 읽고 곧 바로 마음을 뺏기고 말았다. 얼마 지나지 않은 1917년에 칼쩨프스키(C. 3. Карцевскы)가 제네바에서의 연수를 마치고 모스크바에 돌아와서 우리들은 소쉬르의 이론을 전해주었다. (번역 필자)

— 야콥슨, 1971, I. p.631

이 언급에서는 우리는 소쉬르가 본격적으로 러시아에 영향을 주기 이전에는 보드엥의 이론이 모스크바에까지 영향을 끼치고 있었음을 알 수 있다. 이에 대하여는 뻬쩨르부르그 학파에서 좀 더 상세하게 논의하고자 한다.

3) 뻬쩨르부르그 학파

5.1.3.0 쌍크트 뻬쩨르부르그에서 20세기 초에 활약하던 오포야즈(시적언어연구회)를 뻬쩨르브르그 학파라고 부른다. 모스크바 언어학 서클이 주로 젊은 언어학자들로 구성되었다면 이 학파는 야쿠빈스키라든지 폴리봐노프 등의 중진 언어학자와 시크로프스키, 에이헨바움 등의 문학이론가들로 구성되었다. 이 가운데 언어학자들은 전술한 두 사람과 쉬체르바를 포함하여 3인의 뻬쩨르부르그 학파 언어학자라고 불리며 모두 보드엥의 제자였다.

앞에서 언급한 바와 같이 엄중한 냉전시대에 서방세계에는 별로 알려지지 않은 보드엥И. А. Бодуэн де Куртенэ은 독특한 언어연구로서 특히 러시아 언어학계에 지대한 영향을 끼쳤다. 프라그 학파를 창시한 빌렘 마테지우스Vilem J. Mathesius는 이 점에 대하여 "보드엥의 여러 견해는 언어학적인 연구를 생리학적인 음상론音相論의 중압감에서 해방시켰으며 보드엥의 덕분에 러시아 언어학자들은 소쉬르의 사상이 그의 강의록이 출판되어 한 층 더 명성을 날리기 이전에 이 새로운 이론을 받아드릴 준비를 이미 어느 정도 끝내고 있었다"(마테지우스, 1965)라고 하여 보드엥의 생각이 소쉬르 이전에 러시아 언어학에 영향을 주었고 그것은 소쉬르의 언어학에 필적할 새로운 것이었음을 시사하고 있다.[6]

보드엥의 제자였던 3인의 언어학자들에 의하여 주도된 뻬쩨르부르그 학파의 언어연구는 다음과 같은 특징을 가졌다. 첫째는 독일의 훔볼트가 최초로 주장한 바와 같이 언어라는 것은 에르곤ergon이 아니라 에네르기아energeia이며 언어는 언어 현상에서 추출되어 확립된 각종의 응고한 규칙이 집성된 것이 아니라 끊임없는 프로세스, 끊임없는 운동으로 보았다(야쿠빈스키, 1932 : 41). 이것은 보드엥의 영향이 잘 나타난 것으로 바흐친M. M. Бахтин은 『마르크시즘과 언어철학』(1929)에서 "언어·말의 리알리티reality라는 것은 언어의 상호 작용에서 생겨나는 사회적 산물인 것이다. [중략] 언어는 분명히 구체적인 의사소통 속에서 생겨나며 역사적으로 생성되어 가는 것이다"(구와노, 1976에서 번역)라고 하여 언어의 역동성과 역사성을 강조하고 있다.

이런 점에서 뻬쩨르부르그 학파는 바흐친과 같은 사상을 갖고 있다.

---

6 프라그 학파를 창설하여 학파를 이끈 폴란드의 영어학자 빌레 마테지우스에 대하여는 졸고(1983)을 참고할 것.

이들의 스승인 보드엥은 언어의 심리적인 면과 동시에 사회적인 면을 중요시하였지만 제자들에게는 언어활동을 사회적인 것으로 간주하려는 태도가 분명해졌다. 물론 개중에는 언어의 심리적인 면에 비중을 두려는 사람도 없지 않았다. 예를 들면 1910년대에 쉬체르바Л. В. Щерба는 오히려 스승인 보드엥보다 더 선명하게 심리주의의 경향을 띠고 있었다. 또 초기의 야쿠빈스키는 언어의 심리적 요인과 사회적 요인을 대등하게 보았으나 1920년대 후반부터는 사회적 요인을 강조하게 되었으며 이윽고 마르주의적 색채조차 언뜻 보이게 되었다. 다만 폴리봐노프만은 처음부터 언어의 사회성에 비중을 두었다.

5.1.3.1 뻬쩨르부르그 학파 언어연구의 중요한 특징은 언어의 변천에 대하여 언어내적 요인(변화의 제 법칙)과 언어외적 요인(사회적·경제적)의 구별이었으며 이들과 더불어 각 요인의 상호관계가 주목되었다는 점이다. 특히 폴리봐노프는 이런 점에 대하여 마르주의자들과 다투게 되어 드디어 비운의 죽음을 맞게 된다.[7] 폴리봐노프가 가졌던 '언어진화言語進化'에 대한 생각은 드뷔냐노프의 『文學의 進化에 대하여』(1927)에 영향을 주었다는 견해도 있다(구와노, 1979a : 45).

또 하나의 특징은 언어적 사고에 있어서 의식적인 것과 무의식적인 것을 철저하게 구분하려는 태도다. 이것 역시 보드엥의 생각으로 소급되며 이러한 태도는 러시아 형식주의에서 시적언어와 일상 언어가 구별되는 결과를 낳게 하였다.[8] 주로 야쿠빈스키Л. П. Якубинский 에 의하여

---

7 폴리봐노프는 러시아의 시월혁명 이후 유물론적 언어이론가로 자처하여 권력을 잡은 마르주의자들의 언어진화론에 반대하였다가 결국은 그들의 공격을 받아 1929년에 모든 직위에서 해직되었다. 그러나 이후에도 계속해서 마르주의에 반대하자 마르학파의 고발로 인하여 1937년 3월에 체포되었고 그 이듬해 1월 25일에 獄死하였다.

주도된 이러한 철저한 구별은 그의 스승인 보드엥의 방법을 계승한 것으로 베르그송Henri Louis Bergson의 유심론唯心論에서 말하는 '오토마치즘(자동현상)'과 얼켜 있다. 또 보드엥의 이와 같은 구별은 이미 그의 '아우구스트 슬라이허August Schleicher'(1869년 발표)와 '언어학과 언어에 대한 약간의 일반적 견해'(1871년 발표) 등의 초기 논문에서 역설되었다. 그는 슬라이허의 "언어는 인간의 의지로부터 완전히 독립된 것"이라는 견해에 의심을 품고 있었음을 말해준다.

보드엥은 청년문법학파와는 달리 국제인공어의 가능성을 인정하였으며 그 배경에는 "언어는 스스로 내부에 폐쇄된 유기체가 아니며 불가침의 우상도 아니다. 그것은 도구道具이며 활동活動이다"(보드엥, 1963 : 140)라고 하는 보드엥의 언어관이 있었는데 이 언어관은 언어 도구설을 신봉하는 것이었다. 보드엥은 자연발생적인 일정한 소산所産이 우리들이 의식적으로 내세운 목적에 잘 맞지 않을 경우에 인간은 스스로 그 도구의 제작 목적에 맞도록 해야 하는 권리가 있고 또 의무도 있다고 하였다.

그리하여 "언어는 인간으로부터 분리되어 떨어져 있지 않고 항상 인간과 함께 있는 이상 인간인 우리들은 언어를 다른 심리적 활동의 여러

---

8 좋은 예로서 이 학파의 야쿠빈스키가 실용언어와 시적언어를 구별하려는 노력을 들 수 있다. 그는 '詩語의 音에 대하여'(야쿠빈스키, 1919)란 소논문에서 "언어현상은 화자가 스스로 어떤 목적의 언어적 소재를 이용하는가에 따라 분석하여야 한다. 만일 화자가 언어적 소재를 순수하게 실용적인 의사소통의 목적으로 쓰고 있다면 우리들은 실용언어의 체계를 다루고 있는 것이 되고 그곳에서는 언어적 표상(音, 형태론적 부분, 기타)들이 자립해서 가치를 갖지 못하며 모두 하나의 의사소통을 위한 수단에 지나지 않는다. 그렇지만 실용적인 목적이 뒤로 물러나 있고 언어적 결합이 그 자체로 가치를 갖고 있는 다른 언어체계도 있을 수 있다. 현대의 언어학은 전혀 실용언어만을 고려에 넣고 있다. 그러나 다른 체계의 연구도 또한 커다란 중요성을 나타낸다. 이 소논문에서 필자는 시인이 시를 지을 때에 취급하는 언어체계에 대하여 그 심리음성학상의 특성을 약간 지적하려고 한다. 필자는 이러한 체계를 '시적언어'라고 이름을 붙였다"(야쿠빈스키, 1919 : 37)라고 하여 日常言語와 詩的言語를 분리하여 고찰할 것을 제안하였다.

분야에서 찾으려 하기보다는 완전히 그것을 지배하고 자신의 의식적인 간섭에 의존하는 것으로 하지 않으면 안 된다"(보드엥, 1963 : 140~151)라고 생각하였다. 뻬쩨르부르그 학파는 의식적인 사고에서 언어가 무의식적인 것과는 달리 하나의 도구적인 역할을 한다고 본 것 같다. 이것이 후일 유물론적唯物論的 언어도구관言語道具觀으로 발전하여 구소련의 언어학에서 가장 중요한 원리가 된다.

또 다른 특징은 언어의 기술과 언어의 기능적인 면을 구별하려는 태도다. 이것은 당시에 처음으로 논의가 시작된 음소音素의 정의와 관련을 갖고 있다. 예를 들면 쉬체르바가 1912년에 발표한 "질質과 량量의 점에서 본 러시아어의 모음母音"이란 논문에서 "음소라고 불리는 것은 의미적 표상과 연합하여 말을 구별하려는 [중략] 주어진 언어에서 최소의 일반적인 음의 표상을 말한다"(쉬체르바, 1974 : 121)라고 하여 '의미를 구별해 주는 최소의 언어단위'라는 기능적인 음소의 정의가 포함되었다. 음운의 변천에 대하여도 "언어음言語音(相)의 역사라는 것은 한편으로 의식으로부터의 어떤 음(상)의 구별이나 어떤 음소의 소멸에 돌아가는 것을 말하며 또 한편으로는 어떤 종류의 뉴앙스를 자각하거나 어떤 새로운 음소의 출현에 귀착하게 하는 것을 말한다"(쉬체르바, 1974 : 123)라고 하여 음운의 변천도 그 기능의 변화로 보았던 것이다. 이때에는 아직 트루벳코이의 『음운론원리』(트루벳코이, 1939)와 같은 음소의 기능적 관점을 보여주는 정의가 나오지 않은 때이므로 매우 선구적인 언어의식을 보여준다고 하겠다.

5.1.3.2 뻬쩨르부르그 학파를 말할 때에 가장 어려운 점은 소쉬르와의 영향 관계다. 앞에서 모스크바 언어학 서클이 주로 드 소쉬르의

영향 아래에 있었음을 언급한 바 있다. 그러나 뻬쩨르부르그 학파는 초기에 보드엥의 제자들에 의하여 창도唱導되었기 때문에 소쉬르의 영향을 직접적으로 받았다고 보기 어렵다. 그러나 후일에 이르러서는 뻬쩨르부르그 학파에도 소쉬르의 열풍이 불기 시작하였다.

소쉬르의 공시적인 연구는 비단 언어학만이 아니고 민족학·민속학에도 영향을 주었다. 이에 대하여는 야콥슨에 의하여 후일 여러 차례 지적되었으나 러시아의 민속학자인 보가트레프П. Г. Богатырев가 자신의 『자칼파체의 주술행위呪術行爲·의례儀禮·신앙信仰』(1929)에 대한 1969년판 서문에서 소쉬르의 영향이 러시아에서는 언어학만이 아니었음을 말하고 있다. 즉, 이 책의 서문에서 "스위스의 언어학자 소쉬르의 공시적靜態的, synchrony 언어 연구방법은 러시아 학자들에게 뚜렷한 영향을 주었다"고 기술하였다.

이와 같이 모스크바로부터 퍼져나간 소쉬르의 언어학은 러시아 전역에 공시적 언어연구 방법의 열풍을 불게 하였다. 그러나 이에 대한 뻬쩨르부르그 학파의 태도는 매우 복잡하다. 전술한 바와 같이 이 학파를 창도한 폴리봐노프는 소쉬르에게는 어떠한 신기한 점도 있지 않다는 태도를 보인 반면 쉬체르바는 처음으로 접한 소쉬르의 언어학을 쉬체르바(1957 : 94~95)에서 다음과 같이 평가하였다.

1923년에 레닌그라드(뻬쩨르부르그를 말함)에서 소쉬르의『일반언어학강의』를 손에 넣었을 때에 [중략] 우리들은 소쉬르의 학설에서 우리에게 이미 친숙한 여러 명제와 많이 일치하는 점이 있는 것을 보고 매우 놀랐다. 체계로서의 언어와 활동으로서의 언어(아마도 소쉬르의 랑구와 빠롤을 말하는 것으로 보임-필자)를 구별하는 것은 소쉬르처럼 명료하고 심화된 것은 아니지만 보드엥에게도 고유한 것이었다. [중략] 더욱이 소쉬르에게 가장 특징적인 '공시(共時)언어학의 우위(優位)'는 보드엥의 학문활동 전체에서 볼 수 있는 기초의 하나였다. 소쉬르가 강조한 언어의 기호적 성격에 대해서도 '의미론화 내지는 형태론화'라는 개념과 병행한 것으로 들 수가 있다. 이 개념에 의하면 '의미론화 내지는 형태론화'시킨 것, 즉 어떠한 기능을 가진 '기호(記號)'가 된 것만이 언어학적 사실로 간주될 수 있다. 세부적인 점에서 일치를 찾는다면 음상론과 형태론에 있어서 제로에 대한 학설을 위시하여 상당한 수효에 이를 것이다.

— 구와노(1979b : 51~52)의 번역에서 인용함

같은 **뻬쩨르부르그** 학파에 속해 있던 뷔노그라도프B. B. Виноградов 등도 쉬체르바와 동일한 의견을 발표하였다(보드엥, 1963 : 12). 실제로 보드엥은 '살아있는 언어'에 관심을 갖고 현대 언어연구의 중요성을 강조해왔다. 그 예로 러시아 형식주의(호말리즘) 이전에 활약했던 신언어·문학연구회를 들 수 있다. 이 연구회는 보드엥의 영향 아래에 있던 뷔세로프스키А. Н. Веселовский 에 의해서 창설되었는데 그는 보드엥과 매우 친한 사이였으며 서로 편지를 주고 받으면서 학문을 교류하였다. 이 연구회의 설립목적은 현대의 살아있는 언어와 문학의 연구를 종합해서 살펴보려는 것으로 1895년에는 보드엥의 제자인 브리치С. К. Бурич를 우두머리로 하는 언어학부문을 새롭게 설치하였다. 보드엥도 1901년에 뻬쩨르부르그에 옮겨와서는 바로 이 연구회에 직접 가담하여 가장 능동적인 회원이되었고 그의 제자 쉬체르바도 이 활동에 참가하였다.

5.1.3.3 보드엥은 그의 까잔 언어학 시대에 벌써 현대 언어의 연구를 집요하게 주장하였다. 그리하여 그는 "살아있는 식물상植物相이나 동물

상動物相을 전면적으로 연구한 생물학자만이 고생물학적古生物學的 흔적의 연구에 몰두할 수 있다. 살아있는 언어를 연구한 언어학자만이 사어死語의 특성에 관해서 가설을 세울 수가 있다"(보드엥, 1963 : 349)라고 하여 역사언어학은 현대 언어학의 연구에 의하여 정밀화될 수 있음을 주장하였다. 따라서 뻬쩨르부르그 학파의 사람들은 소쉬르의 이론으로부터 혁명적인 언어 연구방법을 찾아내기보다는 오히려 자신들의 은사恩師였던 보드엥의 선구적인 언어연구를 새삼스럽게 깨닫는 것으로 만족한 것 같다. 보드엥의 이론에서 심리주의心理主義의 안개를 헤쳐 버리면 굳이 소쉬르의 학설이 필요하지 않다고 생각한 것이다.

그러나 그들에게 있어서 심리주의와의 투쟁이 그렇게 쉽지 않았으며 심리주의와 교체하여 바로 속된 사회학의 파도가 몰려온 것이다. 이런 점에서는 야콥슨을 대표로 하는 모스크바 언어학 서클이 뻬쩨르부르그 학파보다 먼저 심리주의를 극복하는 데 성공했다고 생각한다. 모스크바 쪽이 먼저 이러한 성과를 올린 것은 그들에게 보드엥의 영향이 간접적이었다는 점도 있겠지만 야콥슨 스스로가 말한 바와 같이 후서얼Edmund Husserl의 현상학現象學에서 더 많은 영향을 받은 것으로 지적되고 있다. 야콥슨은 이에 대하여 다음과 같이 언급하였다.

과학체계 최상위의 위치에 현상학적(現象學的) 태도가 승격하여 자연주의적인 어프로치를 파헤치기 시작하였을 때에 언어학에서는 언어체계, 언어의 내적 구조, 언어의 여러 층위 사이에 존재하는 관계 등의 여러 문제에 대하여 드디어 적극적으로 관심을 보임으로써 이러한 경향을 반영하였다. 형태(形態)에 대하여 이론적으로 설명한 정의(定義)가 유행이 되었고 초점은 형태와 기능(機能)의 관계로 옮겨갔으며 음운론에 있어서도 자연과학의 개념이 차례로 언어학적 기능의 분석으로 그 자리를 양보

하지 않을 수 없게 되었다. 따라서 언어변화에 있어서 내적 법칙의 문제
가 역사언어학에서도 우선되었던 것이다

— 홀렌쉬타인, 1976 : 3

이 글에서 볼 수 있는 것처럼 언어연구에서 현상학적인 경향이 구조주
의, 기능주의, 공시적 연구 등에서 나타나고 있음을 말하고 있다. 또 야콥
슨은 여기에서 끝나지 않고 소쉬르의 『일반언어학강의』를 읽고 감명을
받은 것은 "정말로 관계關係의 문제였다. 그것은 사물 그 자체보다도 그들
의 관계에 주목하라는 점에서 분명히 부락크Braque, 피카소Picasso 등의 입체
파cubist 화가들에서 볼 수 있는 특징적인 화법畵法과 통한다"(야콥손, 1975
: 51)라고 하여 선험적 환원還元을 거쳐 얻어진 순수의식純粹意識을 본질本質
에서 기술記述하려는 후서얼Husserl의 현상학의 그림자를 볼 수 있다.

4) 바흐친(Бахтин)의 언어학 비판과 마르크시즘 언어학

5.1.4.0 공산주의를 창시한 마르크스Karl Heinrich Marx(1818~1883)는
인간의 의식이 언어의 형태로 나타난다는 사변문법학파의 견해를 갖고
있었다. 그리하여 마르크스 & 엥겔스(1845~1846)에서 마르크스는 "언어
는 그 기원이 의식과 마찬가지로 오래이다. 언어는 곧 사람을 위하여
존재하는 또 오직 그럼으로써만이 나 자신을 위하여서만 존재하는 실천
적이며 현실적인 의식이다. 그리고 의식과 마찬가지로 언어도 오직 다른
사람들과 접촉하려는 요구, 그러한 간절한 필요로부터 오직 발생한다"(마
르크스 & 엥겔스, 1845~1846, 번역 『독일 이데올로기』, 1957 : 23, 김민수, 1985 : 100에
서 재인용)라고 하여 언어는 인간의 의식과 함께 생겨났으며 인간의 사회
적 접촉을 위하여 발생된 것으로 보았다.

마르크스와 더불어 공사주의의 이론을 완성한 엥겔스Friedrich Engels(1820
~1895)도 인간이 사회를 일구면서 언어가 발생되었고 언어가 음성언어
로 발전한 것은 인간의 사회적 접촉을 위한 목적이 있었기 때문으로
보았다. 즉, 엥겔스(1935)에서 음성언어가 발전하는 과정에 대하여 "간단
히 말하면 형성 중에 있던 인간들은 서로 무엇인가를 말할 필요가 있는
단계에 도달하였다. 필요는 기관을 만들어 냈다. 즉 원숭이의 발전하지
못한 인후咽喉는 완만하기는 하나 그러나 끊임없이, 음조의 변화에 의하
여 부단히 음조를 더 변화시키면서 개조되어 갔으며 구강 기관들은 점
차로 유성음을 발음하는 것을 하나하나 배워갔다"(번역『자연변증법』, 1966
: 53에서 인용)라고 하여 필용에 의하여 음성언어가 발전한 것으로 보았
다. 이러한 유물론적 언어관은 러시아혁명 이후에 구소련에서 중요한
언어관으로 모든 언어연구의 기본이론이 되었다.

1917년 러시아혁명의 지도자였던 레닌Lenin, Владимир Ильич Ленин(1870~
1924)은 마르크스와 엥겔스의 이론을 좇아 레닌(1924)에서 "언어는 인간
교제의 가장 중요한 수단이다. 언어의 통일과 그 자유로운 발전은 현대
자본주의에 상응하는 진실로 자유롭고 광범한 상품 유통과 모든 개별적
계급에로의 주민의 자유롭고 광범한 집결의 가장 중요한 조건의 하나다"
(번역『민족자결에 관하여』, 1958 : 496, 김민수, 1985 : 100에서 인용)라고 하여 언어
는 인간 교섭의 수단임을 강조하고 있다. 이러한 공산주의적 언어관은
구소련의 멸망에 이르기까지 일관되게 유지되었다.

소비에트 사회주의 혁명을 전후한 1910~20년대의 러시아에서는 언
어의 사회적 특징에 비상한 관심을 가진 일군一群의 연구자들이 나타났
다. 이들의 대부분은 러시아 형식주의를 주창한 사람들로서 사회의 혁
명사상과 연관되어 나타났기 때문에 학문적 경향이라기보다는 당시의

시대상황이 낳은 하나의 정열이었다. 러시아혁명이 무르익은 1920년대에 예술가들의 좌익전선左翼戰線인 레흐Леф가 결성되었고 이 가운데 언어를 프롤레타리아 공산 혁명의 도구로서 역시 혁명적인 개혁의 대상으로 보려는 레닌의 견해에 추종하는 한 무리의 언어학자들이 있었다. 이들의 언어연구를 '사회언어학적 연구'라고 부르고자 한다.

사회언어학적 연구는 물론 오늘날 사회언어학과는 다른 것으로 러시아 사회주의 혁명 당시에 러시아에서 이루어진 급진적인 좌파 언어연구자들을 말한다. 이들은 혁명 이전의 모스크바 언어학 서클이나 뻬쩨르부르그 학파의 언어학자들을 망라하게 된다. 이 시대는 이론보다는 혁명의 수행이라는 정열이 앞섰으며 새로운 시대에의 커다란 몸부림이었다. 아직도 사회주의 국가체제를 유지했던 1989년에 구소련에서 공간된 『사회언어학적 연구』의 벽두에 다음과 같은 글이 실렸다.

> 이미 금세기 초두에 언어의 수평적 구분(지역적 구분)과 수직적 구분(사회적 구분을 말함)이라는 견해를 보드엥은 개진(開陳)하였다. 그의 저서 가운데는 언어적 사실의 사회적 피제약성(被制約性)에 관한 구체적인 연구도 포함되어 있다. 한편으로는 언어의 발달 · 기능화, 또 한편으로는 사회적 과정(過程) · 현상 등에 대한 것으로 이 쌍방의 관계를 연구함에 있어서 폴리봐노프, 야쿠빈스키, 세리시체에프, 뷔노크르, 지르문스키, 기타 등등의 20세기 전반에 걸출한 언어학자들의 저서가 발표되었다.
>
> —『사회언어학적연구』(Социально-лингвистические исследования M, 1989 : 3)

이로 보면 구소련에서는 이들의 연구를 매우 높게 평가하고 있었던 것으로 보인다. 이들의 언어연구는 언어기술학言語技術學이라고 부를 수밖에 없는 미래 지향적인 새로운 시대의 새로운 언어를 목표로 한 것이다. 전술한 레흐Леф에 모여든 언어학자들은 인간의 생활과 문화의 모든 분야에서 혁명이 이루어져야 하며 그를 위하여 언어도 함께 개혁되어야 한다는 생각이었다. 즉 트레챠코프С. М. Третьяков는 『어디서 와서 어디로 가는가－미래주의 전망』에서 "미래주의자의 최대 강령이 생활 속에서 융해되어 새로운 생활양식에 부응하는 언어의 의식적 재구성에 있다면 언어 연구에 종사하는 미래주의자의 최소 강령은 자신의 언어 소재를 오늘의 실천적 과제에서 도움이 되게 하는 것에 있다"(트레챠코프, 1923 : 202, 구와노, 1979a의 번역에서 인용-).

5.1.4.1 이와 같은 혁명 전후 러시아의 언어연구는 혁명에 수반되는 사회 개혁의 수단으로서 언어를 도구화하고 민중을 선동 선전하는 기술技術로서의 언어연구가 자리를 잡게 된다. 이것은 언어의 연구가 고대 로마시대의 수사학修辭學으로 전락됨을 말한다. 전술한 뻬쩨르부르그 학파의 언어학자였던 야쿠빈스키Л. П. Якубинский 는 "학문의 임무는 현실을 연구만 하는 것이 아니고 그것을 개조改造하는 데 있는 것이다. 언어학은 학교에서의 언어교육이라는 실천적인 연구를 위하여 이론적 기초를 제공하여 왔고 또 지금도 그것을 제공하는 있는 이상 얼마간 그 임무를 수행하여 왔다고 말할 수 있다.

그것의 중요성, 즉 응용적 가치는 대중을 앞에 두고 연설하는 말이나 공중을 향한 글과 같이 일상생활 속에서 존재하고 있어서 그 생활로부터 조건이 붙여졌고 기술적으로 여러 가지 형태의 조직이었던 언어활동에 주의를 기우린다면 훨씬 증대할 것이다. 말의 기술技術이라는 것은 말의 기술학技術學을 암시한다. 그리고 이 말의 기술학이라는 것은 현대의 과학적인 언어학이 스스로 뱃속에서 만들어내지 않으면 안 되는 것이고 또 그렇게 하도록 현실이 시키고 있는 것에 지나지 않는다"(야쿠빈스키, 1924 : 71~73)라는 언급 속에서도 분명히 나타나고 있다.

러시아 혁명 이후에 일어난 새로운 언어연구 경향은 바흐친에 와서 일단 정리되고 체계화된다. 바흐친의 생애는 여기에 소개하는 것이 새삼스러울 정도로 널리 알려졌다. 여기서는 프랭크(1990)의 『바흐친의 생애와 사상』(여홍상 번역, 1995)에서 그의 생애에 대하여 중요한 부분만 간추려 보기로 한다. 1895년에 태어난 미하일 바흐친Михаил Бахтин, Mikhail Bakhtin은 오랜 러시아의 귀족 집안이었다. 그의 조부는 은행을 설립했고 부친도 은행업에 종사하였다. 부모들은 교양이 있고 자유분방한 사람들이었으나 자식들에 대하여는 사려 깊고 수준 높은 교육을 받도록 하였다.

그에게는 세 명의 누이와 한 명의 형이 있었는데 형인 니콜라이Никол ай는 영국에 망명하여 버밍햄대학의 언어학 교수를 지냈다. 바흐친 형제는 어려서부터 독일어를 비롯한 유럽의 여러 언어를 교육받았고 특히 독일어 교사로부터 고전에 대한 흥미를 배우게 되어 두 형제가 모두 고전古典에 관심을 갖게 되었다. 바흐친이 희랍과 로마 등의 고전문학에 대하여 해박한 지식을 가진 것은 이때의 교육에 힘입은 바가 많다. 그의 형인 니콜라이는 영국의 옥스퍼드대학에 유학을 갔는데 철학자 루드비히 비트겐슈타인과 친구였다고 하며 그에게 많은 영향을 주었다고 한다(여홍상 번역, 1995 : 19).

5.1.4.2 바흐친은 1914~18년에 뻬쩨르부르그 대학에서 공부했으며 여기서 그의 평생의 스승인 젤린스키를 만난다. 폴란드계 고전학자 F. 젤린스키Zelinsky는 당시 국제적으로 고전학자로서 명성을 떨치고 있었다. 또 바흐친은 평생 마르틴 부버Martin Buber를 존경했고 그를 당시

대 유일한 철학자로 생각하였다고 한다. 1918년에 대학을 졸업한 바흐친은 네벨Heeбeжл이란 시골 마을과 비테부스크Витбстк의 고등학교에서 교편도 잡았고 강연이나 경제 자문, 때로는 회계사의 일도 하면서 생계를 꾸려나갔다.

어릴 때부터 골수염骨髓炎을 앓았기 때문에 환자로서 연금을 받기도 하였는데 그의 정규수입은 이것뿐이었으며 현실적인 부인의 절약으로 근근이 살아갈 수가 있었다. 4년 후 바흐친은 뻬쩨르부르그로부터 이름이 바뀐 레닌그라드로 이주하였다. 이곳은 그가 대학시절을 보낸 곳으로 그와 생각을 같이 하는 음악가, 작가, 자연사가, 문학가, 그리고 다양한 학자들이 모여들어 하나의 그룹을 형성하였다.

클라크Clark와 홀퀴스트Hallquist는 이 그룹의 활동을 다음과 같이 묘사하였다.

> 바흐친 그룹은 결코 고정된 조직이 아니었다. 그들은 단지 친구들로서 집단으로 만나서 서로가 생각하는 바를 토론하기를 좋아했고 철학적인 관심을 공유하고 있었다. [중략] 이들이 다루었던 주제는 광범위했으며 프루스트, 베르그송, 프로이트와 신학적인 문제를 포함하였다. 때로는 한 사람이 다른 참석자를 위하여 강연을 하기도 하였으며 그 가운데 가장 유명한 것은 바흐친이 1925년에 8번이나 행한 칸트의 『판단력 비판』에 대한 강의였다.
> ― 클라크 & 홀퀴스트(1984 : 103), 여홍상 번역(1995 : 22)에서 인용

이를 보면 바흐친의 사상은 시월혁명 이후 소련의 통치이념이었던 마르크스주의와 거리가 있다. 특히 신학神學에 대한 관심은 유물론적인 마르크스-레닌 사상과는 상치되는 것이다. 당시 러시아 정교를 신봉하

는 그룹인 부활voskresenie이 있었으며 이 그룹의 일원인 페도토프Georgey P. Fedotov의 증언에 의하면 이 그룹에서는 혁명적 마르크스주의는 유태-기독교의 종말론적 한 분파로 보았으며 공산주의적 이상을 초대 교회에서 찾으려고 하였다.

시월혁명은 짜르 체제하에서 국가로부터 통제를 받던 교회를 해방시켰으나 얼마 후 러시아정교의 교부들은 다시 교회에 대한 국가의 일시적 권한을 인정하게 되었으며 이를 반대하는 요셉분파가 생겨났다. 요셉파는 교회가 다시 국가에 의하여 통제되는 것을 원치 않았으며 이를 반대하기 위하여 비밀회합이 자주 열렸다. 바흐친도 이 회합에 참여하였고 급기야는 요셉분파로 몰려 1928년 체포되어 북극의 솔로베츠키Solovetsky 섬에 수감收監되는 형을 받았다. 그러나 알렉세이 톨스토이Aleksei Tolstoy와 막심 고리끼Maxim Gor'kii 등의 구명운동이 있었고 당시 계몽인민위원이던 루나차르스키Анатол Руначарскы의 호의를 얻어 4년간 카자흐스탄으로 유배형을 받았다. 루나차르스키는 그 자신도 문학가로서 바흐친의 학문적 재능을 높이 평가하고 있었다.

그는 카자흐스탄의 유배지에서 서고書庫지기도 하며 회계사의 일도하고 집단농장의 간부에게 경제를 교육하기도 하면서 6년간을 보낸다. 1936년에 그는 유럽계 러시아의 한 시골 사범학교에서 교편을 잡게 되었다. 1년 후 숙청을 두려워하여 일시 사직하고 모스크바에 돌아와 박사학위 논문을 집필하였다. 어릴 때부터 앓던 골수염이 1923년부터 더욱 악화되어 결국 1938년에 다리를 절단하였다. 2차 대전 중에는 모스크바 근처의 고등학교에서 외국어를 교육하였고 전쟁이 끝난 다음에 다시 먼저의 사범학교로 돌아왔으며 이 학교가 대학이 되어 1961년에 은퇴할 때까지 여기에서 러시아어 및 외국문학의 교수로서 근무하였다.

이러한 전력이 있기 때문에 그가 체포된 이후의 많은 저서가 다른 사람의 이름으로 간행되었다. 특히 체포 직후에는 그의 제자이기도 하며 친구인 볼로쉬노프В. Н. Волошинов와 메드베제프П. Н. Медьецев의 이름을 빌려 그의 저서를 간행하였다.[9] 1929년 도스토예프스키Fyodor M. Dostoevskii 의 연구서가 겨우 그의 이름으로 간행되었으나 이미 1928년에 볼로쉬노프의 이름으로 그의 업적이 간행되기도 하였다(볼로쉬노프, 1928).

1940년에 그는 학위논문인 라블레François Rabelais에 관한 논문을 제출하였지만 논문 심사는 전쟁이 끝난 이후로 미루어졌고 이 논문의 공간은 1965년에 모스크바에서 이루어졌다(바흐친, 1965). 이 논문은 교수들의 격렬한 논쟁이 있은 후에 결국 심사에서 떨어졌고 국가가 개입하기에 이르렀다. 그는 1975년에 80세의 나이로 세상을 떠나게 된다.

5.1.4.3 러시아 볼셰비키 혁명시대에 활약한 바흐친은 혁명의 소용돌이 속에서 불운한 생애를 살았으며 체포와 유배, 숙청의 공포 속에서 살아간 혁명의 희생양이기도 하다. 그리하여 바흐친을 마르크스주의 비판자로 보려는 견해가 정설인 것처럼 알려졌지만 본서에서는 당시 시대 상황으로 보아 소련 혁명의 와중에서 마르크스주의 이론에 입각한 언어 연구를 가장 본격적으로 전개한 언어학자로서 이해하고자 한다.

바흐친은 볼로쉬노프의 이름으로 간행한 *Марксизм и Философия языка*—Основные проблемы социологического мотода в нау ке о языке(『마르크스주의와 언어철학-언어학에 있어서 사회학적 방법의 기본

---

9 예를 들면 V. N. 볼로쉬노프의 『마르크스주의와 언어철학』(1927년 간행)와 『프로이트주의 : 마르크스주의 비판』(1927), 그리고 P. N. 메드베제프의 『문학연구의 형식적 방법』(1928) 등을 들 수 있다.

적인 제 문제』(볼로쉬노프, 1929))에서 기존의 언어이론을 포함한 아리스토 텔레스 이래의 전통적인 언어의 연구 방법을 비판하고 마르크스주의에 입각한 언어연구의 새로운 방안을 제시하였다. 그의 언어철학은 위의 책에서 종합되었으며 여기서 개진된 그의 이론은 구소련의 언어학자들 에게 계승되어 스탈린에게 영향을 주었다. 비록 혁명시대에 투옥의 경 험이 있어 그의 이론은 매우 조심스럽게 젊은 학자들에 의하여 수용되 었고 그 출판도 많은 제약을 받았지만 소련에서 그 이론의 본질은 1975 년까지 중심적 언어 사상이었다.

그의 저작물들이 그의 친구이기도 하며 또 제자이기도 한 볼쉬노프 Волошинов와 메드베제프Медьецев의 이름으로 발표된 것이 많다. 그러나 이들 저서에 바흐친이 어떤 식으로 그리고 어느 정도 기여했는지는 분명히 밝히기 어렵다. 볼로쉬노프(1929)의 이 책은 1930년에 제2판이 나왔지만 내용상의 변화는 없고 오자誤字가 정정되었다든지 제본 스타 일의 변경 등으로 페이지수가 바뀌었을 뿐이다. 이 책에서 바흐친은 먼저 이데올로기적 형성물에 관한 마르크스주의 학문의 기초 그 자체, 즉 '과학론, 문예학, 종교학, 도덕학' 등의 기초 그 자체는 매우 긴밀하 게 언어철학의 문제와 서로 얽혀있다고 보았다.

5.1.4.4 일체의 이데올로기적 소산은 물체나 생산용구, 소비재 와 같이 자연 및 사회의 현실적인 일부분일 뿐만 아니라 이러한 현상 과는 다르게 그 외부에 존재하는 다른 현상을 비쳐서 굴절시키기도 하 는 것이다. 모든 이데올로기적이란 것에는 의미가 갖추어져 있다. 이데 올로기라는 것은 그 외부에 존재하는 무엇인가를 보여주기도 하고 형 용形容하기도 하며 그것을 대리하는 역할을 갖는다. 즉 '기호記號가 되는

것이다.

"기호가 없는 곳에는 이데올로기도 없다"라는 것이 바흐친의 선언이었다. 그리하여 그는 "일체의 이데올로기라는 것에는 기호적 의미가 갖추어져 있다"라고 하였으며 또 "기호로 되었다는 점에서는 어떤 이데올로기적 현상도 공통이다"라고 보았고 "말은 우수한 이데올로기적 기호"라고 결론하였다.

그는 전술한 『마르크스주의와 언어철학』의 제1장에서 '이데올로기적 기호記號와 의식意識', '말의 이데올로기적 중립성'에 대하여 논하고 제2장에서는 '토대土臺와 상부구조上部構造와의 관계에 대한 문제'를 다루면서 사회와 언어와의 관계를 심도 있게 다루었다. 제3장에서는 '언어철학과 객관적 심리학'이란 제목으로 심리학의 견지에서 본 언어 문제를 다루었고 내적기호內的記號(=내적 언어)에 대하여 많은 지면을 할애하여 고찰하였다.

바흐친에 의하여 주장된 마르크스주의 언어학의 갈 길은 제2부에서 논의되었는데 제1장에서는 주로 언어에 대한 주관적 견해와 객관적 견해의 장단점을 살피고 통시언어학과 공시언어학의 문제점을 다루었다. 제2장에서 소쉬르의 랑가지language, 랑구langue, 빠롤parole에 대하여 언급하면서 이를 변증법적 이론으로 설명하였다. 여기서 당연히 언어의 의미에 관한 문제가 제기되었다. 제3장에서는 단일한 일정의 의미는 전체로서 '발화'에 속한다고 보아 이를 '테마'라고 명명하였다. 제4장에서는 이 '테마'의 의미론적 고찰이 구체적으로 고찰되었으며 의미와 인식의 문제 등이 거론되었다.

제3부에서는 '간접화법과 직접화법 및 그 변형'이란 제목으로 언어 연구에서 표현의 문제를 다루었는데 주로 문체론적인 연구가 중심을

이루었다. 해방 후에 북한에서 왜 문체론적인 연구가 그렇게 많이 이루어졌는지 이를 통하여 알 수 있다. 북한의 국어연구에서 서양언어이론의 도입은 제정러시아로부터 구소련에 걸쳐 발달한 러시아 전통적인 언어학과는 별도로 이데올로기 언어연구로 시작된 마르크스주의 언어학이 영향이 컸던 것을 알 수 있으며 북한 정권 수립 초기에는 마르주의 언어학도 당시 젊은 소련파 공산주의자들에 의하여 소개되었다.

4.1.4.5 바흐친의 언어·문학·철학이론이 서방세계에 알려진 것은 그가 죽은 이후의 일이었으며 이론가로서 바흐친의 폭넓은 중요성을 인정한 서방 세계의 최초의 연구로서 1989년에 나온 줄리아 크리스테바의 "언어, 대화 그리고 소설"(『기호학』, 파리)을 들 수 있을 것이다. 1981년 츠베탕 토도로프는 바흐친의 저작에 대한 소개를 하였고 홀퀴스트와 에머슨이 편집하여 프랑스어로 번역한 4편의 논문이 발표되었다(데이비스, 1975, 여홍상 번역, 1995 : 186). 이후 주로 문학가로서 바흐친에 대한 서방세계의 연구가 뒤를 이었으나 그의 언어 연구에 대한 연구는 별로 조사된 바가 없다.

바흐친은 당시의 언어철학, 즉 일반언어학의 유파流波를 크게 둘로 나누어 생각하였다. 그 첫째는 훔볼트Wilhelm von Humboldt(1767~1835)에서 포슬러Karl Vossler(1872~1947)에 이르는 「개인주의적 주관론」의 언어관을 가진 언어연구의 경향이다. 이들은 다음과 같은 4개의 기본명제를 갖고 있었다.

① 언어라는 것은 활동이며 개인의 발화행위에 의하여 끊임없이 창조되는 프로세스, 즉 에네르게이야(energeia)이다.

② 언어창조의 법칙이라는 것은 개인심리학의 법칙이다.

③ 언어창조는 창조예술과 같으며 의미가 있는 창조다.

④ 기성의 소산(ergon), 안정된 체계(어휘, 문법, 음운조직)로서의 언어는 말하자면 생기를 잃어버린 지층이며 언어창조의 응고한 용암이다. 언어학자는 이것으로부터 기성의 도구로서의 언어를 실용적으로 가르치기 위한 추상적 구조물을 만든다.

— 볼로쉬노프, 1929 : 59, 구와노, 1979 : 72~73의 번역 참조

이에 대하여 데카르트René Descartes, 라이브니쯔Gottfried W. Leibniz에서 시작되어 소쉬르F. de Saussure에 이르는 제2의 유파는 「추상적 객관론」의 언어관을 갖고 있었으며 이들은 다음과 같이 기본 명제를 정리할 수 있다.

① 언어라는 것은 기본적으로 동일한 제언어형태의 체계이고 개인의식은 그것을 기성의 것으로 찾아내어 의문을 품을 수가 없다.

② 언어의 법칙이라는 것은 주어진 폐쇄적 언어체계 내에서 言語記號 間의 관계에 대한 특수한 언어학적 법칙이다. 이러한 법칙들은 모든 주관적 의식에 대하여 객관적인 것이다.

③ 특수한 언어적 관계는 예술적이거나 인식적인, 또는 기타 어떠한 이데올로기적 가치와 아무런 공통점도 있지 않다. 어떠한 이데올로기적 동기도 언어현상을 근거로 붙이지 않는다. 말과 그 의미 사이에는 의식으로서 이해하고자 하는 자연적인 관계라든지 예술적인 관계가 하나도 존재하지 않는다.

④ 개인의 발화행위는 언어의 편에서 규범적으로 동일한 형태의 우연한 굴절이나 변화, 혹은 단순한 왜곡(歪曲)에 지나지 않는다. 그러나 개인의 발화에서 이러한 행위야말로 언어형태의 역사적 변화, 그

자체의 언어체계에서 본다면 비합리적이고 무의미한 변화를 설명
하는 것이다. 언어의 체계와 그 역사 사이에는 관련성도 동기의 공통
성도 존재하지 않는다. 그들은 서로 아무런 연관도 없는 것이다.
　　　　　　— 볼로쉬노프, 1929 : 69~70, 구와노 飜譯, 1989 : 85~86 참조

　그리고 바흐친은 이어서 "여기에서 명백한 것처럼 상기의 언어철학
사상의 제2 유파에 보이는 네 개의 기본명제가 제1 유파의 기본명제에
대응되는 안티테제antithese가 되었다"(볼로쉬노프, 1929 : 70, 구와노 번역, 1989
: 86)라고 하여 제1 유파와 제2 유파의 구별기준을 말하고 있다. 바흐친
의 이러한 2분법은 프로이드 심리학에서도 「주관主觀 심리학」과 「객관客
觀 심리학」이라는 형태로 채용되었다.
　이러한 주장은 언어학에만 제한한다면 소쉬르의 연원을 데카르트까
지 소급한다는 점에서 위력을 발휘할 것이다. 그는 "합리주의 전체에서
특징적인 것은 언어가 약속에 근거하고 있으며 자의적恣意的이라는 생각
이다. 또 언어체계와 수학적 기호 체계와의 대조도 그 특징의 하나로
꼽을 수 있다. 기호는 그것이 반영하는 현실, 혹은 그것이 산출하는 개
인에 대하여 존재하는 관계가 아니고 이미 받아드려져서 인정된 폐쇄
체계 내에서 기호 대 기호의 관계가 수립된다는 것이 수학적 사고법을
가진 합리주의자들의 관심을 끌게 되었다. 바꾸어 말하면 그들이 흥미
를 자아내는 것은 대수학代數學이 있어서도 같은 모양으로 기호를 가득
채우고 이데올로기적인 의미와는 전혀 관계없이 받아드린 기호체계記號
體系 그 자체의 내적논리에 지나지 않는다"(볼로쉬노프, 1929 : 70, 구와노 번
역, 1989 : 86~87)라고 하여 바흐친은 소쉬르의 밑바탕에 있는 철학적 기
초를 분명하게 밝히고 있다.

5.1.4.6 의미의 문제에 대하여도 "의식은 사회적 교류의 과정에서 조직된 집단에 의해서 만들어진 기호의 물질성 안에서 형성된다. 의식에서 기호성 — 이데올로기적 적용 — 을 배제한다면 아무것도 남는 것이 없을 것이다. [중략] 기호의 물질성을 벗어나서 영혼은 없는 것이다. [중략] 그 실존적인 특성으로 인하여 주관적인 영혼은 유기체와 외부 세계의 두 영역을 분리하는 경계선에 국한되어 있다"(볼로쉬노프, 1929 : 13~26, 구와노, 1989 : 17~22)라고 하여 언어 의미의 연구에서 마르크스주의의 이론이 번뜩이고 있다. "[전략] 말은 훌륭한 이데올로기적 현상이다. 언어의 현실성은 기호로서의 기능에 진력盡力시키는 것이다. 말에는 이러한 기능과는 관계가 없으며 이러한 기능에 의하여 산출되는 것은 하나도 없다. 말이란 가장 순수하고 매우 정밀한 사회교통의 매체다"(볼로쉬노프, 1929 : 18, 구와노 번역, 1989 : 22)라고 하여 언어는 기호로서 단순한 의사소통의 도구로 보려는 유물론적 언어관을 보여준다. 그리고 종래 언어철학의 주요한 결점에 대하여 언어학자·문체분석자·현상학자들이 공유한 결점은 언어 혹은 의식과 그 대상 혹은 그 주제 사이에 직접적인 관계가 있다고 전제한 것이 가장 두드러진 잘못으로 보았고 말하는 실제 상황 속에서 의미는 파악되어야 한다는 생각을 갖고 있었다. 이것 역시 종래의 언어학을 근본부터 바꾸려는 혁명적인 발상에서 비롯된 것이다.

바흐친 학파는 소쉬르에 대하여도 같은 공격을 가하였다. 바흐친의 평생에 걸친 언어연구에서 얻어낸 신념은 언어학, 특히 소쉬르의 언어학은 담화談話 분석의 적절한 모델이 될 수 없다는 것이다. 담화의 연구는 소위 과학적 분석의 목표를 지향하는 데카르트적인 전제에서 고안된 랑그langue의 추상성에 근거하기 보다는 실제로 쓰는 언어, 즉 빠롤parole에 초점을 맞추어야 한다고 보았다.

볼로쉬노프의 이름으로 간행된 『마르크스주의와 언어철학』(볼로쉬노프, 1929)에서 바흐친은 훼르디낭 드 소쉬르F. de Saussure와 칼 포슬러Karl Vossler에서 시작된 현대언어학의 서로 다른 언어 연구의 경향에 대하여 다음과 같이 구별하였다. 게르만어 편에서 영향력이 있는 포슬러 학파는 낭만주의 전통과 빌헤름 폰 훔볼트WWilhelm von Humbold의 사상에서 그 연원을 찾을 수 있으며 역동적이고 역사적 삶을 구성하는 언어의 개인적 활용을 강조한다. 이것은 바로 소쉬르의 빠롤parole의 중요성을 말하는 것이다. 그러나 이러한 주관적이고 개인적인 전제를 바흐친은 비판하였다. 그러나 포슬러 학파가 가진 역사에 대한 관심과 언어학이 문체론과 구별됨을 강조한 것은 가치가 있는 시도라고 인정하였다.

5.1.4.7 소쉬르의 추상적 객관주의에 대하여 바흐친은 더욱 신랄한 비판을 퍼부었다. 언어에 관한 사회성과 역사성의 모든 문제를 단순히 랑가지langage란 추상적인 언어로 묶어서 처리하려고 했다는 점에서 이의를 제기하고 반대하였다. 또 언어를 공시적인 언어체계인 랑구와 개별화자의 언어사용인 빠롤parole로 양분하는 것은 제한적인 타당성만을 가질 뿐 담화를 분석하는 데 많은 장애를 주며 특히 랑구langue의 추상성은 오해를 불러올 수 있다고 비판하였다. 언어학을 규범에 따라 동일한 형식으로 구성된 안정된 공시적인 체계라는 탈脫 역사적인 개념에 고정시킴으로써 소쉬르는 다른 언어학자와 문헌학자들과 공유하는 관점을 철저하게 파괴하려고 하였다.

소쉬르에게 있어서는 문헌학자들의 언어연구란 현재 쓰고 있는 언어가 사회생활 속에서, 또는 언어의 관용적인 어투에 의하여 변화를 겪는 모습을 연구하는 것이 아니라 죽은 언어를 재구성하고 이를 집대성하여 교육하는 데에만 적절한 전제를 근거하여 세워진 언어의 기초적인 이론이라고 바흐친은 그의 공시론 위주의 연구태도를 매도하였다. 그는 "러시아의 두 언어학파, 즉 포르뚜나도프 학파와 소위 까잔 학파(보드엥과 끄루제프스키의)는 우리들이 윤곽을 보여준 언어철학 사상의 제2 유파의 범주에 완전히 들어간다"(볼로쉬노프, 1929 : 72)라고 하여 이 두 언어학파가, 특히 후자가 구조주의 언어학의 선구先驅였음을 인정하였다.[10]

그러나 바흐친은 제1·제2 유파가 모두 잘못되었다고 보았다. 먼저 제2 유파는 "화자에 있어서 언어형태가 중요한 것은 안정되고 항상 자기와 동일한 신호信號로서가 아니고 끊임없이 변화하기 쉽고 탄력성이 있는 기호記號로서 필요한 것이다. [중략] 신호라는 것은 내적으로 고정된 단일한 것이며 현실적으로 다른 어떤 것으로도 대신할 수도 없고 어떤 것을 반영하지 않으며 굴절시키지도 않는다. 어떤 일정한, 또는 부동의 대상이나 어떤 행위를 지시하는 기술적 수단에 지나지 않는 것이다. 신호는 어떤 경우에도 이데올로기적인 영역에 속하지 않고 기술적 장치의 세계, 넓은 의미의 생산용구에 속한다"(볼로쉬노프, 1929 : 81~82, 구와노 번역, 1989 : 100~101)라고 하여 언어를 기호로서, 그것도 기술적 수단이며 생산 용구로 본 것이다. 이것은 뱅베니스트(1964)의 생각과 혹사하다.

제2 유파의 추상적 객관론에서 주장된 언어는 규범적으로 동일한 제 형태의 체계였으며 이것은 죽은 언어를 해독하고 그것을 학습하는 경우에만 해당되는 이론적으로, 또는 실천적으로 정당화된 추상화라고 보았다. 제2 유파에서 주장된 언어체계는 "언어현상을 그 현존과 생성

---

10 바흐친이 까잔 학파의 보드엥 드 꾸르뜨네를 비롯하여 뻬쩨르부르그 학파를 일괄해서 동일하게 생각하는 것은 문제가 있는 것 같다. 기능의 다중성을 둘러싼 논쟁에서 이 두 학파는 서로 다른 견해를 갖고 있기 때문이다. 뻬쩨르부르그 학파의 경우는 훔볼트의 영향 아래에 있다고 보기 때문이다.

가운데 이해하고 설명하기 위한 기초가 될 수 없다. 반대로 그것은 언어가 살아서 생성하는 현실이라든지 그 사회적인 기능에서 멀어지게 된다"(구와노 번역, 1989 : 122)라고 선언하였다. 이어서 "추상적 객관론의 기초가 된 것은 역사의 올바른 이해를 근거로 하기에는 가장 무력한 합리주의요 기계론적 세계관을 전제로 한 것이기 때문이다. 그러나 언어라는 것은 완전히 역사적인 현상이다"(구와노 번역, 1989 : 122)라고 하여 추상적 객관론이 주장한 공시적 연구의 우월성을 비난하였다.

반면에 제1 유파의 개인주의적인 주관론도 비판하였다. 이에 대하여 바흐친은 "개인주의 객관론이야말로 말의 진정한 현실을 파악하는 데 성공한 것은 아닐까? 그렇지 않으면 진리는 가운데 있어서 제1 유파와 제2 유파의 사이, 개인주의적 주관론의 테제와 추상적 객관론의 안티테제의 사이에서 타협하여 존재할까? 진리는 중용에 있지 않으며 테제these, 正와 안티테제antithese, 反의 사이에서 타협하는 것도 아니다. 진리는 그들의 저편에 존재하는 것으로 테제도 안티테제도 부정한 것, 즉 변증법적인 신테제synthese, 合에 있다"(구와노 번역, 1989 : 123)라고 하여 개인주의적 주관론은 하나의 테제에 불과함을 말하고 있다. 개인주의적 주관론은 언어가 사고나 의식의 매체로서 언어를 상정하며 독백적인 발화도 현실로 인정되었다.

5.1.4.8 바흐친은 언어의 개인성과 창조성도 중요하다고 생각하였으나 그와 못지않게 언어의 사회성이나 상호작용을 중시하였다. "말의 행위는, 혹은 좀 더 정확하게 그의 소산은(발화) 엄밀한 의미로서 개인적인 현상이라고 결코 인정할 수 없으며 또 말하는 사람 자신의 개인적인 심리, 또는 정신심리학적 조건으로는 설명할 수 없다. 발화는 사

회적 현상이기 때문이다. [중략] 개인의 언어는 말하는 상대를 향한 것
이며 말이라는 나와 다른 사람과를 연결하는 교량이다"(볼로쉬노프, 1929
: 102, 구와노 번역, 1989 : 123~124)라고 하여 언어의 사회성을 중시하였다.
그는 언어(=말, langage)의 진정한 현실이 되는 것은 언어형태의 추상적
체계도 아니고 고립한 독자적 발화도 아니며 그 현실의 심리·생리적
행위도 아니다. 발화로 실현되는 언어적 상호작용에 의하여 사회적으
로 일어난 일로 보았다. 즉 언어의 사회적 효과가 궁극적인 언어작용으
로 본 것이다.

　이로부터 그는 언어연구가 다음과 같은 순서로 이루어져야 한다고
주장한다.

　　(1) 언어적 상호작용의 구체적 조건과 관련된 언어적 상호작용의 형
　　　태와 타잎.
　　(2) 긴밀하게 연결된 상호작용의 제요소로서의 개별적인 발화, 개별
　　　적인 말의 운용의 제형태, 즉 언어적 상호작용에 의하여 규정된
　　　생활이나 이데올로기적 창조물에 있어서 말의 운용의 여러 양식.
　　(3) 이것을 기초로 하여 언어형태를 그 통상적인 언어학적 해석에 있
　　　어서 재검토할 것.

　　　　　　　　　　　— 볼로쉬노프, 1929 : 114, 구와노 번역, 1989 · 참조

　바흐친은 이러한 순서로 언어가 실제로 생성된다고 보고 "말의 현실
로 된 것은 언어형태의 추상적 체계도 고립한 발화도 그를 실현하기
위한 정신생리학적인 행위도 아니며 발화에 의해서 실현된 언어적 상
호작용이라고 하는 사회적 사건이다. [중략] 사회적 교통이(토대를 기초로
하여) 생성하며 그 안에서 언어적 의사소통이라든지 상호작용이 생성하

고 상호작용 속에서 말의 운용의 제형태가 생성된다. 그리하여 이 후자가 결국은 언어형태의 변화를 반영하는 것이다"(볼로쉬노프, 1929 : 114, 구와노 번역, 1989 : 145~147)라고 주장하였다.

이와 같이 언어의 상호작용을 중시하는 태도는 '대화對話'에 의하여 언어의 진정한 역할이 이루어진다고 보게 되며 의미도 대화 속에서 결정된다고 보는 것이다. 그는 "이렇게 하여 우리들은 발화 가운데에서 분리 가능한 의의意義적 요소要素의 각각, 또는 전체로서의 발화를 응답이 있는 능동적인 콘텍스트에 옮긴다. 모든 이해는 대화적이다. 이해는 대화에서 한편의 말이 다른 말에 대치對峙해서 있는 것처럼 발화에 對峙해 있다. 이해라는 것은 화자의 말에 대치하고 있는 말을 찾으려는 것이다"(볼로쉬노프, 1929 : 123, 구와노 번역, 1989 : 158)이라 하여 독백이 아니고 대화로서의 말을 파악하려 했던 언어학사상 매우 독특한 방법을 제시하였다.

이와 같은 생각은 당연히 언어의 외언外言(발화되는 말)과 내언內言(머릿속에 잠재된 말)의 구별을 가져오고 내언에 대한 설명을 필요로 하게 된다. 이에 대하여 바흐친 "내언內言은 말의 마이너스 음音이 아니라 그 구조와 기능에 있어서 전혀 특수하고 독자적인 기능으로 간주해야 한다. 내언의 첫째로 중요한 것은 그 전혀 다른 통사구조다. 외언에 비하면 내언은 외견상 단속성, 단편성, 생략성을 갖는다"(브고드스키, 1956, 시바다 외 번역, 1964)라고 하여 내언의 특성에 대한 연구가 대화對話를 이해하는 첩경임을 강조하였다.

6.1.4.9 또 하나 바흐친에게서 특징적인 것은 마르크스주의적 기호학을 창시하였다는 점이다. 요즘에는 언어학과 기호학의 관계가 문제가 되고 있는데 바흐친은 자연의 물체, 생산수단, 혹은 소비물과는

달리 이데올로기적 소산에는 '기호성記號性'이 마련되었다고 보는 것이다. 즉 "모든 이데올로기적인 것은 의미를 갖고 있다. 다시 말하면 어떤 것이 그 외부에 존재하는 무엇인가를 표시하고 묘사하며 그에 의하여 변한다면 그것은 '기호'라고 할 수 있다. 기호가 없는 곳에는 이데올로기도 없다"(볼로쉬노프, 1929 : 18, 구와노 번역, 1989 : 14~15)라고 하여 모든 이데올로기는 기호로 표시된다고 본 것이다.

그가 생각하는 기호의 주요한 특징은 어떤 물질적 사물과 의미와의 결합이다. 이것은 소쉬르가 생각한 "언어라는 것은 기호의 체계이며 그 곳에서는 의미가 청각영상聽覺映像과의 합일合一 이외에는 본질적인 것은 없고 또 그와 같은 기호의 두 부분은 같이 심리적이다"(소쉬르, 1972 : 32)이라 하여 언어학을 포함하는 기호학記號學을 사회심리학의 일부분으로 보았으며 따라서 일반심리학의 한 부문으로 생각하였다.

바흐친은 이에 대하여 "모든 기호적·이데올로기적 현상은 소리, 물체, 색깔, 몸의 움직임 등으로서 무엇인가 물질 속에서 구체화된다. 이러한 의미로서 기호의 현실성은 충분히 객관적인 것이며 유일한 일원론적인 객관적 연구방법으로 받아드릴 수가 있다. 기호라는 것은 외적 세계의 현상인 것이다"(볼로쉬노프, 1929 : 17)라고 하여 기호의 심리학적 접근을 강하게 반대하였다. 역시 기호연구의 유물론적 접근으로 볼 수 있고 그런 의미에서 바흐친의 마르크스주의적 언어관을 확인할 수 있다. 바흐친은 '이데올로기적 기호의 철학으로서 언어철학'을 주창한 것이다.

5) 마르주의(Marrism) 언어학

5.1.5.0 엔. 야. 마르N. Ja. Marr, Николаи Яковлевич Марр(1864~1934)의

신기^{新奇}한 언어연구를 마르주의 언어학이라고 부른다. 러시아혁명 이후 수년 동안은 전술한 포르뚜나또프 학파의 전통이 계속되었으나 혁명의 새로운 기운이 언어학에도 불어 닥쳤다. 마르주의 학파는 이 새로운 이데올로기의 사조에 의한 언어연구를 주도하였으며 후세에 이러한 언어학의 연구 경향을 마르주의라고 부르게 되었다.

엔. 야. 마르N. Ja. Marr대하여 니콜라스 포페N. Poppe의 『*Reminiscences* 回想錄』(포페, 1983)에서 다음과 같이 회고되었다.

> 내가 대학에서 공부를 시작하면서 만난 학자 가운데에 니콜라이 야코블레비치 마르가 있다. 그는 아르메니아어와 그루지아어에 정통한 뛰어난 문헌학자로서 유명하였다. 그는 스코틀랜드 출신의 정원사(庭園師)와 구르지아인 여성과의 사이에 태어나서 구르지아어를 구르지아인처럼 말하였다. 그에게 있어서는 그것이 모국어였기 때문이다. 1920년대 후반에 '신언어학(新言語學)'의 창시자로서 유명하게 되었다. [중략] 구르지아인을 어머니로 가진 혼혈아(混血兒)이며 구르지아어를 매우 잘 말한다고 하여 마르는 스탈린과 아는 사이가 되었고 스탈린과 모국어로 대화하였다. 그가 스탈린에게 매우 사랑을 받은 것은 틀림이 없다
>
> ― 무라야마, 1990 : 69~70

엔. 야. 마르N. Ja. Marr는 소장문법학파의 전통 속에서 수학하였으며 코카사스제언어의 역사적 연구에 전념하였다. 후일에 일반언어학에도 관심을 가졌으나 오늘날에 그의 이론은 별로 인정되지 않는다. 마르는 비인구어非印歐語 자료를 접하고 이로부터 자극을 받아 여러 언어의 상호관계, 특히 언어의 기원에 관심을 갖게 되었다. 언어의 기원에 대한 마르의 생각은 이탈리아의 언어학자 트롬베티Trombetti 등에 의하여 제창된

일원기원설一元起源說, Monogenesis과 일치한다.[11]

마르는 오늘날 존재하는 언어의 유형은 모두 하나의 기본언어에서 발생한 것으로 보았고 모든 언어는 단계적 언어변화에 의해서 발전하며 시간이 경과함에 따라 높은 단계의 언어로 발전한다고 주장하였다. 이것이 소위 언어 발전 단계론으로서 오늘날에도 최고의 발전단계에 도달한 언어와 그렇지 못한 언어 사이에는 현저한 유형적 차이가 있다는 것이다. 따라서 제언어 간에는 명확한 계층적 서열이 있으며 현존하는 언어들은 상위와 하위로 구분되는 계층 서열에 의하여 구분할 수 있다고 하였고 인구어가 그 최고의 발전단계에 있는 언어들이라고 본 것이다(이비치, 1970 : §199~202).

5.1.5.1 1924년에 마르는 자신을 언어학에 있어서 마르크스주의의 투사라고 선언하였다. 1926년에 그는 자신의 초기 저술에서 주장한 생각들을 포기하였으나 언어의 일원기원설이나 야페트설Japhetic theory에 관한 주장을 단념한 것은 아니다.[12] 오히려 언어는 분명하게 계급적 특성을 가진 사회적 경제적 상층구조라는 생각을 덧붙였다. 그에 의하면 언어

---

11 뜨롬베티(Alfredo Trombetti)는 20세기 초에 이탈리아에서 활약한 신언어학(Neo-linguistics)의 추종자로서 세계의 모든 언어는 하나의 공통 언어에서 발전했다는 가설을 세웠는데 이것이 후일에 유명한 일원기원설(monogenesis)이다. 이 이론은 그의 "언어의 일원기원설(L'unita d'origine del linguaggio, Bologna, 1905)"에서 주장된 것으로 후세에 커다란 비판을 불러 일으켰다.

12 야페트설(Japhetic theory)은 언어발전 段階說에서 햄·셈어족(Hamitic-Semitic)보다 하위의 발전단계에 있는 언어를 야페트어군(Japhetic group)이라 하고 모든 언어는 동일한 발전단계를 거쳤기 때문에 야페트어군의 언어를 연구함으로써 인구제어의 선사시대의 모습을 재현할 수 있다고 주장하였는데 이러한 마르의 생각을 야페트설이라고 한다. 이 이론은 야페트어군이 어떤 언어들인가에 초점이 모아진다. 마르는 처음에는 코카서스제어만을 야페트어군으로 보았다가 후일에 점점 확대하여 교착적인 문법구조의 언어를 포함시켰다(이비치, 1970 : §201~202).

의 발전에서 보이는 각 단계는 각기 사회적 경제적 정황에 의하여 좌우되며 언어의 구조는 사회의 구조 및 그 경제적 기반과 더불어 변화한다고 주장하였다. 언어의 여러 범주들은 다른 모든 형태의 상층구조와 같이 현실의 사회적 관계를 반영하는 것이기 때문에 언어발전은 어느 단계에서는 다음 단계로 항상 혁명적으로 비약하여 진행한다는 것이다.

또한 문화형태와 문화수준의 변화에 따른 새로운 이데올로기는 직접 새로운 언어체계의 창조를 유도한다고 보았다(이비치, 1970 : §203). 모든 언어는 혼합과 결합에 의하여 발생하며 언어는 국가와 같은 정치단체의 흥망성쇠와 보조를 같이 한다는 생각을 가졌다. 여러 언어의 부단한 혼합이 언어발전의 보편적 원리를 제공한다는 주장이다. 이러한 마르의 생각은 스탈린의 후광後光을 입고 구소련의 언어학을 지배하고 모든 언어의 이론적 연구에 군림하게 되었다. 따라서 그로부터 적지 않은 폐해가 생겨났다.

5.1.5.2 마르는 고전문법에서 중요한 테마였던 조어祖語의 재구는 무가치한 허구虛構에 지나지 않는 것이며 이러한 술어와 개념은 완전히 폐지시켜야 한다고 생각하였다. 이로 인하여 구소련에서는 한동안 고전적 비교문법의 연구가 쇠퇴하였고 언어사의 연구가 몰락하게 되었다. 마르의 학설에는 마르크스-엥겔스의 계급이론이 가미되었다. 그리하여 민족어라는 것은 존재하지 않으며 있는 것은 계급어階級語뿐이라고 보았다. 어떤 문화에도 착취자와 피착취자의 두 문화층이 있는 것처럼 언어도 혼합과정에서 생겨나므로 착취계급의 언어와 피착취계급의 언어라는 두 개의 공존하는 언어를 갖고 있으며 피착취자의 언어는 착취자의 언어를 언젠가는 정복하기 마련이라고 주장하였다(이비치, 1970 : §205).

1934년 마르가 죽은 뒤에는 '언어·사상연구소'를 중심으로 그의 이론이 전개되었다. 이때의 지도자는 메쉬챠니노프I. I. Meščaninov, И. И. Мешч анинов였으며 마르의 이론은 주로 이들에 의하여 1930에서 40년 사이에 완성되었다. 마르주의 언어학으로 인하여 구소련에서 고전적인 언어학의 전통이 일시적으로 중단되게 하였으며 서방세계나 다른 곳의 주요한 언어학 사조와도 단절되게 하였다.

구소련의 언어학은 마르주의에 의하여 언어연구에 심대한 손실을 입었고 그 피해는 근본적으로 그릇된 하나의 학설을 무리하게 발전시키려고 함으로써 일어난 손실 이상의 것이었다. 러시아로부터 전승된 언어학의 전통은 이들에 의하여 단절되고 파기되었으며 또한 그 이론들이 왜곡되었다. 다만 단어의 의미 문제를 사회생활과 관련하여 고찰하고 구소련 내의 비인구어자료에 대하여 관심을 갖게 하였다는 점은 긍정적인 평가를 받을 수 있을 것이다.

6) 마르주의 언어학과 북한의 언어연구

5.1.6.0 상술한 메쉬챠니노프의 이론을 비롯하여 마르주의 이론은 북한에 소개되었다. 즉 평양에서 1949년에 간행된 북한에서의 국어연구를 대변하는 기관지 『조선어연구』에는 마르주의 이론을 비롯하여 그의 추종자들에 대한 논문이 번역되어 소개되었다.

예를 들면 『조선어연구』(제1권 제2호 : 63~94)에는 이. 이. 메쉬챠니노프가 쓴 "'신언어이론新言語理論' 발전發展의 현단계現段階"가 김수경에 의하여 번역되어 게재되었다.[13] 또 『조선어연구』 창간호(1949.4)에는 에스. 데.

---

13 이 글은 구소련의 레닌그라드 국립대학에서 간행한 메쉬챠니노프의 『신언어이론 발전

까쯔넬손의 "쏘베트 일반언어학의 30년"(창간호 : 99~125)이 실렸는데 이 논문에서는 당시 소련의 언어학이 마르주의에 의해서 주도되고 있음을 말하고 있다. 까쯔넬손의 이 논문은 원래 『소련 과학 아까데미야 문학 · 어학 분과 기관지』의 1947년 제5호에 수록된 것을 김수경金壽卿이 번역하여 수록한 것으로 마르주의 언어학에 관한 구절을 인용하면 다음과 같다.

> 마르크스主義 言語學의 基本的 諸問題 硏究에 있어, 부르쥬아 言語學의 理論的 基礎 批判에 있어, 巨大한 役割을 논 것은 아까데미야 회원 H. Я. 마르에 依하여 創造되고, 아까데미야 會員 И. И. 메쉬챠니노흐에 依하여 繼承되어 本質的인 몇 가지 点에서 補充된 新言語理論이였다(原註-新言語理論의 發展段階에 關하여는 H. Я. 마르 選集 第1卷; 아까데미야 會員 И. И. 메쉬챠니노프 : 新言語理論. 레닌그라드, 1936, 序說章 參照). '야페트 學說'로부터 자라난 H. Я. 마르의 言語學 理論은 初期에 있어는 避ㅎ지 못할 그 모든 缺點과 誤謬에도 不拘하고, 다른 어떠한 言語學의 見解보다도 마르크스主義에 接近하여 있었으며, 그 以後의 自己批判的 成長 가운데에, 內包한 缺點 克服과 基本的 命題 및 硏究手法의 精密化로써, 分散된 努力의 集結과 쏘베트 言語學의 鞏固化를 促進시켜, 永久히 우리 時代의 先進的 科學 方向의 빛나는 土臺로 되였다. (띄어쓰기, 철자법, 한자는 원문대로. 다만 고유명사의 底線은 하지 않았음. 이하 같음)
> ―『조선어연구』 창간호, pp.104

또 『조선어연구』 제1권 제6호(1949.9)에는 역시 김수경에 의하여 쮸께르만И. И. Шугерман이 쓴 "H. Я. 마르와 쏘베트 언어학"(pp.89~130)이 번역되어 북한학자들에게 마르주의 언어학을 소개하고 있다. 이것은

_____
의 현단계』(1948)를 대본으로 하여 김수경이 이를 번역하였다고 한다.

원래 1946년 12월 4일자 『프라우다』지에 실린 것을 전술한 메쉬차니노프의 논문처럼 레닌그라드 국립대학에서 1948년에 『신언어이론 발전의 제단계』라는 제목의 소책자로 간행하였는데 이를 번역한 것이다. 여기에서는 마르주의 언어학이 서구西歐의 언어학과 다른 마르크스-레닌의 사상에 따른 언어학임을 자부하고 있다. 이에 관한 구절을 인용하면 다음과 같다.

> 그러나 쏘비트 言語學 前進의 길을 개척한 것으로 또 하나의 決定的 契機가 存在한다. 쏘베트 言語學者들에는 强力한 武器－마르크스·레닌主義의 理論이 맡겨져 있다. B. И. 레닌과 И. В. 스탈린의 同時代人이며 그 弟子인 쏘베트 言語學者들은 外國 正統科學에 支配的인 부루쥬아 形式主義의 鐵鎖로부터 解放되여있다. (중략) 마르크스·레닌主義의 이론은 H. Я. 마르에게 靈感을 주었으며, 엔. 야. 마르의 後繼者들인 쏘베트 言語學者들에게 앞질러 引導하는 새 별로 되여 있다. (한자는 원문대로, 이하 같음)
>
> — 김수경 역, 『조선어연구』 제1권 6호, pp.127

이 글을 보면 마르주의 언어학을 단순히 중요한 언어이론으로 받아드린 것이 아니라 서방세계의 언어학과 대립하려는 의도로 도입된 것임을 알 수 있다. 그러나 그 동안의 언어학적 성과는 결코 배척하지 않는 태도를 보인다. 즉, 같은 글에서 "쏘베트 言語學은 巨大한 言語學的 遺産의 利用을 결코 拒否하지 않았으며 또한 지금도 拒否하지 않고 있다. 쏘베트 言語學 앞에 나선 課業의 遂行은 낡은 言語學의 批判的 改造와 그 모든 成果의 利用을 豫想한다"라고 하여 기존 언어학의 성과도 수용함을 천명하고 있다.

5.1.6.1 『조선어연구』는 해방 이후 북한의 '말과 글에 지도적 역할을 할 만한 잡지'(1949년 3월 1일자 李克魯의 創刊辭에서)로 간행된 것으로 국어연구의 전문학술지의 성격을 가진 잡지다. 여기에는 전술한 바와 같이 창간호부터 구소련의 마르주의 언어학을 소개하였으며 거의 매호每號에 마르주의 언어이론을 싣고 있었다. 예를 들면 창간호에 실린 S. D. 까즈넬손의 "쏘베트 一般言語學의 三十年"(이 논문은 소련 과학 아카데미야 문학·언어학 분과 기관지의 1947년 제1권 제5호에 실린 것을 김수경이 번역한 것임)과 "쏘베트 언어학의 당면과제"(앞에 든 기관지 1948년 제2권 제5호에 실린 것을 김수경이 번역한 것임)를 비롯하여 역시 앞에 들은 И. И. 메쉬챠니노프의 글(제1권 제2호), 그리고 Ф. П. 필린의 "三十年間의 로씨야 語學"(李揆現 역, 제1권 제4호), 그리고 H. 베르니노브와 B. 브라긴쓰끼의 "선진적 쏘베트 언어학을 위하여"(김영철 역, 제1권 제5호) 등이 그 예로 들 수 있다. 따라서 북한에서는 해방 직후에 주로 마르주의 언어학이 소개되었음을 알 수 있다.

그러나 1950년 6월에 간행된 『조선어연구』(제2권 제3호)에서는 N. S. 체모다노프가 "이. 브 스탈린과 쏘베트 언어학"(pp.37~55, 이 논문은 소련 교육성 기관지 『로씨야어 교육』 1949년도 제6호에 실린 것을 황부영이 번역함)에서 스탈린의 언어관이 소개되어 마르주의에 대한 비판을 게재하기 시작한다. 주지하는 바와 같이 스탈린에 의하여 마르주의 언어학이 비판을 받은 다음에 구소련에서는 엔. 야. 마르를 추종했던 언어학이 소멸되었으며 북한에서도 마르주의 언어이론은 자취를 감추게 된다.

5.1.6.2 구소련에서 마르 이론에 대한 반박은 그의 생존 시부터 있었는데 그 가운데 가장 유명한 것은 폴리봐노프와의 논전이다. 한국어의 알타이어 기원설을 최초로 주창한 역사언어학자로서 우리에게 널

리 알려진 폴리봐노프E. D. Polivanov, E. Д. Поливанв는 러시아혁명 이후 구소련의 언어학계를 주름잡고 있었던 마르주의에 반기를 들어 구소련 언어학사에서 가장 비참한 최후를 맞은 언어학자가 되었다. 폴리봐노프는 쌍크트 뻬쩨르부르그St. Peterburg 대학에서 수학하고 일본 등지에서 현지답사를 하여 언어학자로서 성예聲譽를 높였으며 결국 뻬쩨르부르그대학의 교수가 되었다, 또 그는 전술한 뻬쩨르부르그Петербург 학파를 창시한 3인의 언어학자의 하나이기도 하다.

그의 친구인 카볘린B. A. Каверин은 "일본어학자이며 중국어학자였던 폴리봐노프는 프랑스어, 독일어, 영어, 라틴어, 희랍어, 스페인어, 세르비아어, 폴란드어, 타타르어, 우즈베크어, 투르크멘어, 카자흐어, 키르키즈어, 타지크어에 능통하였다. 연구자들은 그가 아는 이 언어 리스트가 고의로 축소된 것이며 폴리봐노프는 이 외에 18개국 언어를 마스터한 것으로 보고 있다"(카볘린, 1989 : 59)라고 하여 폴리봐노프의 탁월한 언어능력을 증언하고 있다.

폴리봐노프는 일본의 방언학을 창시한 사람으로 그의 일본의 센다이 방언연구는 오늘날에도 높이 평가되고 있다. 뿐만 아니라 훌륭한 알타이어 연구자로서 한국어가 알타이제어와 친족관계를 맺고 있음을 처음으로 주장하였으며 투르크어에도 조예가 깊었다. 또한 그는 시의 운율에 관심이 있어서 중국 한시의 운율에 대한 논문을 쓰고 알타이제민족의 시적기법에 관한 논문을 쓴 일도 있는 문학연구가이기도 하며 러시아혁명 이후 곧 그는 트로츠키정권에서 외무장관 대리代理까지 지낸 정치가이기도 하다(포페, 1983).

폴리봐노프는 처음부터 마르주의에 반대한 것은 아니다. 처음에는 마르 이론의 발전을 흥미 깊게 보아왔고 한때는 그의 이론에 공감하기도 하였다. 1922년 악명 높은 마르의 "언어에 관한 신新학설"이 발표되고 1926년에 "야페트 이론에서 발전의 제 단계에 대하여"가 공간된 다음부터 폴리봐노프는 그의 이론에 의심을 품기 시작하였다. 그리고 같은 해에 간행된 "볼가에 있어서 추바쉬 야페트족"을 계기로 하여 마르의 견해를 재검토하기 시작하였다. 1926년에는 폴리봐노프가 전全러시아 사회과학 연구소 연합의 리더였던 후리체V. M. Furiče, В. М. Фриче의 초청으로 타쉬켄트에서 모스크바로 옮겨가서 마르의 '언어·사상연구소'에 소속되어 언어학연구소 연구원, 동양학연구소 교수, 그리고 동양근로자 공산주의대학의 민족어 부문의 책임자, 동방제민족연구소의 소원, 언어와 문학연구소의 언어학 부문 운영위원 등 여러 요직을 겸임하고 1927년에는 전全러시아 사회과학 연구소 연합의 언어학부문 의장議長이 되었다.

폴리봐노프는 1927년부터 1929년에 이르기까지 '야페트 이론'에 대하여 몇 번인가 공식적인 비판을 가했다. 전술한 마르의 "언어에 관한 신학설"을 규범화하고 그것만을 유일한 마르크스주의적 언어이론으로 추종하던 구소련의 어용학자들에게는 폴리봐노프가 아주 위험천만한 반동적 인물로 보이기 시작하였으며 이를 방어하기 위하여 '폴리봐노프 토론'이라고 불리는 토론회를 1928년 12월 27일에 개최하였다. 이 토론회에서 마르주의 추종자들은 야페트 이론을 유일한 유물론적이고 변증법적인 마르크스주의 언어이론임을 재삼 확인하고 이에 반대하는 폴리봐노프를 비난하는 것으로 일관하였다. 이에 대하여 폴리봐노프는 1929년 2월 4일에 자신의 소견을 발표하였으며 이때의 발표내용이 속기록 '마르크스주의 언어학의 문제점과 야페트 이론'에 기록되어 현재도 남아있다(폴리봐노프, 1968).

이 속기록에 의하면 그의 주장은 스승인 보드엥의 생각을 아직도 계승하고 있음을 알 수 있고 그의 정당하고 논리가 정연한 비판도 이 토론회에 참석한 17명의 언어학자 가운데 한 사람밖에 지지를 얻지 못하였다. 이러한 그의 생각은 마르학파에 의하여 폴리봐노프 주의란 이름으로 매도되었으며 그들에 의한 조직적인 배척운동이 뒤를 따랐다. 그러나 폴리봐노프는 이에 굴하지 않고 1931년에 이를 반박하는 "마르크스주의적 언어학을 위하여"라는 180여 페이지에 달하는 언어학논문집을 간행하였으며 이 책의 서문에서 "학문으로서는 야페트 학과의 논쟁이 전혀 필요 없다. 다소라도 조예가 깊은 언어학자라면 마르주의에 대한 태도는 매우 분명하며 주석은 필요 없다. 그러나 과학적 사고 자체를 위한 것이 아니라 반대로 문제가 어디에 있는지조차 모르는 비전문가의 대중을 위하여 마르주의에 대한 자신의 태도를 공표할 필요성을 느낄 때도 있었다. 그리하여 우리도 이러한 의무를 반드시 수행할 작정이다. 그렇지만 우리 반대자들은 — 이런 문제로 말을 거는 것이 곱셈도 모르는 사람에게 아인쉬타인의 이론을 말하는 것만큼 절망적인 비언어학자들에게 — 해답을 구하는 것이 전혀 쓸데없는 에너지를 소모하는 것이 될 것이다"(폴리봐노프, 1931 : 6~7, 구와노 번역, 1979 참조)라고 하여 마르주의에 대하여 매우 도전적인 태도를 보이고 있다.[14]

---

14 실제로 마르주의자들의 추종자들은 언어학자들보다 혁명의 투사들이 더 많았던 것 같다. 전술한 포페(1983)의 'Reminiscences, 『回想錄』에 의하면 '[전략] 그러나 그의(엔. 야. 마르를 말함) 학설을 지지하거나 그에 精通한 사람들의 대부분은 무절제한 惡漢과 같은 자들로서 마르와 의견을 달리하는 사람들을 反革命分子, 반 마르크스주의자로 몰아 부쳤다. 마르 자신이 매우 많은 사람들을 비밀경찰의 악랄한 손으로부터 구출해낸 것은 그에게 매우 명예스러운 일이다"(下內充・板橋義三 飜譯, 1990 : 70)라고 하여 그 시대를 살아온 포페는 마르 자신보다 그 추종자들에 의하여 마르주의를 부정하는 사람들에 대한 박해가 恣行되었다고 보았다. 폴리봐노프가 그들을 곱셈도 모르는 무식한 사람으로 본 것은 이러한 사정을 말하는 것으로 보아야 할 것이다.

5.1.6.3 당연한 일이지만 마르주의자들의 총공격이 시작되었다. 이미 폴리봐노프는 1929년에 모든 보직에서 해임되었으며 사마르칸트로 이주하게 되었다. 그리고 그 해에 간행하기로 한 동양학전문대학용의 언어학입문 제2부를 비롯하여 그의 저서에 대한 출판이 계속해서 방해를 받았다. 정력적으로 계속되던 저작활동도 마르학파의 방해로 인하여 결국 1931년 이후에는 작은 서평 하나를 빼고는 전국 규모의 잡지에 발표하는 일이 없게 되었으며 1934년도 말에는 후룬쩨로 쫓겨났다.

그러나 다른 나라의 언어학자들은 그를 위하여 구명운동을 전개하였다. 예를 들면 그동안 프라그 언어학파에서는 그의 논문을 자신들의 기관지인 TCLP의 제4호(1931)에 "외국어 음성의 수용"을 실어 주었고 동6호(1936)에는 "악센트의 기능에 대한 문제에 붙여서"를 게재하여 폴리봐노프를 지원하려 하였다. 트루벳코이N. S. Trubetzkoy가 야콥슨R. Jakobson에게 보낸 편지에서도 여러 번 폴리봐노프를 언급하였다.[15] 그러나 이러한 노력에도 불구하고 폴리봐노프는 이미 마약과 알코올 중독으로 거의 폐인이 되었으며 마르주의자들의 집요한 공격에서 벗어날 수 있는 기력을 이미 상실하였다. 결국 그는 1937년 3월에 체포되어 다음 1938년 1월 25일에 옥사獄死하였다. 이에 대하여 포페의 『Reminiscences회상, 回想』(포페, 1983)에서는 다음과 같이 회상하였다.

폴리봐노프는 또 아편의 상습 복용자였으며 알콜 중독자였고 방탕벽

---

15 1933년 11월 15일에 마르주의자들의 압박으로부터 폴리바노프를 구하려고 야콥슨에게 쓴 트루벳쯔코이의 편지를 하나 소개하면 "[전략] 손메르휄트가 러시아에서 폴리봐노프를 끌어내어 망명자의 입장으로 옮겨놓을 수는 없겠는가 하고 물어왔습니다. 만일 이것이 실현된다면 손메르휄트 그가 아마도 노르웨이나 스칸디나비아에서 폴리바노프가 있을 곳을 찾을 것입니다. 급히 兄의 의견을 듣고 싶습니다. [하략]"(트루벳코이, 1975)와 같은 것이 있다.

(放蕩癖)이 있었다. 대학의 기숙사에서 생활하고 있었을 때에 그는 술을 마시고 언쟁하는 일이 자주 있었다. [중략] 러시아 소설가 벤야민 카볘린 (В. А. Каверин을 말함 - 필자)은 당시 동양어를 전공하는 학생이었으며 그의 소설 『스캔달리스트』(В. А. Каверин, Скандалист, Москва, 1928 를 말함 - 필자)의 주인공은 폴리봐노프가 원형이라고 말하였다. 그 후 폴리봐노프는 우즈베키스탄으로 옮겼고 가끔씩 잠간동안 모스크바에서 연구하고 가르치게 되었다. 그곳에서 그는 마르의 설을 지지하는 사람들 과 대립하였고 우즈베키스탄에 돌아가기 전에 마르의 학설을 자신의 출판 물 가운데서 공격하였다. 1937년 우즈베키스탄에서 체포되어 마약을 갑자 기 그만두게 된 것을 이겨내지 못하고 구치소에서 죽었다. 그의 죽음은 학계로서는 대단한 손실이었다. 그의 악습, 부도덕한 행동, 그리고 몇 사람 에게 대한 잔인한 행위에도 불구하고 그는 훌륭한 학자였다.

— 포페(1983), 下內充·板橋義三 翻譯(1990 : 71~72)에서 인용

1950년 6월에 스탈린에 의하여 마르주의 언어학이 비판을 받고 몰락 한 후 10여 년이 지난 1963년 3월에 그의 무죄가 인정되어 신원(伸寃) 이 되었으나 그가 죽은 지 이미 20년이 훨씬 넘은 후의 일이었다.

7) 스탈린의 신언어학

5.1.7.0 마르주의 언어학은 구소련의 최고 정치 권력자 스탈린 에 의하여 비판되어 비로소 그 이론의 부당성이 공개적으로 논의되어 혁파革羅되었다. 폴리봐노프에 대한 무자비한 마르학파의 탄압을 보아 온 구소련의 언어학자들이 자신들만으로 이러한 사태를 개선할 수 없 음을 깨닫고 구소련의 최고 수뇌부에 도움을 요청한 것이다.

언어는 특유한 현상이어서 기층이나 상부구조와 직접 관련되지 않는

다는 주장은 다음과 같은 견해를 유도할 수 있고 이것으로 마르주의의 기초를 이루고 있는 모든 사상들이 분쇄되었다. 즉, 언어가 인간의 사회적 계급과 직접적으로 관련을 맺지 않는다는 생각은 다음과 같은 견해를 가능하게 한다.

(1) 각 기층에는 상층구조가 있고 그것은 기층과 불가분하게 결합되어 있어서 기층의 파괴와 더불어 상부구조가 소멸한다. 러시아에서 혁명 후에 자본주의가 폐지되고 사회주의가 수립되었다. 그러나 그 언어는 새로운 단계에 들어서지 않았다.

(2) 각 상부구조는 그 자신의 기층에 따른다. 이것은 언어의 경우 각 계급이 그들 자신의 언어를 가져야한다는 것을 의미한다. 그러나 현대 유럽제국에서 자본가나 프롤레타리아나 동일한 언어를 사용하고 있다.

(3) 상부구조와 기층은 시간적으로 연결되어 있다. 즉 상부구조는 기층보다 오래 지속하지 못한다는 것을 의미한다. 그러나 뿌쉬킨(Пушкин)이 사용한 러시아어는 봉건제도나 자본주의보다 오래 살아 있다.

(4) 상부구조는 인간의 생산 활동과 직접 연결되어 있지 않다. 그러나 언어는 연결되어 있다. 기층은 변하지 않아도 문명의 새로운 성과는 사회생활에 새로운 말을 가져다준다.

— 이비치(1967 : §211) 및 김방한 번역(1982 : 109) 참조

이러한 생각은 마르크스주의 쪽에서 마르주의자들을 공격하는 논거로 들었으며 이에 의하여 마르주의의 운명은 판가름 나게 되었다. 드디어 스탈린 자신이 마르주의를 공격하게 되었고 이 학파는 종언을 고하게 된다.

마르주의 언어학에 대하여 1950년 5월에 구소련의 일부 언어학자들이 통렬한 비판을 가하였다. 그 해 6월에 구소련의 최고 통치자인 스탈린이 종래의 태도를 바꾸어 마르주의를 스스로 비판하기에 이른다. 스탈린은 그 동안의 언어학을 비판하고 마르주의도 반反마르크스주의적이며 마르크스주의를 이해하고 적용하는 것을 그르쳤고 언어의 본질에 대한 이해를 잃고 있다고 지적하였다. 스탈린이 1950년 6월 20일에 『프라우다』지에 발표한 "마르크스주의와 언어학의 제문제"(스탈린, 1950)에서 언어는 상부구조가 아니며 본질적으로 언어는 계급적이지도 않다는 것이다.[16]

스탈린의 마르주의 비판은 김민수(1985 : 104~109)에서 그의 논문(스탈린, 1950)을 북한에서 번역한 『스탈린 선집』(1965)으로부터 인용하여 상세하게 논의되었다. 그 가운데 해당부분을 다시 인용하면 다음과 같다.

> 소위 『바꾸 강의』(바꾸에서 엔. 야. 마르가 한 강의)…실패작으로 인정된 『강의』를 충분히 가치 있는 참고서인 듯이 함으로써 대학생들을 기만하였다는 것을 의미한다. 만일 내가 메싸니노브 동지와 기타 언어학 활동가들의 성실성을 믿지 않았더라면 나는 그러한 행위가 해독행위와 다른 것이 없다고 말하였을 것이다.
>
> 천만에 엔. 야. 마르의 『마르크스주의』를 집어 치우라. 그는 기껏 해서 『프로문학파』나 『로씨아 프로 작가 협회원』과 같은 마르크스주의를 단순화하고 비속화하는 자에 불과하였다.
>
> 엔. 야. 마르는 언어를 상부구조라고 하는 그릇된 비 마르크스주의적인 정의를 언어학에 도입하여 자신을 혼란시키고 언어학을 혼란시켰다.

---

16 스탈린의 이 논문은 그 이전에 『프라우다』지에 12회에 걸쳐 게재하여 자유토론을 거친 것으로 논문의 원제목은 "Марксизм и вопросы языкознания(맑시즘과 언어학의 제문제)"이다.

엔. 야. 마르는 마르크스주의와는 인연이 없는 불손하고 오만하고 건방진 태도를 언어학에 끌어들였는데 그러한 태도는 엔. 야. 마르 이전의 언어학이 가지고 있던 모든 것을 무근거하게 분별없이 부인하는 결과를 초래하였다.

엔. 야. 마르는 비교-력사적 방법을 『관념론적』이라고 요란스럽게 비난하고 있다. 그러나 비교-력사적 방법은 비록 중요한 부족점을 가지고 있지만 그래도 엔. 야. 마르의 실제 관념론적인 4요소 분석보다는 훌융하다고 말할 필요가 있다.

— 『스탈린 선집』(1965) 3(pp.401~409), 김민수(1985 : 104~109)에서 재인용

5.1.7.2 이러한 스탈린의 비판은 30년간 구소련의 혁명의 언어학으로 군림하던 마르주의 종언을 고하는 것이었다. 스탈린은 언어의 기원은 물질적 생산력과 결부하여 설명하였는데 사람이 살기 위하여 생산하고 생산하기 위하여 손이 있으며 생산 수단으로서 도구가 발명되는 것인 것처럼 언어도 사회적 교섭의 도구로서 발전시켜온 것으로 보았다.

즉, 언어는 사회적 교섭의 도구며 사회적 공동작업에 불가결한 요소로서 생산과정의 필수적인 보조물로 보려는 것이다. 따라서 언어는 사회적 기초 위에 생산관계에 의해서 구조되는 정치·법제·종교·예술과 같은 상부구조 형태는 아니라는 것이다. 오히려 사회적 생산을 가능하게 하는 중요한 유대적^{紐帶的} 요소로서 그 기초 구성의 필수조건이라는 것이다. 이에 대하여 스탈린은 다음과 같이 말하였다.

언어는 사회가 존재하는 전 기간을 통하여 작용하는 사회적 현상의 하나이다. 언어는 사회의 발생 발전과 함께 발생 발전한다. 또한 언어는 사회의 사멸과 함께 사멸한다. 사회를 떠나서는 언어가 없다.

언어는 사람들이 서로 교제하고 사상을 교환하며 호상간의 리해를 달성하는 수단이며 도구이다.

사상을 교환하는 것은 항시적이며 사활적인 필수조건이다. 그것은 사상교환이 없이는 자연력과의 투쟁에서나 필요한 물질적 부를 생산하는 투쟁에서 사람들의 협동 동작을 조직할 수 없고 사회의 생산활동에서 성과를 달성할 수 없으며 결국은 사회적 생산의 존재 자체가 불가능하기 때문이다.

—『스탈린 전집』(1965) 3(pp.418~419), 김민수(1985)에서 재인용

또 스탈린은 언어는 전 민족적인 것이어서 비록 그 사용에 있어서 지역적·계급적인 방언의 차이는 나타날 수 있지만 계급적으로 다른 언어가 존재하지는 않는다는 전통적인 언어 정의를 재확인하였다. 그리고 언어의 2대 구성요소인 문법구조와 기본어휘는 변화하지 않음을 역설하여 마르가 주장한 이른바 사요소설四要素說을 부정하였다. 언어구조는 그 문법조직과 기초어휘가 몇 세대를 걸쳐 이룩된 역사의 소산이며 결국 언어는 역사적 산물이고 사회적 필요성에 의한 것이라는 종래 역사언어학적인 언어관으로의 회귀를 보인다.

씨족어로부터 종족어에로, 종족어로부터 준민족어로, 준민족어로부터 민족어에로의 가일층 발달에 관하여 말한다면 발달의 모든 단계마다 어디서나 사회의 인간 교제수단으로서의 언어는 사회에 공통적이고도 유일하였으며 사회적 지위에는 관계없이 사회의 성원들에게 평등하게 복무하여 왔다.

마르크스는 최고의 형태로서의 유일한 민족어의 필연성을 인정하였는데 이 최고형태에 최저 형태로서의 방언이 종속되는 것이다. 레닌의 말을 인증하고는 레닌이 자본주의 하에서의 두 가지 문화, 부르조와 문

화와 프롤레타리아 문화가 존재한다는 것을 인정하였다는 것, 자본주의 하에서의 민족 문화의 구호는 민족주의적 구호라는 것을 상기시키군 한다. 이 모든 것은 옳으며 레닌은 여기에서 전적으로 정당하다. 그런데 여기 어디에 언어의 『계급성』이 있는가?

이 동지들의 오유(誤謬를 말함-인용자)는 그들이 언어를 문화와 동일시하고 혼동하는 데 있다. 그러나 문화와 언어는 두 개의 서로 다른 산물인 것이다. 문화는 부르조와적일 수도 있고 사회주의적일 수도 있지만 교제의 수단으로서의 언어는 항상 전 인민적인 언어이므로 부르조와 문화에도, 사회주의 문호에도 복무할 수 있다. (맞춤법은 원문대로)

— 『스탈린 선집』(1965) 3(pp.408~418), 김민수(1985)에서 재인용

그리고 사회를 구성하고 구성원들을 연결하는 것은 언어의 역할이며 한 사회에서 하나의 언어가 존재한다고 보아 마르주의자들이 갖고 있던 언어의 계급성을 부정하였다. 그리하여 스탈린은 언어를 "첫째 교제 수단으로서의 언어는 항상 사회에 유일적이며 그 성원들에게 공통적이다. 둘째 방언과 통용어의 존재는 전 인민적 언어의 존재를 부정하는 것이 아니라 오히려 확증하며, 방언과 통용어는 전 인민적 언어의 곁가지로서 전 인민적 언어에 종속되었다. 셋째 언어의 『계급성』에 관한 정의는 그릇된 비 마르크스주의적 정의다"(전게 『스탈린 선집』 같은 부분)라고 하여 언어는 전 인민에게 공통된 것으로 어떠한 계급성도 없다고 주장한 것이다.

뿐만 아니라 스탈린은 언어가 상부구조에 속한다고 본 마르주의자들의 오류를 지적하였다.

토대란 사회의 일정한 발전 단계에 있어서의 사회의 경제 제도이다. 상부구조-이것은 사회의 정치적, 법률적, 종교적, 예술적, 철학적 견해

들과 그에 상응하는 정치적, 법률적 및 기타의 기관들이다.

언어는 이러한 면에서 상부구조와는 근본적으로 다르다. 언어는 소여의 사회 내부에서 이런 또는 저런 토대, 낡은 또는 새로운 토대에 의하여 생겨난 것이 아니라 수세기에 걸친 사회의 력사 및 토대의 력사의 전행정에 의하여 생겨난 것이다. 그것은 어떤 한 계급에 의해서가 아니라 사회 전체에 의하여, 사회의 모든 계급들에 의하여, 수백 세대의 노력에 의하여 창조되었다. 그것은 어떤 한 계급의 요구가 아니라 사회 전체의, 사회의 모든 계급들의 요구를 만족시키기 위하여 창조되었다. 바로 그렇기 때문에 그것은 사회에 유일적이고 사회의 전체 성원들에게 공통적인 전인민적 언어로서 창조된 것이다. 그러므로 인간 교제의 수단으로서의 언어의 복무적 역할은 한 계급에만 복무하고 기타 계급에는 불리하게 하는 데 있는 것이 아니라 사회 전체, 사회의 모든 계급들에게 동일하게 복무하는 데 있다.

—『스탈린 선집』(1965) 3(pp.401~409), 김민수(1985)에서 재인용

이러한 주장에서 마르주의자들이 강조하던 상부구조에 속하는 언어의 계급성은 부정되며 이러한 주장은 중대한 오류라고 선언하였다. 즉 스탈린은 "첫째 마르크스주의자는 언어를 토대 위에 서 있는 상부구조로 간주할 수 없다. 둘째 언어를 상부구조와 혼동하는 것은 엄중한 오유를 범하는 것을 의미한다"(『스탈린 선집』 3 위와 같은 곳)라고 하여 마르주의 잘못을 지적하였다.

5.1.7.3 스탈린의 이러한 마르주의의 비판은 그 자신의 창의적인 의견이 아니라 폴리봐노프 등에 의하여 이미 비판된 것이며 바흐친 등이 러시아혁명 직후에 주장된 것이다. 물론 이것은 초기 마르크스-

엥겔스에 의하여 주장된 유물론적 언어관에 근거하는 것이다. 이러한 구소련의 언어관은 스탈린에 의하여 공식화되었고 구소련의 위성국들에게 지대한 영향을 끼쳤다. 북한도 초기의 민족주의적 국어연구에서 점차 벗어나 구소련의 언어학으로부터 영향을 받게 된다.

2. 구소련의 언어학에 영향을 받은 북한 초기의 언어 연구

5.2.0 북한은 해방 이후 점령군이 소련군에 의하여 건립된 정부다. 따라서 구소련의 영향 아래에 있었고 학문도 대부분 동구권의 것을 수입하게 된다. 북한은 남북이 분단되어 남한과는 교류가 끊어지고 정치 경제 문화 학문의 모든 면에서 독자적으로 발전하였다. 특히 6·25 동란 이후에는 남·북한은 일체의 교섭이 중지되었고 남한과는 달리 외부와의 접촉은 매우 제한되었으며 학문도 구소련舊蘇聯과 중국을 통하여 조금씩 외부와의 교류가 이루어졌다. 따라서 남한에서와 같이 다양한 서양 언어학의 수용은 있을 수가 없었다.

북한은 해방 이후 점령군이 소련군에 의하여 건립된 정부다. 따라서 해방 이후의 초기 북한은 구소련의 영향 아래에 있었고 학문도 대부분 동구권의 것을 수입하게 된다. 언어학도 마찬가지였는데 여기서는 구소련의 언어학으로부터 영향을 받은 북한의 언어 연구에 대하여 검토하고자 한다.

북한 정권이 수립된 초기에는 중국에서 돌아온 김두봉金枓奉에 의하여 주시경周時經 국어연구가 계승되었다. 주지하는 바와 같이 김두봉은 주시경의 수제자로서 그의 이론을 가장 철저하게 받아들인 국어학 연구자였으며 상해上海에 망명하여서도『깁더조선말본』등을 편찬하는 등 정력적으로 국어를 연구하였다. 또한 그는 북한 정권 수립에 깊이 관여하였고 부수상을 지낸 바 있으며 연안파 보스로서 북한에서 막강한 영향력을 발휘하였기 때문에 주시경 학문이 북한에 전승된 것은 이론의 여지가 없다.

그러나 해방 직후의 북한에서는 이데올로기 혁명으로서의 언어학을 주창한 '마르크시즘 언어학'과 스스로 마르크스-엥겔스의 혁명투사를 자처한 '엔. 야. 마르H. Я. Mapp'의 언어학이 공산주의 이론과 함께 유행되었다. 김두봉 자신도 마르주의 언어학에 심취되었던 것으로 보이며 그의 추종자였던 김수경 등의 당시 젊은 언어학자들도 이 이론에 대단한 관심을 보였다. 김수경은 남한에서 월북한 언어학자였으나 러시아어에 능통하여 엔. 야. 마르N. Ya Marr의 언어학을 비롯한 마르주의 언어이론을 소개하였다. 즉 김두봉을 중심으로 하는 조선어문연구회에서 1949년 3월 31일에 창간한『조선어 연구』는 초기의 북한에서 간행한 유일한 언어학 및 국어 연구 학술지였는데 6·25 동란 직전까지 1년 남짓한 기간에 거의 월간으로 간행하였다. 여기에는 주로 김수경이 번역하여 소개한 마르주의Marrism 언어 이론이 여러 편 실렸다.[17]

---

17 우선『조선어 연구』創刊號이자 3월호(1949년 4월 간행)에는 에스. 데 까쯔넬손의 "쏘베트 一般言語學의 三十年"(pp.99~125)이 번역되었고(김수경 번역) 또 김수경이 번역한 "쏘베트 言語學의 當面課題"(pp.126~132)가 실렸다. 후자는 1948년 6월 12일에 게. 뻬. 세르쥬첸꼬가 엔. 야. 마르 언어와 사유 연구소에서 "사상·정치적 문제에 관한 전동맹 공산당(볼쉐위끼) 중앙위원회의 결정과 철학 토론의 총화에 비츄어 본 쏘베트언어학의 당면과업"(표기는 원문대로)이란 제목으로 행한 보고(『쏘련 과학아까데미야 문학·언어분과 기관지』1948년 제5호 게재)를 번역한 것이다. 전자는『쏘련 과학아까데미야 문학·언어분과 기관지』1947년 제5호에 게재된 논문을 번역한 것이다. 두 논문 모두가 마르주의(Marrism) 언어학을 소개하거나 이 언어이론의 당면 과제를 밝힌 것으로 당시

1) 스탈린의 신언어연구와 북한의 언어연구

5.2.1.0 해방이 되어 얼마 안 되어 조선어문연구회에서 편찬한 『조선어 문법』(1949, 평양)은 '이극로, 전몽수, 허익, 명월봉, 김용성, 신구현, 홍기문, 김병제, 박종식, 박준영, 박상준, 김수경' 등 12명의 '문법 편수 분과위원회'(위원장 전몽수)에서 편찬한 것이나 실제로는 김수경이 주도한 것이며 당시 북한에서 김일성과 비견할 만한 정치적 위치에 있었던 국어학자 김두봉의 언어이론이 매우 크게 작용하였다.

그리하여 이 책이 문법서임에도 불구하고 김두봉이 창안한 '조선어 신철자법'을 소개하는 데 많은 지면을 할애하였다.[18] 김두봉과 김수경이 모두 마르주의 언어학에 심취되어 있었음으로 『조선어 문법』이 그이론의 영향을 받았을 것은 충분히 미루어 짐작할 수 있다. 특히 품사분류에 대한 이론과 명사와 동사의 어형변화에 대한 형태음소론적 이해는 마르언어학의 영향을 받은 것으로 보인다.[19]

북한이 얼마나 마르주의에 관심을 갖고 있었는가를 말해 준다.

18 이에 대하여 필자미상의 "우리 당의 과학정책에 충실한 조선 어학을 위하여"(『조선어문』 1958년 제3호)에서는 "김두봉은 1948년 1월에 자기 개인의 황당무계한 '리론'이 반영된 '조선어신철자법'을 '조선어문연구회'의 이름으로 강압적으로 출판하였고 1949년 '조선어문연구회'에서 집체적으로 편찬하기로 되어있던 '조선어 문법'을 강압적 방법으로써 자기에게 충실한 김수경 동무로 하여금 집필케 하고 이 문법서를 악명 높은 '신철자법'으로 출판케 하였다"라고 하여 이 문법서가 김수경이 주도한 것이며 김두봉의 '신철자법'이 반영된 것임을 증언하고 있다.

19 마르주의 언어학에서 형태음소론(morphophonemics)에 대한 이론은 매우 중요한 관심사였다. 우선 김수경이 번역한 까쯔넬손의 "쏘베트 一般言語學 三十年"(『조선어 연구』 창간호)에 "엔. 에프. 야꼬블레브는 훨씬 후기의 저술에서, 그리고 그를 따라 몇몇 다른 모스크바 음운론자들도 先覺 브두앵(보드엥)에 의지하여 음운을 본질적으로 어음론적 범주가 아니라 형태론적 범주로 이해하기에 이르렀다. 이리하여 에르. 이. 아와네소브와 웨. 이. 씨도로브는 음운의 이론을 음운교체에 관한 쉬체르바의 이론과 합일시켜, 음운의 '變異'와 음운의 '變種'을 구별하는 바 전자는 위치적 뉴앙스를 의미하고 후자는 동일 형태부의 각종 형태에서 교체하는 독립적 음운이라고 이해한다"(철자법은 원문대로)라는

전후戰後 북한사회가 어느 정도 정돈이 되고 북한정권이 내치에 관심을 갖게 된 1960년대에 김일성은 북한의 언어연구에 관심을 갖게 된다. 이것은 이데올로기의 이념 투쟁에서 언어가 차지하는 비중이 매우 크며 1950년대 스탈린이 보여준 언어학적 지식과 언어정책은 김일성으로 하여금 우리말과 그에 대한 정책에 지대한 관심을 갖게 하였다. 그리하여 1964년과 1966년의 두 차례에 걸친 북한 언어학자에게 내린 소위 김일성 교시에 의하여 북한 언어학은 크게 변모하게 된다. 더욱이 1968년 김두봉이 완전히 숙청되자 그 반대세력이 북한의 언어학을 주도하면서 마르주의 언어학 이론은 북한의 언어연구에서 완전히 자취를 감추게 된다.

5.2.1.1 이때부터 북한에서는 스탈린에 의하여 강조된 '신언어학 이론'이 관심을 끌게 된다. 이 이론은 위에서 살펴본 바와 같이 스스로 마르크스주의에 입각한 언어학이라고 자처했던 마르주의 언어학에 반대하여 생겨난 것으로 제정帝政 러시아 시대부터 발달하여 구소련에 연결된 러시아의 언어학과 시월 혁명 이후 구소련에서 마르크스주의자들에 의하여 산발적으로 고찰된 이데올로기적 기호의 연구, 즉 이데올로기적 언어학이 접목된 것이다.

스탈린에 의해서 주창되어 북한에서 각광을 받은 이 '신언어학'은 북한의 언어연구에 아주 중요한 이론이지만 지금까지 한국학계에서는 이에 대한 연구가 거의 없다. 뿐만 아니라 마르크스 사상연구에서도 언어에 대한 언급을 명쾌하게 보여준 것도 없었다. 다만 졸고(1994) 등에서 논의된 마르크스-엥겔스, 레닌 등 마르크스주의 창시자들의 언어에 대한 언

주장의 '音韻 變種'은 활용과 곡용에 나타나는 음운의 교체형을 말하는 것으로 현대 언어학에서 형태음소론의 태도를 보이고 있다.

급은 상부구조^{上部構造}로서의 이데올로기라든지 상부구조와 토대와의 관계와 같이 이데올로기가 사회라는 통일체^{統一体}에 차지하는 위치 등을 언급하면서 언어가 수행하는 역할을 지적한 것에 불과한 것이었다.

5.2.1.2 아직도 마르크스주의에서는 이데올로기적 형성물의 소재(=언어)나 이데올로기적 의사소통의 제 조건(=언어상황)에 관한 문제들에 대하여는 사적^{史的} 유물론^{唯物論}의 일반이론으로서는 2차적인 것으로 보고 결론을 낼만한 연구가 아직 이루어지지 않고 있다. 그러나 1927년에 볼로쉬노프(1927)의 『마르크시즘과 언어철학 — 언어학에 있어서 사회과학적인 방법의 기본 문제』가 레닌그라드(지금의 쌍트 뻬제르부르그)에서 발표되고 나서 '마르크스주의 언어학'이란 용어가 극히 제한된 동구권 학자들 사이에 사용되기 시작하였다.

이 책은 볼로쉬노프^{В. Н. Волошинов}의 이름으로 발표되었지만 앞에서 살펴본 대로 실제로는 바흐친^{М. М. Бахтин}의 저작으로서 그는 이미 데리다^{Jacques Derrida}, 푸코^{Michel Foucault}, 라깡^{Jacques Marie Émile Lacan}, 하이데커^{Martin Heidegger}, 루카치^{György Lukács}, 니체^{Friedrich Wilhelm Nietzsche}, 야콥슨^{Roman Jakobson} 등에 의하여 거론된 바 있는 구소련을 풍미^{風靡}한 철학자이며 문학자, 그리고 언어학자였다.

이 책의 제3부에서는 '간접화법과 직접화법 및 그 변형'이란 제목으로 언어 연구에서 표현의 문제를 다루었는데 주로 문체론적인 연구가 중심을 이루었다. 해방 후에 북한에서 왜 문체론적인 연구가 그렇게 많이 이루어졌는지 이를 통하여 알 수 있다. 북한의 국어연구에서 서양언어이론의 도입은 제정러시아로부터 구소련에 걸쳐 발달한 러시아 전통적인 언어학과는 별도로 이데올로기 언어연구로 시작된 마르크스주의 언어학이 영향이 컸던 것을 알 수 있다. 여기서는 마르크스-엥겔스에 의하여 주도된 마르크스주의 언어학이 북한의 언어연구에 어떠한 영향을 주었는가를 살펴보기로 한다.

2) 북한 초기의 민족주의 언어학과 마르주의

5.2.2.0 해방 직후 북한의 국어학은 다른 분야에서와 마찬가지로 대단한 혼란에 빠져 있었다. 그것은 북한이 김일성을 중심으로 하는 소련파蘇聯派와 김두봉金枓奉 등을 중심으로 하는 연안파延安派가 혼합하여 정권을 수립하였기 때문이다. 연안파의 수장首長이었던 김두봉은 주시경周時經의 수제자로서 그 자신이 어학자이었으므로 북한에서는 초기에 주시경과 김두봉의 국어이론이 주로 세력을 얻었다. 이들의 국어학은 일제치하에서 독립운동의 일환으로 일구어진 국어연구였기 때문에 이론적으로는 일본어학의 영향을 받았으나 연구태도는 민족주의적인 경향이 강했다. 그리하여 한글을 숭상하고 독자적인 언어이론을 계발하여 국어를 기술하고 학문적으로 정리하려는 주시경의 영향을 강하게 받았다.

1946년 2월 북한의 김일성 정권이 정식으로 수립되고 얼마 되지 않은 1947년 3월 8일에『표준말 맞춤법 사전』이 간행되었다. 이 철자법을 보급하고 혼란된 북한의 국어사용을 바로잡기 위하여 1946년 7월에 북한에서 민간단체로서 조선어문연구회가 발족하였다. 이 연구회는 올바른 국어의 정서법을 계몽하고 일본어에 오염된 국어의 순화에 많은 공적을 쌓았으며 그 공로를 인정하여 1947년 2월에 북조선 인민위원회 결정 175호로서 이 연구회를 정식으로 김일성대학 내에 설치하기로 하고 대대적인 개편을 단행하였다.

이 연구회에서는 북한의 '조선어 신 철자법'의 초안을 작성하는 등 많은 활동을 하였다. 1948년 10월 2일에는 북조선 내각의 제4차 회의에서 조선어문연구회를 교육성에 두기로 결정하고 북한의 어문정책을 실제적으로 수행하기에 이른다. 이 연구회는 문법교재를 편수하고 사전을 편찬하며 연구지를 발행하는 등 국어정책의 실질적인 집행기관으로 부각하게 된다. 직제는 위원장인 서기장을 비롯하여 문법편수부장, 사전편찬부장, 편집출판부장, 경리과로 구성되었고 초대 위원장에는 조선어학회 사건으로 옥고獄苦를 치루고 해방으로 출옥한 리극로가 취임하였다. 1949년 1월 15일에 열린 훈민정음 창제 505주년 기념식에는 김두봉을 비롯하여 홍명희(당시 부수상), 백남운(당시 교육상) 등이 참석하여 대성황을 이루었다.

5.2.2.1 조선어문연구회에서는 기관지 『조선어 연구』를 1949년에 간행하였다. 이 기관지에 게재된 학자들을 살펴보면 크게 세 부류로 나눌 수가 있다. 즉, 김수경을 대표로 하는 김일성대학 조선어학과 교수들의 언어학자들과 김두봉의 제자로서 주시경의 학통을 이어가는 리만규, 김금석, 박의성 등의 연안파 학자들, 그리고 남한에서 북한으로 넘어간 전몽수田蒙秀, 홍기문 등의 월북파가 그것이다. 이들은 대부분 일제 식민지시대의 우리말 연구에 혁혁한 공을 세운 조선어학회의 항일민족정신을 계승하여 국어연구를 수행하려는 것이었다.

그러나 김수경 등 김일성대학의 일부 교수들은 소련의 언어학, 특히 당시 유행하던 마르주의 언어학을 추종하였으며 김두봉도 이에 동조한 것으로 보인다. 참고로 창간호에 실린 논문을 적기하면 다음과 같다.

창간사-리극로

論文

　국문연구 단체의 연혁-리만규,

　훈민정음의 음운조직-田蒙秀,

　조선말 닿소리의 발음 습관-박상준,

　출판물에서 보는 우리말-박경출

思潮

　쏘베트 一般 言語學의 三十年-에스. 데. 까쯔넬손(김수경 역)

　쏘베트 言語學의 當面課業-金壽卿

講座

　松江歌辭의 연구-한수암

資料

　조선 어문 연구회의 사업 전망-편집부

　古語例解-김종오

이것을 보면 조선어문연구회도 비록 조선어학회의 일원이었던 이극
로를 위원장으로 하였지만 주로 신구현, 김수경을 중심으로 한 김일성
대학의 교수들이 세력을 잡고 있었으며 마르주의 언어학을 비롯하여
구소련의 언어학이 소개되고 있음을 알 수 있다. 그러나 북한의 초기
국어연구는 주시경의 학통을 이어받은 김두봉과 그의 제자들, 그리고
조선어학회의 후광을 업고 있는 항일 국어학자들의 영향도 적지 않았
음을 볼 수 있다.

『조선어연구』(제1권 제4호, 1949.7)의 권두에서 신구현의 "국문운동의
선각자 주시경 선생의 생애와 업적(1)"이 발표되었고 이것은『조선어연
구』의 다음 호(제1권 제5호)까지 계속되었다. 주시경의 국어연구가 북한
에서 언어정책의 수립 등에서 존중된 것은 그의 학통을 이어받은 김두

봉·리극로 등에 의한 것이며 1958년 3월 김두봉이 8월에 종파분자로 숙청되기까지 주시경의 국어이론은 북한의 언어정책을 주도하여 1957년 10월에는 북한에서 『주시경유고집周時經遺稿集』까지 간행되었다(김민수, 1977 : 225~242).

5.2.2.2 실제로 1949년에 간행된 『조선어문법』은 북한 최초의 규범으로서 김두봉의 『깁더조선말본』의 이론이 많이 수용되었다. 원래 이 문법서는 1948년 10월에 전술한 조선어문연구회 전문연구위원회 내부에 이극로, 전몽수, 허익, 명월봉, 김용성, 신구현, 홍기문, 김병제, 박종식, 박준영, 박상준, 김수경 등 12명으로 구성된 문법편수 분과위원회를 구성하고 전몽수가 위원장이 되었다. 이 위원회가 1년에 걸쳐 문법서를 편찬하고 1949년 12월에 간행하였다.

이 문법서는 매우 어려운 과정을 거쳐서 편찬된 것으로 보이는데 이 책의 머리말에 "1949년 9월 초, 문법편수 분과위원회, 그 중에서도 특히 김일성 종합대학 조선어강좌를 중심으로 한 위원들의 노력의 결과 조선어문법 초고가 완성되어 그 후 1개월여에 걸친 위원들의 신중한 검토와 10월 3일의 문법분과위원회 및 전문연구위원회 총회에서의 최종적 토의의 끝에 조선어문법이 기본적으로 타당하게 편찬되었음을 확인하고 이에 공간하게 된 것이다"라고 하여 김일성 종합대학 조선어강좌를 담당하고 있던 김수경 등이 주도한 것으로 보이며 김두봉의 신철자법을 따르고 있는 것으로 보아 그의 문법이론을 기초로 하여 김수경 등의 신진학자들이 편찬한 것으로 볼 수 있다(임홍빈, 1997 : 22).

이 책의 간행에는 전문연구위원회에서 적지 않은 파란이 있었음을 문맥을 통하여 읽을 수 있다. 그러나 이 문법서는 문장론을 형태론보다

우위에 놓고 형태론이 어음론보다 위에 놓은 것으로 보아 마르주의 언어학의 영향을 받은 것으로 보인다(임홍빈, 1994 : 935~6). 아마도 김두봉이 중국 망명 시절에 심취했던 마르주의 언어학 등 구소련의 언어학이 반영된 것으로 보인다.

5.2.2.3 또 김두봉은 주시경의 국어연구 방법을 계승하여 그의 연구방법이 이 시기에는 주류를 이룬다. 예를 들면 주시경 선생에 의하여 주장된 한글 가로풀어쓰기가 이 연구회에서 받아들여 제1권 제8호의 표지 상단에는 이 기관지의 명칭이 'ㅈㅗㅅㅓㄴㅓ ㅕㄴㄱㅜ'라고 표기되었다. 북한에서 한자폐지가 단행되고 국어순화가 중단 없이 수행된 것도 역시 주시경 학파의 주장이 북한정권의 수뇌부의 언어정책에 반영된 것으로 보아야 할 것이다.

이러한 주시경 선생의 국어연구가 끼친 영향은 김두봉이 숙청된 다음에도 계속되어 김일성의 "조선어의 민족적특성을 옳게 살려나갈데 대하여"(『김일성 저작선집』 제4권, 1968 : 8)에서는 김일성 자신이 "옛날 우리 선조들도 글을 고치려고 애를 많이 썼습니다. 『주시경유고집』에서 우리 글을 풀어서 가로 쓴 례를 보니 그것도 나쁘지 않습니다. 운운"하여 주시경의 영향이 1960년에도 계속되었음을 알 수 있다.

반면에 소련파와 연안파의 어디에도 속하지 않고 남한에서 월북한 홍기문, 전몽수 등의 이 국내파도 초기부터 대단한 활약을 보였다. 특히 북한 정권 수립 후에 부수상을 지낸 홍명희의 아들인 홍기문은 주로 국어의 역사적 변천에 관심을 갖고 고어古語의 주석과 이두 등의 차자표기의 연구에 주력하였다. 전몽수는 주로 일제 강점기의 일본인 학자들의 연구를 이어받아 서구의 음운이론에 입각한 연구가 주종을 이루었다.

5.2.2.4 북한의 언어연구는 6 · 25 동란으로 일대 전환기를 맞이한다. 그리하여 북한의 언어연구는 해방 이후에 북한 정권이 수립한 때부터 1950년 6월까지를 한 시대로 잡을 수 있다. 이 시대는 해방 이후의 혼란에서 벗어나려는 노력이 북한의 어문정책에서도 계속된 때로서 일제 강점기에 활약하던 조선어학회의 잔여세력과 소련의 마르크스주의 언어학을 소개하려는 소련파가 서로 팽팽하게 줄다리기를 하던 때로 볼 수 있다.

그러나 6 · 25 동란이 휴전이란 상태로 끝이 나고 어느 정도 전란이 수습되던 1954년부터 북한의 언어연구는 전환점을 맞이한다. 우선 마르주의 언어학이 스탈린에 의하여 비판된 다음에 스탈린이 주장한 언어 이론이 한때 북한을 풍미하게 된다. 위노그라도프(1952)에 의하면 스탈린이 마르주의 이론을 비판한 이후 소련과 주변 지역들에서 민족어를 그 역사 속에서 연구하는 사업이 적극 추진되었다고 한다. 또 임홍빈(1994)에 소개된 아비로진 외(1954)에 의하면 마르의 '신언어이론'의 해독을 제거하기 위하여 문법서의 편찬이 강조되었다고 한다. 이에 따라 북한에서는 문법에 관한 연구와 문법서가 간행되기 시작한다.

이러한 시대에 『조선어문법』 1(1960)과 2(1963)가 간행되어 전술한 1949년 간행의 『조선어문법』과는 매우 다른 문법체계를 보여준다. 북한의 과학원 언어문학연구소 언어학연구실에서 편찬한 이 문법서는 초창기 김일성대학 조선어강좌 교수들을 중심으로 이루어진 문법서와는 달리 매우 학문적인 연구의 결과물이었으며 마르주의 언어학에서 많이 탈피하였다. 이때는 김두봉이 숙청되었을 때이므로 그의 실각과 더불어 그의 이론도 비판을 받았으며 그가 마르주의 언어학에 경도되었다는 비판도 나왔다.[20]

뿐만 아니라 6 · 25 동란 이후는 북한은 사사건건이 남한을 의식하여 고의적으로 서로 대립되는 정책을 수립하기 시작하였다. 그리하여 한글 맞춤법통일안에 기초하여 남북한이 공통적으로 사용하던 철자법도 북한 만의 독자적인 정서법을 제정하여 사용하고 단어만들기라는 국어 순화 운동을 대대적으로 전개하여 남북한의 언어가 이질화되기 시작하였다.

즉, 김민수(1985)에 의하면 "1954년 9월에 이른 바 人民經濟復興 및 發展 3개년 계획과 함께 綴字法의 1차 修正과 겸행하여 言語의 規範化 및 淨化運動을 전개했다"(한자는 원문대로)라고 하여 이 시대에 북한의 언어문학연구소에서 간행한 『조선어 철자법 사전』(1956년 12월 간행, 과학 원 출판사, 평양)을 비롯하여 장장명의 『조선어 철자법 해설』(1958년 10월 교육도서출판사, 평양)을 들고 있다(김민수, 1985 : 145). 이로부터 북한의 독 자적인 언어 규범화가 전개되기 시작한 것이다. 북한의 이러한 시대를 제2기 철자법시대로 구분하기도 한다.[21]

5.2.2.5 제2기 철자법시대에 수행된 것으로 소위 말다듬기로 알 려진 언어정화운동은 한자폐지가 철저하게 시행된 북한에서는 당연한 결과라고 할 수 있다. 1955년에 제정한 '조선어 외래어 표기법'은 『말과 글』(1959년 5~8월호에 연재됨)에 소개된 "외래어 표기법 해설"에 의하여 그 윤곽을 알 수 있는데 그 행동 강령은 "① 쉽게 푼다, ② 일본식을 없앤다, ③ 의미를 정확하게 쓴다, ④ 간결하게 다듬는다, ⑤ 좋지 못한 틀을 없앤다"의 다섯 가지였다.

---

20 이에 대하여는 전술한 팔자미상의 "우리 당의 과학 정책에 충실한 조선어학을 위하여" (『조선어문』 1958년 제3호)를 참조할 것.
21 김민수(1985)에서는 북한의 언어연구를 제1기(1945~54)—통일안시대, 제2기(1954~66) —「철자법」시대, 제3기(1966~현재)—「규범집」시대로 나누어 고찰하였다.

이에 따라 북한에서는 철저한 언어 정화 운동이 전개되었으며 외래어의 사용과 표기 및 그 정화에 따라 남북한 언어의 이질화는 더욱 심화되었다. 이와 같은 언어정화운동은 김일성의 교시가 있은 후에 '조선말규범집'으로 정리되었다.

언어정화운동으로 일어난 남북한 언어의 이질화는 어휘에서 두드러지게 나타나는데 이러한 한 어휘 차이의 유형을 살펴보면 첫째 남한과 북한에서 별도로 사용하는 말이 있다. 즉 남쪽에서만 사용하고 북한에서는 쓰지 않는 말과 그 반대의 경우가 있다. 예를 들어 '조선혁명의 불새가 난다'에서의 북한어 '불새'("불새─『혁명의 불씨를 널리 뿌리는 투사』를 형상적으로 이르는 말"『조선말 대사전』, 이하 『조』로 약칭, 상 p.1518)는 남한의 사전에는 등재되지 않았고 필자도 들어본 바가 없다. 아마도 '불사조不死鳥'로 알려진 '화조火鳥, phoenix'를 '불새'로 말다듬기한 것으로 보인다. 이 말은 "캄캄한 누리를 밝히며 자유의 대공을 날던 혁명의 불새는 이처럼 추악한 변절자때문에 깃을 꺾이우고말았다"(소설『누리에 붙는 별』에서, 띄어쓰기 맞춤법은 원문대로, 이하 같음)에서 불새火鳥와 같은 혁명 투사를 묘사하는 말로 쓰였다.

둘째로는 남·북한이 서로 달리 쓰는 말이 있다. 다시 말하면 같은 말이 다른 의미로 쓰이는 경우다. 예를 들면 북한의 속담인 "지주는 죽어서 땅문서 안고 죽는다"의 '지주地主'는 남한의 사전에서 "토지의 소유자"로 뜻풀이가 되어 별다른 나쁜 의미를 보이지 않는다. 그러나 북한에서는 '지주'에 대하여 "많은 땅을 가지고있으면서 그것을 농민들에게 소작을 주어 지대의 형태로 농민들의 로동을 착취하면서 기생적으로 살아가는 자 또는 그러한 계급. 봉건사회에서는 물론 자본주의시기에도 많은 나라들에 의연히 남아있는 농촌의 기본착취계급이다"(『조』하

p.364)라고 하여 매우 부정적인 의미로 설명하였다. 그러나 '지주'를 이런 의미로 이해하는 사람은 남한에서는 별로 없을 것이다.

셋째로는 같은 말이지만 표기가 다른 것이 있다. 주로 한자어에서 두음법칙을 인정하지 않는 북한어의 철자법으로 말미암아 생겨나는 것이 많고 또 외래어의 근원어가 다르거나 그 표기 방식이 달라서 일어나는 경우도 있다. 예를 들면 '역사歷史, 력사', '여자애 : 녀자애'와 '트랙터tractor : 뜨락또르трактор', '피오니르pioner(노어-소련의 소년단) : 삐오네르пионер(또는 삐오넬)'에서 전자의 두 북한어 '력사, 녀자애'는 두음법칙을 인정하지 않은 예이고 '뜨락또르'는 러시아어에서 차용된 것으로 남한의 영어로부터 차용된 것과 차이가 난 것이다. 다만 '삐오네르'는 러시아어이지만 남·북한의 러시아어의 표기가 다른 데서 생긴 차이라고 할 수 있다.

넷째로는 평양 말을 기준으로 하는 북한의 문화어와 서울말을 기준으로 하는 남한의 표준어가 방언의 차이로 말미암아 일어나는 언어차言語差를 들 수 있다. 예를 들면 "황철에서 타오른 자동화의 불꽃은 인차 온나라에 타번져 기술혁명수행에서는 새로운 앙양이 일어났다"에서의 '인차'는 함경도 방언에서 '이내'의 의미로 쓰이던 것이 문화어로 인정된 것이다. '인차'에 대하여 북한의 1962년 『조선말 사전』에서는 "인차[부](방언) 곧"이란 풀이를 붙여 방언으로 보았으나 1968년 『현대조선말사전』에서는 이를 문화어로 고쳤으며 1973년 『조선문화어사전』에서 이를 그대로 이어받았다. 『조선말대사전』(1992)에서도 '이내'라는 뜻풀이와 함께 예문으로 "그곳에 가면 인차 편지를 하여라"(『조』 하 p.1707)를 들었다.

다섯째로는 남한과 북한의 정치·사회제도가 달라서 차이가 나는 어휘가 있다. 예를 들면 '사회안전부', '사로청' 등이 있다. '사회안전기관'은 『조선말대사전』(1992)에서 "[법학]프롤레타리아독재기관의 기능을 수행하는 국가기관. 수령과 당을 옹호보위하고 인민정권과 국가사회제도와 혁명의 전취물을 원쑤들의 침해로부터 수호하며 인민의 생명재산을 보호하고 사회의 안전질서를 유지하며 로동계급의 혁명위업을 보위한다"(『조』 상 p.1650)라고 설명되어 있어 남한에는 존재하지 않는 통치기관의 명칭임을 알 수 있다. 남한에서 이에 해당하는 국가기관을 굳이 찾는다면 그 일부 기능을 경찰이 담당한다고 할 것이다. '사로청社勞靑'은 역시 북한의 국가기관인 '조선사회주의로동청년동맹'의 준말로서 북한 청년들의 공산주의적 대중단체를 말한다.

3) 언어에 대한 김일성의 두 차례 지시

5.2.3.0 김일성의 1964년과 1966년에 있었던 두 차례에 걸친 지시는 북한 언어연구에서 일대 전환기를 맞이하게 된다. 1964년 1월 3일 김일성은 언어학자들과 간담회를 갖고 북한의 언어정책에 대한 여러 가지 지시를 내린 바가 있다. 이때의 지시는 북한의 당면한 여러 언어문제, 예를 들면 한자어 문제, 철자법의 대중화, 말 다듬기 운동 등에 대한 기본방향이 제시되었다. 1966년 5월 14일에는 '문화어'를 북한의 표준어로 하는 등 북한의 독자적인 어문정책을 천명하게 된다. 이에 의거하여 북한의 독자적인 『조선말규범집』이 1966년 6월에 제정되었고 동 7월 30일에 간행되었다. 이 규범집은 한글의 맞춤법, 띄어쓰기, 문장부호법, 표준발음법의 4부로 되어 북한의 철자법을 망라하고 있다. 이것은 1954년의 『조선어철자법』을 개정한 것이지만 남한의 한글맞춤법통일안과는 적지 않은 차이를 보인다.

김일성의 언어연구에 대한 지시는 스탈린의 마르크스주의 언어학에 영향을 받은 것으로 민족어로서 국어의 연구를 강조하고 언어가 사회주의 국가의 건설과 과학기술을 발전시키는 무기로서 이를 적극적으로 다듬어야 한다는 것이다. 이러한 생각은 전술한 유물론적 언어관을 바탕으로 한 것으로 언어는 하나의 도구이며 사용 목적을 위해서는 얼마든지 수정할 수 있다는 언어 도구관에 입각한 것이다. 이러한 사고는 말 다듬기 등의 적극적인 언어정책의 수행으로 나타난다.

공산주의 혁명이 완수되고 전 세계 여러 민족이 하나의 공통된 프롤레타리아 공동사회가 이루어지기까지 각기 민족어가 사용될 것이며 북한의 언어도 이 혁명이 완수되기까지는 이 민족어를 사용할 수밖에 없다는 생각을 반영하였다는 점이다. 이에 대하여 김일성은 "우리는 공산주의자들입니다. 우리는 자기의 말과 글을 발전시키는 데서 세계인민들의 언어발전의 공통적인 방향을 고려하여야 합니다. 물론 언어발전을 세계공통적인 방향에 접근시킨다고 하여 너무 빨리 우리 언어의 민족적인 특성을 버려도 안 됩니다. 온 세계가 다 공산주의로 되려면 아마 상당한 시일이 걸릴 것입니다. 그러므로 일정한 시기까지는 민족적인 것을 살려야합니다. 민족적인 것만 보고 세계 공통적인 것을 보지 않는 것도 잘못이며 반대로 세계 공통적인 것만 보고 민족적인 것을 보지 않는 것도 잘못입니다"(김일성, 조선어를 발전시키기 위한 몇 가지 문제, 『문화어학습』, 1969년 3호 : 1~9)라고 하여 일시적이지만 민족어의 특성을 살려서 사용하여야 함을 강조하고 있다.

김일성의 이러한 지시는 북한에서 국어의 연구를 발전시키는 데 결정적인 역할을 한다. 특히 국어의 역사적 연구라든지 언어 도구관에 입각한 말 다듬기 운동 등이 이 시기에 크게 주목을 받게 되었다. 이에 대하여 김일성은 "공산주의자들인 우리는 우리말의 민족적 특성을 살리고 그것을 더욱 발전시켜 나아가야 합니다. 공산주의자가 아니라고 하더라도 민족적 량심을 가진 조선 사람치고 우리말의 민족적 특성이 없어져 가는 것을 좋아할 사람은 하나도 없을 것입니다. 온 세계가 다 공산주의로 되기까지는 사람들이 민족별로 갈라져 살기마련이며 조선 사람은 조선 땅에서 살게 될 것이므로 조선 말을 계속 쓰게 될 것입니다. 그러므로 우리는 어떻게 해서든지 우리말을 잘 살리고 발전시켜야 합니다"[22]라고 하여 우리말의 민족적 특성을 부각시켜야 한다는 주장을 계속하였다.

다만 이것이 언어 여구의 역사주의에 입각한 것이 아니라 유물론적인 언어 도구관에 의한 것임은 그가 1970년 11월 4일에 '조선로동당 제5차대회에서 한 중앙위원회 사업총화보고'에서 행한 연설 속에서 확인할 수 있다. 즉 이 보고 연설 속에서 그는 "언어는 민족을 이루는 공통성의 하나이며 나라의 과학과 기술을 발전시키는 힘있는 무기이며 문화의 민족적 형식을 특징짓는 중요한 표징입니다. 그러므로 민족어를 발전시키지 않고서는 사회주의적 민족문화를 성과적으로 건설할 수 없습니다"(『조선로동당 제5차대회에서 한 중앙위원회 사업총화보고』, 평양 조선로동당 출판사, 1970, pp.58~59, 김민수 : 1985에서 재인용)라고 하여 언어가 민족의 표징이며 과학과 기술의 발전을 위한 도구이고 사회주의 국가 건설을 위하여 발전시켜야 할 대상임을 분명히 하였다. 이로부터 북한의 국어 연구는 마르주의의 망령에서 벗어나 바흐친이나 스탈린 등에 의하여 주장된 마르크스주의 언어학에 입각한 연구가 계속되었다.

---

22 1966년 5월 14일에 행한 이 지시는 후일 "김일성 – 조선어의 민족적 특성을 옳게 살려나갈데 대하여"(『문화어학습』 1969년 3호/1~9)에 다시 실렸다.

4) 마무리

이상 제정러시아로부터 구소련에 걸친 러시아의 언어학에 대하여 고찰하고 그것이 초기 북한이 언어연구에 어떠한 영향을 주었는가를 고찰하였다. 러시아에서는 제정말기로부터 구소련에 이르기까지 여러 언어학파가 부침을 거듭하며 언어연구를 발달시켜 왔다.

본장에서는 먼저 보드엥 드 꾸르뜨네의 까잔 학파를 위시하여 포르뚜나또프 학파와 모스크바 언어학 서클Moscow Linguistic Circle, 뻬제르부르그 학파, 초기 바흐친의 마르크시즘 언어학, 마르주의 언어학, 스탈린의 신언어학 등의 순서로 제정러시아로부터 구소련에 이르는 러시아 언어학에 대하여 고찰하고 그 가운데 마르주의 언어학이 북한의 초기언어학에 많은 영향을 끼쳤음을 살펴보았다.

그러나 소련에서 스탈린에 의하여 마르주의 언어학이 혁파되고 마르크시즘 언어학에 입각한 스탈린의 신언어학이 대두하여 소련의 모든 언어학을 망라하게 되었으며 그것이 북한의 언어학, 특히 김일성의 언어정책에 지대한 영향을 끼쳤음을 주장하였다. 스탈린의 신어학은 그의 사후에 바흐친의 마르크시즘 언어학으로 발달하여 구소련과 오늘날 러시아 언어학의 핵심을 이루고 있는 것으로 보았고 이것도 후일 북한에서 적지 않은 영향을 주었음으로 아울러 고찰하였다.

북한은 1970년대를 고비로 소련의 영향에서 벗어나 독자적인 언어연구방법을 개발하였다. 소위 주체사상에 입각한 북한의 언어연구는 일체의 외래학문과 교류를 거부하고 독립적이고 주체적인 언어연구를 시도하였으며 그 결과 학문으로서 언어연구가 매우 과학적인 방법에서 일탈하였다. 본장에서는 6 · 25 동란 이전의 북한에서 마르주의 언어학과 마르크시즘 언어학이 어떻게 영향을 주었는가를 집중적으로 고찰하였다. 그리하여 김두봉과 김수경 등에 의하여 마르주의가 영향을 주었음을 살펴보았다. 그러나 스탈린이 마르주의를 비평하면서 북한에서는 김일성의 두 차례네 걸친 언어 사용에 대한 지시가 있었으며 그로부터 새로운 언어정책이 태동하였다고 판단된다.

3. 폴리봐노프의 한국어 계통연구와 훈민정음[23]

5.3.0 한국어의 계통연구는 사양의 역사언어학자들이 한국어의 기원이나 계통에 대하여 관심을 가진 때부터 본격적으로 시작되었다고 본다. 물론 우리 선인들이 우리민족의 기원이나 계통에 대하여 관심을 갖지 않은 바는 아니나 그것은 대부분 민간어원설folks etymology의 범위를 벗어나지 못하였다. 그리하여 한국어의 계통에 대한 연구는 다른 한국어의 연구와 같이 서양언어학이 수입되어 한국어가 연구된 것으로부터 보는 것처럼 지금까지는 람스테드(1928)의 논구論究를 그 효시嚆矢로 본다(이기문, 1975).

그러나 이보다 꼭 1년 앞서서 한국어와 알타이제어의 친족관계에 대하여 놀랄 만한 논문이 구소련舊蘇聯의 레닌그라드에서 발표되었다. 이 논문

---

23 이 논문은 "On Polivanov's Study of the Geneology of Korean-Focused on Polivanov's Life and His Scholarship"라는 제목으로 2004년 7월 13~14일에 열린 ICKL 2004 at Ankara Univ., Antalia, Turkey에서 구두로 발표한 바 있다. 영문으로 실린 원고를 우리말로 번역하여 『이병근 선생 은퇴기념 논문집』에 "폴리봐노프의 생애와 학문 – 한국어 계통연구를 중심으로"란 제목으로 실렸다. 졸고(2006a) 참고.

은 그동안 한국어 계통연구자들에게는 환상적인 것이었는데 이것이 바로 북한학자들에 의하여 소개된 폴리봐노프E. Д. Поливанов의 "한국어와 알타이제어와의 친족관계에 대한 문제에 대하여"("K voprosu o rodstevennyx otnošenijax koreikogo i 'altajskix' jazykov" [Izvestija Akademii nauk SSSR] Series VI, Vol.XXI, Nos. 15-17, Leningrad, 1927)라는 논문이었다.[24]

그는 이 논문에서 한국어와 알타이제어가 상당한 유사성을 보이며 이들은 알타이어족에 속하는 것으로 추정하였다(정광·허승철 공역, 2004). 특히 현대 한국어의 모음을 9개, 또는 10개로 추정하였는데 그 가운데 '애[æ], 에[e], 외[ø], 위[y]'는 후대에 발달한 것이고 대부분 이중모음이 단모음화 한 것이며 이 단모음화에 선행하는 모음 체계는 7개의 음소로 이루어진 것으로 보았다. 이것은 훈민정음 창제에서 거론이 됐던 것으로 오늘날의 한국어 역사의 연구에서는 누구나 인정하는 이론이지만 이미 80년 전인 1927년에 이러한 주장을 하였던 천재적인 한국어 계통 연구가 있었던 것이다.

여기서는 전설적인 구소련의 언어학자 폴리봐노프Polivanov의 생애를 소개하고 그의 한국어 계통연구에 대하여 그간의 연구를 중심으로 고찰하고자 한다. 그리하여 그의 연구가 얼마나 예언적이었으며 그에게 영향을 준 당시의 한국어 연구논문은 어떤 것이 있었는가를 살펴보기로 한다.

---

24 원문은 "К Вопросу о Родственных Отношениях Корейского и 'Алтайских' Языков" [Proceedings of the Academy of Sciences of the U.S.S.R], Series VI, Vol.XXI, Nos 15-17, Leningrad, 1927, 1195~1204이며 이것을 영문으로 번역하여 레온테프 편 (1974 : 149~156)에서 "Toward the Question of the Kinship Relations of Korean and the 'Altaic' Languages"라는 제목으로 실었다. 그리고 이것은 정광·허승철 공역(2004)에서 우리말로 번역되었다.

1) 초기 폴리봐노프의 생애와 학문

5.3.1.0　먼저 구소련의 전설적인 언어학자 폴리봐노프Polivanov의 생애를 레온테프·로이젠존·하주친(1974)의 소개를 통하여 살펴보기로 한다. 1960년대부터 우리에게 널리 알려진 고故 니콜라스 포페Nicholas Poppe교수의 스승이며 구소련의 스탈린 시대에 엔. 야. 마르N. Ya. Marr의 새 언어 연구에 대항하여 싸우다가 불우하게 감옥에서 세상을 떠난 에프게니 드미뜨리에비치 폴리봐노프Евгний Дмитриевич Поливанов, Evgenij Dmitrievič Polivanov(1891~1938)의 일생은 마치 한편의 영화를 보는 것처럼 파란만장하다.

그는 러시아혁명이 무르익어가는 1891년 2월 28일에 스몰렌스크Smolensk에서 아버지 드미트리이 미하일로비치Dmitrij Mixailovič(1840~1918)와 어머니 에카테리나 야코플레프나Ekaterina Jakovlevna(1849~1913) 사이에서 태어났다. 아버지는 철도원이었으나 어머니는 작가이자 출판가, 신문기자, 번역가이기도 하였던 당시 러시아의 진보적인 지식인이어서 폴리봐노프는 그 영향을 받고 자랐다.

5.3.1.1　폴리봐노프는 1908년 리가Riga에서 알렉산드로프Aleksandrov 고등학교를 졸업하고 동양학 연구로 유명한 쌍뜨 뻬제르브르그St. Petersburg 대학 역사 — 문헌학부의 슬라브 — 러시아학계에 입학하였으나 1년 후에 동양학부 일본학계로 옮겼다. 이 학계는 군인이나 외교관을 위한 단기 어학과정이었는데 그는 이 대학의 역사문헌학부에서 유명한 교수들과 만날 수 있었다. 그 가운데 음운론과 음성학을 전공으로 택했고 이 학부에는 그의 정신적 지주이었던 이반 알렉산드로비치 보드엥 드 꾸르뜨네iv an Aleksandrovič Baudouin de Courtenay가 있었다.[25]

보드엥은 앞에서 살펴본 바와 같이 당시 드 소쉬르F. de Saussure보다 앞서
서 언어의 공시적인 연구를 주장하였고 형태소morpheme란 단위를 맨 먼저
발견하여 사용한 당시 최고의 언어학자였다(졸고, 1999b). 폴란드 출신이
어서 끝까지 러시아의 최고 명문인 쌍트 뻬제르브루그 대학에서 전임이
되지 못하고 시베리아의 카잔대학으로 밀려나서 후일 언어학의 카잔
학파를 결성한 불세출不世出의 언어학자인 보드엥 드 꾸르뜨네Baudouin de
Courtenay가 그의 제자들에게 끼친 영향은 대단하였다.[26] 그에 대하여 25년
이 지난 후에 폴리봐노프는 "학생시절의 2년째부터는 나의 외부세계에
대한 이해가 모두 스승인 보드엥 드 꾸르뜨네의 영향으로 이루어졌는데
그는 급진적인 국제주의자의 신념에 가득 찼었다"라고 썼다. 그리하여
폴리봐노프는 스승과 함께 공산주의자가 되었다.

공산주의자이었으며 볼쉐비키 혁명 이후에 마르크시즘의 언어학을
주장한 폴리봐노프는 냉전시대의 지난 반 세기 동안 한국에서는 그의
학문을 접할 수도 없었고 논의할 수도 없었다. 오직 국제적인 안목을
지닌 몇몇 학자들만이 일본과 중국, 특히 조선족 동포학자들로부터 그

---

25 이것은 러시아식 이름이고 그의 폴란드식 이름은 얀 이그나찌 니에치스와브 보드엥
드 꾸르뜨네(Jan Ignacy Nieis ł aw Baudouin de Courtenay)다. 1845년 폴란드의 바르사와
근교에 있는 라지민이란 마을에서 태어나서 바르사와대학 문학부에서 언어학을 전공하
고 쌍트 뻬제르부르그대학 대학원에서 석사와 박사학위를 얻었다. 구소련의 타타르자
치공화국의 수도 카잔에 있는 카잔대학에서 교편을 잡다가 1907년에 썼던 소수민족을
옹호하는 논문으로 1913년에 투옥되어 실직하고 1918년에 폴란드에 귀국하여 바르사와
대학에서 활동하다가 1929년에 영민하였다(졸고, 1999b : 149~150).
26 예를 들면 대학에서 폴리봐노프와 동급생이었던 쉬체르바(L. V. Ščerva)가 있다. 그는
폴리봐노프(Polivanov), 야쿠빈스키(Jakubjnskji)와 함께 구소련의 오포야제(시적언어연
구회, 뻬제르부르그 학파라고도 불림)에서 3인의 언어학자로 꼽히는데 쉬체르바는 실
제로 구소련의 언어학계를 이끌어갔던 인물이다(졸고, 1999b : 158~165).

의 연구에 대하여 정보를 얻을 수가 있었다. 필자도 그의 언어연구, 특히 한국어와 일본어에 대한 연구는 1970년에 일본에서 유학할 때에 무라야마 시치로村山七郎 선생으로부터 얻어 들은 것이 전부였다.

1912년 쌍트 뻬제르부르그 대학의 학부과정을 마친 폴리봐노프는 보드엥의 추천으로 비교언어학과의 석사과정에 진학하게 되었다. 그곳에서 2년 동안 석사학위 논문 작성에 매달렸는데 이때가 그에게 가장 어려웠던 시기였다. 그의 후원자였던 어머니 에카테리나 야고플레프나가 돌아가셨기 때문이다. 석사과정을 마치고 그는 동방학부의 일본어과정에서 개인강사가 되었다. 그리고 러시아-일본학회의 지원을 얻어 1914년 5월에 처음으로 일본에 갔다. 이어서 1915년 다시 일본에 가서 방언학을 연구하여 일본 방언학의 기초를 놓았다.[27] 특히 그는 일본어를 말레이-폴리네시안 어족과 알타이어족의 요소를 모두 갖춘 혼효어混淆語라는 가설을 처음으로 주장하였다. 이 가설은 오늘날 많은 일본어의 역사를 연구하는 사람들이 정설로 인정하면서 따르고 있다. 마치 한국에서 람스테트의 알타이어족설을 신봉하는 것과 같이.

5.3.1.2 폴리봐노프는 러시아 혁명 이전에는 문학연구에도 관심을 가졌다. 그는 스승인 보드엥의 또 다른 제자인 야쿠빈스키L. P. Jakubinskij와 함께 오늘날 러시아 형식주의의 온실이었던 오포야즈(詩語 연구회-Obščestvo poizučeniju poètičeskogo jazyka)의 발기인이었다. 그리고 이 연구회의 첫 간행물인 『시어詩語 이론 선집Sborniki po teorii poètičeskogo jazyka』에 그의 논문으로 유명한 "일본어의 '음성 제스츄어'에 대하여Po povodu 'zvukovyx žestov'

---

27 그는 일본어가 음악적 강세(musical stress)를 가진 성조어임을 처음으로 주장하였고 많은 일본어의 악센트 자료를 구축하였다(레온테프 외, 1974 : 14).

japonskogo jazyka"를 게재하였다.

러시아 혁명이 일어나자 그는 혁명에 동조하였고 정치에 관심을 보여 혁명 이후의 인민을 위하여 봉사하였다, 즉, 그는 1917년 9월 총선거에서 그는 볼쉐비키 후보자에게 투표하였는데 10월 혁명이 성공한 첫날부터 전 외무부 장관이었던 잘킨드I. A. Zalkind와 함께 일하였고 드디어 그는 잘킨드가 서기로 있는 외무인민위원회NKID, Narodnyi kommissariat inostrannyx del 의 장관이 되었다. 이 시절에 그는 주로 동양제국과의 관계 개선에 주력하였다. 1919년에는 러시아 공산당원Bolsheviks이 되었고 페트로그라드 대학(전 쌍뜨 뻬제르부르그 대학) 사회과학부 학사원에서 그를 이 대학의 교수로 선출하였다.

1921년 초에 그는 모스크바로 이사하여 국제공산당Commintern 극동지부 부위원장이 되었으며 동시에 동양 공산주의자 노동대학에서 가르쳤다. 가을에 국제공산당에 의하여 타쉬켄트에 파견되었으며 부인의 병으로 그곳에서 몇 년간 머물렀다. 이 타쉬켄트 시절에 폴라봐노프는 가장 많은 공부를 하였다.

소련 사회주의 공화국의 투르크스탄 자치국에서 교육인민위원 안에 학사원이 생겼는데 여기서는 주로 새로 결성된 소비에트 연방의 국립학교에서 사용할 새 교재와 교과과정, 교육방법을 준비하는 일을 맡았다. 1921년에 만들어진 학사원의 기본 조직은 세 개의 국가적 위원회로서 우즈베크, 키르키즈(카작크), 투르크멘이 있었고 이들을 돕기 위하여 각기 교육학사위원회를 설립하였다. 폴리봐노프는 여기의 의장으로 임명되었으며 이 학사원은 곧 '정부학사원'으로 명칭을 바꿨다.

5.3.1.3 이 시절에 그는 우즈베크, 키르키즈, 투르크멘의 여러 언

어를 연구하고 이 언어들을 학습하는 교재와 반대로 그들이 러시아어를 학습하는 교재를 개발하는 데 관여하였다. 그리하여 1921년에 소비에트 학사원의 기관지로서 『과학과 교육Nauka i prosveščenie』을 창간하고 스스로 "타쉬켄트 방언의 음운구조Zvukovoj sostav taškentskogo dialekta"라는 논문을 『과학과 교육』(1922)지에 싣거나 『우즈베크인을 위한 러시아어 특수 교육의 방법론적 실험Opyt častnoj metodiki prepodavanija russkogo jazyka uzbekam』 등의 저서를 간행하기도 하였다.[28] 우즈베키스탄의 모든 방언에 대한 그의 깊은 지식은 이란어화한 타쉬켄트, 사마르칸트, 훼르가나의 도시 방언이 우즈베크 문어文語의 기초가 되었음을 밝혀내었다.

그는 소련 연방의 투르케스탄 자치주Turkestan A.S.S.R.의 국립학교에서 러시아어를 교육하는 교사들을 위하여 교재와 교육방법을 개발하여 책으로 간행하기 시작하였다. 우즈베크인들의 학교를 위한 러시아어 입문이라든지 키르키즈인들의 러시아어 교재, 그리고 반대로 러시아인들의 우즈베크어 학습을 위한 교재를 계속해서 간행하였다.[29] 이러한 교재의 개발은 이 지역에서 사용되는 알타이어에 대하여 깊은 지식이 없으면 불가능한 것으로 이때에 조사한 알타이제어들에 대한 지식이 후일 그의 알타이어 연구에 바탕이 된 것으로 보인다.

소비에트 연방 내 여러 민족의 언어를 기록하는 새로운 문자의 제정에도 폴리봐노프는 깊이 관여하였다. 혁명 이후에 새로운 표기체계를 학술적 기반 위에서 마련한 최초의 언어는 야쿠트어였다. 이 언어의 연구 결과로 1917년 말에 폴리봐노프와 매우 가까운 동료이었던 노프고

---

28 『우즈베크인을 위한 러시아어 교육 특수 실험』은 1964년에 재판되어 교육 방법 교재로 사용되었다.
29 예를 들면 Mak(The Poppy-Russian Primer)이나 Vvedenie v izučenie uzbekskogo jazyka(An Introduction to the Study of Uzbek-Uzbek Primer) 등을 들 수 있다.

로도프S. A. Novgorodov에 의하여 로마자로 쓰인 야쿠트어 초급교과서가 간행되었으며 1922년에 아제르바이잔어의 표기를 위한 로마자가 소개되었다. 역시 1922년에 열린 우즈베키스탄 교육 노동자 제2차 총회에서 우즈베크어를 로마자로 표기하자는 폴리봐노프의 제안을 받아드렸다. 그는 새로운 투르크문자 정서법 마련에 노력하였고 '새 투르크어 알파벳을 위한 전 연합 중앙위원회 학사원'의 회원이 되었다. 이 결과로 소비에트 연방 내의 투르크인들만이 아니라 터키 공화국에서도 로마자로 자국의 언어를 기록하게 되었다.

5.3.1.4 구소련에서는 1918년에 독립된 교육기관으로 동양학 연구소가 설립되었고 동시에 중앙아시아 정부대학政府大學도 세워졌다. 여기에서 폴리봐노프는 역사-철학부의 교수가 되어 강의를 담당하였다. 이때에 그가 행한 비교언어학 강의는 매우 유명해서 학생은 물론 교수들까지도 청강하였다고 한다. 또 언어학만이 아니라 문학, 민족학에도 관심을 가져 1925년에는 일반 민족학에 관한 강좌도 개설하여 강의하였다.

폴리봐노프는 이제까지 알려진 어떠한 언어학자보다 많은 언어를 알고 있었던 것으로 유명하다. 그 자신은 스스로 16개 언어(프랑스어, 독일어, 영어, 라틴어, 희랍어, 스페인어, 세르비아어, 폴란드어, 중국어, 일본어, 타타르어, 우즈베크어, 투르크멘어, 카자크어, 키르키즈어, 타지크어)를 안다고 하였다. 그러나 그는 이 외에도 아브카즈어, 아제르바이잔어, 알바니아어, 앗씨리아어, 아랍어, 죠오지아어, 둔간어, 칼묵어, 카라칼파크어, 한국어, 모르드바어, 타가로그어, 티베트어, 터키어, 위글어, 체첸어, 츄바쉬어, 에스토니아어에 대하여 언급한 적이 있으며 아마도 더 많은 언어에 대하여 어느 정도의 지식을 갖고 있었던 것으로 보인다.

폴리봐노프가 얼마나 빨리 새 언어를 습득하는가에 관한 전설 같은 이야기가 매우 많다. 그는 한 여름 동안에 하나의 새 언어를 배웠다고 할 때도 있었는데 그 가운데 카라칼파크의 언어를 한 달 만에 배워서 카라칼파크 사람들 앞에서 그 언어로 쓴 리포트를 읽었다는 이야기는 너무나 유명하다. 그는 단순히 한 언어만 습득하는 것이 아니라 그 언어의 방언 차이까지 구별하는 경우가 많았다.

예를 들면 그가 알았다는 일본어의 경우도 일본 문어만이 아니라 센다이 방언을 비롯하여 일본 동북지방의 방언을 구별하였으며 북경관화와 다른 중국어들, 그리고 우즈베크어의 타쉬켄트 방언 등을 별도로 구사하였다. 1964년에 사마르칸트에서 열린 폴리봐노프 학회에서 옛날에 그의 강연을 들은 바 있는 우즈베크인 마흐무드 하지무라도프Maxmud Xadžimuradov는 "폴리봐노프의 우즈베크어는 나보다 나았다"라고 회상하였다.

5.3.1.5 폴리봐노프는 1926년에서 1929년은 그 생애에 있어서 가장 왕성한 학문 활동을 한 시기였다. 그는 이때에 모스크바에 있었으며 아카데미 회원인 후리체V. M. Friče의 초청으로 사회과학 과학연구원의 러시아협회 소장이 되었다. 그는 이 협회에서 언어학의 지도적 역할을 수행함에 있어서 모스크바 포르투나토프 학파의[30] 대표들과 균형을 잡기 위하여 추천된 것이다. 물론 이 시기에 한국어의 계통에 관한 연

---

30 모스크바대학의 비교문법학 교수였던 포르투나(Filip Fedrovič Fortunatov, 1848~1914)를 중심으로 하는 학파로서 그는 Kazan학파의 보드엥 드 꾸르뜨네(Bouduin de Courtunay)와 같은 시대에 활약하였으며 당시로서는 매우 진보적인 언어관을 가지고 있었다(졸고 : 1998).

구논문이 발표되었지만 이때에 그는 한 달에 평균 4개의 보고서를 써서 학회나 연구기관에 보냈다고 한다.[31]

또 이때에 폴리봐노프는 전술한 과학연구원 러시아협회의 대학원 학생들을 위하여 "투르크 제어의 비교연구", "알타이제어의 비교문법 연구", "중국-티베트제어의 비교음운론", "극동지역 제 언어 연구 언어학 서설", "일본어의 기술문법"(특히 일본어와 오키나와어를 소개하였다), "현대 일본어 비교문법" 등의 강좌를 개설하였다. 그리고 그가 엔. 야. 마르N. Ya. Marr의 이론에 접하게 된 것도 이 시기의 일이었다. 폴리봐노프가 이 이론을 반대함으로써 그의 말년을 파멸로 이끈 마르의 야훼트Japhetic 이론은 당시 선풍적인 인기를 끌고 있었으며 언어의 진화나 역사적 변천에 대하여 전혀 새로운 견해이어서 모두 '언어의 신연구the new study of linguistics'라고 불렀다. 이론에 대하여는 앞에서 이미 살펴본 바가 있지만 폴리봐노프 자신도 이 이론을 주창한 마르와는 상당한 친분이 있었다. 마르와는 쌍트 뻬제르부르그대학의 동양학부에서 동료교수로 친하게 지냈고 폴리봐노프는 스스로 마르의 구르지아어 강좌를 청강하였다.

폴리봐노프는 초창기의 마르 사상을 발전시켰으며[32] 특히 한국어에 관한 논문을 썼던 1927년 이전까지는 마르 이론에 대단히 심취해 있었던 것 같다. 1926년 마르가 간행한 『야훼트 이론에서 발전 단계에 관하

---

31 예를 들면 사회과학 과학연구원 러시아협회 어문연구소에 제출한 "언어의 통계적 음성 기술의 원리(피터슨, M. N. Peterson과 공저)", "방언의 비교 기술 방법", "언어에 있어서 진화의 문제", "한국어" 등을 들 수 있고 동방 노동자 공산주의자 대학의 러시아언어계에서 제출한 "수체르바의 형태적 분류" 등을 들 수 있다.

32 폴리봐노프가 초창기의 마르 사상에 대단한 흥미와 관심을 가졌던 증거로 1924년 10월 28일자로 폴리봐노프에게 보낸 마르의 편지를 들 수 있다. 이 편지에는 "야훼트 이론에 관하여 그대가 아직 발전하고 있는 이론이라고 하였으며, 그리고 이 이론을 받아드린 사람들 가운데 특히 그대가 있어서 반가웠네. 운운"(AN SSSR, F.800, op.2, No.30,1. 820b.-83)이라 하여 그가 초창기의 마르 이론에 대하여 긍정적이었음을 증언하고 있다.

여*Po ètapam razvittija jafetičeskoj teorii*』를 정점으로 하여 마르 이론은 전성기를 구가하였고 이때까지는 폴리봐노프도 마르의 이론을 추종하였던 것으로 보인다. 그러나 1926년에 간행한 마르의 저서 『볼가강에서의 추바쉬-야페트어들*Čuvaši-jafetidy na Volge*』을 보고 폴리봐노프는 마르의 이론에 회의를 느끼게 되었다. 후일 폴리봐노프는 이 책을 "잘못된 방향으로 빠져든 명백한 한 발짝"으로 표현하였다.

그리하여 한국어의 계통에 대하여 논문을 썼던 1927~1928년에 폴리봐노프는 야훼트 이론에 대하여 비판의 논문을 쓰기 시작하였다. 그의 한국어 계통에 관하여 논급한 1927년의 논문 "한국어와 알타이어의 친족관계 문제 대하여К Вопросу о Родственных Отношениях Корей ского и 'Алга й ских' Языков"에서 그는 이미 야훼트 이론을 부정하였을 때의 논문이다. 1930년 이후의 폴리봐노프는 엔. 야. 마르의 신 언어연구에 대한 투쟁으로 일관된다.

2) 러시아 볼쉐비키 혁명 전후의 언어연구

5.3.2.0   공산주의를 창시한 마르크스Karl Heinrich Marx(1818~1883)는 인간 의식이 언어의 형태를 취하여 나타남을 지적하고 다음과 같은 언어관을 피력하였다. "언어는 인간의 의식과 마찬가지로 오래된 것이다. 언어는 사람을 위하여 존재하는 실천적이고 현실적인 의식이고 오직 그렇게 함으로써, 나 자신만을 위하여 존재하는 것이다. 그리고 의식과 마찬가지로 언어도 오직 다른 사람들과 접촉하려는 요구, 그러한 간절한 필요로부터 만이 발생한다"(마르크스&엥겔스, 1845~1846, 번역『독일이데올로기』, 1957, 조선노동당출판사, 평양. 김민수, 1985에서 재인용)라고 하여 마

르크스는 언어가 인간의 의식과 같은 것으로 보았고 인간의 의식이 생겼을 때에 이미 언어도 존재한 것으로 간주하였다. 또 인간의식은 언어를 통하여 실천적이고 현실적인 것으로 형상화한다고 본 것이다. 그리고 다른 사람들과 접촉하려는 욕구와 그런 필요에 의해서 발생하였다고 하여 언어의 사회적 본질을 언급하였다.

마르크스와 함께 공산주의를 완성시킨 엥겔스Friedrich Engels(1820~1895)는 언어의 형성을 진화론적인 입장에서 설명한다. 즉 그의 유명한 『자연변증법Natur dialektik』(1935)에서 "형성 중에 있던 인간들은 서로 무엇인가를 말할 필요가 있는 단계에 도달하였다. 필요는 기관을 만들어 냈다. 즉 원숭이 정도밖에 발전하지 못한 인후咽喉는 완만하기는 하나 끊임없이 음조의 변화에 따라 개조되어 갔다. 그리하여 구강기관들은 점차로 음절이 나누어지는 발음을 하나하나 배워갔다"(번역, 『자연변증법』, 조선로동당출판사, 1957, 평양. 김민수, 1985에서 재인용)라고 하여 생물학적 자연주의 언어관에 입각한 진화론적 언어관을 피력하였다.

5.3.2.1 엥겔스의 이러한 생각은 언어가 인간의 사상을 표현하는 수단이며 인간 스스로가 발전시켜 온 발성기관에 의하여 더 복잡한 수단으로 발전한 것이라고 보는 것이다. 이러한 생각은 중세시대의 사변문법학파들이 주장한 "이성이 곧 언어다Ratio est oratio"라는 주장과는 반대이고 오히려 개념론conceptionalism과 유사하며 헤라클리투스Heraclitus에 의하여 제기되었고 소크라테스Socrates나 플라톤Platon 등에 의하여 지지된 언어의 자연설physei과도 매우 다르다.

언어의 생성과 발전, 그리고 소멸을 진화론적 관점에서 고찰한 대표적인 사람은 독일의 언어학자 쉴라이허August Schleicher를 들 수 있다. 그는 언어가 동물이나 식물과 같이 태어나서 성장하여 나이를 먹으면 죽는다고 보았다. 즉, 언어는 인간으로부터 독립한 유기체로서 그 발전의 진로가 일반적인 생물 진화의 법칙에 의하여 결정된다는 이론이다. 이와 같은 생물학적 자연주의 언어관은 마르크스의 언어관과 더불어 유물론적 도구관으로 발전한다.

유물론에서는 언어의 기원을 물질적 생산력에 결부시켜 설명한다. 인간이 산다는 것, 살기 위해서 생산한다는 것은 근본적인 원리다. 그런데 무엇을 생산하기 위해서는 우선 손이 있어야 하고 생산수단인 도구가 발견되지 않으면 안 된다. 인간은 도구를 발견하고 사용함으로써 그 생산성을 급속하게 증대시켰다. 인간이 동물과 다른 점은 이러한 도구를 사용하는 것이고 인간 지성이 발달하면 할수록 도구의 사용도 복잡해진다. 그러므로 유물론唯物論에서 도구道具가 갖는 의미는 매우 큰 것이다.

5.3.2.2 다음으로 마르크스와 엥겔스의 공산주의 이론을 러시아혁명 이후에 구소련에서 실현시킨 레닌의 언어관에 대하여 살펴보기로 한다. 1917년 러시아혁명의 지도자였던 우라디미르 일리츠 울리아노프 Vladimir Ilič Ulyanoff, 즉 레닌Nikolai Lenin(1870~1824)은 마르크스와 엥겔스와 같이 언어를 인간이 의사소통과 사회적 교제의 수단으로 보는 언어도구관을 가졌다.

즉, 그의 『민족자결을 위한 민족의 권리에 대하여O Праве наций на само определение』(1914)에서 "언어는 인간 교제의 가장 중요한 수단의 하나다. 언어의 통일과 자유로운 발전은 현대 자본주의에 상응하는 진실로 자유롭고 광범한 상품 유통에 주요한 조건의 하나며 모든 개별적인 계급에로 인민의 자유롭고 광범위하게 집결하는 데 가장 중요한 조건이 된다"(번역『민족자결에 관하여』, 조선로동당출판사, 1958, 평양, 김민수, 1985에서 재인용)라고 하여 언어도구관에 입각한 언어의 통일을 주장하고 있다.

그의 주장에 따르며 프롤레타리아 공산혁명이 완수된 날에 전 세계 노동자 농민이 함께 사용할 하나의 국제어를 도구로 사용한다는 것이다. 스탈린은 이 국제어가 민족어로부터 발달하는 것이라고 보았다. 레닌의 이러한 언어관은 그의 구소련 언어정책, 특히 소연방 내의 소수민족과 그 언어정책에서 실제로 구현되었으며 로산스끼의 "언어에 대하여서 브. 이. 레닌"(『조선어 연구』 제2권 7호, 1949.12) 등으로 북한의 공산정권 지도자들에게도 소개되었다.

3) 신흥(新興) 마르주의(Marrism) 언어학

5.3.3.0 이와는 별도로 전통적인 러시아의 언어연구에서 일탈逸脫하여 유물론적 언어관을 주창主唱하는 새로운 언어연구가 구소련에서 시작되었다. 러시아의 10월 혁명 이후 소비에트 사회주의 연방공화국이 수립된 이후에도 몇 년 동안은 모스크바Moskva를 중심으로 한 포르투나토프Fortunatov 학파의 언어연구 전통이 계속되었다. 모스크바대학의 비교문법학 교수였던 포르투나토프Filip Fedrovič Fortunatov(1848~1914)는 카잔Kazan학파의 보두엥 드 꾸르뜨네Jan Boudouin de Courtenay와 같은 시대의 사람으로서 당시로서는 매우 진보적인 언어관을 가지고 있었다. 즉 공시적인 언어자료를 선택하여 탁월한 통찰력으로 이를 분석하였고 공시태와 통시태를 구별할 필요성을 인식하고 있었다.

그러나 러시아혁명 이후에 유물론적 언어도구관이 공산주의자들에 의해서 주창되자 이에 영향을 받은 새로운 이데올로기의 언어 연구가 구소련의 언어학계를 지배하게 되었다. 그것은 마르Nikolaj Jakovlevič Marr(1864 ~1934)가 주도한 이른바 마르주의 언어학이다. 마르는 스코틀랜드인인 아버지와 그루지아인인 어머니 사이에서 태어났으며 쌍트 뻬제르부르그 대학 동양 언어학부에서 아르메니아, 그루지아 문학을 전공하였다. 후일 젊은이의 문법학파의 영향을 받아 역사비교언어학을 전공하였고 카프카 스(코카셔스) 제어에 대한 전문가로서 많은 논문을 발표하였다.

5.3.3.1 마르는 1891년 쌍트 뻬제르부르그대학의 강사가 되었고 조교수를 거쳐 1902년에 정교수가 되었다. 1912년에는 구소련의 과학 아카데미 정회원이 되었다. 10월 혁명 당시에는 고고학考古學에 관심을 가졌으나 1925년부터 의식적으로 변증법적辨證法的 유물론에 입각한 언어학의 수립에 주력하였다. 그리하여 마르크스주의에 입각한 언어학자로 자처하면서 1930년에는 자신의 '야페트학설'이 마르크스주의와 합치됨을 주장하였다.

즉, "야페트학설은 오늘날 발전단계에 있어 마르크스주의와 전적으로 융합되어 있다. 야페트학설은 마르크스주의 유기적 부분으로 되여 있으며, 또한 어느 면에 있어서는 마르크스주의 일반적 명제를 구체화시키는 데 불가결의 역할을 놓고 있다"(엔. 야. 마르 선집 제1권, p.268)(띄어쓰기, 맞춤법은 원문대로, 이하 같음)라고 하여 자신의 '신어학설'이 마르크시즘과 부합됨을 강조하였다.

이에 대하여 쭈께르만의 "엔. 야. 마르와 쏘베트 언어학"(『조선어 연구』제1권 제6호, 김수경 번역)에서는 "엔. 야. 마르의 학설은 이미 위대한 사회주의 시월혁명 이전에 발현하였다. 그러나 엔. 야. 마르가 자기 언어학이론에 변증법적 유물론의 기초를 확고히 세운 것은 革命 후, 마르크스주의의 고전적 제 노작을 근본적으로 그가 연구한 결과였으며, 신 언어 이론 그자체도 쏘베트의 현실에 의하여 암시된 것이다"라고 하였고 전술한 엔. 야. 마르의 주장 "야페트학설은 오늘날 발전단계에 있어 마르크스주의와 전적으로 융합되어 있다"라는 주장에 대하여 "이 記述은 極히 正當하다. 설사 新言語理論이 부르죠아 言語學의 母胎 가운데서 成長하여 誤謬와 缺點이 전연은 없지 않다 할찌라도, 이 理論의 創始者는 이러한 誤謬의 發見과 낡은 命題의 除去에 腐心하였으며, 言語 事實의 深遠한 연구는 오로지 辨證法的 唯物論의 基礎 위에서만 發展할 수 있다는 것을 力說하고 있었던 것이 明白하다"(띄어쓰기, 한자, 철자법은 원문대로)라고 평가하였다.

5.3.3.2 마르주의Marrism 언어학의 특징은 앞에서 살펴본 바와 같이 먼저 언어의 일원기원설一元起源說을 들 수가 있다. 그는 인류의 원시적 언어구조를 상정하고 세계의 모든 언어가 여기에서 파생한 것으로 보았다. 또 모든 언어는 단계적 변화에 의하여 발전하고 시간이 경과함에 따라서 차례로 고위의 발전단계에 이른다는 언어의 단계발전론stadialism 을 주창하였다. 그리하여 그 시대에 유행하던 역사비교언어학의 이론을 정면으로 부정하였다.

마르는 햄·셈어족Hamitic-Semitic의 햄 제어나 인구어보다 하위의 발전단계에 있는 야페트 언어군言語群을 분리 설정함으로써(초기에는 코카샤스 제어를 이 어군으로 보았음) 그의 단계발전론을 증명하려 하였다. 보통 언어학사에서 마르Marr의 야페트 이론Яфетическая Теория라고 불리는 이 이론은 기존의 Sem어족과 Ham어족이 부르주아Bourgeois의 언어로서 결국은 피지배계급의 언어인 야페트Japhet어군으로 통일된다는 것이다.

마르주의 언어학은 인구어족의 우월성을 강조하고[33] 서구민족의 문화적 지배를 강화하던 부르주아 언어학의 전통을 타파했다고 평가되었다. 마르주의 언어학에서는 민족어의 존재를 인정하지 않고 계급어^{階級語}밖에 없다고 보았으며 어떤 문화에도 착취자의 것과 피착취자의 문화가 있듯이 어떤 언어에도 착취계급의 언어와 피착취계급의 언어가 공유하고 있다고 본 것이다. 그러나 사회의 발전 법칙에 의하여 피착취자의 언어는 착취자의 언어를 정복한다고 주장하였다.[34]

5.3.3.3 이러한 마르주의 언어학은 그의 사후^{死後} 스탈린에 의하여 전면적으로 부정되었다(1950년 6월 20일자부터 12회에 걸쳐 '프라우다'지에 연재된 I. V. Stalin의 "마르크스주의와 언어학의 제 문제" 및 체모다노프의 "이. 브. 쓰딸린과 쏘베트 언어학", 『조선어 연구』 제2권 3호, 1950.6 참조). 스탈린의 의하여 주창된 새로운 유물론적 언어관은 마르주의 언어이론과는 기본적으로 다른 것이었으며 이를 신 언어학설^{Novoe Uchenie o jazyke}이라 불렀다. 이에 대하여는 이미 많은 연구가 있어 여기서는 생략하거니와 폴리봐노

---

33 쭈께르만의 "엔.야.마르와 쏘베트 언어학"(『조선어 연구』 제1권 제6호, 1949.9)에서 "서구라파 언어학자들은 최근에 와서도 비교역사적 언어학은 오직 굴절어의 고정된 력사의 자료 위에서만 가능하다고 재삼 역설하였으며 굴절어라는 명칭 밑에 무엇보다도 바로 인도구라파 제언어만을 의미하고 있었다. 언어를 완성된 언어와 완성되지 않은 언어로 구분하는 것을 암묵리에 승인하고 있었으며 인도구라파어군의 문어만 편중할 뿐 아니라 이 어군의 죽은 언어에 대하여도 특별한 주의를 돌리고 있었다"라고 하여 인구어 중심의 역사비교언어학을 비판하였다.

34 북한의 공산정권 수립 초기에 이 마르주의 언어학은 북한의 언어정책 결정에 상당한 영향을 준 것으로 보인다. 즉, 앞에서 고찰한 메쉬챠니노브의 "'新 言語 理論' 發展의 現段階"(『조선어 연구』 제1권 제2호, 1949.5) 및 쭈께르만의 "Н. Я. 마르와 쏘베트 언어학"(『조선어 연구』 제1권 제6호, 1949.9)에서 그 대체적인 마르주의 언어학이 북한에 소개되었으며 1949년부터 1950년에 이르는 1년 사이에 북한에서 마르주의 언어학을 비롯하여 구소련의 언어 이론서 10여 편이 번역되었다. 이 모두가 마르크시스트를 자처한 N. Ja. Marr의 언어학과 구소련의 언어정책을 이해하기 위한 것이다.

프는 이러한 구소련의 언어학 연구가 한창 무르익었을 때에 활약한 언어학자였다.

폴리봐노프의 화려한 공산혁명의 생애는 마르주의 언어학에 대한 비판으로부터 내리막길을 걷게 되었고 엔. 야. 마르의 집요한 박해로부터 벗어날 수 없었다. 그는 1929년 2월 4일에 발표한 리포트 "마르크스주의 언어학과 야페트 이론의 문제점Problema markisistskogo jazykoznanija i jafetičeskaja teorija"에서 마르주의 언어학에 대하여 처음으로 반대의 포문을 열었다. 이 리포트는 즉시 모스크바와 레닌그라드 학사원the academic society of Moscow and Leningrad의 반격을 받았다. 이 학사원에서 폴리봐노프의 리포트는 이틀 동안 토의되었고 결과는 17명 가운데 다만 한 사람만이 폴리봐노프의 이론에 동조하였다.[35]

1930에 들어와서 이러한 논의는 더욱 깊어갔고 폴리봐노프는 마르주의Marrism가 마르크스주의Marxism를 비하시켰다고 주장하였으며 이러한 그의 강경한 태도에 대하여 마르주의자들은 일제히 공격을 시작하였다. 1931년에는 폴리봐노프가 『마르크스주의적 언어학의 도움Za marksistskoe jazykoznanie』을 발표하였는데 여기서 그는 위에서 논의한 마르주의 언어학의 반대이론을 종합하였다. 이에 대하여 마르주의자들은 1931년 9월에 『소비에트 대백과사전Bol'šaja Sovetskaja Ènciklopedija』의 제65판을 내면서 '야페트 이론'을 추가하였고 이어서 폴리봐노프의 『마르크스주의적 언어학의 도움』을 부르주아 과학이며 자본주의의 제국주의적 정책의 발현으로 몰아붙였다. 이후 폴리봐노프는 구소련의 언어학계에서 소외되었다.

---

35 이 토론에서 폴리봐노프의 견해에 동조한 사람은 일린스키 교수(prof. Il'inskij)뿐이었다. V. Aptekar, "Podsecija materialističeskoj linvistiki Kommunističeskoj Akademij" Russkij jazyk v trudovoj škole, 1930, No.4, 203.

5.3.3.4 그는 여러 차례 자신의 논문을 중앙출판사에서 출판하려고 사모일로비치A. N. Samojlovič, 드라구노프A. A. Dragunov, 그리고 쉬체르바L. V. Ščerba에게 보냈으나 번번이 거절되었다. 이때에 출판된 것은 오직 야링G. Jarring이 편집하는 잡지 『소비에트 과학과 기술Sovetskaja nauka i texnika』에 실린 투르크어에 관한 논문의 서평 한 편뿐이었다. 실망한 그는 국제 언어학 잡지, 특히 프라하 언어학파의 출판물에 자신의 논문을 게재하기 시작하였다.

그리하여 프라학파의 기관지 TCLP^Travaux du Cercle Linguistique de Prague에 두 편의 논문을 실었고 1932년에는 암스테르담에서 열린 국제 음성학회에 참가하여 논문을 발표하였으며 이것은 역시 TCLP에 "악센트의 기능에 관한 문제에 대하여K voprosu o funkcijax udarenija"라는 제목을 붙여 실었다.

그러나 1937년 3월에 체포되었고 1938년 1월에 옥중에서 세상을 떠났다. 그러나 1963년 3월에 그의 죄상은 모두 근거가 없음이 밝혀졌고 그는 완전히 복권되었다. 그리고 1964년 9월에는 구소련의 사마르칸트에서 폴리봐노프의 언어학에 관한 학술대회가 열렸는데 그 주제가 "소비에트 현대 언어학의 문제와 폴리봐노프의 언어학적 유산"이었다.

4) 폴리봐노프의 한국어 계통연구

5.3.4.0 한국어와 알타이 제어와의 관계는 람스테드에 앞서 폴리봐노프에 의하여 고찰되었다. 즉, 한국어와 알타이 제어와의 관계에 대하여 논의한 람스테드(1928)보다 1년 전에 폴리봐노프(1927)에서 한국어와 알타이 제어와의 비교가 발표되었다. 뿐만 아니라 한국어의 음운 구조에 대하여 오늘날 살펴보아도 손색이 없는 연구를 발표하였는데

엄중한 냉전 체제 속에서 한국 학계는 그의 논문을 접하기도 어려웠고 그에 대한 평가도 쉽지 않았다.

이제 졸고(1999b)에서 논의한 내용을 중심으로 이에 대하여 고찰하기로 한다.

폴리봐노프(1927)에서 한국어와 '알타이어'와의 관계에 대하여 다음과 같은 유사성들을 지적하면서 한국어가 알타이어족에 속함을 주장하였다.

① 접미사

5.3.4.1 '알타이어'와 한국어는 모두 상보적으로 나타나는 형태론적인 접미사의 성격이 있다. 일본어는 이와는 대조적으로 접미사의 형성이 지배적이기는 하지만 같은 음이 반복되는 동음반복reduplication 구조의 잔재들과 함께 오스트로네시아어족의 유산에 기인하는 일부 특별한 그룹의 접두사 형태도 있어 한국어와 다르다. 예를 들면 일본어 접두사 [ma-]와 오스트로네시아제어의 [ma-]와의 일치 자료를 참조할 수 있다.[36]

② 강세

5.3.4.2 '알타이어'와 한국어는 고정적인 위치 강세와 호기 강세를 갖는다. 이 특징은 한편으로는 일본어와 오스트로네시아제어를 구별하고(예 : 일본어와 말레이제어 모두에는 음악 강세 -musical accent와 자유 상승 강세가 있다)[37] 다른 한편으로는 '알타이어'와 한국어를 분명하게 구별해 준다.

---

36 이에 대하여는 폴리봐노프(Polivanov)의 "일본어와 말레이어의 유사성의 하나(Odna iz iapono- malaiskikh parallelei)"(러시아과학아카데미 프로시딩스, Izvestiia rossiiskoi akademii nauk IRAN, 1918)를 참조할 것.

알타이 공통조어에서 강세 위치는 단어의 첫 음절에 있다(주로 첫 음절에 강세가 있는 몽고어가 주요 근거가 되며, 터키어들에서 첫 음절에 모음이 안정적으로 나타나는 것을 근거로 할 수 있다).

한국어에서 이 "양극"에 나타나는 강세를 찾아보면 통사론적 조건, 예를 들면 샌디Sandhi 현상에 따라서 첫 음절과 마지막 음절 간에 강세의 동요 현상이 있을 수 있다. 즉, 문장의 말미에 떨어져 있는 한국어의 어떤 단어는 첫음절에 강세가 있고, 구절이 뒤에 오는 단어는 어말에 강세가 있다. 다시 말하자면, 어두 강세와 어말 강세의 교체는 한국어에서 통사적 기능을 수행한다고 본다.

③ 어휘형태소

`5.3.4.3` '알타이어'와 한국어는 어휘 형태소의 전형적인 구조가 대체적으로 유사한 점을 갖고 있다. 한국어는 이 측면에서 더 발달한 언어(터어키)의 그룹에 속한다. 그래서 보통 하나의 폐음절로 된 더 짧은 유형의 단순 어간을 많이 보여준다. 즉 CVC형인데 이것은 몽고어의 두 음절 복합체에 대비된다. 예로서

터키어 *ta:ŝ '바위', 추바쉬어 'čol, čul', 몽고어 'čilaɣun'. 오로촌어 ǯolo : 한국어 tol (tor-) '돌'
몽고어 mørin (→칼묵어 m ø rŋ) : 한국어 mal (mar-) ←mʌr '말← 물'
몽고어 muren '강' : 한국어 mul (mur) '물'
몽고어 nidun (→현대어 nudŋ) : 한국어 nun '눈(目)'

---

37 이것은 고대 일본 공통어 시대에 서부 일본어(간사이벤)에 보존되어 있는 기본 특징들로 보인다.

등을 들 수 있다. 그러나 대명사의 어간에서는 여러 언어에서 일음절로
된 복합체가 발견된다. 예를 들면 알타이어 공통어의 [*i] '그, 그것'(N.
Poppe, "Türkisch-tschuwassische vergleihende Studien," *Islamica*, 1925)과 한국어
의 [i] '그는', '이것은'을 비교할 수 있다.

이와 같은 예를 통하여 살펴본 바에 의하면 [터키어와 츄바쉬어처럼]
한국어는 몽고어와 비교할 때에, 또는 만주-퉁구스어와도 비교하더라
도 어근 형태소들이 음절 구조를 축약한 다음 단계의 언어, 즉 현대 사
용되고 있는 몽고어가 지향하는 바로 그 단계의 모습을 보여준다(예:
modon → *modn̩* → *mod*(*n*) 등). 바꾸어 말하면 한국어는 몽고어의 미래의
형태를 보여준다고 하겠으니 즉 한국어는 언어 발달에서 몽고어보다
한 단계를 앞질러 간다고 볼 수 있다.

④ 모음조화

5.3.4.4 모든 그룹의 『알타이어족』[38]에서 특징적인 모음조화는
[기원의 연대와는 관계없이] 사실상 현대 한국어에는 나타나지 않는다.
그러나 현대까지 나타나는 과거완료의 [č'ab-atta](어근 [č'ap-][39] '잡다'에서
형성되는)와 [mʌg-ʌtta](어근 [mʌk-] '먹다'에서 형성되는)의 'a/ʌ'의 교체를 이
것의 잔재로 생각할 수 있다. '*e* → ʌ(ㅓ)'의 변화를 가정하면, 이 '*e*/*a*의
교체는 전형적인 원래의 모음조화 형태인 'e/a'의 교체를 얻는다.[40]

---

38 비록 이 그룹의 모든 언어들에서 나타나는 현상은 아닐지라도 예를 들면 이란어화가
　이루어진 우즈베크어에서 모음조화는 탈락되었고 또 한편으로는 모음조화가 상실된
　핀어들(예를 들면, 에스토니아어)도 있다.
39 터키어의 'tap-(?)'을 참조할 것.
40 여기서 필자가 말하는 'e/a'의 교체는 전설모음 대 후설모음의 교체를 말하는 것으로
　전설모음은 전설모음끼리, 후설모음은 후설모음끼리 연결하려는 모음조화의 가장 기본
　적인 구개적 조화(palatal harmony)를 보여준다고 생각한 것이다. 이러한 지적은 그가

⑤ 모음체계

5.3.4.5 [모음과 자음]의 음성학적 체계의 구조가 일반적인 속성의 유사한 점.

현재의 한국어에서는 9개 또는 (만약 /y/를 포함한다면) 10개의 모음 음소가 구별된다.

i (*y*)			*ɯ* *u*
e (∅)		*ʌ*	*o*
œ			*a*

이들 중에 "애/*æ*/, 에/*e*/, 외/*ø*/, 위/*y*/"는 근래에 발생한 것이다. 즉, 문자에서 이미 나타나듯이 /*æ*/는 'ㅐ'로 쓰이는데 다시 말하면 {*a*+*i*}이고, /*e*/는 'ㅔ'로 쓰이는데 {*ʌ*+*i*}이고, /*ø*/는 'ㅚ', 즉 {*o*+*i*}이다. 그리고 발음에서는 이중모음 [*oi*, *œ*]의 임의적 교체가 가능하다. 문자 'ㅟ', 즉 {*u*+*i*}는 보통 [*wi*]로 읽히지만, 전설음 뒤에서 이 [*wi*]는 /*y*/로 단모음화 될 수 있다.[41]

이중모음 "*ai*, *ʌi* (*ei), *oi* (와 부분적으로 *wi*)"의 단모음화 이전의 옛 모음 체계 [『언문』의 창제시기에]는 7개의 음소로 재구된다 :

한국어의 /어/(그의 음가는 [ʌ])가 전설의 [e]에서 발달한 것임을 이미 알고 있었음을 시사한다(정광·허승철 공역, 2004).

41 이러한 지적은 그가 한글문자뿐만 아니라 훈민정음의 中聲字 制字에 대하여도 어느 정도 숙지하고 있음을 말한다. 즉, 훈민정음의 해례에서 언급된 '애, 에, 외, 위' 등의 2자 合用字들이 후일 이중모음으로 변하였다가 당시 한국어에서 단모음화한 사실도 제대로 파악하였음을 알 수 있다. 이것이 80년 전에 작성된 논문임을 감안할 때에 그는 훈민정음('언문'이라고 불렸지만)과 한국어에 대하여 대단한 慧眼을 가졌음을 인정하지 않을 수 없다(정광·허승철 공역, 2004).

$i\;(y)$		$\boldsymbol{\underline{w}}\;u$
$^*e$		$^*\Lambda\;o$
	a	

별표로 표시된 모음 /*e, *ʌ/는 현대어 /e/와 /ʌ/(방언에 따라서는 /ɔ/)에 상응하지 않는다.[42] 반대로, 일부 어원을 기반으로 필자는 /*e/를 현대어 /ʌ[ɔ̆]/의 ─『언문』에서 'ㅓ'로 표시 ─ 원천으로 생각하고자 한다. 필자가 생각하는 바로는 고대한국어 /*ʌ/는 『언문』의 기호에 상응하는 음가이었으며 이후에 /a(ㅏ)/와 합쳐졌다. 이 때문에 현재 기호 [a]는 이중적으로 쓰이게 된다.

이러한 언급은 폴리봐노프가 훈민정음이라는 이름으로 창제한 언문에 대하여 깊이 알고 있음을 의미한다. 특히 훈민정음의 중성^{中聲}이 11자라고 하였지만 실제로는 7개의 모음을 글자로 한 것임을 간파하고 있었다. 당시 어느 누구도, 비록 한국의 음운학자들도 이러한 사실을 깨닫지 못하고 있었다. 본서에서 폴리봐노프를 '훈민정음의 사람들'로 본 이유가 여기에 있으며 필자로서는 천재적 언어학자이고 알타이제어에 가장 많은 지식을 가진 폴리봐노프가 한국어에 대하여 논급한 것을 참으로 다행으로 생각한다.

5.3.4.6 이상 폴리봐노프^{Polivanov}의 생애와 학문에 대하여 간략하게 살펴보았다. 러시아의 볼쉐비키 혁명 이후에 언어학자로서 가장 영

---

42 여기서 언급된 [*e, *ʌ 는 '언문', 즉 훈민정음 창제 당시의 'ㅓ, ㆍ'를 말한다. 그는 'ㆍ'의 존재를 알고 있었고 그것이 [ʌ]의 음가로 추정되며 현재 그 모음이 남아 있는 일부 방언, 즉 제주도 방언에서 [ɔ]의 음가를 갖고 있었다는 사실도 이미 알고 있었다(정광·허승철 공역, 2004).

향력이 많았던 폴리봐노프는 구소련의 자치주와 주변의 위성국가에서 자국의 언어를 기록하는 문자를 제정하는 데 절대적인 영향력을 행사하였다. 그 결과 혁명 이후의 구소련의 지배하에 있던 동방의 여러 민족의 언어를 기록하는 데 있어서 끼릴문자가 아닌 로마자를 택하게 된 것이다.

그러나 후일 스탈린의 철권 정치에 의하여 이 지역의 여러 민족의 언어를 러시아 문자로 교체하여 기록하게 되었다. 필자는 항상 왜 볼쉐비키 혁명 이후에 구소련의 위성 국가이었던 몽골을 비롯하여 시베리아 동북부의 여러 알타이어를 사용하는 민족들이 러시아문자가 아니라 로마자로 먼저 자국의 언어를 기록하였을까 의문을 품고 있었으나 알고 보니 그 배후에는 폴리봐노프라는 거물 언어학자가 있었기 때문이었다. 그는 로마자가 끼릴문자보다 훨씬 더 표음성이 강하고 일반적이라고 생각한 것이다.

뿐만 아니라 폴리봐노프는 한국어에 대하여도 깊은 지식을 가졌고 한국어와 다른 알타이제어와의 본격적인 비교를 시도하여 하나의 논문으로 발표하였다. 필자가 이번에 소개한 폴리봐노프의 한국어에 대한 지식이 오늘날의 그것과 비교하여도 손색없는 높은 수준의 것이었음을 밝혔다. 그는 일본어를 전공하여 오늘날의 일본학자들에게 일본어의 계통과 일본어 방언학에 대한 연구기반을 구축하여 주었다. 그리하여 일본어가 말레이-폴리네시안 계통에다가 알타이어적 요소가 섞여 있는 혼효어mixed language로 본 것이다. 그러나 한국어는 주저 없이 알타이어족에 속하고 있음을 그는 주장하였다.

수십 개의 알타이어를 알고 있던 당대 최고의 역사비교언어학자의 이러한 연구는 한국어의 기원과 계통에 대한 우리의 연구에 시사하는 바가 많다. 오늘날 한두 개의 알타이어를 피상적으로 밖에 이해 못하는 한국의 계통 연구자들이 가볍게 한국어의 계통에 대하여 비 알타이 어족설을 주장하는 것은 결코 바람직하지 못한 태도라고 할 수 있다. 필자는 이러한 일이 폴리봐노프를 비롯한 러시아 역시비교언어학자들의 연구가 우리에게 잘 소개되지 않은 탓으로 여긴다. 특히 폴리봐노프는 골수 공산당원으로서 엄중한 냉전 체재에서 우리가 기피해야 할 인물이었고 그의 알타이제어에 대한 학설도 우리가 손쉽게 접할 수 없었던 것이다.

5.3.4.7 폴리봐노프는 위에서 살펴본 바와 같이 러시아 볼쉐비키 혁명 이후에 마르크스 언어학을 위하여 진력하였고 그 결과 엔. 야. 마르의 야페트 언어이론과 격돌하게 되었다. 물론 스랄린의 동향인으로 그의 지원을 받고 있던 엔. 야. 마르의 집중적인 공격을 받아 폴리봐노프의 이론은 빛을 보지 못하였고 결국은 그 자신도 영어[囹圄]의 몸이 되어 죽음에 이르게 되었지만 그의 업적을 보면 20세기 최대의 언어학자의 하나로서 아마 그를 빼놓을 수는 없을 것이다. 그가 한국어의 기원과 계통에 대하여 좋은 논문을 썼던 것은 어쩌면 한국어의 계통연구에 있어서 행운이라고 할 수 있다. 앞으로 그의 이론과 연구가 더 많이 한국어를 역사적으로 연구하는 사람들에게 소개되어 이용되기를 바라는 마음 간절하다.

참고문헌

한국인과 중국인은 저자명, 나머지는 성(姓)의 가나다 순

가벨렌쯔(1892) : G.von der Gabelentz, "Zur Beurtheilung des Koreanischen Schrift und Lautwesens," *Sitzungsberichte der Königlich Preussischen Akademie der Wissenschaften zu Berlin*, 1892

姜吉云(1993) : 『国語史精説』, 蛍雪出版社, 서울

강순애(1998) : "새로 발견된 初鑄本 『月印釋譜』 卷25에 관한 연구", 『書誌學硏究』(한국 서지학회) 제16집

_____(2001) : 『권20 연구 · 영인 月印釋譜』, 아세아문화사, 서울

姜信沆(1966a) : "李朝初期 譯學者에 관한 考察", 『震檀學報』 제29 · 30집

_____(1966b) : "李朝中期 以後의 譯學者에 대한 考察", 『論文集』 제11집, 成均館大

_____(1967) : "韓國語學史 上" 『韓國文化史大系』 5, 高麗大學校民族文化研究所, 서울

_____(1978a) : "中国字音과의 対音으로 본 国語母音体系", 『国語学』 第7号, 韓国国語学会

_____(1978b) : 『李朝時代의 譯學政策과 譯學者』, 塔出版社, 서울

_____(1980) : 『鷄林類事 高麗方言 研究』, 成均館大学校 出版部, 서울

_____(1984) : "世宗朝의 語文政策", 『世宗文化研究』 II, 韓國精神文化研究院, 서울

_____(1987) : 『訓民正音 研究』, 成均館大學校 出版部, 서울

_____(1990) : "『訓世評話』에 대하여", 『大東文化研究』 제24집, 성균관대학교 대동문화연구원

_____(2000) : 『韓國의 譯學』, 서울대학교 출판부, 서울

경북대학교출판부(1997) : 『月印釋譜第四』, 慶北大學校 出版部, 대구

고노(1940) : 河野六郎, "東國正韻及び洪武正韻について", 『東洋學報』 27권 4호, 東洋文庫, 일본

____(1959) : "再び東國正韻について", 『朝鮮學報』 14호, 日本朝鮮學會

____(1964~65) : "朝鮮漢字音の研究", 『朝鮮学報』 第31~35號, 朝鮮学会, 일본

____(1968) : 『朝鮮漢字音の研究』, 天理大学 出版部, 天理(1940), 河野六郎 : "東國正韻及び洪武正韻について", 『東洋學報』 27권 4호, 東洋文庫, 일본

고영근(1993) : "석보상절, 월인천강지곡, 월인석보 문헌해제", 『국어사 자료와 국어학 연구』(안병희 선생 회갑기념 논총), 문학과 지성사, 서울

_____(2018) : "조선 시대의 외국어 교육에 관한 정광 교수의 저작에 대한 서평", 『한국어학』 제80호, 한국어학회, pp.33~47

구와노(1975a) : 桑野隆, "ボ-ドアン・ド・クルトネについて", 『言語における思想性と 技術性』, 朝日出版社, 東京

_____(1978) : "バフチ-ンの對話をめぐて", 『未來』, 1978年 1月號, 2月號

_____(1979a) : 『ソ連言語理論小史-ボ-ドアン・ド・クルトネからロシア・フォル マリズムへ』, 三一書房, 東京

구와노 역(1975b) : 桑野隆 飜譯, 『シクロフスキイ他 'レ-ニンの言語'』, 三一書房, 東京

_____(1976) : 『ヴォロシノフ バフチ-ン 'マルクス主義と言語哲學'』, 未來社, 東京

_____(1979b) : 『ヴォロシノフ バフチ-ン 'マルクス主義と言語哲學'』, 未來社, 東京

金文京 외(2002) : 金文京・玄幸子・佐藤晴彦 譯註, 鄭光 解說, 『老乞大-朝鮮中世の 中國語會話讀本』, 平凡社, 東京

김민수(1955a) : "한글 頒布의 時期-세종 25년 12월을 주장함", 『국어국문학』 제14호, 국어국문학회

_____(1955b) : 『釋譜詳節』 解題, 『한글』 제112호, 한글학회

_____(1977) : 『周時經 硏究』, 탑출판사, 서울

_____(1985) : 『北韓의 國語硏究』, 高麗大學校 出版部, 서울

_____(1990) : 『全訂版 新國語學史』, 一潮閣, 서울

김병제(1984) : 『조선어학사』, 과학・백과사전출판사, 평양

김영배(1972) : 『釋譜詳節 第23・24 注解』, 一潮閣, 서울

_____(1985) : "月印釋譜 第二十二에 대하여", 『韓國文學硏究』 제8호

김완진(1975) : "訓民正音子音字와 加劃의 原理", 『語文硏究』 7・8호, 한국어문교육연 구회

_____(1980) : 『鄕歌解讀法硏究』, 서울大学校 出版部, 서울

_____(1994) : "中人과 言語生活", 『震檀學報』 제77호

김완진・정광・장소원(1997) : 『國語學史』, 韓國放送通信大學 出版部, 서울

김일성(1968) : 『김일성 저작선집』, 조선로동당출판사, 평양

김주원(2016) : "세계 여러 문자의 모음 표기 양상과 훈민정음의 모음자", 『국어학』 제80 호, 국어학회, pp.77~108

金薰鎬(1998) : "西洋宣敎師 音韻資料에 反映된 明・淸官話", 『中國人文科學』 제17집

_____(2000) : "漢語普通話에 影響을 준 淸代官話", 『中語中文學』 제26집, 韓國中語中 文學會

나가자와(1933) : 長澤規矩也, "元刊本 成齋孝經直解에 관して", 『書誌學』 제1권 제5호, 書誌學會, 일본, pp.20~38. 이 논문은 후일 『長澤規矩也著作集』(1983) 제3권 『宋元版の硏究』에 재록됨

나가자와・아베(1933) : 長澤規矩也・阿部隆一, 『直解孝經』, 吉川弘文館, 東京

羅常培(1965) : 『漢語音韻學導論』, 太平書局, 香港

南廣祐(1966) : 『東國正韻式 漢字音 硏究』, 韓國硏究叢書 제6집, 韓國硏究院, 서울

_____(1973) : 『李朝漢字音의 硏究』, 東亞出版社, 서울

다나카(1964) : 田中謙二, "元典章における蒙文直譯體の文章", 『校定元典章刑部』 第

一冊附錄

_____(1965) : "元典章文書の構成", 『東洋史硏究』 23-4號, 東洋史硏究會, 일본

다닐로브(1931) : G. Danilov(review), "E. Polivanov, Za marksistskoe jazykoznaie," *Russkij jazyk v sovetskoj škole*, Nos. 6-7

달레(1874) : Ch. Dallet, *Histoire de l'Eglise de Corée*, Paris

동국대학교 출판부(2002) : "조선시대편", 『한국불교전서』 권7, 동국대학교 출판부, 서울

되르퍼(1963~1965) : G. Doerfer, *Türkische und Mogolische Element im Neupersischen* I, II, Wiesbaden

람스테드(1924) : G. J. Ramstedt, "Two words of Korean-Japanese," *Journal de la Société Finno-Ougrienne* 55

_____(1928) : "Remarks on the Korean Language," *Mémoires de la Société Finno-Ougrienne* 58

레닌(1924) : В. И. Ленин, *О праве наций на самоопределение*, 번역(1958)『민족자결에 관하여』, 조선로동당 출판사, 평양

레온테프, 로이젠존, 하주친(1974) : A. A. Leont'ev, L. I. Rojzenzon, A. D. Xajutin, "The Life and Activities of E. D. Polivanov," 레오테프(1974 : 11-31)

레온테프 외 (1974) : A. A. Leont'ev et. ali. compiled, E. D. Polivanov, *Selected Works, Articles on General Linguistics*, Mouton, The Hague & Paris

로니(1864) : Léon de Rosny, "Aperçu de la langue Coréenne," *Journal Asiatique*, 6-3

로스(1878) : J. Ross, "The Corean Language," *The China Review*, VI, 1878, Seoul

마르크스 & 엥겔스(1845~46) : Karl H. Marx & F. Engels, *Die deutsche ideologie,* 번역 (1957), 『독일 이데올로기』, 조선로동당 출판사, 평양

마르티네(1970) : André Martinet, *Éléments de linguistique générale*, Armand Colin, Paris

마테지우스(1961) : Vilem J. Mathesius, *Obsahovy rozbor současné angličtini na základě obsně lingvistickém*, Praha, 영역판(1975, Tha Hague-Paris)

_____(1965) : "Куда мы пришли в языкознании," *История языкознания XIX-XX веков в очерках и извлечениях*, В. А. Звегинцева, ч. 2

磯谷孝 飜譯(1975) : "19世紀から20世紀へ", 『現代思想』(靑土社) 1975年 6月號

마틴(2000) : Samuel E.. Martin, 'How Have Korean Vowels Changed Through Time?,' *Korean Linguistics* 10, pp.1~59

무라야마 시치로(1963) : 村山七郎, "高句麗語と日本語との關係に關する考察", 『朝鮮學報』 제26호

미야자키(1946) : 宮崎市定, 『科擧』, 秋田屋, 東京

_____(1963) : 『科擧-中國の試驗地獄』, 中央公論社, 東京

_____(1987) : 『科擧史』, 平凡社, 東京

閔泳圭(1969) : "月印釋譜 解題", 『韓國의 名著』, 玄岩社, 서울

閔賢九(2002) : "신숙주와 집현전 학자들", 『신숙주의 학문과 인간』, 국립국어연구원

바헤크 편(1964) : Josef Vachek ed., *Prague School Reader in Linguistics,* Indiana Univ. Press, Bloomington

바흐친(1972) : М. М. Бахтин, *Проълемы поетики Достоевского*, Москва, 新谷敬三郎 飜譯(1968)『ドストエフスキ論』(1963年版より), 冬樹社, 東京

_____(1965) : *Творчество Франсуа Рабле и нароная культура Средневековъ а Ренессанса*, Москва, 川端香男里 飜譯(1974)『フランソワ・ラブレ-の作品と中世・ルネッサンスの民衆文明, せりか書房, 東京

_____(1975) : "К методологии литературоведеная," *Контекст · 1974*, Москва, 新谷敬三郎 飜譯 "文藝學の方法をめぐって",『はいまあと』6

朴炳采(1983) :『洪武正韻譯訓의 新研究』, 高麗大學校 民族文化研究所, 서울

朴相國(1977) : "월인석보 목판고",『文化財』제11호, 문화재관리국

朴在淵(1997) : "15세기 譯學書 訓世評話에 대하여", 李邊『訓世評話』(서문대학교 번역문헌연구소 간행)의 해제. 이 논문은『中國小說論叢』(한국중국소설학회) 제7집(1998)에 재록됨

方鍾鉉(1948) :『訓民正音通史』, 一誠堂書店, 서울

_____(1954) : "訓蒙字會攷",『東方學志』제1호

벵베니스트(1964) : E. Benveniste, "Documents pour l'histoir de quelques notions saussuriennes," *Cahiers Ferdinand de Saussure*, 21, Paris

벤징(1953) : J. Benzing, *Einführung in das Stasdium des altaischen Philologie und Tuekologie*, Wiesbaden

보드엥(1963) : И. А. Бодуэн де Куртенэ, *Избранные труды по общему языкознанию*, т. 1 · 2, Москва

보빈(2010) : Alexander Vovin, *Koreo ―Japonica ―A Reevaluation of a Common Genetic Origin*, University of Hawai'i Press, Honolulu

볼로쉬노프(1928) : В. Н. Волошинов, "Новей шие течния лингвистичекой мысли на Запде," *Литература и марксизм*, кн. 5, Москва

_____(1929) : *Марксизм и Философия языка ―Основные проблемы социологического мотода в науке о языке*. Ленинград, 구와노(桑野隆) 번역(1989),『マルクス主義と言語哲學』, 未来社, 東京

_____(1976) : *Freudianism, A Marxist Critic*, Academic Press, Moskba

브고드스키(1956) : Л. С. Выгодский , *Избранные психологические исследования*, Москва, 시바다 외 번역(1964) : 柴田義松 外 飜譯(1964),『思考と言語』, 明治圖書, 東京

_____(1968) : *Психология искусства Изд*. 2, Москва, 시바다(柴田義松) 외 飜譯(1971),『藝術心理學』, 明治圖書, 東京

브리치(1897) : С. К. Бурич, "Бодуэн де Куртенэ И. А.," *Критико-биографичес кий словарь русских писателей и ученых*, под ред. С. А. Венгерова. т.5, СПб

블라지미르초프(1911) : B. Ya. Vladimircov, "Tureckie elementi v mongolskom yazike," *Zapiski Vostočnago Odĕleniya Imperatorskago Russkago Arxeologičeskago Obščestva*(St.

Peterburg), Vol.20, pp.153~184

_____(1916) : "O časticax otricaniya pri povelitelnom nakloneniĭ v mongolskom yazike," *Izvestiya Akademii Nauk*(1916), pp.349~358

_____(1921) : *Mongolskiĭ sbornik razskazov iz Pañcatantra*, Petrograd

_____(1926) : *Obrazcĭ mogolskoi narodnoĭ slovesnosti*(S. Z. Mongolia), Leningrad

비노그라도프(1926) : В. В. Виноградов, "Проблема сказа в стилистике," *Поэтика*, Ленинград. 新谷敬三郎·磯谷孝 編譯(1971) : 『ロシア·フォルマリズム論集』, 現代思潮社, 東京

비노쿠르(1923) : Г. О. Винокур, "Культура языка," *Печать и ревлюция*, 1923, No.5

史在東(1995) : 『불교계 서사문학의 硏究』, 중앙문화사, 대전

徐世榮(1990) : "北京土語探索", 『北京土語辭典』, 北京出版社, 北京 pp.1~12

세종대왕기념사업회(1991a) : 『역주 석보상절 제6·9·11』, 세종대왕기념사업회, 서울

_____(1991b) : 『역주 석보상절 제13·19』, 세종대왕기념사업회, 서울

_____(1993) : 『역주 월인석보 제7·8』, 세종대왕기념사업회, 서울

소쉬르(1972) : F. de Saussure, *Cours de la linguistique générale*, édition critique préparée par Tullio de Mauro, Payot, Paris. 山內貴美夫 飜譯(1976) : 『ソシュ-ル一般言語學講義校注』, 而立書房, 東京

송민(1969) : "한일 양국어 비교연구사", 『논문집』(성심여대) 제1호(1969.6), 서울

송성수 역(1999) : 『釋迦譜 外』, 동국대학교 譯經院, 서울

쉬체르바(1957) : Л. В. Щерба, "И. А. Бодуэн де Куртенэ и его значение в науке о языке," *Избранные работы по русскому языку*, Москва

_____(1974) : *Языковая система и речевая деятельность*, Москва

스탈린(1950) : Иосиф Виссалионович Сталин, "Марксизм и bопросы языкознания," *Прауда* 1950.6.20, 『스탈린선집』 3, 평양 : 조선로동당 출판사, 1965

시다우찌·이다바시(1990) : 下內充·板橋義三 번역, 村山七郎 감수, 『ニコラスポッペ回想錄』, 三一書房, 東京. 포페(1983)의 번역

시라토리(1897) : 白鳥庫吉 : "日本書記に見える朝鮮語の解釋", 『史學雜誌』 第8編 第6號(1897), 東京

_____(1914~1916) : "朝鮮語とUral－Altai語との比較硏究", 『國學院雜誌』 4-2.3.5(1914), 5-1.2.3.(1915), 6-2.3(1916), 『白鳥庫吉全集』에 재록됨. 東京

_____(1915) : "言語上より觀たる朝鮮人種", 『人類學雜誌』 30-8, 東京

시무라(1995) : 志村良治 : 『中國中世語法史硏究』, 중문판, 中華書局, 北京

신무라(1916) : 新村出 : "國語及び朝鮮語の數詞に就いて", 『藝文』 第7卷 第2, 4號

沈載完(1962) : "月印釋譜 第21, 異本攷", 『靑丘大學論文集』 제5집

심재완·이현규(1991) : 『月印釋譜－無量崛板 第21硏究』, 慕山學術硏究所, 대구

아스톤(1879) : W. G. Aston, "A Comparative study of the Japanese and Korean Languages," *The Journal of the Royal Asiatic Society(Society of Great Britain and Ireland)*, XI,

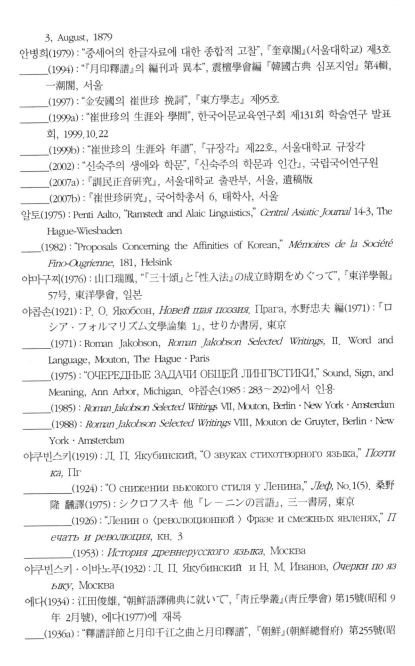

3, August, 1879

안병희(1979) : "중세어의 한글자료에 대한 종합적 고찰", 『奎章閣』(서울대학교) 제3호

_____(1994) : "『月印釋譜』의 編刊과 異本", 震檀學會編 『韓國古典 심포지엄』 第4輯, 一潮閣, 서울

_____(1997) : "金安國의 崔世珍 挽詞", 『東方學志』 제95호

_____(1999a) : "崔世珍의 生涯와 學問", 한국어문교육연구회 제131회 학술연구 발표회, 1999.10.22

_____(1999b) : "崔世珍의 生涯와 年譜", 『규장각』 제22호, 서울대학교 규장각

_____(2002) : "신숙주의 생애와 학문", 『신숙주의 학문과 인간』, 국립국어연구원

_____(2007a) : 『訓民正音硏究』, 서울대학교 출판부, 서울, 遺稿版

_____(2007b) : 『崔世珍硏究』, 국어학총서 6, 태학사, 서울

알토(1975) : Penti Aalto, "Ramstedt and Alaic Linguistics," Central Asiatic Journal 14-3, The Hague-Wiesbaden

____(1982) : "Proposals Concerning the Affinities of Korean," Mémoires de la Société Fino-Ougrienne, 181, Helsink

야마구찌(1976) : 山口瑞鳳, "『三十頌』と『性入法』の成立時期をめぐって", 『東洋學報』 57号, 東洋學會, 일본

야콥손(1921) : Р. О. Якобсон, Новейшая поэзия. Прага, 水野忠夫 編(1971) : 『ロシア・フォルマリズム文學論集 1』, せりか書房, 東京

_____(1971) : Roman Jakobson, Roman Jakobson Selected Writings, II. Word and Language, Mouton, The Hague · Paris

_____(1975) : "ОЧЕРЕДНЫЕ ЗАДАЧИ ОБЩЕЙ ЛИНГВСТИКИ," Sound, Sign, and Meaning, Ann Arbor, Michigan. 야콥손(1985 : 283~292)에서 인용

_____(1985) : Roman Jakobson Selected Writings VII, Mouton, Berlin · New York · Amsterdam

_____(1988) : Roman Jakobson Selected Writings VIII, Mouton de Gruyter, Berlin · New York · Amsterdam

야쿠빈스키(1919) : Л. П. Якубинский, "О звуках стихотворного языка," Поэтика, Пг

_____(1924) : "О снижении высокого стиля у Ленина," Леф, No.1(5). 桑野 隆 飜譯(1975) : シクロフスキ 他 『レーニンの言語』, 三一書房, 東京

_____(1926) : "Ленин о 〈революционной〉 Фразе и смежных явленях," Печать и революция, кн. 3

_____(1953) : История древнерусского языка, Москва

야쿠빈스키 · 이바노푸(1932) : Л. П. Якубинский и Н. М. Иванов, Очерки по языку, Москва

에다(1934) : 江田俊雄, "朝鮮語譯佛典に就いて", 『青丘學叢』(青丘學會) 第15號(昭和 9年 2月號), 에다(1977)에 재록

____(1936a) : "釋譜詳節と月印千江之曲と月印釋譜", 『朝鮮』(朝鮮總督府) 第255號(昭

和11年9月2日), 에다(1977)에 재록

____(1936b) : "李朝刊經都監と其の刊行佛典", 『朝鮮之圖書館』第5卷 第5號(昭和 11年 10月號), 에다(1977)에 재록

____(1977) : 國書刊行會編, 『朝鮮佛敎史の硏究』, 東京

에드킨스(1887) : Joseph Edkins, "Connection of Japanese with the adjacent continental languages," *Transactions of the Asiatic Society of Japan*, XV. 1887

_____(1895) : Joseph Edkins, "Relationship of the Tartar languages," *The Korean Repository*, III,

엥겔스(1935) : F. Engels, Naturdialektik, 번역(1966) 『자연변증법』, 조선로동당 출판사, 평양, 1957, 개정판

呂叔湘(1985) : 『近代漢語指代詞』, 學林出版社, 上海

____(1988) : "朴通事的指代詞", 『中國語文』, 中國語文雜誌社, 北京, 1987.3, pp.161~169

余志鴻(1988) : "元代漢語中的後置詞 '行'", 『語文硏究』, 北京, 1983.3, pp.1~10

____(1988) : "蒙古秘史的特殊語法", 『語文硏究』, 北京, 1988.1

____(1992) : "元代漢語的後置詞系統", 『民族語文』, 北京, 1992.1

여홍상 번역(1995) : 『바흐친과 문화 이론』, 문학과 지성사, 서울

오구라(1940) : 小倉進平, 『增訂朝鮮語學史』, 刀江書院, 東京

오구라 · 고노(1964) : 小倉進平 · 河野六郎, 『增訂補注朝鮮語學史』, 刀江書院, 東京

오노(1957) : 大野晋, 『日本語起源』, 岩波新書, 東京

오다(1953) : 太田辰夫, "老乞大の言語について", 『中語語學硏究會論集』 제1호

____(1954) : 太田辰夫 "漢兒言語について", 『神戶外大論集』 제5권 제2호, 神戶市外國語大學硏究所, pp.1~29

____(1991) : 『漢語史通考』, 중문판, 重慶出版社, 重慶 일문판(1988)

오다 · 사토(1996) : 太田辰夫 · 佐藤晴彦, 『元版 直解孝經』, 汲古書院, 東京

王力(1985) : 『漢語語音史』, 社会科学出版社, 北京

요시가와(1953) : 吉川幸次郎, "元典章に見える漢文吏牘の文體", 『校定元典章刑部』, 第一冊附錄

위노그라도프(1952) : В. В. Виноградов, "쏘베트 언어학의 발전을 위하여 이. 웨. 스딸린(И. В. Сталин)의 로작들이 가지는 의의", 김일성종합대학 번역(1955)

劉昌均(1966) : 『東國正韻硏究』, 螢雪出版社, 서울

_____(1978) : 『蒙古韻略과 四聲通解의 硏究』, 螢雪出版社, 大邱

이가원(1994) : "訓民正音의 創制", 『洌上古典硏究』 제7집, 洌上古典硏究會, pp.5~24

李基文(1961) : 『国語史概説』, 民衆書館, 서울

_____(1963) : 『국어표기법의 역사적 연구』, 한국연구원, 서울

_____(1975) : 한국어와 알타이제어의 비교연구, 『광복30주년기념 종합학술회의논문집』, 대한민국학술원

_____(1976) : "최근의 訓民正音硏究에서 提起된 몇 問題", 『震檀學報』 42호, 震檀學會

이능화(2010) : 『譯註朝鮮佛敎通史』, 동국대학교 출판부, 서울

李敦柱(1990) : 『訓蒙字会漢字音研究』, 弘文閣, 서울

_____(2002) : "신숙주와 훈민정음", 『신숙주의 학문과 인간』, 국립국어연구원, 서울

李東林(1959) : "月印釋譜와 關係佛經의 考察", 『白性郁博士頌壽記念佛敎學論文集』, 서울

_____(1970) : 『東國正韻研究』, 東國大學校 大學院, 서울

_____(1974) : "訓民正音創製經緯에 對하여 - 俗所謂 反切二十七字와 相關해서", 『국어국문학』 제64호, 국어국문학회

이비치(1970) : Milka Ivič, Trends in Linguistics, Mouton, New York-London.
김방한 번역(1982), 『언어학사』, 螢雪出版社, 서울

이리야(1973) : 入矢義高, "『朴通事諺解 · 老乞大諺解 語彙索引』의 序文", 陶山信男 著 『朴通事諺解 · 老乞大諺解 語彙索引』, 采華書林, 東京

이숭녕(1965) : "최세진 연구", 『亞細亞學報』 제1집

_____(1976) : 『혁신 국어학사』, 박영사, 서울

_____(1981) : 『세종대왕의 학문과 사상』, 亞細亞文化社, 서울

_____(1986) : "信眉의 譯經事業에 關한 硏究", 人文社會科學篇, 『대한민국 學術院論文集』 第25輯, pp.1〜42

임홍빈(1994) : "북한의 언어학", 장석진 편(1994)

_____(1997) : 『북한의 문법론 연구』, 한국문화사, 서울

_____(2006) : "한글은 누가 만들었나 - 한글 창제자와 훈민정음 대표자", 『국어학논총』(이병근선생 퇴임기념), 태학사, pp.1347〜1395

_____(2008) : "訓民正音의 몇 가지 問題", 『한국학중앙연구원 主催 '八思巴文字와 訓民正音' 國際學術會議 자료집』

_____(2012) : 千田俊太郎 번역, "訓民正音創製者と音價表示の代表字に関する問題", 『朝鮮學報』 제222집, 뒤에서 1〜51

_____(2013) : "正音 創制와 관련된 몇 가지 問題", 훈민정음학회, 『2013년 훈민정음학회 제2회 전국학술대회 발표논문집』, pp.1〜39, 일시 : 2013년 5월 11일, 장소 : 서울대학교 규장각국학연구소 지하 강당

장석진 편(1994) : 『현대언어학 - 지금 어디로』, 한신문화사, 서울

정광 · 남권희 · 양오진(1999) : "원대 한어 〈노걸대〉 - 신 발굴 역학서 자료 〈구본노걸대〉의 한어를 중심으로", 『국어학』 제33호, 국어학회, pp.3〜68

정광 외 5인(2017) : 鄭光 · 劉鳳翥 · 張少珊 · 吉田 豊, Г. Эрэгзэн · Василий Соенов, 『유라시아 문명과 알타이』(가천대학교 아시아문화연구소) 아시아 학술연구총서 10, 역락, 서울

정광 · 정승혜 · 梁伍鎭(2002) : 『吏學指南』, 太學社, 서울

정광 · 허승철 공역(2004) : "폴리봐노프의 한국어와 알타이제어의 친족 관계 번역", 『한국학』 제24호, 한국어학회, pp.355〜378

精文硏(1986) : 韓㳓劤 외 5인, 『譯註 經國大典 註釋篇』, 한국정신문화연구원 인문연구실, 서울

鄭然粲(1972a):『洪武正韻譯訓의 研究』, 一潮閣, 서울

_____(1972b):"月印釋譜 第一・二 解題",『影印月印釋譜 第一・二』, 西江大學校 人
文科學研究所, 서울

졸고(1983):"빌렘 마테지우스의 機能構造言語學 — 機能言語學의 이해를 위하여",『德
成語文學』제1집, pp.6〜30

_____(1991):"倭學書『伊路波』에 대하여,"『國語學의 새로운 認識과 展開』(金完鎭先生
華甲紀念論叢), 서울대학교 대학원 국어연구회 편, 민음사, pp.142〜161

_____(1994):"국어 계통연구의 문제점",『어문논집』제33호, 고려대학교 국어국문학연
구회, pp.459〜480

_____(1995):"飜譯老朴凡例의 國音・漢音・諺音에 대하여",『大東文化研究』제30집,
成均館大學校 大東文化研究院, pp.185〜308. 이 논문은 졸저(2002)에 재록됨

_____(1999a):"최세진의 생애와 업적",『새국어생활』제9권 3호, 국립국어연구원

_____(1999b):"舊蘇聯의 언어학과 初期 북한의 언어연구",『언어정보』제2호, 고려대학
교 언어정보연구소, pp.143〜218

_____(1999c):"元代漢語の〈舊本老乞大〉",『中國語學研究 開篇』Vol.19, 早稻田大學 中
國語學科, 일본, pp.1〜23

_____(2000a):"崔世珍 生涯의 研究에 대한 再考와 反省",『語文研究』28권 1호(통권 105
호), 韓國語文敎育研究會

_____(2000b):"『노박집람』과『노걸대』・『박통사』의 舊本",『震檀學報』제89호, 진단학
회. 이 논문은 졸저(2002)에 재록됨

_____(2000c):"司訳院倭学清学の童蒙教材と文字教育 — 伊路波』の仮名と『千字
文』・『小児論』の満洲文字・女真文字の教育を中心として",『第2回 韓日人文・
社会科学 学術交流記念講演会—21世紀への新しい友好の形を求めて』(韓国国立
国語研究院・日本島根県立大学, 場所:일본 島根県浜田市 島根県立大学講堂/일
시:2000년 11월 3일)에서 기조강연. 이 발표의 일부가 졸고(2001c)에서 논문으로
정리됨

_____(2001a):"『老乞大』의 成立과 그 變遷", 한국언어학회『2001 가을 연구회』초청특
강(2001년 10월 29일 경주 교육문화회관). 이 논문은 졸저(2002)에 재록됨

_____(2001b):"사역원 한학서의 판본 연구(1)",『한국어학』제14호, 한국어학회, pp.283
〜332

_____(2001c):"清学書『小児論』攷",『韓日語文学論叢』(梅田博之教授 古稀記念), 太学
社, 서울

_____(2001d):"所謂 佛日寺版『月印釋譜』玉冊에 대하여", 제28회 국어학회 공동연구
회(2001년 12월 21일, 국제청소년센터) 발표요지

_____(2002a):"『月印釋譜』의 編刊 再考", 국어사자료학회 제12차 정기학술대회(2002년
2월 4일, 대구교육대학) 발표요지

_____(2002b):"成三問의 학문과 조선전기의 譯學",『語文研究』제30권 제3호, 韓國語文
敎育研究會, pp.259〜289

___(2003a) : "朝鮮漢字音の成立と變遷" 日本 中國語學會 第53回 全國大會 Symposium
(일시 : 2003년 10월, 장소 : 東京 早稻田大學 大隅講堂)の"漢字音研究の現在" 主
題發表

___(2003b) : "坡平尹氏 母子미라 副葬 諺簡,"〈坡平尹氏 母子미라 綜合研究〉, 고려대
학교 박물관, 서울, pp.87~98

___(2004a) : "On Polivanov's Study of the Geneology of Korean－Focused on Polivanov's
Life and His Scholarship", 2004 ICKL Conference at Ankara

___(2004b) : "朝鮮时代的汉语教育与教材－以〈老乞大〉为例",『国外汉语教学动态』总
第5期, 北京外国语大学, pp.2~9

___(2004c) : "폴리봐노프의 한국어와 알타이제어의 친족 관계 번역",『한국어학』제24
호, 한국어학회, pp.355~378, 허승철 공역

___(2005a) : "申叔舟와 訓民正音 創製",『국제고려학회 서울지회 논문집』제5호, 국제
고려학회, pp.3~40

___(2005b) : "朝鮮漢字音의 成立과 変遷",『인문언어(Lingua Humanitas)』제7집, 국제
언어인문학회, pp.31~56

___(2006a) : "폴리봐노프의 생애와 학문－한국어 계통연구를 중심으로",『국어학논
총』(이병근선생 퇴임기념), pp.1439~1463

___(2006b) : "吏文과 漢吏文",『口訣研究』제16호, 한국 口訣學會, pp.27~69

___(2006c) : "새로운 자료와 시각으로 본 훈민정음의 創製와 頒布",『언어정보』제7호,
고려대 언어정보연구소, pp.5~38

___(2006d) : "〈月印釋譜〉 編刊 再考", 정광 외『국어사연구 산고』(솔미 정광 교수 퇴
임기념논문집준비위원회), 태학사, 서울, pp.379~398

___(2006e) : "嘉靖本〈노걸대〉의 欄上 注記에 대하여",『국어사 연구』제6호, 국어사
학회, pp.19~48

___(2009a) : "訓民正音의 字形의 獨創性－『蒙古字韻』のパスパ文字との比較を通し
て",『朝鮮學報』(일본朝鮮學會) 第211輯, pp.41~86

___(2009b) : "〈蒙古字韻〉과 八思巴文字－훈민정음 제정의 이해를 위하여",『세계 속
의 한국(조선)학 연구 국제학술토론회 논문집』, 민족출판사, 北京, pp.24~63

___(2009c) : "훈민정음 中聲과 파스파 문자의 모음자",『국어학』제56호, 국어학회,
pp.221~247

___(2009d) : "契丹・女真文字と高麗の口訣字", 国際ワークショップ「漢字情報と漢文
訓読」, 日時 : 2009年8月22~23日, 場所 : 札幌市・北海道大学人文・社会科学総
合教育研究棟 W408의 개막강연. 이 발표문은 졸고(2010)에 재록함

___(2010) : "契丹・女眞文字と高麗の口訣字",『日本文化研究』第36輯, 東亞細亞日本
學會, pp.393~416

___(2011a) : "훈민정음 초성 32자와 파스파자 31자모",『譯學과 譯學書』제2호, 譯學書
學會, pp.97~140

___(2011b) : "〈蒙古字韻〉喩母のパスパ母音字と訓民正音の中聲",『東京大學言語學論

集』제31호, 東京大學言語學科, pp.1~20

____(2012a) : "〈몽고자운〉의 파스파 韻尾字와 훈민정음의 終聲", 『譯學과 譯學書』 제3
호, 譯學書學會, pp.5~34

____(2012b) : "元代漢吏文と朝鮮吏文", 『朝鮮學報』 제224輯, 일본朝鮮學會, pp.1~46

____(2013a) : "『월인석보』의 舊卷과 훈민정음의 언해본－正統 12년 佛日寺판 『월인석
보』 옥책을 중심으로", 『國語學』 제68호, 國語學會, pp.3~49

____(2013b) : "파스파 문자의 모음자와 훈민정음 중성의 모음조화", 도수희 외, 『알타이
어 속의 한국어, 한국어 속의 알타이어』(알타이학 시리즈 1), 역락, 서울, pp.109
~148

____(2014a) : "朝鮮吏文の形成と吏讀－口訣の起源を摸索しながら", 藤本幸夫 編 『日
韓漢文訓讀硏究』, 勉誠出版, 東京, pp.333~378

____(2014b) : "세종의 한글 창제－동아시아 제 민족의 문자 교류와 훈민정음의 제정을
중심으로", 『한국학연구』 제51호, 고려대학교 한국학연구소, pp.5~50

____(2015a) : "동북아 제언어의 한자 사용에 대하여", 정광 외, 『한국어의 좌표 찾기』,
역락, 서울, pp.69~108

____(2015b) : "朝鮮 前期의 女眞學書 小攷－위구르인 偰長壽의 高麗 歸化와 더불어",
『譯學과 譯學書』 제6호, 국제역학서학회, pp.5~48

____(2016a) : "朝鮮半島における仏経玉冊の刊行について", 『朝鮮學報』 제238輯, 朝鮮
學會, pp.35~79

____(2016b) : "毘伽羅論과 훈민정음－파니니의 〈八章〉과 佛家의 聲明記論을 중심으
로", 『한국어사 연구』 제2호, 국어사연구회, pp.113~179

____(2016c) : "훈민정음 제정에 대한 재고－졸저 〈한글의 발명〉에 대한 비판을 돌아보
면서", 『譯學과 譯學書』 제7호, 국제역학서학회, pp.5~81

____(2017a) : "다시 살펴 본 최세진의 생애와 학문", 『한국어사 연구』 제3호, 국어사연
구회, pp.8~57

____(2017b) : "反切考－俗所謂反切 27자를 해명하기 위하여", 『어문논집』 제81호, 민
족어문학회, pp.127~184

____(2017c) : "알타이 제 민족의 문자 제정과 사용", 『유라시아 문명과 알타이』, 역락,
서울, pp.9~67

____(2018a) : "훈민정음의 새로운 이해－毘伽羅論과 파스파 문자와의 관련을 중심으
로", 『한국어사 연구』 제4호, 국어사연구회, pp.123~188

____(2018b) : "파스파 문자의 喩母와 훈민정음의 欲母－왜 한글에서는 모음자에 /ㅇ/
를 붙여 쓰는가?', 『국제고려학(International Journal of Korean Studies)』 제17호,
pp.489~520

____(2019) : "신미대사와 훈민정음", 『한국어사 연구』 제5호, 국어사연구회, pp.7~67

____(근간) : "훈민정음의 〈언해본〉－고려대 도서관 육당문고 소장의 「훈민정음」을 중
심으로", 제14차 ISKS 한국학 국제학술대회(일시 : 2019년 8월 18~20일, 장소 : 체
코 프라하 카렐대학교, 주최 : 국제고려학회) 발표

졸저(1988) : 『司譯院 倭學 硏究』, 太學社, 서울

_____(1990) : 『朝鮮朝 譯科 試券 硏究』(大東文化硏究叢書 10호), 成均館大學校 大東文化硏究院, 서울

_____(1999) : 『10월의 문화인물 최세진』, 문광부 한국문화예술진흥원, 서울

_____(2002) : 『譯學書 硏究』, J&C, 서울, 문광부 선정 우수학술도서

_____(2004) : 『역주 원본 노걸대』, 김영사, 서울

_____(2006) : 『훈민정음의 사람들』, 제이앤씨, 서울

_____(2009) : 『蒙古字韻 硏究』, 박문사, 서울, 중문판(2013, 北京 : 民族出版社), 일문판 (2015, 東京 : 大倉 Info)

_____(2010) : 『역주 원본 노걸대』, 박문사, 서울, 졸저(2004)의 수정본

_____(2011) : 『삼국시대 한반도의 언어 연구』, 박문사, 서울 2012년 대한민국학술원 우수도서

_____(2012) : 『훈민정음과 파스파 문자』, 역락, 서울

_____(2014) : 『조선시대의 외국어 교육』, 김영사, 서울, 2015년 대한민국학술원 우수도서, 일어판(2016, 京都 : 臨川書店), 서평 고영근(2018)

_____(2015) : 『한글의 발명』, 김영사, 서울, 2016년 세종도서 우수학술도서

_____(2017) : 『역학서의 세계 - 조선 사역원의 외국어 교재 연구-』, 박문사, 서울

_____(근간) : 『동아시아 여러 문자와 한글』, 지식산업사, 서울

천혜봉(1977) : "初槧本 月印釋譜 卷第七·八 解題", 『影印 月印釋第七·八』, 동국대학교 출판부, 서울

친치우스(1975~1977) : V. I. Činčius, Sravitel'nyi slovar tunguso-man'čžurskix jazykov I. II, Leningrad

카스트렌(1857) : Dr. M. A Castrén, Versuch einer koibalischen und karagassischen Sprachleher nebst Wörterverzeichnissen aus den tatarischen Mundarten des Minussinschen Kreises, St. Petersburg

_____(1862) : "Über die Personalaffixe in den altaischen Sprachen," Kleinere Schriften, St. Petersburg

카붸린(1989) : В. А. Каверин, Петроградский студент, Москва

트레챠코프(1923) : С. М. Третьяков, "Откуда и куда," Леф, No.1, 日語飜譯, 『資料·世界プロレタリア文學運動』 第1卷, 三一書房, 東京

트루벳코이(1939) : Nikolaj Sergejevič Trubetzkoy, Grundzüge der Phonologie. Travaux du Cercle linguistique de Prague, VIII, 2 aufl

_____(1975) : N. S. Trubetzkoy's Letters and Notes, Mouton, New York.

팝(1966) : Ferenc Papp, Mathematical Linguistics in Soviet Union, Mouton, New York-London

포모르스카(1968) : K. Pormorska, Russian Formalist. theory and its Poetic Ambiance, Mouton, New York-London

포페(1957) : Nicholas. Poppe, The Mongolian Monuments in ḫP'ags-pa Script, Otto Harrassowitz, Wiesbaden

_____(1965) : *Introduction to Altaic Linguistics*, Otto Harrassowitz, Wiesbaden

_____(1983) : *Reminiscences*, Center for East Asian Studies, Western Washington University, Bellingham. 시다우찌·이다바시 번역(1990) : 下內充·板橋義三 飜譯, 村山七郎 監修, 『ニコラス· ポッペ回想錄』, 三一書房, 東京

폴리봐노프(1927) : Е. Д. Поливанов, "К voprosu o rodstevennyx otnošenijax koreikogo i 'altajskix' jazykov," *Izvestija Akademii nauk SSSR*(Series VI, Vol.XXI, Nos.15-17, Leningrad

_____(1928) : *Введение в языкознание для востоковедных вузов*. Ленинград

_____(1931) : *За марксистское языкознание*, Москва

_____(1968) : *Статьи по общему языкознание*, Москва

프랭크(1990) : Joseph Frank, "The Voices of Bakhtin," Ch. 2 in Through the Russian Prism : *Essays on Literature and Culture,* Princeton UP, Princeton, 1990, pp.18~33. 여홍상 번역(1995) "바흐친의 생애와 사상", 『바흐친과 문화이론』(현대의 문화이론 총서 24), 문학과 지성사, 서울, pp.17~43

하나도(1997) : 花登正宏, 『古今韻會擧要硏究』, 汲古書院, 東京

핫토리(1984a) : 服部四郎, "パクパ字(八思巴字)について-特にeの字とêの字に關して (一)" "On the ḥPhags-pa script-Especially Concerning the letters e and ê-(I)", 1984년 5월에 완성한 논문을 服部四郎(1993 : 216~223)에서 재인용

_____(1984b) : "パクパ字(八思巴字)について-再論" "On the ḥPhags-pa script-the Second Remarks", 1984년 10월에 완성한 논문을 服部四郎(1993 : 236~238)에서 재인용

_____(1993) : 『服部四郎論文集』 卷3, 三省堂, 東京

허웅·이강로(1999) : 『月印千江之曲 上』, 신구문화사, 서울

홀렌쉬타인(1976) : Elmar Holenstein, *Roman Jakobson's approach to language*, Indiana University Press, Bloomington

洪起文(1946) : 『正音發達史』 上·下, 서울신문사 出版局, 서울

홍윤표(2017a) : 『국어사자료강독』, 태학사, 서울

_____(2017b) : "『초학자회(初學字會)』", 국어사학회 월례발표회(일시 : 2017년 3월 18일, 장소 : 국립한글박물관) 발표요지

훔볼트(1971) : Wilhelm von Humboldt, *Linguistic Variability & Intellectual Development,* University of Miami Press, Miami

한국어학 해외 자료의 발굴

1. 緒論

6.1　개화기 이후 서양 언어학의 영향을 받아 본격적인 국어
의 연구가 시작된 이래로 자료에 입각한 실증적인 국어학 연구 방법이
각광을 받아왔다. 특히 국어의 역사적 연구에서 문헌 자료는 매우 중요
하게 인식되어 많은 기존의 국어사 자료들이 여러 가지 시각에서 고찰
되었으며 또 새로운 자료들이 발굴되어 학계에 보고되었다. 국어의 역
사적 변천을 살피는 국어사 연구에서 문헌 자료의 가치는 거의 절대적
이다.

그러나 전란이 많았던 탓인지 우리의 국어사 자료는 다른 나라에 비
하여 결코 풍부하다고 할 수 없으며 국어사의 기술에서 자료의 빈곤은
누차 강조되었다. 따라서 다른 언어의 역사적 연구에 비하여 우리의 국
어사 연구에서는 새로운 자료를 찾으려고 노력하였고 앞으로도 그 노
력은 계속되어야 한다. 실제로 새 자료의 발굴로 국어학 연구의 역사가
바뀐 예가 그 동안 여러 번 있었으며 1940년에 발굴된 원본『訓民正
音』을 그 대표적인 예로 들 수 있다.

국어학 연구 자료는 여러 가지 이유로 다른 국학 자료와 같이 해외로
반출된 것이 많다. 그리하여 최근에는 해외에서 국어학 연구 자료들이
발견되어 국어를 연구하는 사람들을 흥분시킨 예가 적지 않다. 해외의
국어학 자료는 두 가지 종류가 있다. 하나는 국내에서 편찬된 국어학
자료가 국외로 반출된 자료이고 또 하나는 외국인에 의하여 작성된 국
어학 자료, 예를 들면『鷄林類事』나『朝鮮偉國字彙』와 같은 자료가 있
을 수 있다. 그러나 후자와 같은 자료들은 국내에서 편찬된 자료에 비

하여 훨씬 수효도 적고 자료적 가치도 적다고 할 수 있다. 따라서 해외의 국어학 자료라면 주로 우리 선조들이 편찬한 자료로서 국외로 반출된 것을 말하게 된다.

해외의 국어학 자료는 역사적으로 우리와 관계가 깊었던 여러 나라들, 예를 들면 중국과 일본을 비롯하여 개화기 이후에 한반도에 진출했던 유럽의 열강과 미국에서 찾을 수 있다. 역사적으로 가장 관계가 깊었던 중국은 우리가 문화를 수입하는 입장이었기 때문에 그곳에서는 아직까지 중요한 국어학 자료가 발견되었다는 소식을 접한 일이 없다. 반면에 일본은 중국에 못지않게 역사적으로 긴밀한 관계에 있었을 뿐만 아니라 우리가 문화를 전수하는 입장이어서 적지 않은 우리의 고문헌자료들이 발견되었다. 이 발표에서도 주로 일본에서의 국어학 자료의 발굴에 대하여 보고하고자 한다.

2. 우리 문헌의 해외 搬出

6.2 중국과의 사대적인 외교관계를 기본으로 하고 그 주변 국가와의 교린적인 교섭을 간헐적으로 계속하던 조선은 서양과는 19세기말까지 漂流인에 의한 접촉 이외에는 아무런 교류가 없었다. 더욱이 19세기 중엽부터 본격적인 서양 세력이 극동 아시아 제국의 문호를 개방시키려는 때에 한동안 鎖國으로 일관하여 서양과의 교류는 동양의 어떤 나라보다도 늦어지게 되었다. 그러나 高宗 13년(1876)에 일본과 丙子修護條約을 체결한 이후 조선이 문호를 개방하자 유럽의 열강과 미

국은 앞을 다투어 한반도에 진출하였으며 기독교를 전파하고 서양의 문물을 전수하였다.

또 이들은 舊韓末의 혼란기를 틈타서 적지 않은 문화재를 약탈하거나 수집하여 본국으로 가져갔다. 특히 프랑스와 독일, 그리고 러시아 등의 유럽 열강은 개화기에 한반도에서 각종 문화재를 수집하였으며 미국도 구한말은 물론 해방 직후의 軍政期를 통하여 우리의 문화재를 다수 收去하였다. 이렇게 반출된 우리의 문화재 가운데는 많은 고문헌들이 포함되었으며 해외의 국어학 연구 자료는 주로 이렇게 국외로 반출된 고문헌 자료들을 말한다. 따라서 해외의 국어학 자료는 대부분 위에서 열거한 나라들이 소장하고 있으며 앞으로 새 자료의 발굴 가능성도 이러한 나라에 있다고 하겠다.

구한말에 한반도에 진출한 歐美의 열강은 먼저 한국의 문화와 언어를 학습하여 이 나라를 이해하려고 노력하였다. 따라서 그들은 정치가, 외교관, 군인, 선교사 등 어떠한 직종을 막론하고 한국의 언어와 역사, 문화에 대하여 관심을 가졌다. 서양인이 한반도에 관심을 갖게 된 것은 17세기 중반까지 거슬러 올라가며 이때에는 여행가, 항해자들에 의하여 단편적으로 구라파에 소개되었다.

예를 들면 1653년에 제주도에서 난파하여 조선에 억류되었다가 본국 화란으로 송환된 하멜Hendric Hamel의 기사An account of the shipwreck of a Dutch vessel etc.에는 우리의 언어와 문자가 몇 개 소개되었고 뷧센N. Witsen의 "동북 타타르인Nord en Oost Tartarije"(1692, 2nd ed. 1705)에는 국어의 단어 143개가 수집되어 게재되었다. 유명한 팔라스(P. S. Pallas)의 "전세계 언어 비교어휘 Linguarum totius orbis vocabularia comparativa"(1786)에도 뷧센의 것에서 인용한 20여 개의 국어 어휘가 수록되었고 아델룽Adelung의 "미트리다테스Mithridates"(제1

권, 1806)에도 한국어가 소개되어 서양에서 한국어의 존재를 어렴풋이 짐작하게 되었다. 이후 클라프로트J. Klaproth, 지볼트Ph. Fr. von Siebold, 구즐라프Charles Gutzlaff, 메더스트Walter Henry Medhurst, 뿌질로M. Пудилло[1] 등의 서양 학자들에 의하여 한국어가 본격적으로 서양에 소개되었다.

그러나 서양인들이 직접 한반도에 와서 언어를 연구한 것은 이보다 후대의 일로서 프랑스 선교사들과 영국인 선교사 로스John Ross, 외교관 아스톤W. G. Aston, 독일인 오페르트Ernst Oppert 등을 들 수 있다. 전술한 프랑스 선교사들의 한국어 조사는 로니Léon de Rosny의 "한국어 개관Aperçu de la langue Coréenne"(1864)과 달레Ch. Dallet의 『조선교회사Histoire de l'Église de Corée』(1874)로 나타난다.

아스톤의 연구는 "한일 양어 비교 연구A comparative study of the Japanese and Korean languages"(1879)에서, 로스의 연구는 『한국의 역사History of Corea ancient and modern』(1879)에서, 그리고 오페르트의 연구는 『쇄국의 나라 한국Ein verschossenes Land』(1880)에서 그 결과를 보였다. 이후 미국인 선교사 헐버트 H. B. Hulbert를 비롯하여 많은 구미의 선교사, 외교관, 군인, 정치가, 학자들이 한국어를 연구하였다. 이와 같이 우리의 고문헌은 구한말의 혼란기에 이러한 한국어 및 한국문화 연구자들에 의하여 수집되었고 또 그들에 의하여 서양으로 반출되었다.

이제부터 이 각각의 나라에 산재된 국어학 연구 자료를 살펴보기로 하겠다.

---

1 뿌질로의 『러시아-한국어 어휘(М. Пудилло; Опыть Русско-Кореискаго, 1874)』는 필자가 시베리아 연해주의 한 빈촌에서 한국어를 수집하여 사전으로 만든 것으로 그가 한반도에 온 일은 없다.

1) 프랑스에 반출된 우리 문헌

6.2.1.0　　먼저 프랑스는 일찍부터 동양 문화재의 발굴에 지대한 관심을 갖고 敦煌의 유물을 약탈하는 등 적극적으로 고대 중국을 비롯한 동양의 문화재를 수집하였다. 한국의 문화재에 대하여도 관심을 가져 베르뇌Berneux, 리델Ridel 등의 천주교 신부들을 위시하여 外邦傳敎會 韓國宣敎部Missionnaires de Corée de la société des missions étrangères 소속의 선교사들이 우리의 문화와 풍속을 조사하여 본국에 보고할 때에 우리의 문화재에 관한 것도 적지 않게 포함되었던 것으로 보인다. 더욱이 丙寅洋擾 (1866) 때에는 江華島에 설치하여 중요 서적을 보관하던 外奎章閣을 약탈하여 많은 우리의 고문헌 자료를 프랑스로 반출하였다.

나폴레옹 3세의 치하에 있던 프랑스는 이때에 로즈Roze 提督이 약탈한 우리의 고문서를 王立도서관에 수장하였고 이것은 오늘날은 프랑스의 국립도서관Bibliothèque Nationale에 소장되었다. 또 당시 外邦傳敎會La société des missions étrangères 소속의 선교사들이 조선을 견문하고 본국에 보고한 우리 문화재와 고문헌 자료가 전술한 샬를 달레Ch. Dallet의 『조선교회사(Histoire de l'Églisede Corée, précédée d'une introduction sur l'histoire, les institutiones, la langue, les mœurs et coutumes Coréenne, 1874)』에 등장한다. 프랑스 선교사들의 보고서와 바라Varat가 수집한 문헌들은 파리의 기메박물관Musée Guimet에 기증되어 바라문고로 소장되었다.

그리고 재일본 프랑스 公使館의 通譯官으로 東京에 와있던 모리스 꾸랑M. Courant은 1890년부터 1892년까지 2년간 서울에 주재한 일이 있으며 꼴렝 드 쁠랑시Collin de Plancy의 도움을 받아 『朝鮮書誌學』 3권(Bibliographie Coréenne : Tableau littéraire de la Corée contenant la nomenclature des ouvrages publiés dans ce pays jusqu'en 1890, ainsi que la description et l'analyse détaillées des principaux d'entre ces ouvrages, 1894~96, 3 vols.)을 간행하기에 이른다.

드 쁠랑시는 주한 프랑스 公使로서 구한말의 격동기에 서울에 駐在하였으며 1902년에는 大韓帝國으로부터 太極章勳一等의 포상을 받은 일이 있다. 그리고 전술한 바와 같이 꾸랑이 서울에 체재할 때에 그를 안내하여 우리의 고문헌 보관처를 조사하게 하였다. 그는 大韓帝國이 日帝에 의하여 멸망하기 직전인 1906년 1월 20일에 프랑스 公使의 직을 사임하고 귀국하였다. 그가 수집한 한국의 고문헌 자료는 그가 본국으로 귀국할 때에 그와 함께 프랑스로 반출되었으며 후일 파리의 東洋語學校Ecole des Langues Orientales에 기증되어 그곳에 收藏되었다.

따라서 프랑스에는 유럽의 어느 나라보다도 우리의 고문헌이 많이 소장되었으며 국어학 자료도 가장 많이 발견된다. 예를 들면 파리 東洋語學校 도서관에 소장된 『漢淸文鑑』·『淸語老乞大』와 『改修捷解新語』(제1차 개수본), 『滿漢千字文』 등의 역학서는 조선조의 司譯院에 있었던 것이 반출된 것이다. 모두 국내에는 없고『청어노걸대』만은 일본 駒澤大學의 濯足文庫에 한 질이 소장되었을 뿐이다.

2) 러시아에 현전하는 한국 문헌

6.2.2.0 다음은 러시아帝國과 그 뒤를 이은 舊蘇聯, 그리고 오늘의 러시아에 반출된 국어학 연구자료에 대하여 고찰하기로 한다. 구한말 한반도에서 覇權을 다투던 유럽의 열강 가운데 러시아는 한때 일본에 필적할 만큼 세력을 가졌었다. 고종 21년(1884) 서울 貞洞에 러시아 公使館이 정식으로 설치되고 韓露通商條約이 체결된 다음 초대 러시

아 代理公使로 온 웨벨K. Waeber, 韋貝은 적극적으로 대한제국에 접근하여 여러 가지 이권을 차지하게 되었다. 고종 33년(1896)에 閔妃 弑害 사건 이후 일본의 세력을 몰아내려고 親露派들은 고종을 러시아 공사관으로 모시고 1년간 국정을 그곳에서 집무하게 한 俄館播遷이 있던 때에는 대한제국의 정치가 러시아의 수중에 있었다.

러시아 혁명 이후에는 소련 領事館으로 개편되어 격동기의 구한말 과 日帝強占期에 러시아는 막강한 영향력을 행사하였다. 이러한 와중 에서 적지 않은 우리의 문화재가 러시아, 또는 구소련으로 반출되었으 며 러시아에서도 극동 진출의 근거지로서 한반도를 중요시하고 이곳의 민족과 정치, 문화 등에 대한 연구가 매우 활발하였다.

그러나 해방 이후 남북이 분단되고 한국동란을 겪으면서 한반도는 냉전의 중심지역이 되어 舊蘇聯의 한국에 대한 연구라든지 그곳으로 반출된 국어학 자료에 대하여 남한에서는 전혀 연구된 바가 없다. 구소 련이 붕괴되고 동서 냉전이 어느 정도 완화된 다음에도 남북이 대립하 고 있는 한반도에서는 구소련의 한국에 대한 연구 및 소장 문헌 자료에 대하여 손쉽게 접근하기가 아직은 어려운 상태다.

6.2.2.1 최근 문민정부와 국민의 정부가 냉전체재를 벗어나는 정부 방침을 잇달아 시행하면서 조금씩 구소련의 한반도 연구가 우리 의 학계에 알려지고 있다. 그에 의하면 구소련에서는 모스크바에 본부 를 둔 구소련 과학 아카데미АКАДЕМИЯ НАУКА СССР, 오늘날에는 러시아 과학아카데미РАН에 소속된 동방학 연구소 상트 뻬제르부르그 支所Санк т-Петербурский филиал Института востоковедениа에 많은 한국학 문헌자료가 소장되었다. 후일 이 연구소는 아시아 민족학 연구소ИНСТИТУТ НАРОДОВ

^{Азии}로 분리되었으며 한국의 고문헌에 대한 연구는 이곳을 중심으로 이루어졌다.

6.2.2.2 이곳에 소장된 한국 고문헌 자료들은 뻬뜨로바의『한국 문화의 고문헌 자료 권1, 권2(О. П. ПЕТРОВА : *Описание письменных памятников Корейской культуры*, Издательство Восточный Литера тры, Москва, Выпуск I : 1956, Выпуск II : 1963)』(이하 Петрова : 1956, 1963) 에서 서지적인 해제가 있어서 대체로 어떠한 우리의 고문헌 자료들이 그곳에 소장되었는가를 살펴볼 수 있다.

이 문헌들은 1956년에 구소련의 과학 아카데미의 아시아 민족학 연 구소^{Института народов Азии АН СССР}에서 간행된 뻬뜨로바의 권1^{Выпуск I}(Пе трова, 1956)과 이를 증보한 권2^{Выпуск II}(Петрова, 1963)를 말하는 것이다. 모두 236종의 한국 고문헌을 모리스 꾸랑의『朝鮮書誌』(1895~1897)를 비롯하여 일본인의『朝鮮圖書解題』(1915), 桂五十郎의『漢籍解題』, 최 현배의『한글갈』, 그리고 북한에서 간행한『조선서지학개관』(1955) 등 을 참고하여 형태서지학적인 해제를 붙였다.

Петрова(1963)의 머리말^{Введение}에 의하면 구소련의 과학아카데미 동 방학연구소의 동양서 사본류는 한국의 것을 기초로 한 것이라고 한다. 왜냐하면 한국의 필사본, 목판본, 고문서가 대부분이고 그들은 다음의 4개 수집방법으로 모아진 것이다. 첫째는 帝政러시아 外務省 아시아局 에서 수집한 것으로 1864년 이후에 아시아박물관에 수장된 것으로 추정 되는 자료들이다.

둘째로는 駐中國 上海 러시아 영사였던 파벨 안드레이비치 드미트 리예프스키^{Павла Андреевича Дмитревский}가 수집한 것으로 1907년에 그의 마지막 유산을 아시아 박물관에서 구입한 것이 있다. 셋째는 주한 영국 영사였던 W. G. 아스톤이 수집한 것을 구소련의 극동위원회Комитетом Дальнего Востока가 인수한 것으로 아시아 박물관Азиатский музей에 소장되었던 것이다. 아시아박물관에서 구입한 연대는 정확하게 알 수 없다. 마지막 넷째로는 개별적으로 수집되어 개인이나 기관이 소장하던 것으로 특성에 따라 분류된 것이다.[2]

6.2.2.3 러시아 동방학 연구소 상트 뻬제르부르그 支所에 소장된 자료는 권1 즉, Петрова(1956)에 236종의 한국 고문헌이 소개되었다. 그 종류는 四書와 三經의 언해류를 비롯하여 『童蒙先習』, 『小學』 등의 유학 교재와 『退溪集』 등의 각종 문집, 『持經靈驗傳』 등의 불가류, 『여수셩셔맛되북음』 등의 기독교류, 『訓蒙字會』, 『千字文』, 『類合』 등의 한자 교재, 그리고 『三韻聲彙』, 『全韻玉篇』 등의 운서・자서가 있다. 이 외에도 『諺簡牘』, 『簡牘精要』 등의 편지교본과 『重刊老乞大』와

---

2 Корейский фонд Сектора восточных рукописей Института востоконедениа АН СССР в основном состоит из следующих собраний корейских рукописей, ксилографов и старопечатых книг:

① коллекция Азиатского департмента Министерства иностранных дел, поступившая в Азиатский

музей в чнсле других коллекций в 1864 г.:

② коллекция российского консула в Шанхае Павла Андреевича Дмитревского, приобретенная

Азиатским музеем от вдовы последнего в 1907 г.;

③ коллекция английского консула в Корее Вильяма Георга Астона, приобретенная Комитетом

Дальнего Востока (год поступления ее в Азиатский музей точно не известен);

④ отдельные поступцления от разных лиц и учреждений.

Петрова(1963 : 3)

동 언해, 『華音啓蒙』과 동 언해, 『華語類抄』 등의 중국어 학습서가 있는데 그 중에 『譯家必備』는 사역원의 역학서로 보이나 아직까지 알려지지 않은 자료로서 흥미를 끈다. 권2, 즉 Петрова(1963)에는 105종의 한국 고문헌이 소개되었으며 『三國史記』, 『三國遺事』를 비롯하여 『東國史略』, 『朝鮮史略』, 『東鑑』 등 史書類가 대종을 이루고 있다. 그 외로 地理誌와 軍記類, 그리고 조선 사정 등의 군사학 관계 자료가 많고 『明義錄諺解』·『상례쵸언희』 등의 근대국어 언해자료도 소장되었다.

동방학 연구소 所藏의 한국 고문헌 자료 가운데 특이한 점은 『交隣須知』, 『漂民對話』, 『韓語訓蒙』, 『講話』 등 일본 對馬島의 역관과 壬辰倭亂 때에 拉致된 薩摩 苗代川 조선도공의 후예들이 사용하던 한국어 학습서가 소장되었다는 점이다. 이것은 원래 아스톤W. G. Aston이 일본에서 수집하였던 것이다. 아스톤 수집본은 어떤 사정으로 러시아로 반출되어 구소련의 극동위원회의 손에 넘어가서 오늘날에는 과학 아카데미로 옮겨진 것이다.

아스톤 수집본(Колл. В. Г. Астона로 약칭)으로 분류된 자료는 Петрова(1956)에서 자료번호 147~162까지의 16책이 게재되었다. 예를 들면 "147. 『交隣須知』, 148. 같은 책То же, 149. Manual of Korean, 150. 漂民對話, 151. 韓語訓蒙, 152. Dialogues in Korean(釜山浦에 있던 왜학 역관이 편찬함), 153. 日韓善隣通語, 154. 韓語入門, 155. 제목 없음(Без заглавия, 한국어 회화 교과서, '講話'가 포함됨), 156. 重刊老乞大, 157. 重刊老乞大諺解, 158. 華音啓蒙, 159. 華音啓蒙諺解, 160. 華語類抄, 161. 譯家必備, 162. 언간독" 등이 간단한 서지 해제를 붙여 수록되었다.[3] 여기서 두 종

---

3 이 문헌들에는 "英國 阿須頓藏書"라는 藏書印, 또는 書標가 붙어있다고 함(岸田文隆 1997).

류의 『交隣須知』와 『漂民對話』, 『韓語訓蒙』 등 일본인의 한국어학습 교재가 포함되어 있는 것이 특징적이다.

6.2.2.4 아스톤Вильяма Георга Астона, William George Aston은 1884년 4월 26일 영국의 駐韓 總領事로 부임하여 1886년 10월 22일까지 2년여를 서울에 체재한 일이 있다. 그가 한국에 오기 전에 썼던 "한일양어 비교 연구A Comparative study of the Japanese and Korean"(『The Journal of Royal Asiatic Society of Great Britain and Ireland』, August, 1879)는 한국어와 일본어를 본격적으로 비교한 최초의 논문으로서 지금도 높이 평가되고 있다.

이 논문은 그가 駐中國의 영국 공사관에 근무할 때에 동료인 메이어 W. F. Mayers 氏의 도움을 받아 작성한 것이다. 아스톤이 수집한 우리의 고문헌은 아마 그가 주한 영국 총영사로 서울에 근무할 때에 구입한 것으로 보이며 어떤 것은 일본에서 구입한 것도 있는 것으로 보인다. 즉, 『交隣須知』, 『漂民對話』, 『韓語訓蒙』, 『講話』, 『諺簡牘』 등은 壬辰倭亂 때에 일본에 拉致되어 薩摩藩의 苗代川에 정착한 조선 陶工들의 後裔가 모국어를 학습하던 교재로서 1920년대에 일본 京都大學 언어학과의 新村出 교수에 의해서 수집되어 京都大學 문학부 열람실에 소장되었던 것과 같은 계통의 것이며 일본 鹿兒島 沈壽官氏家에도 유사한 자료가 소장되었다(정광, 1990a).

어떤 경로로 아스톤이 이 자료를 수집하였는지 분명하게 알 수 없지만 같은 시기의 영국인 Ernest M. Satow가 일본의 苗代川을 방문한 일이 있으며 그가 수집한 것이 아스톤에게 전수되었을 가능성도 있다.[4]

---

4 어네스트 메이슨 사토우(Ernest M. Satow)의 日記에 의하면 1877년 2월 2~6일에 아스톤이 苗代川을 방문하였음을 알 수 있고 『漂民對話』를 비롯한 苗代川의 조선어 학습자료

이렇게 아스톤이 한국과 일본에서 수집한 고문헌들은 그가 본국에 귀환할 때에 경매에 부쳐졌고 당시 러시아의 영사관에서 이를 구매하여 소장하다가 러시아 10월 혁명 이후에 극동위원회에서 인수한 것으로 보인다. 앞으로 이에 대한 연구가 계속되기를 바란다.

이 외에도 러시아의 상트 뻬제르부르그 국립대학 도서관에도 구한말 혼란기에 반출된 것으로 보이는 우리의 고문헌들이 소장되었다. A. Trotsevich 교수의 조사에 의하면 『五倫行實』(1787 간행), 『孟子諺解』(零本), 『增修無冤錄諺解』, 『千字文』, 『全韻玉篇』, 『感應篇』 등의 근대국어 자료와 『朝鮮地誌』(1896), 『긔국오빅ᄉ년팔월ᄉ변보고셔』, 『朝鮮歷史』(1932), 『國民小學讀本』(1896), 『군뒤늬무셔 목ᄎ』(1937 작성) 등의 구한말~일제강점기의 문헌 자료도 있다. 무엇보다도 특이한 것은 『셜언귀젼』(1932), 『夢玉雙鳳演』, 『토싱젼』, 『삼국지』(零本) 등의 고소설류가 수집되었다는 점이다.

3) 중국으로 반출된 한국어학 자료

6.2.3.0 중국으로 반출된 우리의 고문헌은 매우 적으며 남아있는 것도 거의 구한말의 혼란기에 반출된 것이거나 日帝强占期, 또는 해방 이후에 개별적으로 구입해 간 것이다. 중국과는 오랜 역사적 관계를 맺고 있어서 많은 고문헌들이 중국에 반출되어 수장되었을 것으로 보이나 이에 대한 조사는 전혀 없으며 중국에 소장된 국어학 연구 자료도 필자가 寡聞한 탓인지 아직까지 아무런 정보를 얻을 수 없다. 다만 崔文植(1994)에서 중국 각처의 도서관, 박물관, 檔案館(행정당국의 문서 보관

를 조사한 것으로 기록되었다("PRO 30/33/15/5" Public Record Office, London).

처)에 소장된 한국의 고문헌을 도서목록에서 조사하여 보고하였다.

崔文植(1994)은 1991년부터 한국 삼성물산의 지원으로 延邊大學 古籍硏究所가 중국의 東北, 華北, 西北 등지의 90여 개 도서관·박물관·檔案館을 조사하여 200여 종의 고문헌을 찾아내어 목록을 작성하고 이를 經·史·子·集으로 분류하여 『中國朝鮮民族古籍目錄』이란 이름으로 간행한 것이다.[5] 이 보고서에는 세종 29년(1447)에 목판본으로 간행한 『唐翰林李太白文集』을 비롯하여 乙亥字本의 번각본 『高麗史』(이상 北京大學 소장), 그리고 조선 英祖 때에 芸閣에서 목판본으로 간행한 『宋朝史詳節』(延邊大學 소장), 신라 명승으로 唐에 留學했던 圓測의 『仁王經疏』(河南大學 소장) 등의 珍本이 소개되었다.

6.2.3.1 崔文植(1994)에 소개된 한국 고문헌 자료들은 주로 族譜類가 많아 중국으로 이주했던 동포들이 가지고 간 문헌이 주종을 이룬 것으로 보이며 주로 19세기 말 20세기 초의 것이 많으므로 역시 舊韓末 激動期에 반출된 것임을 알 수 있다. 그러나 日帝强占期에 영인된 고문헌이나 현대 활자로 출판된 것이 있고 해방 이후에 입수한 것으로 보이는 문헌도 있으며 때로는 한국에서 이미 보기 힘든 珍本의 書名이 간혹 보이기도 한다. 그러나 이 보고서의 서지해제는 각 도서관의 도서목록

---

5 실제로는 北京大學도서관, 北京도서관, 河北大學도서관, 河南大學도서관, 杭州市도서관, 陝西사범大學도서관, 北京民族文化宮도서관, 遼寧省도서관, 沈陽市도서관, 大連市도서관, 錦州市도서관, 遼寧大學도서관,吉林省도서관, 長春市도서관, 吉林市도서관,吉林大學도서관, 東北師範大學도서관, 延邊大學도서관, 吉林省社會科學院도서관, 黑龍江省도서관, 哈爾濱市도서관, 齊齊哈爾市도서관, 黑龍江大學도서관, 哈爾濱師範大學도서관, 浙江省도서관, 北京故宮博物院도서관, 延邊朝鮮族自治州도서관, 江蘇省南通市도서관, 吉林省龍井市民俗博物館, 山東省牟平縣檔案館 등 30개 도서관·박물관·당안관의 것이 조사되었다.

에 의한 것이기 때문에 서명 이외에는 모두 소략하게 기술되어서 과연 어떤 책인지 분명하지 않고 때로는 眞本인지의 여부도 확인할 길이 없다. 앞으로 직접 원본을 보고 해제를 붙인 소장 목록이 나오기를 기대한다.

崔文植(1994)에서 찾을 수 있는 국어학 연구 자료는 상술한 바와 같은 여러 제약이 있어서 분명히 말하기 어렵지만『類合』,『無寃錄諺解』(이상 遼寧省도서관 소장),『論語諺解』,『孟子諺解』,『小學諺解』,『詩經諺解』(이상 延邊朝鮮族自治州도서관 소장),『周易諺解』(全州府 河慶龍藏板 및 庚辰新刊 內閣藏板, 모두 延邊대학도서관 소장),『斥邪綸音』등의 근대국어 자료와 吉林省龍井市民俗博物館에 소장된 여러 종류의『千字文』,『華東正音通釋韻考』(延邊대학도서관 소장),『三韻聲彙』(遼寧省, 延邊대학 도서관 소장),『三韻通考』(遼寧省도서관) 등의 운서가 눈에 뜨이고『吏文輯覽』(遼寧省도서관 소장),『同文考略』(北京대학도서관 소장) 등의 漢吏文과 司譯院의 외국어 학습 교재의 서명이 보인다.

6.2.3.2 崔文植(1994)에 보이는 중국으로 반출된 우리의 고문헌 자료의 특징은 정음 표기 자료, 즉 한글자료가 적다는 점이다. 이것은 중국인들이 한자를 상용하고 있으며 그들에게 한글은 아무래도 생소한 것이기 때문에 한글자료는 되도록 기피한 것으로 보인다. 특히『東醫寶鑑』(萬曆本, 北京대학도서관 소장),『鄕藥集成方』(古活字本, 北京대학도서관 소장) 등의 한문으로 된 醫學書가 다수 수장되었다. 따라서 한글로 된 국어학 자료는 상대적으로 稀少하다고 볼 수 있다. 그러나 崔文植(1994)에 소개된 在中國 한국문헌 자료의 조사는 너무 졸속하게 이루어졌고 또 서지학에 전문적인 지식이 없이 수집 정리된 것이기 때문에 자료의

분류나 서지학적 해제가 매우 미흡하다. 앞으로 중국에 흩어져 있는 한국의 고문헌 자료는 좀 더 시간을 갖고 조사되어야 하며 또 서지학 전문가에 의해서 분류되고 정리되어야 할 것이다.

3. 일본에 소장된 우리 문헌

6.3.0 다음으로는 일본에 소장된 국어학 자료에 대하여 살펴보기로 한다.

일본은 역사 이래 한반도로부터 문화를 전수 받아 왔기 때문에 많은 한국의 문헌자료가 일본으로 반출되었으며 東京을 비롯하여 일본의 여기저기에 산재되었다. 또 壬辰倭亂을 비롯하여 舊韓末과 日帝强占期, 그리고 6·25動亂 이후의 혼란기를 틈타서 많은 문헌 자료들이 일본의 공공기관과 개인에 의하여 반출되어 일본 각지의 國·公立, 또는 사립 도서관이나 대학, 寺刹, 공공기관, 기타 개인 도서관에 수장된 것이다. 이 고문헌들은 일인학자들에 의하여 면밀하게 조사되고 매우 정성스럽게 정리되어 연구자들이 이용하기 쉽게 되었다. 이런 의미에서 일본은 한국학 연구 자료의 寶庫라고 할 수 있다.

일본에 반출된 우리의 고문헌 자료는 그 동안 일본학자들의 연구에 의하여 어느 정도 정리가 되었지만 아직도 새로운 자료들이 발굴되는 형편이다. 예를 들면 1970년대에 藤本幸夫 교수에 의하여 『訓蒙字會』初刊 活字本(叡山文庫 소장)이 발굴되어 우리의 서지학계를 놀라게 한 사실이 있다. 일본에 산재된 우리의 고문헌들에 대하여 藤本幸夫(1976,

1977~8, 1980, 1981, 1982) 등의 개별적인 연구와 沈暐俊(1988)의 소략한 고찰이 있다. 본서에서는 東京, 名古屋, 京都, 大阪, 對馬島의 순으로 나누어 그 지역의 각종 도서관에 소장된 국어학자료를 살펴보기로 한다.

1) 일본 關東지방 여러 도서관 소장의 한국 문헌

6.3.1.0　일본의 한국관계 문헌자료의 소장처로서 우선 주목할 것은 東京의 宮內廳 書陵部도서관이다. 이 書陵部에는 오래 전부터 日本 王室이 한반도에서 구입한 도서와 壬辰倭亂과 日帝强占期에 掠奪한 한국문헌이 다수 수장되었다. 書陵部도서관은 일본 왕실 圖書寮의 후신으로 日王의 소장 도서와 小槻의 壬生家에서 수집한 官務文庫, 그리고 中原의 押小路家가 수집한 局務文庫, 藏人所의 출납을 담당하고 있던 平田家의 소장본으로 구성되었다.

이 가운데는 伏見, 京極(桂宮), 有栖川(高松) 등 옛 宮家의 것이 포함된 것이다. 明治시대 이후에는 관청출판물과 여러 大名들의 헌납본이 있어 갑자기 그 수효가 늘어나게 되었으며 1886년 4월에는 약 56,000여 종의 도서를 자랑하게 되었다. 전쟁이 끝나고 日王家가 정리된 다음 1949년에 조사된 도서는 和漢書가 289,555종에 미정리 도서가 45,754를 헤아린다고 보고되었다. 이때에 조선의 李王家에서 반출된 우리의 고문헌도 다수 포함되었고 민간인의 도서도 적지 않다. 모두 日帝强占期에 수집한 것이다. 국어학 연구 자료로서 태종 17년(1417)에 간행된 중간본 『鄕藥救急方』과 安平大君의 古本 『鷹鶻方』(1444)의 사본이 소장되었던 것으로 유명하다.

沈暐俊(1988)에 조사된 書陵部도서관의 한국 고문헌 자료는 39종 69

책이며 이 가운데는 '秘閣圖書之章'이란 圖書印을 가진 紅葉山文庫 구
장본의 漢籍 10권과 1695~1776년간에 수집되어 '多紀氏藏書印'이 날
인된 6권, 1791년에 이전된 躋壽館 장서의 2권 등의 한국본이 중요한
자료로 보인다. 이 자료에는 '李王家圖書之章'이라든지 '金明秀印', '李
命龜印', '姜洧私印', '陽洛許氏', '尹氏行恁' 등의 圖書印이 보여 大韓帝
國의 도서만이 아니라 개인 소장본도 수집되었음을 알 수 있다. 그럼에
도 불구하고 국어학 연구 자료는 매우 적어서 한글자료는 겨우『孟子
諺解』(零本) 등이 전할 뿐이다.

5.3.1.1 日帝强占期에 朝鮮總督府가 수집한 고문서들은 內閣文
庫에 수장되었다. 內閣文庫는 일본의 太政官文庫係가 그 효시로서
1884년 赤坂離宮의 구내에 설치하였던 太政官文庫가 다음해에 內閣의
설치와 더불어 內閣記錄局 소관이 되어 국립공문서관으로서 자리를 잡
았다. 내각문고는 江戶幕府의 제기관, 즉 紅葉山文庫, 昌平坂學問所,
醫學圖書館 등의 장서와 각 지방의 도서를 수합하여 소장함으로써 곧
40만 권의 장서 수를 자랑하는 일본 최대의 도서관이 되었다. 한국본은
임진왜란 때에 약탈한 것과 후대에 조선에서 구입한 것이 있으며 善本
과 귀중본이 많다.[6] 국어학 연구 자료로서는 임란 이전에 嶺營에서 간
행한『四書諺解』를 비롯하여 光海君 12년(1620)에 중간한 세칭 石峰
『千字文』, 萬曆 10년(1582)에 경기도 용인 瑞峯寺에서 간판한『野雲自
警』·『發心修行章』·『誡初心學入門』 등이 있다.
　일본이 자랑하는 國立國會圖書館에도 한국본 서적이 적지 않게 소

---

6 內閣文庫 소장의 한국본에 관하여는 沈喁俊(1988)을 참고할 것.

장되었다. 이 도서관의 고문헌은 京都의 圓光寺에 소장되었던 것과 榊原芳野가 수장했던 榊原文庫, 그리고 小杉榅邨의 구장본, 岡田希雄이 수집한 岡田文庫 등에 소장되었으며 한국본도 다수 수장되었다. 특히 최세진의 『韻會玉篇』(乙亥字本, 1536년간)을 비롯하여 임란 이전의 간본이 많다.

6.3.1.2 東京에 있는 한국문헌을 소장한 도서관으로 일본 國立國會圖書館支部 東洋文庫를 빼놓을 수 없다. 동양문고는 『古鮮冊譜』를 간행한 前間恭作이 일제 强占期에 직접 한반도에서 수집한 도서를 기본으로 하였기 때문에 질적으로는 가장 우수한 국학자료가 소장되었다. 그리고 일본이 전쟁에서 패망한 이후 캘리포니아대학 버클리 캠퍼스로 돌아간 淺見倫太郞의 구장본을 더하고 이 문고의 도서 책임자로 근무하게 된 田川孝三이 東洋文庫에 없는 조선본의 복사본을 수집함으로써 이 도서관은 일본에서 가장 체계적인 한국문헌을 소장하게 되었다. 前間恭作이 기증된 한국관계 문헌은 854부 2,478책이라 하며 淺見 氏가 기증한 한국관계 문헌도 4천 책이 넘는다고 한다(東洋文庫 : 1979). 柳希春이 편찬한 『新增類合』(1576)이 소장되었다.

6.3.1.3 또 일본 國立東京大學 부속 중앙도서관과 문학부의 小倉文庫는 가장 학술적으로 정리된 우리의 고문헌을 갖고 있다. 중앙도서관에는 목판본으로서는 가장 오랜 『訓蒙字會』의 판본이 전한다. 그리고 小倉文庫는 日帝식민지시대에 유명한 朝鮮語學者인 小倉進平이 평생 동안 수집한 朝鮮版 문헌 자료들을 收藏한 것이다. 그러나 小倉舊藏本의 조선본은 항간에 알려진 것과는 달리 임진왜란 이전의 古本, 또

는 貴重本은 아주 적다. 다만 朝鮮語學史를 쓰기 위하여 그 방면의 자료가 폭 넓게 수집되었다고 평가된다. 더욱이 모든 자료는 적절한 識語라든지 符箋이 붙어 있어 語學者로서, 그리고 書誌學者로서 수집가의 면목을 알 수 있으며 蒐集된 자료는 모두 讀破한 흔적이 있어 참고하는 이들의 감동을 자아낸다.

小倉舊藏本의 조선본은 정리된 것이 있고 아직 정리하지 않은 것이 많이 있으며 정리된 것도 2종의 도서카드에 의해서 목록이 작성되었을 뿐이고 미정리본은 아직 도서카드도 작성되지 않았다. 정광 외(1998)에서는 카드에 의거하지 않고 직접 書架에 소장된 순서로 조사를 진행하였으며 그에 의하여 목록을 작성하였다. 원래 이 小倉舊藏本은 東京大學 總合圖書館 지하실에 맡겨두었던 것을 문학부 한적 코너로 옮긴 것이며 옮길 때에 면밀한 조사가 있었다. 小倉문고에는 선조 8년(1575)에 광주에서 간판한 『千字文』이 소장되었다.

6.3.1.4 그리고 大東急記念文庫에도 적지 않은 우리의 고문헌이 소장되었는데 이 문고는 일본 유수의 鐵道 財閥인 大東急會社의 創立者 五島 氏가 蒐集한 한국판 문헌자료들로서 그 가운데는 『千字文』을 비롯하여 귀중한 국어사 연구의 자료들이 수장되었다. 또 靜嘉堂문고에는 三菱財閥의 사장이었던 岩崎彌之助(1851~1908)와 岩崎小彌太(1879~1945) 부자에 의해서 수집된 약 20만 책의 고서가 수집되었으며 여기에도 우리의 고문헌이 수장되었다.

東京의 目黑區에 있는 尊經閣文庫는 加賀藩의 前田家가 수집한 고문헌들로서 '前田氏尊經閣圖書記'의 장서인이 찍혀있는 34종의 한국본을 비롯하여 僧 一休의 '播挑院', '金澤學校' 등의 장서인이 찍힌 한국본이 소장되었다. 이들 가운데는 임란 때에 약탈한 고문헌이 적지 않으며 국어학 자료로서는 선조 9년(1576)에 간행한『新增類合』,『孝經諺解』(1589) 등이 있다.

東京에 있는 お茶の水圖書館의 成簣堂文庫, 松ケ岡文庫(禪宗)는 壬辰倭亂 이전의 한국 古書가 주축을 이루어 매우 귀중한 자료들이고 소장본은 매우 善本이며 美本으로서 예술적 가치와 서지학 연구에 귀중한 자료다. お茶の水圖書館의 기초가 된 成簣堂文庫는 일본 明治시대의 문헌학자 德富猪一郎(號 蘇峰)이 다년간에 걸쳐 수집한 일본 최대의 개인문고이며 여기에 수장된 문헌들은 귀중하기 짝이 없는 古典籍, 古文書들이다. 이 문고의 한국판 고서들도 그 질에 있어서 타의 추종을 불허할 만큼 중요한 것이다. 특히 여기에 소장된 한국판 古書들은 刻手의 이름을 찾을 수 있어 서지학의 연구에 중요한 의미를 갖는다. 각수를 중심으로 장래에 출판 지역과 연대가 알려지지 않은 고서들을 찾을 수 있는 연구가 가능하다. 지금까지는 이에 대해서 부분적인 연구밖에 없었다.

6.3.1.5 일본 東京의 駒澤區에 소재하는 駒澤大學의 濯足文庫에도 국어학 연구 자료가 많이 소장되었다. 원래 이 자료들은 金澤庄三郎이 수집한 고문헌 자료들로서 한국어학에 관심이 있었던 金澤氏는『日鮮同祖論』등의 어용학설을 전개하였지만 한일 양어의 비교연구에 진력하여 적지 않은 업적을 남겼다. 그가 수집한 도서들은 원래 東京의 麻布에 있는 永平寺 別院의 金澤庄三郎이 거주하던 濯足庵에 소장되었다가 지금은 駒澤大學 도서관에 移藏되었다. 특히 일제 强占期에 한국에 체재하면서 불교관계 문헌자료를 많이 수집하여 개인적으로 소장

하고 있던 故 江田俊雄氏의 장서가 1996년에 遺族에 의하여 駒沢大學 도서관에 기증되어 江田文庫로 지정되었으며 藤本幸夫氏에 의하여 정리되었다. 이 문고의 한국본은 이제까지 소개된 바가 없는 것이다.

東京의 港區에 소재하는 慶應義塾大學 도서관에도 얼마간의 한국본 고서가 수집되어 소장되었다. 특히 이 대학 중앙도서관의 渡邊문고에 83종에 달하는 韓籍, 또는 漢籍이 수장되었다. 그리고 足利學校 遺蹟圖書館에도 얼마간의 우리 고문헌이 소장되었다. 足利學校는 鎌倉時代 초기에 설치되었으며 室町시대에 關東管領 上杉憲實에 의하여 크게 중흥되어 많은 문헌을 수집하였고 이후 계속해서 교육을 위하여 서적을 수집하여 왔다. 明治維新 때에는 모두가 縣에 귀속되었다가 足利藩의 간청으로 1876년에 토지와 건물, 장서를 縣으로부터 반환되어 1903년에 遺蹟도서관을 세웠다. 한국본 판본 73권 30책이 수장되었는데 임란 이전, 아마도 중종 년간에 조선에서 목판본으로 간행한 것으로 보이는『性理大典』등이 수장되었다. 어떻게 한국본이 이곳에 유입되었는가는 아무런 기록이 없어 알 수가 없다. 다만 임진왜란 때에 약탈한 것이 일부 이곳에 수장된 것으로 보인다.

2) 일본 關西지방 도서관의 韓國本

6.3.2.1 名古屋의 蓬左文庫는 임진왜란 때에 약탈당한 우리의 고서적이 가장 많이 소장되어 한국관계 고문헌을 조사하는 연구자들 사이에 일찍부터 이름이 높았다. 일본 名古屋市에 위치한 蓬左문고는 약 3천 책이 넘는 駿河御讓本을 근간으로 하여 尾陽內庫, 君山本 등을 추가한 도서들이다. 駿河御讓本은 德川家康의 舊藏本을 그의 사후에

遺言에 의하여 名古屋의 尾張藩과 紀州藩^{紀伊藩}(현재의 和歌山縣과 三重縣에 있었던 德川東頁宣의 영지)의 兩家에 각기 3천여 점, 그리고 水戶家에 약 2천 점, 江戶에도 수백 권을 분양한 것이다. 이 가운데 일부를 名古屋의 尾張藩에 양도한 것으로 임진왜란 때에 왜군이 약탈한 우리의 고문헌이 다수 수장되었다.

德川家康의 구장본을 분양하던 1616년 당시 尾張藩의 藩主는 그이 아홉째 아들 德川義直(1600~1650)으로서 義直은 그의 형인 松平忠吉의 뒤를 이어 尾張藩主가 되었으며 형제들 가운데 가장 학문을 좋아하여 아비의 총애를 받았다고 한다. 그런 연유로 德川家康은 그의 장서 일부를 양도하였고 이것을 근간으로 하여 尾張藩문고가 설치되었으며 후일 蓬左문고로 개명하였다. 駿河御讓本은 모두 권두에 '御本'이란 장서인이 찍혀 있어 다른 도서들과 식별이 가능하다.

또한 尾陽內庫는 德川義直부터 尾張藩에서 독자적으로 수집한 도서이며 君山本은 松平秀雲(1679~1783)이 書物奉行 등의 관직을 맡았을 때, 또는 개인적으로 약 40년간 수집한 것이다(名古屋市蓬左文庫, 1975). 駿河御讓本은 모두 2,839책으로서 그 가운데 1,492책이 한국본으로 조사되었으나 그 후 망실된 것과 새로 첨가된 것이 있다. 국어학 연구 자료로서 『救急方諺解』(1466?)의 복각본과 선조 6년(1573)에 중간한 『內訓』이 소장되었다.

6.3.2.2 天理圖書館은 天理敎廳 소관의 제 기관에서 수집한 도서를 한데 모은 종합도서관으로서 1925년에 창립되었다. 그 다음 해 11월에 天理外國語學校의 부속도서관으로 개관하였고 이 학교의 3층에 자리를 잡았다. 이때에 벌써 장서 2만 6천을 헤아렸으며 1930년에 독립된

건물을 신축하여 본격적인 도서 수집에 들어갔다. 일본이 세계대전을 일으켰을 때에는 이미 이 학교가 천리대학으로 승격하였고 終戰 후에는 150여만 권의 도서를 자랑하는 일본 굴지의 도서관이 되었다. 한국본 고서는 韓籍활자본이 6종 118권 29책이며 목판본이 4종 56권 66책이다. 그리고 한국본 漢籍은 활자본이 4종 60권 37책이고 목판본이 10종 173 권 49책이 있다고 한다(沈暘俊, 1988 : 584). 특히 今西龍과 今西春秋의 수집도서는 그들이 京城帝國大學 재직 당시에 수집한 것으로『三綱行實圖』(영조 6년 咸鏡監營板) 등 중요한 국어학 자료가 다수 포함되었다.

또 關西지방 人文科學 연구의 본산인 일본 國立京都大學의 부속도 서관에도 崔錫鼎의『經世正韻』을 비롯하여 많은 국어학 연구 자료가 소장되었다. 京都大學 소장의 한국본 고문헌은 河合文庫의 조선본을 비롯하여 문학부 도서실에 수장되었다. 특히 明治시대에 이 대학의 언어학과 新村出 교수에 의하여 수집되어 문학부 도서실에 소장된 苗代川 자료는 최근 많은 연구자들의 관심을 끌고 있다.

京都大學과 天理大學의 두 도서관은 한반도와 가까운 일본의 關西 地方에 있어서 많은 양의 한국 문헌을 반입하여 수장할 수 있었다. 특히 개인적으로 壬辰倭亂과 일제 식민지 시대에 掠奪한 한국 문헌자료들이 이 두 도서관에 기증되어 전해진다. 이 밖에 일본 香川縣 高松市의 香川大學에 소장된 '伊路波'(1492)는 훈민정음과 일본 假名문자의 음가를 비교하여 밝힐 수 있다는 점에서 귀중한 자료다.

6.3.2.3 對馬島는 조선과 오래도록 긴밀한 관계를 가졌기 때문에 적지 않은 우리의 고문헌 자료가 소장되었을 것으로 알려졌다. 그러나 여러 차례의 火災로 인하여 亡失되어서 현존하는 한국본 고문헌은

기대하는 바에 미치지 못한다. 宗家文庫의 서적을 수집해 온 對馬藩은 일본의 江戸時代에 유일한 對朝鮮의 접촉 창구였으며 江戸時代의 일본인이 한반도로부터 구입한 서적은 다른 물품도 마찬가지지만 대부분 이곳을 통한 것이다. 일본에 현전하는 도서 가운데 壬辰倭亂의 전리품으로서, 또는 倭寇의 약탈품으로서, 아니면 日帝 植民地 시대에 강제로 수거해 간 것을 제외하면 정당한 방법으로 수입한 유일한 문헌자료는 對馬藩을 통한 종가문고의 것일 뿐인지도 모른다.

물론 일본에 현전하는 서적 중에는 江戸 幕府와 다른 領主들이 對馬藩을 통하여 구입한 것도 있을 것이며 또 차용해 간 것도 있을 것이다. 어떤 것은 일본에 파견되는 朝鮮 通信使에 의하여 직접 下賜받은 것도 없지 않겠지만 그래도 조선과의 교역에 의하여 정당하게 구입한 서적은 宗家문고의 것이 가장 확실하다고 본다.

이 宗家文庫의 전적에 대하여는 일본 측과 한국 측에서 전체적인 조사가 있었다. 먼저 일본 측에서는 1980년도 일본 文部省의 지원을 얻어 九州大學 文學部 교수 팀이 이 宗家文庫 소장의 도서를 조사하여 『對馬藩現存漢籍分類目錄』 前編을 작성하였다(岡村 繁, 1980). 1981년에는 일본 富山大學의 藤本幸夫 교수가 豊田財団의 도움을 받아 종가문고에 소장된 朝鮮本을 조사한 바가 있다(藤本幸夫, 1981).

보다 구체적인 조사는 현지의 對馬島 嚴原町 教育委員會가 발족시킨 '宗家文庫調査委員會'에 의해서 이루어졌다. 1973년에 일본 文部省의 文化廳에서 '對馬學術總合調査'를 실시할 때부터 시작된 현지인들의 종가문고 소장 문헌의 조사는 15년에 걸쳐 이루어졌다. 이때에 도합 3만 6천여 점의 문헌들이 조사되었으며 문헌의 목록이 작성되어 『宗家文庫史料目錄』이란 이름으로 간행하였다(宗家文庫調査委員會, 1970~1990).

첫 번째 『日記類』의 목록(1977년 간행)과 『記錄類 I』의 목록(1982년 간행)이 간행된 이래 平成 2년(1990)에 마지막 『宗家文庫史料目錄(記錄 IV · 和書 · 漢書)』이 간행됨으로서 책자의 모습을 갖추고 있는 宗家문고의 모든 문헌이 목록으로 작성되었고 2천 페이지에 달하는 서지 해제가 5권의 책으로 간행되었다. 이 외로는 書狀類, 書簡類, 地圖, 繪圖 등과 같이 한 장의 종이로 된 것들이 있는데 과일 상자 70개분, 대체로 20만 매로 추산되는 양이 남아있다고 한다.[7] 따라서 宗家文庫의 문헌들은 서적의 모습을 갖춘 것은 거의 모든 것이 목록화되었으며 이에 의하여 그 전체적인 모습을 살펴볼 수 있게 되었다.

한국 側에서도 1984년 6월 21~29일과 8월 3~10일 두 차례에 걸친 동국대학교 對馬島 학술조사단의 현지조사에 의하여 종가문고 소장의 도서에 대한 개요가 소개되었고(千惠鳳, 1984) 이어서 『對馬島主宗家文庫 現存漢籍分類目錄－歷史民俗資料館委託臧書』(『佛敎美術－特輯 · 對馬島學 術調査』, Vol.8, 東國大學校 博物館, 1985)가 작성되었다. 특히 崔世和(1985)와 千惠鳳(1985)에 의하여 이 종가문고 소장의 중요 자료들이 대부분 學界에 소개되었다. 필자도 1989년 10월에 일본 關西大學 東西學術文化硏究所 의 지원을 받아 對馬島를 방문하여 嚴原市에 있는 万松院과 長崎縣 對馬 島 歷史民俗資料館에 소장된 宗家文庫 소장의 전적을 살펴보았다(정광, 1996).

6.3.2.4 對馬島 慶龍院에 소장된 朝鮮本 서적들이 최근 우리의 관심을 끌고 있다. 慶龍院은 對馬島 島主의 願刹이 있는 곳으로 明治

---

7 『宗家文庫史料目錄－記錄 IV · 和書, 漢書』의 卷頭에 실린 嚴原町 敎育長 近藤繁美의 '發刊辭'와 卷末에 실린 調査員 泉 澄一敎授의 '後記' 참조.

시대에 朝鮮으로부터 佛像을 사왔는데 그 불상의 복장품으로 귀중한 조선본 불경이 발견되었다. 그 佛經 중에는 지금까지 없었던 한자로 토를 단 자료가 있다. 즉『野雲自警』,『法語』,『戒初心學入門』등에 달려 있는 한자의 토는 후에 붓으로 써 넣은 것이 아니라 판본에 기록된 것으로 매우 특이한 자료다. 이에 대하여는 현재 조사가 진행 중이다.

4. 結語

6.4.0 이상 서양과 중국, 그리고 일본 등으로 나누어 해외에 산재된 국어학 연구자료, 특히 국어사 연구자료에 대하여 소략하게 고찰하였다. 그러나 제한된 짧은 시간에 이 모든 자료에 대하여 논급하기는 어렵고 또 필자 자신도 이 모든 해외의 국어학 자료를 섭렵할 수가 없었기 때문에 소개는 아주 제한된 범위에서 필자가 관심을 갖고 있는 분야에 국한되었다. 서양으로 반출된 국어학 자료로는 미국의 것이 전혀 언급되지 않았다.

6.4.1 미국은 광복 이후 美軍政 시대에 많은 문화재가 반출될 수 있었으며 어떤 것은 중요한 고문헌 자료로 보이는 것도 있었다. 뿐만 아니라 韓美 親善기간이 길어짐에 따라 한국에서 많은 자료가 구입되어 미국으로 반출되었으니 미국은 각 대학 도서관이나 연구소에서 막강한 재력으로 적지 않은 한국학 자료를 매입하였다. 예를 들면 하바드대학의 하버드-옌칭 연구소를 비롯하여 컬럼비아대학의 동아언어문

화과, 그리고 프린스턴, 예일 등 동부의 명문대학과 캘리포니아대학 등 서부의 몇 대학에서 적극적으로 한국학 자료를 구입하였다. 또 유럽제 국 가운데서도 영국은 大英博物館과 大英圖書館을 비롯하여 런던대학 등에서 귀중한 한국학 자료를 구입하여 수장하였다. 그러나 본서에서 는 이에 대하여는 거의 언급하지 못하였다.

6.4.2 중국에 산재된 국어학 자료에 대하여도 조사가 매우 미 흡하였음를 보고하였다. 일본에 반출된 국어학 자료에 대하여도 비교 적 많은 시간을 할애하였으나 역시 누락된 곳이 적지 않다. 예를 들면 임진왜란 때에 조선에 출병한 일은 없으나 당시 일본의 武將 가운데는 비교적 학문에 조예가 깊었던 直江이 다른 장수의 약탈한 고문헌을 체 계적으로 수집하여 소장한 山形縣 米澤市 米澤市立圖書館 直江文庫의 조선본을 들 수 있다. 또한 『訓蒙字會』 초간활자본을 소장한 京都의 叡 山문고에 대하여도 미처 조사하여 보고하지 못하였다. 이러한 개인적 인 소장 및 사찰의 수장본은 본서에서 거의 취급하지 못하였다. 다만 이 발표에서는 하루바삐 해외의 국어학 연구자료가 체계적으로 조사되 어 믿을 만한 목록이 작성되고 귀중한 문헌자료들의 소재나마 분명히 밝혀지기를 바라며 동학 제현의 분발을 기대하는 바이다.

부록의 참고문헌

한국인 저자명의 가나다순

姜信沆(1988) : 『증보개정판 國語學史』, 보성문화사, 서울

權悳奎(1923) : 『朝鮮語文經緯』, 広文社, 京城

권상로(1947) : 『朝鮮文學史』, 서울프린트社, 서울

김완진 · 정광 · 장소원(1997) : 『국어학사』, 한국방송통신대학 출판부

沈喁俊(1988) : 『日本訪書志』, 韓國精神文化硏究院, 城南市

이기문(1972) : 『개정국어사개설』 민중서관, 서울

정광(1989) : "譯學書의 刊板에 대하여", 『周時經學報』 제4집, 周時經硏究所

_____(1990a) : "壬辰倭亂 被拉人들의 국어학습자료－京都大學 소장 苗代川 朝鮮語 資料
　　　　를 중심으로", 『國學 論文集』(基谷 姜信沆先生 華甲紀念論文集刊行委員會), 太學社

_____(1990b) : 『薩摩苗代川傳來の朝鮮歌謠』, 新村出記念財団出版造成基金 支援, 京都

_____(1990c) : 『朝鮮朝譯科試券硏究』, 成均館大學校 大東文化硏究院, 서울

_____(1992) : "국어사 연구 자료," 『國語學硏究百年史』 II권 6부, 一潮閣, 서울

_____(1995) : "파리 국립도서관 소장의 滿 · 漢『千字文』－滿文의 訓民正音 轉寫를 중심
　　　　으로", 『國語國文學硏究(燕居齋申東益博士 停年紀念論叢)』, 경인문화사, 서울

_____(1996) : "일본 對馬島 宗家文庫 소장의 韓語 '物名'에 대하여", 『李基文敎授 停年退
　　　　任紀念論叢』, 신구문화사, 서울

_____(1997) : "일본 駒澤大學의 『倭語類解』", 『語文學論叢』(淸凡陳泰夏敎授啓七頌壽紀
　　　　念), 太學社, 서울

_____(1998) : "청학 四書의 新釋과 重刊", 『방언학과 국어학』(청암 김영태 박사 화갑기념
　　　　논문집), 태학사, 서울

정광 외(1998) : 정광 · 藤本幸夫 · 최명옥 · 송철의 · 심경호, "일본에 있는 국어사 자료
　　　　연구", 『학술진흥재단 1998년도 연구 결과 보고서』, 한국학술진흥재단

정광 · 윤세영(1998) : 『司譯院 譯學書 冊版 硏究－고려대학교 박물관 소장을 중심으
　　　　로』, 고려대학교 출판부, 서울

千惠鳳(1984) : "對馬의 韓國典籍", 『일본학』 제4집, 동국대학교 일본학연구소

_____(1985) : "對馬島主宗家文庫藏 韓國典籍", 『佛敎美術』 Vol.8, 동국대학교 박물관

崔世和(1985) : "對馬島民俗資料館 所藏의 『訓蒙字會』와 『千字文』", 『佛敎美術』 Vol.8,
　　　　동국대학교 박물관

崔文植(1994) : 『中國朝鮮民族古籍目錄』, 延邊大學出版社, 延吉

홍윤표(1993) : 『국어사 문헌자료 연구, 근대편』 I, 태학사, 서울

서양인 저자명의 알파벳순

Aston(1879) : W. G. Aston, A comparative study of the Japanese and Korean languages, *The Journal of Royal Asiatic Society of Great Britain and Ireland*, August 1879

Chung(1996) : Kwang Chung, "Study of Korean by Westerners at the Early Modernization Period," 『二重言語學』 제23호, 二重言語學會, 한국, 1998.12

Courant(1894) : Maurice Courant, *Bibliographioe Coréenne*, Tome premier, Paris

_____(1894~1896) : Maurice Courant, *Bibliographie Coréenne*, Tableau littéraire de la Corée contenant la nomenclature des ouvrages publiés dans ce pay jusq'en 1890, ainsi que la description et l'analyse détallées des principaux d'entre ces ouvrages, 1894~1896, 3 vols.

_____(1901) : Maurice Courant, *Supplèment à la bibliographie Coèenne*, (jusqu'en 1899), 1 vol. Paris

Dallet(1874) : Charles Dallet, *Histoire de l'Eglise de Corée*, précédée d'une introduction sur l'histoire, les institutions, etc. : 2 vol. in-4, Paris

Gabelentz(1892) : Zur Beurtheilung des Koreanischen Schrift und Lautwsens, *Sitzungsberichte der Königlich Preussischen Akademie der Wissenschaften zu Berlin*, Berlin

Hulbert(1895) : H. B. Hulbert, "The origin of the Korean people," *Korean Repository*, Vol.Ⅱ, No.6, 7

_____(1905) : H. B. Hulbert : *A comparative grammar of the Korean language and the Dravidian ialects of India*, Seoul

Oppert(1880) : "Ein verschossenes Land," *Reisen nach Corea*, Leipzig : Brockhaus

Rosny(1864) : Léon de Rosny, "Aperçu de la langue Coréenne," *Journal Asiatique*, VI Ser. t. 3

Ross(1879) : Rev. John Ross : *History of Corea ancient and modern*, etc. : 1 vol. in-8, Paisley

Петрова(1956) : О. П. ПЕТРОВА, *Описание письменных памятников Корей ской культуры*, Выпуск I, Издательство Восточный Литератры, Москва, 1956

_____(1963) : О. П. ПЕТРОВА : *Описание письменных памятников Коре й ской культуры*, Выпуск II, Издательство Восточный Литератры, Москва, 1963

일본인 저자명의 五十音圖順

泉 澄一(1989) : "對馬島.宗家文書の分析研究", 『國史館論叢』 제7집, 韓國國史編纂委員會

小倉進平(1936) : "交隣須知に就いて", 『國語と國文學』 第13卷 第6號, 國語と國文學會

_____(1940) : 『增訂 朝鮮語學史』, 刀江書院, 東京

小倉進平・河野六郎(1964)：『增訂補注 朝鮮語學史』，刀江書院，東京
岡村 繁(1980)編：『對馬藩現存漢籍分類目錄』前編，九州大學 文學部，昭和 55年，福岡
金澤庄三郎(1911)：『朝鮮書籍目錄』，東京
_____(1948)：『濯足庵藏書七十七種－亞細亞研究に關する文獻』，創文社，東京
川瀬一馬(1943)：『日本書誌學の研究』，大日本雄辯會講談社，東京
關西大學東西學術研究所(1982)：『芳洲外交關係書翰集』，雨森芳洲全書3，關西大學 東
　　　西 學術研究所 資料集刊 11-3，關西大學 出版部，大阪
岸田文隆(1997)："『漂民對話』のアストン文庫本について"，『朝鮮學報』第164輯，일본 朝
　　　鮮學會
駒沢大學圖書館(1987)：『濯足文庫目錄』，駒沢大學 圖書館，東京
東洋文庫(1979)：『增補東洋文庫朝鮮本分類目錄』，일본 國立國會圖書館，東京
杉浦豊浩(1975)：『蓬左文庫典籍叢錄－駿河御讓本』，人文科學研究會，名古屋
宗家文庫調査委員會(1970～1990)：『宗家文庫史料目錄』，厳原町教育委員會，厳原
永留久惠(1982)：『對馬の歷史探訪－長崎縣厳原』，杉屋書店，長崎
名古屋市蓬左文庫(1975)：『名古屋市蓬左文庫漢籍分類目錄』，名古屋市教育委員會，名
　　　古屋
藤本幸夫(1976)："東京教育大學藏朝鮮本について"，『朝鮮學報』81
_____(1977～1978)："大東急記念文庫藏朝鮮版について"(上・下)『かがみ』제21～
　　　22輯，大東急記念文庫
_____(1980)："広島市立浅野圖書館藏朝鮮本に就いて"，『書誌學』26・27，日本書誌
　　　學會
_____(1981)："宗家文庫藏朝鮮本に就いて"，『朝鮮學報』99-100 合倂號，朝鮮學會
_____(1982)："對馬島宗氏文庫所藏韓國本と林氏について"，『民族文化論叢』4，嶺
　　　南大 民族文化研究所
前間恭作(1944)：『古鮮冊譜 Ⅰ・Ⅱ』，東洋文庫叢刊 제11호，東洋文庫，東京

찾아보기

增訂

훈민정음의 사람들

[增訂] 초판인쇄   2019년 5월 27일
[增訂] 초판발행   2019년 6월 11일

저   자   정 광
발 행 인   윤석현
발 행 처   도서출판 박문사
등록번호   제2009-11호
우편주소   서울시 도봉구 우이천로 353 성주빌딩 3F
대표전화   (02) 992-3253
전   송   (02) 991-1285
전자우편   bakmunsa@daum.net
책임편집   박인려

ⓒ 정광, 2019, Printed in KOREA.

ISBN 979-11-89292-33-1 93700   정가 30,000원